日本語を作った男

上田万年とその時代

山口謠司

集英社インターナショナル

日本語を作った男

上田万年とその時代

はじめに

母国語は、空気のようなものである。無意識に使って不自由もなく、あって当たり前と思うものである。

しかし、空気は、汚れると息が苦しくなってくる。なんとか空気を変えたいと思う。

「汚れる」というのとは異なるだろうが、古い世代の耳は、新しい世代の人々が使う新しいコトバを聞くと、不快さを感じる。あるいは別の地域のコトバが入ってくるとおもしろいと感じたり、変だなと思ったりする。

自分の耳がそれに慣れればいいのだが、なかなか慣れずに、近頃の若者のコトバはおかしいと文句を言う。また他所の言葉は汚いと思う。

発音、文法、語彙、表現、あらゆる面で世代間の言葉のズレは、少しずつ起こってくる。

グローバル化が進めば、不思議な言葉もたくさん目に入り、耳にすることが多くなる。

言葉が変わるのである。

その変化は、だれも止めることはできない。

その変化はあまりにも緩慢なため、ほとんどだれも気がつかない。

気がついた時には、もう古い言葉のほうがおかしいという事態になっていることだってある。古い世代も、考えてみれば、むかしは新しい世代の人々だったのである。

さて、我々が使う現代日本語は、明治時代も後半、およそ一九〇〇年頃に作られた。いわゆる言文一致運動の産物である。自然に変化してこうなったものではなく、「作られた」日本語である。日本語を使う人全員の一致で作られたものではないにせよ、これが「標準」とされた「標準語」であり、それは官報で公表され、教科書で使われて、普及することになった。

しかし、それからおよそ百年、すでに一九〇〇年頃の日本語と我々が使う日本語を比べてみると大きく変化してしまっている。

ところで、一九〇〇年頃に作られた言文一致体のコトバを、そこから一千年遡ると、平安時代の前期、日本語を〈ひらがな〉と〈カタカナ〉と漢字を使って書きはじめた時代、つまり日本語の黎明期が見えてくる。

言語がおよそ百年でひとつの大きな変化を見せるということから考えれば、それが十回連なって、日本語は大きな調整を行わなければならない時期に差しかかっていたのではないかと思われる。それが、明治維新という大きな波とともに訪れたのである。

明治維新、そして言文一致の波から百年を経て、我々はようやくその改革を客観的に見ることができる時期に来たのではないかと思う。

言文一致はたったひとりでできるものではなかった。そして、政府や文部省などが押しつけてやっても、それだけでどうにかなるものでもなかった。

政府や文部省のなかにも、今のままでいいという人もいたし、日本語を捨てて英語にしてしまえという人もいたのである。

こうしたなかで、東京帝国大学文科大学という最高学府の、そのなかでも博言学という言葉の専門家で、ドイツ、フランスの留学を終えて最先端の学識を誇る男は傍観者でいることを許されなかった。

本書の主人公となる上田万年である。

研究、教育、政治という与えられた三つの術を使って、万年は、言文一致を行おうとして旗を振った。

本書を読み進めるなかで、おそらく読者は思われるだろう。主人公と言いながら、万年の姿があまり見えないのではないかと。

しかし、それも万年のひとつの生き方ではなかったかと筆者は考えている。

表舞台にいるように見えて、じつは、黒い丸めがねを通して、じっと裏側から様々な人々の動きを見ていたような人ではなかったかと。

そして、行動すべき時に、ようやっと行動した。

さて、本書は、多くの引用文から成っている。学術書であれば、もとより正確にそれらを引いて示すべきであろうが、本書では、読みやすさを優先するために、旧漢字はすべて常用漢字に直し、また漢字カタカナ交じり文も、必要なものを除いて、すべて漢字ひらがな交じり文に直した。さらに、旧仮名遣いも現行の仮名遣いに直してある（たとえば、促音の「つ」の表記、「いふ」→「いう」に直すなど）。ただし、勅語、歌詞など歴史的ニュアンスが強いものは例外とする。また、踊り字に関しては一律で訂正して古く使われた踊り字の記号は使用しない。

ただ、出典は明記したので、原文に当たろうとすれば、容易にそれは求められよう。

さて、それでは、話をはじめたい。

日本語を作った男　上田万年とその時代　もくじ

はじめに　2

序章　12

第一部　江戸から明治～混迷する日本語

第一章　明治初期の日本語事情
万年、漱石。運命の二人　22／通じない日本語　25
地域的方言と社会的方言　30
西洋列強に対抗できる思想、言葉、生活を　35

第二章　万年の同世代人と教育制度
斎藤緑雨への憧れ　38／「情欲《ぱつしよん》」「那《の》ベル（小説）」　42
英語によって明暗を分けた万年と漱石　45
「江戸以前の文化を存在しないものとしたい」　49
日本語を捨てて英語にしよう　52
教育科目としての「国語」の成立　56

第三章　日本語をどう書くか
言文一致とは何か　58／表現苦の時代　62

漢字を廃止しようという動き 64／日本語はひらがなだけでいい 68
漢字嫌いの外山正一 71／新しい「詩」77
ローマ字派の主張 79／漢字派の主張 82
世界の文字表記改革 83／大槻文彦『言海』の仮名遣い 84

第四章　万年、学びのとき
博言学への志 90／「日本語とは何か」、師チェンバレンの問い 93
語学の天才、チェンバレンという人物 96／日本語はどこから来たのか 104
当時の国語学の教師たち 110／「万年の家の前を通るな」117
国語教授法の大きな変化 121
日本語に近代科学のメスを入れるチェンバレンの授業 125
万年、大学院へ 130／「大日本帝国の国語」を造り出すこと 134
思想を吐露し、理論を闘わせるための言語 140

第五章　本を、あまねく全国へ
明治の大ジャーナリスト、徳富蘇峰 144
当時の流行歌「ダイナマイト節」151
全国に読者を得るためには出版取次業が必要 154
出版、取次、販売が三位一体となった組合の設立 158
文明開化の象徴としての鉄道 163
当時のベストセラー、蘇峰の文章 168

第六章　言語が国を作る
「新しい日本語」のための留学 174／「西洋」に対する驚嘆 177
なぜ、ベルリン大学だったのか 183
当時最高のガーベレンツの「言語学」とは 186
エカテリーナ二世の世界諸言語蒐集への情熱 191
万年が学んだ最新言語学「グリムの法則」194
言語とは何かを問うことは、国家とは何かを問うこと 200
戦争準備としての「言語統制」202／ドイツ留学の意義 209
新しい日本語作りへの決意 212
「国語は帝室の藩屏《はんぺい》なり、国語は国民の慈母《じぼ》なり」217

第七章　落語と言文一致
言葉を写真のように記せる「速記」220
速記に残る名人・三遊亭円朝の語り口 225
日本語は二百五音ですべて写し取ることができる 228
「円朝の落語通りに書いて見たら何《ど》うか」234

第二部　万年の国語愛

第八章　日本語改良への第一歩
日本語への熱い思い 244／二十七歳にして帝国大学教授に 245
「日本語は日本人の精神的血液なり」247

万年が作った雑誌、『帝国文学』257
印刷メディアの発達が方言を駆逐した 260
明治の新興出版社成長の物語 264／日本語で学術書は書けるのか 267

第九章　国語会議
「国字改良会」の結成 272
方言を生存し置くか否か 278／仮名遣いを発音主義で統一する 282
学問と政治は不可分 287／万年作の絵本『おほかみ』288
国語仮名遣い、字音仮名遣い、訳語仮名遣い 291
「甲（カフ）」も「皇（クワウ）」も「コー」294
「母」は「パパ」だった――「P音考」299
大槻文彦とグリムの法則 303

第一〇章　文人たちの大論争
敵か味方か？　鷗外の力 310／鷗外の文章の力は雅俗折衷体にある 316
「和文」と「漢文」それぞれの弱点 321／鷗外と樗牛の「美」をめぐる論争 325
戦闘的啓蒙家、鷗外 327／鷗外が仕掛けた八つの論争 333
鷗外と逍遥の「リアリズム」をめぐる論争 338／激化する樗牛との論争 346
「ゾン、キホテ」か「ドン、ギホテ」か「ドン、キホオテ」か 350
「漢文で書けば晦渋、直訳体では難解」356
鷗外の姑息な手段 362／樗牛死す 370

第一一章　言文一致への道

「文献学」を学べ——弟子、芳賀矢一の留学 378／漢文を脱せよ 383
言文一致会の設立 388／「字音仮名遣い」について 392
在野の文人、三宅雪嶺の功績 400
国民教育と国語教育 406／「いろは」順と「アイウエオ」順 408
万年、女子の教育を語る 412／日本語を教える教師の問題 414

第一二章　教科書国定の困難

教科書疑獄事件 418／教科書は「検定」から「国定」へ 423
漱石の日本語が教科書によって全国へ 426
女学校の教科書では「妾」という字を使うべからず 429

第一三章　徴兵と日本語

近代日本への分岐点、日清・日露戦争 430／「徴兵の詔」 436
一歳の差が、その後の人生を大きく変えた時代 440
「全国統一話し言葉が無くては、兵隊は突撃ひとつ出来ん」 443

第一四章　緑雨の死と漱石の新しい文学

緑雨自作の死亡広告「僕本月本日を以て目出度死去仕候」 446
万年の江戸趣味と緑雨 450／江戸と明治をどう見るか 455
漱石の「猫」と万年の日本語 457

第一五章　万年万歳　万年消沈
いよいよ「国字国語改良の議論」のはじまり　462
弟子、新村出の見た「国語調査委員会」　473
「ほ」「ふ」「を」はすべて「お」と書く　476
万年、憤然として辞表を提出　485

第一六章　唱歌の誕生
賛美歌から生まれた『小学唱歌集』494／伊沢修二の吃音矯正法　498
言文一致唱歌運動　502／漱石作詞の「童謡」　506
文部省唱歌を作った男、高野辰之　509
歌が日本語を変えていく　512

第一七章　万年のその後
恩師チェンバレンの帰国と蔵書　516／万年の弟子たち　518
昭和二十一年、新仮名遣いの告示　520

上田万年年譜　524
参考文献　549

序章

ピンと八の字に広がる鼻髭を蓄《たくわ》えた男がおもむろに立ち上がると、ひとつ咳《せき》をして、話しはじめた。

「私は御覧の通り委員の中で一人軍服を着《き》して居ります」

押し殺した低い声は、周りを圧倒するに十分だった。

黒い軍服礼装の左胸に、たくさんの胸章が光っている。

男の席の上には「陸軍軍医総監・陸軍省医務局長　森林《もりりん》太郎《たろう》」という名札が置かれていた。

森鷗外《おうがい》である。

明治四十一（一九〇八）年六月二十六日、午前二時十分を少し過ぎて臨時仮名遣《かなづかい》調査委員会、第四回委員会が始まっていた。

鷗外・森林太郎は、四十六歳になっていた。髪を短く刈り込んで七三に分けた幅の広い額には、知性と自信がみなぎっている。

この会の司会は上田《うえだ》万年《かずとし》であった。

鷗外より五つ年下の万年は、この会議の数日前から胃がもたれていた。

「できれば、休みたいんだがな」と今朝、妻にも言ったほどである。

「どうしてですの？」と妻は背広を整えながら訊《き》いた。「具合でもお悪いの？」

「いや、なんだかいろんなことが思うようにいかないようでね」

「何がです？」と妻は訊いたが、万年はそれをうまく言葉で説明することはできなかった。

五分に刈った頭は、ごま塩のようで、額には皺《しわ》が三本ほど深く入っている。万年は、黒縁の丸めがねに息を吹きかけると、皺になったハンカチでレンズを拭《ふ》いた。

「今日は、立《た》て板《いた》に水をかけるように理屈を並べて自分の意見を言う人が話をされるのさ」

そう言って万年は深く息を吐いた。

「で此席《このせき》へは個人として出て居りまするけれども、陸軍省の方の意見も聴取《ききと》って参って居りますから、或《ある》場合には其事《そのこと》を添えて申そうと思います」

二十九歳の時に「医学博士」の称号を得て以来、「台湾総督府陸軍局軍医部長」「近衛師団軍医部長兼軍医学校長」「第二軍軍医部長」などの重要なポストで軍医としての業績を残しながら、さらに翻訳や詩文など「文学」の面での活躍もある鷗外は、まもなく「文学博士」の称号を得るだろうと噂されていた。

議論をふっかけるのが好きで、負けず嫌い。鷗外から議論をふっかけられたが最後、骨の髄まで絞られるようなしつこさにいたぶられるという。

外は強い雨が降っている。鬱陶《うっとう》しいほど暗く湿った梅雨の雨が三日も前から降り続いていた。

臨時仮名遣調査委員会の主事《しゅじ》を務める上田万年は、鷗外の声を聞いて、胃の痛みを感じていた。

鷗外は、自分に議論を仕掛けてくるかもしれない。

長い会議用の机の向こう側に立って、話している鷗外の目が、じっと自分を見ている。まるでヘビに睨《にら》まれたカエルのように、身動きもできず、万年は脂汗《あぶらあせ》が脇の下を流れるのを感じていた。

「最初に仮名遣いというものはどんなものだと私は思っているか、それから仮名遣いにはどんな歴史があるかということについて少し申したいのであります」

黙って下を見て聞き流すしかない。

しかし、あとで、「上田博士、私の意見にどこか間違っているところがありますか？」などと言われたら、「聞いていませんでした」と答えるわけにもいかない。

自分より優れた人間はいない、と鷗外は思っている。そして劣った人間が、鷗外は大嫌いなのだ。

しかし、鷗外はここで、何を言おうとするのだろう……。

万年は、この委員会では主事であるが、東京帝国大学教授、文学博士であり、国語学研究室の主任であった。日本人として初めて言語学を専門にした学者である。

鷗外がベルリン留学から帰ってくるのと入れ違いに、万年もドイツで三年、加えてフランスで半年の留学を果たしている。言語学を修《おさ》めるための文部省からの派遣留学であった。

その成果として、万年は、今から十年前の明治三十一（一八九八）年の七月に「国語改良会」を設置することの必要を説いて、それが明治三十五（一九〇二）年の文部省の「国語調査委員会」となり、何度も議論を重ねて、今日の「臨時仮名遣調査委員会」開催になったのだった。

万年が「国語改良会」を作ったのは、みんなが共通に使うことができる「国語」を作るためである。日本語を研究することによって「国語」が必要だと万年は感じた。

「国語」は、「すべての日本国民のための言語」である。

「これから日本が世界に向かって大きく前進するためには、地方の人と都会の人が同じ言葉で意見を言い合えるようにならなければならない。身分の上下、職業の違いを超えて、話ができる『国語』が必要なのだ」

……そう言ってみんなで新しい日本語である「国語」を作ろうとしていた。

三年前、仮名遣いや口語としての日本語の話をして、夏目漱石《なつめそうせき》が『ホトトギス』に書いてくれた「吾輩ハ猫デアル」は、まさにその大きな布石だった。

これまでの二葉亭四迷《ふたばていしめい》などが書く講談風の「言文一致《げんぶんいっち》」でなく、猫がしゃべる日本語は、読みやすく、おもしろいというので、大変評判になった。この調子で、漱石がもっとおもしろいものを書いてくれれば、これが日本中に広がって、新しい口語表記の新仮名遣いが普及してくれるに違いないと思っていたのだが……ここで鷗外が出てきてしまった……。

「一体《いったい》仮名遣いという言葉は、定家《ていか》仮名遣いのときから始まったのでありましょうか。そこで此《こ》のものを指して自分は単に仮名遣いと言いたい」

こう言って、鷗外はちょっと息を止めると、前よりやや大きな声を出して話しはじめた。

「単に仮名遣いというのは、諸君のほうで言われる歴史的な仮名遣い、すなわち古学者の仮名遣いを指すのであります」

万年は、いきなり鷗外から胃を素手《すで》で摑《つか》まれたような気がした。……やはり、我々の意図している仮名遣いに、鷗外は真っ向から反対しようとしているのだ。

万年の真向かいに座っている岡田良平《おかだりようへい》の目が涼《すず》やかに光っている。

京都帝国大学総長、高等教育会議議員、貴族院議員などという輝かしい勲章を胸に付けてこの会議に出席している岡田は、鷗外やその後ろに控えている山県有朋《やまがたありとも》と同じ穴の貉《むじな》である。

というより、鷗外を焚《た》き付けて、こんな演説をさせている人間こそ、岡田なのだ。

それにしても、自分だって「鷗外」と書いて「おうがい」と自分で発音しているじゃないか、と万年は思う。それをどうして「あうぐわい」と書く必要があるのだ。「おーがい」と書いたほうがもっと分かりやすい。「鷗」に「あう」、「外」に「ぐわい」と振り仮名があるのは、そういう発音がむかしあったからで、時代を経て明治の今となっては、だれもそんなふうには発音していない。それを踏《とう》襲《しゆう》する意味がどこにある。

前々回の六月十二日、大槻文彦《おおつきふみひこ》は「時代を経て、発音が変われば、それを表す表記の仕方も変わってくるのが当然です」と言った。大槻文彦は国語学者で、日本で初めての近代的国語辞典と言われる『言海《げんかい》』を編纂した人物である。

現代日本語の発音を反映する新しい仮名遣いを使うことに決めて教科書に採用すれば、十数年後には新しい「国語」をみんなが使うようになる。国語調査委員会のメンバーの半数以上は、この意見に賛成である。

しかし、この新仮名遣いに絶対反対という人も少なくない。鷗外も、もちろん、そのひとりである。

前々回の大槻文彦の話を、鷗外は苦虫を嚙みつぶしたような表情でじっと聞いていた。

今日は、その反論というより、ここでこの仮名遣いについて、決着を付けると豪語して来ているという話が数日前から伝わっていたのである。

「陸軍省の方の意見も聴取って参って居ります」

というのは、背後に元帥陸軍大将の山県有朋も控えているぞということを暗にほのめかす言葉である。そして、山県が控えているということは、天皇と大日本帝国を護《まも》るための機関が私の後ろにはあるのだという意味にもなる。

こんなふうに権力や人の力の及ばないものを傘に着て、滔々《とうとう》と自分の意見を述べることを鷗外は得意としていた。

「歴史的な仮名遣いは、語源とも深い関係がある」と鷗外はさらに大きな声で言いはじめている。

言われなくても、そんなことは分かっていると、万年は思う。

「地」の発音は「ち」である。だから「地面」と書くときには「ぢめん」と振り仮名をつけるのが正しい。しかし、「ぢ」と「じ」の発音の区別は、もう江戸時代中頃からできなくなってしまっている。「じめん」と書くのは正確に言えば間違いだろうが、発音をもとにした書き方でよければ「じめん」と書くのも認めたほうがいいのではないか。

鷗外は、しかし、「間違い」は間違いであって、間違いを認めてしまうことは、決して許してはならないと言う。

それを喩《たと》えるのに、鷗外は、こんなことを言いはじめていた。

「たとえば、これは、気の狂った人があって道もない所を奔《はし》り、その後ろをたくさんの人がついて行くようなものです」

「気の狂った人」は、他でもない、夏目漱石のことを言おうとしているのだろう。

漱石は、人気の高かった小泉八雲《こいずみやくも》の後任として東京帝国大学に英文科の講師として呼ばれていたが、学生からの不評もあって神経衰弱に罹《かか》っていた。

鷗外からしてみれば、なぜこんな男を東京帝国大学は英文学の専門家として雇っているのか、という不満もあった。しかも、『ホトトギス』に出した「吾輩ハ猫デアル」の評判が高い。それだけでも鷗外の神経に障《さわ》るものであった。

漱石の後ろにいるのは、上田万年である！　上田万年を問い質してやる！　という怒りが鷗外の言葉の端々から見え隠れする。

少し鷗外の声が小さくなったかと思っていると、いきなり大きな声を上げて言った。

「私の考えは、芳賀《はが》博士などのお説とは衝突を来すのであります！」

芳賀博士というのは、芳賀矢一《やいち》のことである。芳賀は、漱石がイギリスに留学するときに同船し、漱石がロンドンで神経を病んだのを文部省に報告した人物である。

また、芳賀は万年にとって一番の弟子で、何でも話せる友人でもあった。

芳賀が「文部大臣は、仮名遣いを新しく改める必要がある」と言ったことに対して、鷗外が詰問しているのだ。

「必要不必要の論、文部大臣にそういう機能がありや否やという論に、私は同意ができないのであります」

鷗外は、二時間に及んで古今東西に及ぶ言語と表記の問題を取り上げて聞く者を煙に巻き、「国語調査委員会」が行っている仮名遣いの調査はまだ不十分であると主張した。そして小学校の時から正しい「旧仮名遣い」を教えることによって正しい「国語」が書けるようにすべきであると力説したのだった。

万年は直接、鷗外の攻撃を受けることはなかったが、鷗外の演説が終わったと同時に、司会者として立つと、軽く立ちくらみを覚えた。

「何か、他にご意見はありませんか」

だれも何も言わなかった。

みな、疲れ切っていた。鷗外の話は、聞くだけでも十分人を疲れさせた。

この前までの会議では、「新仮名遣い」で行くことがほとんど了解されていたのだ。

万年は、漱石にもそう話していた。新しい日本語で新しい表記で新しい文学を作り出そうと。

「そうだな、候文で手紙を書くのも悪くないが、別に候がなくても、手紙は書ける。学生に手紙を書くのに、候文だと堅苦しくて言いたいことが七割しか伝わっていないような気がする」

漱石はそう言っていた。

「武士の世が終わってもう三十数年、候文を止めて、みんなが分かる言葉を作る時が来たんだ」と万年は、右手で、ずり落ちる黒縁の丸めがねを低い鼻の上に持ち上げながら言ったのだった。

しかし、今、それがあっけなくひっくり返ってしまう。

それは、鷗外のこの会議における意見だけでなく、文部省内にいた保守系の役人が、貴族院の議員に新仮名遣いの無用を説いてまわったからでもあった。個人的な嫉妬などの感情的な問題もあった。

万年を助け、新しい日本語を新しい仮名遣いで書くことを強く主張する中心人物であった外山正一《とやままさかず》が亡くなったということが大きかったとも言える。外山は東京帝国大学総長や第三次伊藤博文《いとうひろぶみ》内閣での文部大臣を務め、教育のために広く活躍した人物だった。

この明治四十一（一九〇八）年を境《さかい》に、日本語は、確実に、大きく変わろうとしていた。

上田万年たちは、ふつうに話して、できるだけ多くの日本人が分かる日本語を「国語」として、分かりやすい発音主体の「新仮名遣い」で書かれた新しい教科書を作ろうとしたのである。

日本語の変化の波をだれも抑えることはできない。

漱石は、これから十年、胃を悪くしながら新しい日本語という波の先頭に立って言語表現を行っていく。そして万年や芳賀は、これを支えるように日本語の歴史的研究や児童教育のための唱歌の制作などにも関わっていく。

結局、これからほぼ四十年後、戦後昭和二十一（一九四六）年の「現代かなづかい」が告示されるまで、万年たちの夢の実現は待たなければならなかった。

さて、漱石による「吾輩ハ猫デアル」が現れるまでの日本語、あるいは「国語」とはどのようなものだったのであろうか。

そして、その日本語は、どのように形成され、「国語」と呼ばれるものとなったのであろうか。

明治というブラックボックスのような時代を、言語学を初めて学んだ上田万年という男の目を通して見つめてみよう。

第一部　江戸から明治〜混迷する日本語

第一章　明治初期の日本語事情

万年、漱石。運命の二人

大した不幸もなく、大した栄誉もなかった人の名前は忘れられやすい。

東京大学で、日本人として初めて言語学を教えた人というくらいでは、歴史に名前は刻まれないものなのであろう。

『広辞苑』を編纂した新村出《しんむらいずる》の先生だといっても、「上田万年」という彼の名前を、記憶に留めることはない。はたして、『広辞苑』は知っていても、「新村出」はすでに忘れられてしまっている。

個人的に歴史に残る業績があるわけではない。彼と同じ分野で同じ時代に、彼以上の業績があった人を挙げるとしたら、大槻文彦（一八四七〜一九二八）という人物がいる。

アイウエオ順に日本語を並べて、福澤諭吉《ふくざわゆきち》から「下駄箱のように言葉を並べた」と言われながらも、我が国で初めて『言海』という近代的な辞書を作った。

そして、その偉業の陰には子どもの死、得られるべくして得られない地位や名誉など、少なからざる不幸が彼を襲っていた。

大槻の『言海』には、それに打ち勝つ精神力が原動力としてあった。

しかし、大槻の不幸に比べると、地位や名誉という点では、東京大学で文学部長になり、娘が小説家となり、園遊会などにもたびたび呼ばれた万年には、不幸と呼ぶほどの不幸はなかった。しいて挙げるとすれば、大腸癌で死んだことくらいだろうか。

上田万年（一八六七〜一九三七）、言語学者、国語学者、東京帝国大学国語研究室初代主任教授、国語調査委員会主事。東京帝国大学名誉教授。ドイツに官費留学し言語学を修める。バジル・ホール・チェンバレンの弟子。万年の弟子には新村出、橋本進吉《はしもとしんきち》。小説家・円地文子《えんちふみこ》の父。著書に『国語のため』『国語のため2』（いずれも冨山房刊、現・平凡社東洋文庫所収）などがあり、墓地は谷中《やなか》霊園にある。

数行で終わる人生である。

そういう意味においては、彼が書物として書いたものには、あるいは、読者に共感を与える力がなかったということもできるかもしれない。

サルトルは『文学とは何か』に記している。

創造は読者のなかでしか完成しない。芸術家は自分のはじめた仕事を完成する配慮を他人に任せなければならないし、読者の意識を通じてしか、自分を作品に本質なものと考えることができない。従って、あらゆる文学作品は呼びかけである。書くとは、言語を手段として私が企てた発見［開示］を客観的な存在にしてくれるように、読者に呼びかけることである。

書く者の不幸は、ある意味、読者への共感を求める。それはときには、「人間としての深み」として行間に現れると言われるかもしれない。

しかし、上田万年は、恵まれすぎていた。行間に「深さ」を滲《にじ》ませるほどの苦労はなかった。しかし、それでも、彼には、彼なりに日本語の世界で言うべきことがあったし、彼の言葉があったからこそ、今の日本語ができあがったとも言える。

万年の人生、それは近代日本語が形成されるために費やされた政治の世界の出来事でもあった。

上田万年の一生は、明治とともに始まる。そして、それは夏目漱石も同じことだった。

上田万年は、明治元年に一歳を迎えた。生まれたのは慶応三（一八六七）年一月七日（新暦では二月十一日）である。漱石の誕生日は同年一月五日（新暦二月九日）でたった二日しか違わない。

また、万年が生まれた場所は、大久保の名古屋藩下屋敷、旧・新宿区立区民健康センター（現・訪問看護ステーション）がある新宿区大久保三丁目に当たる。そして漱石が生まれたのは、牛込馬場下《うしごめばばした》横町《よこちょう》（現・新宿区喜久井町《きくいちょう》）である。ほとんど目と鼻の先であった。

これはのちに詳しく明らかにしたいが、記録の上に二人の関係は、本当に細い糸のようにしか現れない。しかし、二人の人生は複雑に絡まり、いずれ近代「日本語」の形成に対して大きく関係する。

もし、こういう言い方が許されるのであれば、百年後にも読まれ続けている「吾輩ハ猫デアル」を漱石に書かせたのは、新しい日本語を創ろうとした言語学者・上田万年である。聡明な漱石は、「近代日本語」が公に向かって現れることを事前に知って、百年後にも読まれる文章を書くための準備をし、民衆に広くウケる「吾輩ハ猫デアル」をひっさげて現れた。そして、その裏方にいたのが、上田万年だった。

万年なしに、「漱石」は生まれてこなかった。

慶応三（一八六七）年には、万年、漱石の他に新しい文学や文化を創る人物が多く生まれている。斎藤緑雨《さいとうりょくう》、尾崎紅葉《おざきこうよう》、正岡子規《まさおかしき》、幸田露伴《こうだろはん》、宮武外骨《みやたけがいこつ》、南方熊楠《みなかたくまぐす》などである。

しかし、彼らの最後に文壇に現れて、百年を経てなお小中学生にも読める文学を残したのは漱石であった。

万年と漱石――この二人の間には、どのような日本語への思いがあったのか。

これを明らかにするためには、明治から大正へという時代の流れに沿って、「言語学」あるいは「世界言語における国語」の歴史を、万年とともに見ていくことが必要であろう。

はたして、我々からおよそ百年前の日本語の事情はどのようなものだったのだろうか。まず、その辺りから話を進めていこうと思う。

通じない日本語

井上ひさしに『國語元年《こくごがんねん》』という戯曲がある。一九八五年にＮＨＫ総合テレビでも一ヶ月にわたって放映されたのち、何度か再放送され、また舞台でも様々演じられている。

日本語のおもしろさ、そして日本語が持つ問題などにも詳しかった井上ひさしならではの視点で、明治時代に「全国統一話し言葉」の制定を命じられた文部省学務局の役人・南郷清之輔《なんごうせいのすけ》を主人公に、抱腹絶倒の劇が繰り広げられる。

なにが可笑《おか》しいか。一言で言えば、「全国統一話し言葉」つまり共通語を作ろうと一生懸命になる主人公、南郷清之輔の家こそが十種類ほどの方言に充ち満ちて、家のなかでも共通語を作ることができないのに、日本に共通語を作ることができるのかという、大きな矛盾が描かれているからである。

南郷清之輔は、長州萩の出身で長州弁を話す。ところが、清之輔が養子として入った先の義理の父・南郷重左衛門は薩摩弁。そしてその娘、つまり清之輔の妻も薩摩弁。五歳になる息子重太郎は薩摩弁も長州弁もこなす「ごちゃごちゃ弁」。

女中頭の秋山加津は江戸山の手言葉を話し、二人の女中は江戸下町言葉、薪割《まきわ》りや水汲みなどをする下男の江本太吉は津軽弁。

車夫の築館弥平《つきだてやへい》は遠野弁、書生の広沢修一郎が名古屋弁、山形から上京して女ながらに書生をしている大竹ふみが山形弁、どこからかやってきて居着いてしまった公家・裏辻柴亭公民《うらつじしばていきんたみ》という人物が京都弁。そして週に一度押し込んでくる強盗が会津弁を話す——という具合なのである。

さて、劇中、明治七年六月二日、主人公南郷清之輔は、文部少輔・田中不二麿《たなかふじまろ》から辞令をもらう。この辞令を南郷家の仏前に上げて言った台詞が次のものだ。

本日、わたくしはノータ、文部少輔田中不二麿閣下の許《もと》に呼び出されたのでありましたよ。田中不二麿閣下は文部省を牛耳っておいでの実力者でノータ、わたくしはその閣下からその《ソ》よう《ガ》な《イ》辞令を頂戴したのでありました。

学務局四等出仕
南郷清之輔
全国統一話言葉制定取調ヲ命ス
明治七年六月二日
文部少輔　田中不二麿

全国統一話言葉《ハナシコトバ》ノ制定取調、でありますよ、南郷家の御先祖様。

広《ひろ》いこの日の本の国の話し言葉をわたくしが平定することになりもうしたのでノータ。これは織田信長公や太閤秀吉の天下統一とも肩を並べるほどの大事業でありますがノンタ。この大事業をわたくしは一カ月かそこらでみごとにやりとげてみせますでノー、そしたら《ヘータラ》、この清之輔をほめてくださらにゃイケンドヨ。南郷家の御先祖様、こんな《コゲーナ》大事業をヤッチョローとしとる者が、南郷家にこれまで一人でもおったでありますか。

南郷清之輔はこの大事業に誇りを持って臨もうとしている。

井上ひさしは、舞台の時代設定を明治七（一八七四）年からとしている。ト書きには「大きな幅としては明治五年八月の『学制』の発布から明治八年の末までの三年五ヶ月。そしてさらに絞っていけば、明治七年初夏からその年の秋まで。というのは明治七年九月十九日の『学務局ノ廃止』が政府の言語政策の転換点と考えられるからである」と記される。

実際にはまだこの段階では、文部省に共通語を作ろうとする積極的な動きはなかったと考えられるが、「全国統一話し言葉」が必要だということの理由も劇のなかで清之輔は次のように言っている。

清之輔　……それでは《ヘータラ》何故《ナシテ》、全国統一話し言葉チューものが必要なのか。まず、兵隊に全国統一話し言葉が要るのヂャ。たとえばの話がノータ、薩摩出《で》の隊長《テーチョー》やんが、そこに居《お》る太吉の様《ヨー》な津軽出《で》の兵隊に号令ば掛けて居るところを考えてミチョクレンカ。隊長やんが薩摩訛《なま》りで「トツッギッ(突撃)!」と号令した。太吉、今の号令、何のことか分かったかノ?

太吉　(自信満々)ワダグス、分《ワガ》んねがったもネ!(中略)

清之輔　そういう《ソゲー》わけヂャカラ、全国統一話し言葉が無《ノー》くては、兵隊は突撃ひとつ出来んチューことになる。この日の本の国に、全国統一話し言葉が無《ノー》くては、軍隊が、それから《ヘーカラ》御国《おくに》がひとつにまとまらんチューわけでアリマスヨ。全国統一話し言葉こそ、御国の土台石《ドデーイシ》ヂャ。つまり《ケッチャク》この南郷清之輔が御国の土台《ドデー》を築くチューことになる。わしに課せられた責任は大層《ヨッポド》重い。ヂャがわしはこの大任を美事《ウツクシュー》に果してみせようと思ッチョル……。

しかし、明治七、八年の段階で「全国統一話し言葉」ができるはずはなかった。しかも、清之輔が言うように半年で、みんなが同じ言葉を使うための「土台」を作ることなど成し得るものではない。

劇の最後は、不幸のなかで終わる。

南郷清之輔が語る最後の言葉と合わせて「二十年後の明治二十七（一八九四）年秋、東京本郷の東京癲狂院《てんきょういん》で死亡」というテロップが最後に写し出される。

清之輔は、上司に強く叱責されて発狂し、以後「東京癲狂院」で死ぬまで療養していたのである。

明治の初め、上田万年が生まれた名古屋藩の下屋敷でも、南郷家ほどではないにしろ、方言が飛び交っていた。

万年の父は上田虎之丞《とらのじょう》、母はいね子といった。上田虎之丞の名は、名古屋藩の記録にはまったく現れない。武士としてどれほどの身分であったかは明らかではないが、下屋敷住まいであったとすれば、さほど高い身分ではなかったと推測できる。

しかし、武士であって名古屋との行き来をしていたとすれば、おそらく、父母は「上町言葉《うわまちことば》」を使っていたのであろう。

「こんなところでなんでござりまするに、ちょこっとそこまでおあがりおそばいてちょうであーいあすばせ」

「ありがとうござりまする。……やっとかめで、江戸へ出てまあーりましたものだで、ひょっとしたらお目にかかれたらと存じまして、寄らせていただきましただけでござあーいますもんだで」

これが名古屋の城下町、「上町」（現在の中区丸の内、東区徳川町、西区城西を含めた名古屋中心部）で使われていたという、当地では上品で洗練されたと言われた「上町言葉」と呼ばれるものである。名古屋藩の武士言葉でもあったが、同じ屋敷内にも名古屋藩内から連れてこられた小間使いがいる。彼らは次のような話し方をしていた。

「名古屋の台風《てあふう》はおそげあー無《な》あけど〔恐くないけど〕、水が入《へあ》るで、おそげあーって。……何もなあで、配給《へあきゅう》になっとるでなー。彼ら、そのー、下宿しとるんでねあから、間借りしとるもんだで。……うちでも居《い》りゃあてって一年、あの二ヶ月ばかおりましたがねー」

現在の熱田《あつた》区辺りの出身の庶民の言葉である。

万年が生まれた年の十月十四日（新暦十一月九日）、大政奉還が行われたとはいえ、庶民の生活はまだ江戸時代のままだった。

『國語元年』に象徴的に描かれているように、そこには地方の差による方言と、身分の違いによる方言があって、極端に言えば、それらが一致しないと、まったく話が通じなかった。

そんな時代に生まれた万年は、『國語元年』の主人公・南郷清之輔が「全国統一話し言葉」の制定に必死で取り組んだように、「すべての日本国民のための言語」である「国語」の確立という大事業に、生涯をかけて取り組むことになるのである。

地域的方言と社会的方言

明治二十一（一八八八）年に出版された青田節《あおたせつ》の『方言改良論』の序文にはおおよそ次のように書かれている。

すでに普通教育という名称で小学校から義務教育をはじめたのはいいが、まったく方言がなくならず、共通語にならないというのはどういうわけなのか。最近私は東北に出張したのだが、そこで話されている言葉は、「南蛮鴂舌《なんばんけつぜつ》」とでもいうべきでまったく何を言っているのか分からなかった。これは東北だけに言えることではない。日本全国、どこへいっても同じことである。私は、小学校の科目のなかに、是非、発音矯正を組み入れて欲しいと思う。そして、これはたんに希望というものではなく、実際に各地方の議会で取り上げて欲しいと思うのである。

方言を「南蛮鴂舌」という青田の言い方さえ、現代ではまったく許されるものではない。これは『孟子《もうし》』(滕文公《とうぶんこう》上篇)に見える言葉で、南方に住む蛮人が使う言葉はまるでギャーギャーとさえずる百舌鳥《もず》のようにやかましく、まったく意味が分からないというものである。

「方言改良」は、現代にいたるまで、こうしたものをも矯正することを最終的な目標にすることになっていくが、まだ当時はそこまでにはいたっていない。

しかし、それでも、青田が言うような、通じない日本語をどうするかという発音の矯正、方言語彙の撤廃のようなことが、教育の普及と富国強兵のレールの上で必要になってきていたのである。

青田は、本書を書く理由になったとして、興味深いエピソードを載せている。

あるとき、東京から福島に行くのに汽車に乗ると、私のほかにイギリス人が一人と、仙台出身の女性がいた。

仙台の女性の話を聞いていると、言っていることをまったく理解できず談話をするということさえできなかった。しかし、イギリス人とは、私が少しばかり英語ができるというだけなのに、話が通じたのである。同じ日本人であるというのに、こんなに同じ言葉が通じないということに私は驚いてしまったのである。

同じ日本人同士でも方言で話されるとまったく通じないが、イギリス人とは少しの英語の知識で話が通じたというのだ。

「方言」と言えば、我々は、ふつう青田が言うような地域的に異なる発音の仕方やその土地で使われる特殊な語彙を思い浮かべる。これは「地域的方言」と呼ばれるものである。

江戸時代、参勤交代で地方からやってきた大名などは、江戸城内でどのような話し方で会話をしていたのであろうか。全国各地の方言が飛び交い、話が通じるのは到底無理だと想像できる。それを解決したのが「謡曲《ようきょく》（能楽）」という共通の教養であった。

江戸時代には、謡《うたい》を謡うための発音の仕方を説明した本も出版されている。また謡の内容は中国古典と日本文学をもとにしたもので、語彙も漢語から和歌に使われる洗練された大和詞《やまとことば》で占められ、「候文《そうろうぶん》」で記されている。

元和卯月本《げんなうづきぼん》と呼ばれる江戸元和六（一六二〇）年に出版された百番《ひゃくばん》の謡本《うたいぼん》は、大名家では必ず持っているものであった。これが彼らの共通言語だったのである。

方言にはもうひとつ、地域的方言と同じくらい問題となる、身分、階層の違いによる「社会的方言」というものが存在した。社会的方言を笑いの種にしたもののひとつが落語である。

たとえば「二十四孝《にじゅうしこう》」という話がある。

大酒飲みの大工・八五郎は、夫婦げんかを止めに入った母親を蹴飛ばした。その話を聞いた長屋の大家が、八五郎に親孝行の大切さを教えようと、古代中国の書物『二十四孝』に描かれる孝行者の話を聞かせる。

しかし、大家が話す漢語がまったく八五郎には分からない。それでも、親孝行をしたら小遣いを遣《や》ると言われて帰った八五郎は、大家から教わった言葉を使って母親に話しかける。

「母上」……しかし、今度はこの言葉が母親にも通じない。

八五郎は、自分をいじめる継母から魚が食べたいと言われた孝行者の王祥《おうしよう》が、凍る川に行って衣を脱ぎ、魚を捕まえようとすると、鯉が二匹懐に入ってきたという逸話を思い出して、母親に「鯉を食いたくないか」と訊く。

すると、母親は「川魚は臭くて嫌いだ」と答える。

話が通じないというのは、言葉だけの問題ではない。「孝行」という概念もあまりよく分からない。「親を大事にすることだ」と教えれば、「なら、初めからそう言えばいいじゃねぇか。コウコと言うから、漬け物のことかと思ったぜ」と八五郎は言う。

万事こんなふうに、大家が教えたことを八五郎も理解できないし、母親にも話がまったく通じないのだ。こうしたちぐはぐさが、落語の笑いの原点である。

同じような話は、「妾馬《めかうま》（八五郎出世）」にも描かれる。

こちらは、大名・赤井御門守が長屋口で見初めたお鶴という女性との間に世継ぎが生まれたというので、お鶴の兄八五郎が大名に呼ばれ、侍に取り立てられるという話である。

しかし、大名屋敷に入った八五郎は、そこで使われる言葉がまったく分からない。

たとえば、六代目三遊亭円生《さんゆうていえんしょう》（一九〇〇〜一九七九）の落語では、大名が八五郎に「ささを食うか」と訊くくだりがある。

八五郎は「馬じゃないから、笹は食わない」と答えるが、これは大名詞《だいみょうことば》と呼ばれるもので「酒を飲む」ことを指す。そう説明すると、八五郎は「酒は、飲むものじゃなく、浴びるものだ」と言って笑いを取る。

「妾馬（八五郎出世）」では、漢語以外にも大名詞と町人の詞の社会的方言の差が、「二十四孝」の長屋の大家と大工職人以上に、違っていたことが笑いの種になっている。

明治の初年、江戸の人々が最も安く楽しめる娯楽は落語であった。のちに触れるが、漱石は子どもの頃から落語が大好きだった。

小島貞二《こじまていじ》所蔵『明治元年以来東京色物寄席』という本によれば、明治五、六年には東京市内に二百余軒を数える寄席があったという（小島貞二『落語三百年（明治・大正の巻）』）。

そして万年が生まれた名古屋藩下屋敷、漱石が生まれた牛込馬場下横町から近いところにも「和良《わら》店亭《だなてい》」という寄席があった。

六代目円生は『寄席切絵図』で和良店亭に触れ、次のように語っている。

「牛込で有名な席と申しますと、古くは、藁店《わらだな》という席がございました。（中略）場所は、神楽坂《かぐらざか》をあがって行って、毘沙門《びしゃもん》さまの前を通ると、田原屋という洋食店がある、その前を、もうちょっと行って左ィまがった、その右ッかわにありましたんで。大きさは、どのくらいありましたかねェ、そう狭くはないほうでしたが……」

漱石ばかりでなく、万年も母や同じ下屋敷に住んだ人たちに連れられて、江戸の言葉をこの和良店亭で学んでいったのではないだろうか。後年、都々逸《どどいつ》や歌舞伎などにも詳しい通人《つうじん》になった万年であるから、寄席に通っていても少しも不思議ではない。

万年、漱石が生まれ、ようやく物心がつく頃の東京は、まだまだ落語の世界のような江戸の匂いで満ちていた。

そして、日本全国からやってきた人、様々な階級の人が入り乱れ、地方も階級も異なる人々の言葉は、互いに何を言っているのか分からないという、混乱のなかで生きていたのである。

西洋列強に対抗できる思想、言葉、生活を

明治五（一八七二）年、明治政府は、教導職《きょうどうしょく》を設置した。

言葉を含め、生活の根底にある思想を、西洋列強に対抗できる「近代」的なものにするというための機関である。

彼らが考えたのは、その思想は、キリスト教に匹敵する「一神教」でなければならないということであった。

仏教と神道と儒教とが入り交じってよく分からないごった煮のような江戸時代までの思想は非常に遅れた文明のようで、だからこそ、日本は列強の近代科学に及ばないのだと、アメリカやヨーロッパを見てきた人たちはみな、考えたのである。

すでに、明治政府は、「王政復古」「祭政一致《さいせいいっち》」を行うために、まず慶応四（一八六八）年四月五日から明治元（一八六八）年十二月一日にかけて「神仏判然《しんぶつはんぜん》（神仏分離）令」を出していた。

そして、明治五年、今度は、神祇《じんぎ》省を廃止し、神宮祭主近衛忠房、出雲大社大宮司千家尊福、東本願寺法主大谷光勝、西本願寺法主大谷光尊を「教正《きょうせい》」として、その下に「教導職」を置いたのである。

「教導職」とは、分かりやすく言えば、大衆に向かって、天皇を万世一系の神として崇《あが》めること、そして「国」というのがこれまでの「藩」ではなく、「日本」を表すこと、身を粉にして国と天皇に尽くすことを説教する役職であった。

この三つの教えは、「三条教則《さんじょうきょうそく》」と呼ばれ、それぞれ「敬神愛国《けいしんあいこく》」「天理人道《てんりじんどう》の明示」「皇上奉戴《こうじょうほうたい》と朝旨遵守《ちょうしじゅんしゅ》」の三つの言葉が標語として掲げられた。

これは、もちろん、それまでの幕藩体制を天皇中心の帝国主義へと転換させるための政策であったが、同時に社会的方言の解消という側面も持っていた。

「敬神愛国」「天理人道の明示」「皇上奉戴と朝旨遵守」などという言葉が、落語に出てくる長屋の住人、八五郎たちに分かるはずはなかった。

そこで教導職と呼ばれる人たちは、長屋の大家さんと同じように、話を嚙み砕いてみんなに教えようとしたのである。

たとえば、前田愛・加藤秀俊『明治メディア考』では、茨城県古河《こが》市の図書館に保存されている堀秀成という教導職が遺した説教用のノートを紹介している。

『古今和歌集』の「雪の内に　春は来にけり　鶯の　こほれる涙　今やとくらむ」という歌を使い、堀は文明開化というのは冬が去って春が訪れたようなものである、と説く。

「本当は大変動である文明開化を、季節の移りのようにおのずからに変化したものだという形で民衆に説くんですね」と前田は言っている。

「天皇」がヨーロッパの「皇帝」と同格の絶対的な権威をもって君臨するという大日本帝国憲法は、奈良時代の律令制的な面がないわけではない。

しかし、こうした制度によって、我が国は、中央集権体制を強化し、「日本人」の思想や言葉、生活においても、西洋と互角のものを創ろうとしていた。

万年はこのような時代の空気のなかで、幼少期を過ごしたのであった。

第二章　万年の同世代人と教育制度

斎藤緑雨への憧れ

万年が三歳のとき、父の虎之丞がコレラに罹《かか》って亡くなった。母いね子はとても厳しい人で、万年に、名古屋藩出身の男らしくしっかりした学問を身に付け、人のために生きる人間になれと言って育てる。

「人に信用されにゃぁといけん」と母は万年に繰り返し言った。「この人と思ったら、採算など度外視して相手を大切にしにゃきゃにゃらん。これからは、お役人の時代ぞ！　えらい大臣ににゃってくれんしょ！」

しかし、十二歳の時、万年は「文学」に目覚めてしまう。

伊勢から上京した斎藤 緑雨《さいとうりよくう》の影響である。

今となっては、ほとんど忘れられてしまった小説家、評論家であるが、小説としての代表作に「油地獄」「かくれんぼ」などがある。

さて、斎藤緑雨は、慶応三（一八六七）年十二月三十日（新暦では一八六八年一月二四日）、伊勢国神戸《かんべ》（現・鈴鹿市神戸）に生まれた。本名は賢《まさる》という。十歳の時、両親に伴われて上京し、十二歳の時、父親が旧藩主の藤堂家侍医になったため、本所緑町三丁目（現・墨田区緑）の藤堂邸内に住んだ。ここで知り合ったのが、同じ藩邸内にいた上田万年であった。

同じ十二、三歳であっても、当時、緑雨は藤堂侯のところに出入りをしていた其角堂永機《きかくどうえいき》という俳諧《はいかい》の師匠のところに行って、俳句を作り、文章を書いたりしていた。

そして、万年は、こうしたものを見せてもらっては、緑雨ではなく、緑雨の父親かだれか大人が書いたものだとてっきり思っていたというのである。それほど緑雨は早熟していた。

緑雨と万年は、東京府第一中学でも同級であった。

万年は、友人何人かと一緒に「花鳥の友」や「浮世の義理」などと題をつけた同人誌のようなものを作ったが、この時、編集長となってくれたのが緑雨だったと記している。

これについては、緑雨も「日用帳」に、次のように書き残している。

数うれば十返《とかえ》りの松の契《ちぎり》、多くも経たる月日《つきひ》哉《かな》。緑 町《みどりちょう》に住える若殿原《わかとのばら》の打寄りて、晩翠会《ばんすいかい》というを組織したるに、われも加わりしは十五か六の常磐堅磐《ときわかきわ》、末長き望みの今ほどに容易《たやす》く凋《しぼ》まんとも思わざりし折の事なり。輪講《りんこう》に倦《あ》き、討論に倦き、作詩作文の課題宿題に倦きたる果《はて》は、紙二つ切、四つ切の雑誌様《よう》のものを自《みずか》ら書き、自ら綴《と》じ、自ら配りて相互《あいたが》いに交換するなどの戯《たわぶ》れに耽《ふけ》りたりしが、これぞ後々、身に廻る毒とも知らでわれの呑みし初めなりける。

万年は緑雨のことをひとつ年下だとばかり思っていたと書いているが、文学という点では、緑雨に影響を受けるところが大きかったのではないかと思われる。

当時は、明治になっているとはいえ、江戸がそのまま生きている時代である。斎藤緑雨は、明治十七（一八八四）年、十六歳の時、其角堂永機の紹介で、仮名垣魯文《かながきろぶん》（一八二九〜一八九四）の門人となる。

江戸戯作《げさく》文学最後の著名な作家、画家・河鍋暁斎《かわなべきょうさい》と組んで『絵新聞日本地』という日本初の漫画雑誌を発行し、現在のダイレクトメールに匹敵する「引き札《ひふだ》」の広告文、キャッチコピーを一万以上作り上げたというコピーライターでもあり、さらに『仮名読新聞』『いろは新聞』『今日新聞』を創刊し筆を振るった仮名垣魯文は、当時の東京メディア界でのトップスターであった。そんな人の門人となれるほどに、斎藤緑雨は才能を認められていたのである。

和漢の文学を志していた万年にとって、緑雨が魯文の弟子になったということは、憧れにも似た気持ちであっただろう。

魯文の弟子となって以後、緑雨は、『今日新聞』『めさまし新聞』『自由之燈《ともしび》』『国会』『朝日新聞』『万朝報』『二六新聞』『平民新聞』などに、続々と作品を書いていく。

魯文が、緑雨に教えた言葉がある。

「汝士分《しぶん》の面目《めんぼく》をおもわば、かの流行言葉というを耳にすとも、決して口にする勿《なか》れ」というのがそれである。

博文館発行の『太陽』に明治三十年四月五日から同年十二月五日まで連載された緑雨の「おぼえ

帳」に記されている。緑雨の文章が、今となってしまっては読み難いのは、緑雨が「士分の面目」を守り、江戸の言葉を守り抜いたからだったのである。

この「おぼえ帳」には、今でも笑えるようなことが書いてある。

仏《ふつ》（筆者注：「フランス文学」の意）学者《がくしゃ》と漢学者と連立ちて途《みち》を行きけるが、やがて夕やけの空を指《ゆびさ》して、あれが暮靄《ぼあい》というのですなと仏学者のいえば、漢学者はしばしば耳傾《かたぶ》けて、ボアイ、成程、仏蘭西《ふらんす》では爾《そう》申しますか。両学者竟《つい》に何事とも暁《さと》らず。

また「半文銭」には、アフォリズムが連ねられる。

◎無邪気《むじゃき》は愛すべく、無責任は憎むべし。されども無邪気は、無責任の一種なり。

◎日本は公明を喜ぶ国也、明治は公明を喜ぶ時也。公明は即ちおおびら也、晴天白日也。罪も公明なるは釈放せられ、宥免《ゆうべん》せられ、許容せられ、偖《さて》又感賞せらる。所謂狗盗《くとう》、鼠賊《そぞく》の徒《と》の用捨なく縛《ばく》せらるるは、ただ其公明を欠くが為のみ。

パロディ、アフォリズム——仮名垣魯文の弟子となってからの緑雨は、プロとしての作家の才能を伸ばしていった。

そして二十代の後半、緑雨は貧しさと肺結核に苦しむひとつの才能を発掘する。樋口一葉《ひぐちいちよう》（一八七二〜一八九六）である。

緑雨は、鷗外が主宰する同人誌『めさまし草』の「三人冗語」という作品合評に一葉を取り上げて絶賛し、『一葉全集』を博文館から発行させるという離れ業まで行ったのである。

「情欲《ぱつしよん》」「那《の》ベル（小説）」

「明治」という時代を見るとき、また万年の文学に対する考え方を見ようとするとき、斎藤緑雨と同時に、もうひとり重要な人物がいる。

それは、万年と同じ尾張藩（名古屋藩）出身である坪内逍遥《つぼうちしようよう》（一八五九〜一九三五）である。『小説神髄』やシェイクスピアの翻訳などによって知られる坪内逍遥は、明治十（一八七七）年に設立された東京大学文学部政治学科を明治十六（一八八三）年に卒業した。坪内は「文学士」の称号を得て小説家となった初めての人である。

万年が東京大学（「東京大学」が「帝国大学」と改称されたのは一八八六年である）に入った明治十八（一八八五）年に、坪内は、『小説神髄』と『当世書生気質』の二作を発表している。

『小説神髄』は、母の影響で子どもの頃から親しんできた江戸の草双紙《くさぞうし》や読み本、戯作などの影響を受けて書かれた明治最初の文学士による文学理論である。

そのなかの「小説の主眼」という章で、坪内は次のように書いている。

小説の主脳は人情なり。世態風俗これに次《つ》ぐ。人情とはいかなる者をいうや。曰く、人情とは人間の情欲《ぱつしよん》にて、所謂百八煩悩《ひやくはちぼんのう》是なり。それ人間は情欲《じようよく》の動物なるからいかなる賢人善者《けんじんぜんしや》なりとていまだ情欲を有《もた》ぬは稀《まれ》なり。

大学に入学してのち、師となるチェンバレンに出会って博言学（言語学）に興味を抱くまで、文学青年だった万年も、『小説神髄』を貪るように読んだに違いない。

ところで、『小説神髄』の文章に見える最初の「情欲」に坪内は「ぱっしょん」とルビを振っている。この他『小説神髄』には、「小説」という言葉を、「那《の》ベル（小説）」「述懐の歌（ヱモウショナル。ポヱトリイ）」など、英語を使った表現が非常に多い。

坪内逍遥は、じつは、江戸の文芸にどっぷり浸《つ》かりながら、漢文も習い、同時に若い頃から英語による教育も受け、「和漢洋の学」を身に付けた学者だったのである。

筑摩書房『明治文学全集』の坪内逍遥の年譜を編纂した清水茂（同姓同名に京都大学名誉教授で中国学者があるが、こちらは早稲田大学教授）による年譜を見るとそのことが分かる。

坪内逍遥は、六歳の時にまず『実語教《じつごきよう》』を習い、母親から草双紙の絵解《えと》きをしてもらったとある。十歳の時には、貸本屋で有名な名古屋の大惣《おおそう》（大野屋惣八）に出入りして、江戸の文芸を耽読した。

明治五（一八七二）年、十二歳の二月、私立白水学校で漢籍を学んで漢詩を作るなどしたが、八月には名古屋県英語学校に入り英語を学び始める。

また十六歳の時には官立愛知外国語学校に入り、ここでアメリカ人教師レーザムからシェイクスピアの講義を聴いた。

そして明治九（一八七六）年、県の選抜生となって上京し、翌年開成学校（のちの東京大学）に入学、明治十一（一八七八）年十九歳の時に東京大学本科（文学部政治学科）に進む。

以降、坪内は、当時大流行していたスコットの小説の翻訳を始め、東京専門学校（のちの早稲田大学）の講師となり、「外国歴史」「憲法論」などの翻訳や解釈を担当する。

そして、明治十八（一八八五）年、いよいよ彼の名前を後世に残すことになる『小説神髄』の原稿を書き進めながら、同時に『一読三歎《いちどくさんたん》 当世書生気質』を翌年一月にかけて発表するのである。

『一読三歎 当世書生気質』の文学史上の価値はさておき、興味深いのは、この作品には、式亭三馬《しきていさんば》が『浮世風呂』で生き生きとした江戸の人々の言葉を書き残したように、当時の東京大学の学生たちの生の話し声が写されている点である。

少しく「第二回」に見える須河と宮賀《みやが》という書生（学生）の話に耳を傾けてみよう。

（須）ヲヲ宮賀か。君は何処へ行って来た
（宮）僕かネ、僕はいつか話をした。ブック［書籍《しよもつ》］を買いに、丸屋《まるや》までいって。それから下谷《したや》の叔父の所《とこ》へまわり。今帰るところだが。尚《まだ》門限は大丈夫かネヱ
（須）我輩のウヲツチ［時器《とけい》］ではまだテンミニツ［十分《じつぷん》］位あるから。急《せ》いて行きよったら。大丈夫じゃろう
（中略　買って来た本を見せてもらった須河）

（須）実に是はユウスフル［有用］じゃ。君これから我輩にも折々引かしたまえ。比《ひ》ストリイ［歴史］を読んだり。比《ひ》ストリカル委《え》ツセイ［史論］を艸《そう》する時には。これが頗《すこぶ》る益《えき》をなすぞウ

昨今、カタカナ語と呼ばれるいわゆる外来語が非常に増えているとして問題にされるが、じつは、『当世書生気質』が書かれた明治時代の前半にも同じように書生たちは多くの外来語をそのまま使うような話し方をしていたのである。

美術であればフランス語、医学であればドイツ語など、それぞれの専門の外来語を身に付け、留学をすることによって新しい知識を我が国にもたらす。そうすることによって、我が国は列強と肩を並べる必要があった。

しかし、現在、たとえば中国語やフランス語、ドイツ語などを習得しても、国際的標準語として英語を知らなければならないのと同じように、明治時代も同じく、英語は学問を行うためには必須であった。言い換えれば、英語ができなければ、東京大学（明治十九年以降は「帝国大学」、明治三十年以降は「東京帝国大学」）には入ることができなかったのである。

英語によって明暗を分けた万年と漱石

英語によって大学入学の明暗を分けたのは、万年と漱石である。明治十四（一八八一）年、万年が尋常小学（上等）を終える十四歳の時、どこの中学に行くか決めなければならなかった。万年と漱石

は同年に生まれ、年譜を見ると二人とも同じ東京府第一中学に入っている。そしてここから万年は東京大学文学部に進む。

ところで、今後「東京大学」「帝国大学」「東京帝国大学」と書くべきところが出てくる。たとえば、「万年は、明治十八（一八八五）年に東京大学に入学し、明治二十一（一八八八）年、二十一歳で『帝国大学』を卒業した」。あるいは、「漱石は明治二十三（一八九〇）年に帝国大学入学、二十六歳の明治二十六（一八九三）年に『帝国大学』を卒業し、イギリスから帰国後、明治三十六（一九〇三）年、『東京帝国大学』の講師となる」などである。

現在の「東京大学」は、設立以来、何度か名称変更が行われた。

明治十（一八七七）年、東京大学設立

明治十九（一八八六）年、東京大学を帝国大学に名称変更

明治三十（一八九七）年、京都帝国大学の設立に伴い、東京帝国大学と名称変更

本来なら、時代とともに変化する名称で精確《せいかく》に書き記していくべきだとは思うが、かえって煩雑になる可能性もある。そこで、書き分けなければ意味をなさない場合を除いて、以降、すべてこれを「東大」という略称をもって記したい。

さて、まだ学制が確固としていなかった時代、教育制度を理解し、それに合わせて階段を上っていくのは、とても重要なことだった。

同じ、東京府第一中学に行った万年と漱石の五歳にも及ぶ大学卒業時の年齢差はまさに、この教育制度にうまく乗ったかどうかということでもあった。そして、この二人の大学卒業の差が、新しい日

本語を創る大きな力となっていくのである。

坪内逍遥が書生（学生）だった頃の学生の話し方を生み出した明治初期の教育制度から始まる、次の時代を担う人々の動きは、はたしてどのようなものだったのだろうか。

今、六・三・三・四制に統一された学制を明治に遡ろうとすると非常に複雑で、我々にはまったく分からない。そもそも、その学制に度重なる変更があったのと、言葉の上での混同するような使い方が学制自身にあったからである。その時代に生きた漱石が困ることになるのも当たり前であった。

漱石は「落第」という文章に次のように記している。


其頃東京には中学と云うものが一つしか無かった。学校の名もよくは覚えて居ないが、今の高商業の横辺りに在って、僕の入ったのは十二三の頃か知ら。何でも今の中学生などよりは余程小さかった様な気がする。学校は正則と変則とに別れて居て、正則の方は一般の普通学をやり、変則の方では英語を重《おも》にやった。其頃変則の方には今度京都の文科大学の学長になった狩野《かのう》だの、岡田良平なども居って、僕は正則の方に居たのだが、柳谷卯三郎《やなぎやうさぶろう》、中川小十郎《なかがわこじゅうろう》なども一緒だった。で大学予備門（今の高等学校）へ入るには変則の方だと英語を余計やって居たから容易に入れたけれど、正則の方では英語をやらなかったから卒業して後更に英語を勉強しなければ予備門へは入れなかったのである。

漱石がここで言っている狩野とは、明治二十九（一八九六）年漱石が招いて熊本第五高等学校の教員になり、また明治三十九（一九〇六）年、京都帝国大学学長になった狩野亨吉《こうきち》である。

万年は、東京府第一中学にいた時、彼と同級であった。同じ変則科の同級には尾崎紅葉もいた。また幸田露伴も同じ中学であるが、こちらは漱石と同じく正則科であった。

露伴が一年間だけ京都帝国大学の国文学講座の講師となり、文学博士の学位を授与されたのは、もちろん露伴の学識があったからではあるが、狩野亨吉と中学以来親しかったからに他ならない。

さて、漱石が言うように「英語を余計にやって」いなければ、大学予備門（第一高等学校）には入れないし、ここを出なければ東京大学（帝国大学）には入ることができない。つまり、当時、英語は非常に重要な科目だと考えられていたのである。

ただ、この英語の学習にも「正則」と「変則」という言葉で分けられる、ふたつの方法があった。万年と漱石が帝国大学に入る年齢の違いは、同じ東京府第一中学に入った段階でのこの「正則」と「変則」という課程選択の違いであった。

『東京大学百年史』に掲載される明治三（一八七〇）年七月「大学南校規則第七条」によれば、「諸生徒を正則変則の二類に分ち、正則生は教師に従い韻学《いんがく》会話より始め、変則生は訓読解意《くんどくかいい》を主とし教官の教授を受くべき事」とある。

そして、同書「大学南校・南校とその教育」によれば、大学南校の教育コースには「正則、変則の二種類があった。正則とは外国人教師に従って語学及諸学科を学び、変則とは日本人教官に従って語学及諸学科を学ぶものである。したがって正則の授業はすべて外国語で行われた」というのである。

大学南校は、明治六（一八七三）年には「(第一大学区) 開成学校」と改称された。授業は、すべて英語で行われるようになる。のち、語学課程のドイツ語とフランス語の部分が東京外国語学校（のちの東京外国語大学）となり、明治十（一八七七）年には最終的に法学、理学、文学、医学の四学部で構成される東京大学に編入されることになる。

漱石より十一歳年上の長兄である夏目大助は、この大学南校の出身で、「落第」には「兄が英語をやっていたから家では少し宛《ずつ》教えられたけれど、教える兄は癇癪持《かんしやくもち》、教わる僕は大嫌いと来て居るから到底長く続く筈もなく」と記している。夏目大助は警視庁の翻訳係をしていたが、明治二十（一八八七）年に三十一歳で亡くなっている。

万年や漱石の世代の人々が、その頃、我が国にひとつしかなかった大学である東大に入るためには、とにかく「ネイティブ」と現在呼ばれる英語を母国語とする先生から英語を習って、英語で授業を受けることができなければならなかったのである。

「江戸以前の文化を存在しないものとしたい」

ここで、明治の学校制度について少し触れておこう。

万年は、やがて東大の教授になるが、同時に文部省とも関係する役に就く。「国語審議会」の主任である。

そうして、ここでの決定が「日本語」を次世代の子どもたちに普及させていくことになるのである。

さて、明治五（一八七二）年に行われた学制頒布によって、小学校の数は全国に及んで増え、就学児童の数も徐々に増えた。

万年が大学に入った明治十八（一八八五）年、森有礼《もりありのり》（一八四七～一八八九）が文部大臣になると、「国家隆興」という言葉がスローガンとされた。森は、理想的な形として国粋主義と欧化主義を折衷《せっちゅう》することで教育効果が甚だしく伸びたことを自慢げに語っているが、はたして、この成果をもって、彼は翌明治十九年に「小学校令」「中学校令」「帝国大学令」「師範学校令」の四つからなる「学校令」を制定し、国家主義的教育制度を確立した。

ところで明治の教育システムを作る中心にいたのは森有礼、大木喬任《おおきたかとう》（一八三二～一八九九）、外山正一（一八四八～一九〇〇）の三人であった。

大木は、初代、第七代の文部卿、また第一次松方正義《まつかたまさよし》内閣の時に文部大臣を歴任した人物で、「邑《むら》に不学の戸なく、家に不学の人なからしめん」と述べて学制を布《し》いた人として有名である。

しかし、実質的に高等教育における英語の重要性を前面に押し出したのは、森有礼であった。

森は、日本語を廃止して英語を日本の公用語にしようということを唱えた人物でもある。

今から思えば、不可能にも思われるが、当時の人口は約三千万人、唯一の大学である東京大学の学生数は千人である。そしてここに入学する学生たちは、遅くとも十四歳頃から英語を習っている頭脳も優秀な学生たちだった。

大学南校や帝国大学での授業がすべて英語でなされていたという事情も、このようなことを考えれば、不思議でもないことであった。

また、当時は日本史、日本文学など日本学に関するもの以外の学問を行う学者でさえ、外国に留学しなければ、「博士」になることはできなかった。そして「博士」でなければ、定年まで教授職を続けることも保証されていなかった。

たとえば、ずいぶんあとの時代の話にはなるが、魯迅《ろじん》（一八八一〜一九三六）が留学した仙台医学専門学校の教師で、彼を可愛がった藤野厳九郎《ふじのげんくろう》は、留学することができなかったために「博士」となれず、したがって大正四（一九一五）年に仙台医学専門学校が東北帝国大学医科大学に編入されると同時に解雇されることになる。

また、あまり知られていないことであるが、新島襄《にいじまじょう》（一八四三〜一八九〇）や内村鑑三《うちむらかんぞう》（一八六一〜一九三〇）は、日本語を話すことはできても、ほとんど日本語で書かれたものを読解することができず、英訳本か、本を読んでもらうことでようやく耳から理解していたという。

そして、何より、外山も含め新島襄など、明治維新を二十歳前後で迎えた人たちにとっては、江戸以前の我が国の文化を存在しないものとしたいという、恥辱にも満ちた思いで見ていたのである。

たとえば、新島襄に大きな影響を受けてアメリカで教育を受けた内村鑑三は明治二十七（一八九四）年に箱根で行われたキリスト教徒第六夏期学校での講演『後世への最大遺物』でおおよそ次のように述べている。

日本人が文学者という者の生涯はどういう生涯であるだろうと思うているかというに、それは絵《え》艸紙屋《ぞうしや》へ行ってみるとわかる。どういう絵があるかというと、赤く塗ってある御堂のなかに美しい女が机の前に座っておって、向こうから月の上ってくるのを筆を翳《かざ》して眺めている。これは何であるかというと紫式部の源氏の間である。これが日本流の文学者である。しかし文学というものはコンナものであるならば、文学は後世への遺物でなくしてかえって後世への害物である。なるほど『源氏物語』という本は美しい言葉を日本に伝えたものであるかも知れませぬ。しかし『源氏物語』が日本の士気を鼓舞することのために何をしたか。何もしないばかりでなくわれわれを女らしく意気地なしになした。あのような文学はわれわれのなかから根コソギに絶やしたい（拍手）。……文学はソンナものではない。文学はわれわれがこの世界に戦争するときの道具である。今日戦争することはできないから未来において戦争しようというのが文学であります。

日本語を捨て去って、母国語を英語にするということを、もし、彼らが決めていたとしたら……ということも、必ずしも不可能ではなかったのである。

日本語を捨てて英語にしよう

こうした急先鋒の学者たちが集まって「明六社」を結成し、出版された我が国最初の学術雑誌が『明六雑誌』である。明治六年に結成されたから「明六社」、そしてそこが発行した雑誌だから『明六雑誌』という。

明六社の発起人は、森有礼、西村茂樹《にしむらしげき》の二人で、福澤諭吉、西周《にしあまね》、中村正直《なかむらまさなお》、加藤弘之《かとうひろゆき》、外山正一などが会員である。

森は、明治七（一八七四）年に発行された『明六雑誌』第一号の巻頭に次のように記す。

我が国の文字、先王はじめこれを漢土《かんど》に取てこれを用う。かの時、文献またことごとくこれを漢土に取る。今ひとたび世運《せいうん》に逢《お》うて、文献すでにこれを欧州に取る。すなわち何ぞひとり文字を取らざるの説あらんや。

ここでは、日本語のローマ字化を主張するのであるが、森は、イェール大学のウィリアム・ホイットニーに「不規則動詞を規則化して、英語を日本の国語にするというのはどうだろうか」という手紙を送って意見を聞いたりもしているのである。

同じく、明治七（一八七四）年には、啓蒙思想家の西周が「洋字を以て国語を書するの論」で、日本語をローマ字で書こうという論を唱えている。

日本語を棄てて英語にしようという急進的な考えは別にしても、日本語ローマ字化と同時に、前年の明治六（一八七三）年には、以前から漢字廃止を唱えていた前島密《まえじまひそか》が『まいにちひらがなしんぶんし』を発行していた（翌年廃刊）。

森有礼が設立した明六社の会員でもあった外山正一は、明治十（一八七七）年以来東大の教授、東京帝国大学文科大学長などを歴任して、のちに万年の師となるイギリスの言語学者チェンバレンを教師に迎えたのみならず、万年の人事にも深く関わった人物であった。

外山については、万年より二歳年上で、東京大学文学部の和文学科を卒業した三上参次《みかみさんじ》（一八六五

〜一九三九）が私家版『外山正一先生小伝』に詳しく記している。

これによれば、外山は、十四歳の時に蕃書《ばんしょ》調所（のち、洋書調所また開成所）に入学し、英語を修めたが、午後三時に終わる授業のあとには、湯島天神下にあった箕作貞一郎《みつくりていいちろう》（麟祥《りんしょう》）の塾に通って英書の講読を受け、さらに大岡芳之助という人を呼んで、個別の指導を仰いだという。

そして、十六歳にして開成所の教員となり、慶応二（一八六六）年、イギリス公使パークス、勝海舟《かっかいしゅう》の推挙によって、中村正直らとともに幕府派遣留学生としてイギリスに留学する。ただ、幕府瓦解のために、イギリスでの滞在は短く、慶応四（一八六八）年四月には帰国の途につかざるを得なかった。

しかし、この後、明治三（一八七〇）年、外務省弁務少記《べんむしょうき》として渡米する。アメリカでは外務権大録に補《ほ》されるが、辞職してミシガン大学に入学し、哲学と化学を専攻した。

五年に及ぶ学究《がっきゅう》によって、外山は「社会学」という、それまで日本になかった新しい学問を身に付けて帰国した。外山は「スペンサー輪読《りんどく》の番人」と呼ばれ、自由民権運動の思想的な支柱となる「社会進化論」や「社会有機体説《ゆうきたいせつ》」などを我が国に紹介した。

はじめは官立東京開成学校で社会学を教えていたが、明治十（一八七七）年、開成学校が東京大学に改編されるに及んで、外山は教授兼文学部長としてここに移籍するのである。

さて、万年が大学に入学した明治十八（一八八五）年頃の雰囲気と、外山の大学内外での主張を三上参次が『外山正一先生小伝』に書いているところを少し引いてみたい。

当時社会の状態を見れば、盛んに西洋崇拝の風が吹きすさんで居て、中には、極端なる欧化主義までが行われて居った。殊に、明治十八年の伊藤内閣は、井上馨《いのうえかおる》侯を外務大臣とし、かの條約改正の難問題を解決する一方法として、制度、文物、風俗を欧化せんと務めた。是に於て、外国語の必要は愈々唱えられ、耶蘇教師の経営に係れる学校は得意となり、婦人の洋装、舞踏、さては仮装舞踏まで流行した訳で、所謂鹿鳴館《ろくめいかん》時代と云う言葉が、今にも記憶せられて居るのである、この風は、大学の内にも吹き及ぼし、学生教師の間に、英語会と云うものが組織せられて、十八年の六月十五日に、その特別会が小石川なる植物園で開かれた時の如きは、盛んな有様であった。即ち英語に堪能なる教授は、学生の或る者と共にシェキスピヤー（筆者注：シェイクスピアのこと）の「シーザー」を演じ、招きに応じて来会したる九十余人の半ばは、貴婦人であって、しかもその貴婦人の半数は、洋装であったと云うことである。かかる現象は、今日に於ては、とても見られないことであろう

これが書かれたのは明治四十四（一九一一）年のことである。

鹿鳴館が旧薩摩藩装束《しょうぞく》屋敷（現・千代田区内幸町）に建設されたのは明治十六（一八八三）年七月であった。いわゆる、これから四年に及ぶ「鹿鳴館時代」のなかで、英語は不可欠の教育として普及していったのである。

しかし、井上馨の欧化政策の行きすぎとも言われる外国人判事の任用などが批判を招き、井上が外相を退く明治二十（一八八七）年に、鹿鳴館はその役割を終えることになったのだった。

万年は、この時、二十歳になっていた。

教育科目としての「国語」の成立

先述の学校令に基づいて漱石が万年から遅れて大学に入った明治二十三（一八九〇）年、教育勅語が下賜《かし》され、以後、太平洋戦争敗戦まで「忠君愛国」の国民教育が実施されることになる。

明治二十年頃まで行われた欧化政策の反動で、教育勅語が出される頃にはちょうど国粋主義的な動きが激しく出てきていた。

文部省編集局長として、教科書の編纂や教育制度を作り上げた西村茂樹（一八二八〜一九〇二）は、国文学者大槻文彦の父である大槻磐渓《ばんけい》、依田学海《よだがっかい》などと漢学者を集めて洋々社を結成し、さらに「修身学社（現、社団法人日本弘道会）」を立ち上げて『日本道徳論』を著した。

また三宅雪嶺《みやけせつれい》、杉浦重剛《すぎうらじゅうごう》、井上円了《いのうええんりょう》、志賀重昂《しがしげたか》、陸羯南《くがかつなん》などは「政教社」を作って、明治二十一（一八八八）年四月、雑誌『日本人』を創刊し（明治四十年からは『日本及日本人』と改名）、誌上で欧米摸倣を痛撃し、国粋保存の必要を説いた。

こうした動きは、学問にも及ぶ。

明治十五（一八八二）年には東大に古典講習科、また財団法人として皇典講究所が作られ、伊勢神宮には皇學館が作られた。そして、明治二十二（一八八九）年には、帝国大学に国史科が増設された。

また明治三十（一八九七）年には、帝国大学を東京帝国大学と改め、京都帝国大学を置き、引き続いて仙台、福岡にそれぞれ東北帝国大学、九州帝国大学が創設された。

教育は、日露戦争までの徴兵制度の整備と足並みを揃えるように、全国に普及していく。明治二十七（一八九四）年の日清戦争から、明治三十三（一九〇〇）年の義和団の乱、そして明治三十七（一九〇四）年の日露戦争にかけての間に、我が国が、旧《ふる》い「徳川時代」を抜けたことは確かである。

はたして、それは全国規模で行われた教育科目名の変更からも明らかではないかと思われる。明治三十二（一八九九）年には、各府県にひとつ以上の中学校が置かれ、明治三十六（一九〇三）年に発布された「専門学校令」では、医学、法学、語学、文学、宗教、美術、音楽、体育の各種専門学校の設置が認められることになる。

明治三十三（一九〇〇）年、文部省は、それまであった「読書」「作文」「習字」の三つをまとめて「国語」という科目を作るのである。

これはまさに「朝廷―幕府―藩」という旧体制を脱して、「大日本帝国」という国家の体制が「国家」「国民」「国語」という新しい次元に変化したことを意味するものでもあった。

明治三十三年の段階では、いまだ、「標準語」は整備されていない。しかし、「国語」を科目として全国の小学校の科目に置くことで、次第に「新しい思想」が「新しい国語」で書かれる道が生まれてくるのである。

それでは、「国語」という科目が作られることによって、「日本語」は、どのように変わったのだろうか。

第三章　日本語をどう書くか

言文一致とは何か

さて、これから詳しく、明治十年代後期から明治四十年頃までの三十年に及ぶ日本語論争を見ていこうと思うのだが、じつは、これには、あまりにも複雑な要素が絡んで現れてくる。人の関係もあれば、この時期に急速に発展するメディアという問題もある。

そこで、まず、当時の人々が目指した「言文一致」とは何かということを、日本語という面だけを取り上げて簡単に記しておこうと思う。

万年が登場することによって、何が変わってしまったのかを明らかにするためである。

それは、『古事記』の時代からの問題だった。太安万侶《おおのやすまろ》の『古事記』序文を改めてここに引くことを許してもらいたい。


上古之時《かみつよのとき》は、言《こと》と意《こころ》と並《とも》に朴《すなほ》にして、文《ふみ》を敷《し》き句《こと》を構《かま》ふること、字《からな》に於《おき》ては難《かた》し。已《すで》に訓《よみ》に因《よ》りて述《の》べたるは、詞《ことば》心《こころ》に逮《およ》ばず。全《また》く音《こゑ》を以《も》ちて連《つら》ねたるは、事《こと》の趣《おもぶき》更《さら》に長《なが》し。是《ここ》を以《も》ちて、今《いま》、

一句之中《ひとことのうち》にもあれ、音《こゑ》と訓《よみ》とを交《まじ》へ用《もち》ゐ、一事之内《ひとことのうち》にもあれ、全《また》く訓《こゑ》を以《も》ちて録《しる》しぬ。（筆者訓読）

（むかしは、言葉も心も非常に素朴だったので、話し言葉を文として文字に書き写すことは簡単なことではなかった。すべてを文字の意味によって漢語で書き表したとしたら、古語が持っている心を表すことができない。かといってすべての発音をそのまま万葉仮名で書いたとしたら、いたずらに文章が長くなってしまう。だから、ときには一句の中でも音と訓を交えて使い、ときには一句の中すべてを、意味を取って漢語で書き表したのである）

現代でも話し言葉すべてを、〈ひらがな〉で書いたとしたら、あまりに長くなってしまう。日本語の文章は、漢字と〈かな〉を混交して書くことによって、書きやすくまた読みやすくなる。すでに古事記の時代に、日本語は、漢字と〈かな〉交じりとして書くことが最も適したものであることが明らかにされていた。

しかし、これは、もちろん、表記だけの問題ではない。表現の問題にも関わってくる。たとえば、表記について言えば、はたして我々が日本語として発音している音をすべて〈ひらがな〉や〈カタカナ〉で表せるかという問題がある。

式亭三馬（一七七六〜一八二二）は、『浮世風呂　前編』に、ひとつの「凡例」を記している。

常のにごりうちたる外に白圏《しろきにごり》をうちたるは、いなかのなまり詞《ことば》にて、おまえがわしがなどいうべきを、おまえぱわしぱといえるぱぎぐげごの濁音《だくおん》としり給え。

これは、「ふつうの濁点の記号の外側を白抜きで書いてある言葉は、田舎の訛《なま》った発音で、江戸で〈おまえが〉〈わしが〉という〈が〉が、鼻にかかって〈んがŋa〉というのを〈ga〉と発音するものと知っておいて欲しい」という説明である。

三馬は、できるだけ忠実に、発音を文字の上に描こうとした。

客の背中を流す三助は、東北の出身であるが、彼が、山《やま》の芋《いも》（薯蕷《しよよ》）が鰻になったという話をする場面がある。

そこで、三助は、「もっともハア、五体揃《ごていそろ》ってでもねえ。半分《ふはんぶん》が薯蕷《やまのよも》（筆者注：「やまのいも」ではない）で、半分《ふはんぶん》が鰻子《うなぎつこ》だア」と言うのである。

江戸っ子なら、「半分が」は「ハンブン・んが（ŋa）」と、鼻から抜けるように発音をしていたはずである。

ところが、東北出身の三助は、我々が現在「がまがえる」や「蛾《が》」を発音する時のような非常に鋭い「ga」という発音をしていたのである。

はたして、「言」と「文」を「一致」させるというのであれば、すでに三馬が行っているとも言える。

また、表現という点について「言文一致」を言うとすれば、次のようなことになろう。山本夏彦は、『完本　文語文』で言う。

緑雨は一つ年上の兄とばかり言わないで、年ひとつ上の兄と書く。これなら口語文に用いられるのに誰も用いない。借りて私は用いたことがあるが、「これわれの小説に筆をつけんと思ひ」の妙は応用できない。口語文の欠点である。

夏彦が言う文語文の「妙」は、「簡にして要を得る」ということである。

中島敦《なかじまあつし》の「山月記」などは、まさに百年ののちにしてなお、朗々と声に出して読みたくなる名文であろう。

隴西《ろうせい》の李徴《りちょう》は博學才穎《さいえい》、天寶の末年、若くして名を虎榜《こぼう》に連ね、ついで江南尉に補せられたが、性、狷介《けんかい》、自ら恃《たの》む所頗《すこぶ》る厚く、賤吏《せんり》に甘んずるを潔しとしなかった。いくばくもなく官を退いた後は、故山、虢略《かくりやく》に歸臥《きが》し、人と交《まじわり》を絶って、ひたすら詩作に耽《ふけ》った。下吏となって長く膝を俗悪な大官の前に屈するよりは、詩家としての名を死後百年に遺《のこ》そうとしたのである。

しかし、こうした文章は、必ずしも説明文には向かない。思想は語ることができても哲学を論じることはできない。中国で分析的な哲学が育たなかったのは、まさにこうした「簡にして要を得る」ことができる漢語の持つ限界でもあった。

明治の人々が問題にしたのは、表記と表現のふたつの問題であった。それまでの人々が問題にする以上に複雑《コンプレックス》な問題が俎《まないた》の上に載っていたのである。

そこには、社会の動きに対して、その流れの行く先を予《あらかじ》めすることができるような政治も必要だったのである。ただ、それがうまく動いていくためには、外から見た日本語の構造的な研究も、「言文一致」への内的問題提起も必要であったのである。

表現苦の時代

さて、坪内逍遥が晩年に書いた随筆『柿の蔕《へた》』（昭和八年）に、「表現苦時代」という見出しをつけて次のような文章がある。

二葉亭が種々の意味に於て明治文学の真の先駆《せんく》であった事を明かにするためには、明治廿年前後は、新文学の画期的産苦時代、就中《なかんずく》表現苦の時代であったことを知らねばならぬ。（中略）今でも文章はどうでもいい主義を強調する新人が少なくないが、文章を文飾と同一視した場合は格別、そうでなく、適当な表現法と解した場合のそれは、決して軽視するわけにはいかないものだ。況《いわ》んや徳川期の旧文章以外に、新思想を表現すべき何等の新様式もなかった明治初期に於《お》てをやだ。是れは口語体完成以後に生れた人達の夢想し得ないことであろう。しかし此《このことわり》理を的確に知悉《ちしつ》しないでは、恐らくわが過渡期の文学を正当に語ることも又評することも出来まい。

坪内逍遥が言うのは、「新しい文体」とは、すなわち「新しい思想」を書くことができる文章だということだったのである。

それでは、「徳川期の旧文章」とは、どのようなものだったのだろうか。それは、「漢文」と「漢文訓読体」であった。

『論語』の巻頭は「子曰、学而時習之。不亦説乎」と始まっている。これは漢文である。漢文訓読すれば「子曰《いわ》く、学びて時に之を習う。亦《ま》た説《よろこ》ばしからずや」となる。

公式文書はすべて、基本的には昭和二十（一九四五）年の第二次世界大戦終結まで漢文または漢文訓読体であった。

最もよく知られるところを挙げれば、昭和天皇による「大東亜戦争終結の詔書」、いわゆる「玉音放送」の文章であろう。

朕《ちん》深ク世界ノ大勢ト帝國ノ現状トニ鑑《かんが》ミ非常ノ措置ヲ以テ時局ヲ收拾セムト欲シ茲《ここ》ニ忠良ナル爾《なんじ》臣民ニ告ク
朕ハ帝國政府ヲシテ米英支蘇四國ニ對シ其ノ共同宣言ヲ受諾スル旨通告セシメタリ（筆者注：仮名遣い原文のまま）

原文は、大東文化学院（現・大東文化大学）助教授の漢学者・川田瑞穂《かわだみずほ》によって書かれ、陽明学者である安岡正篤《やすおかまさひろ》によって添削された。

それでは、公式文書に対して、もっとも私的な手紙はどうだろうか。

こちらは「候文」である。

樋口一葉が博文館から依頼されて執筆した明治二十九（一八九六）年刊『通俗書簡文』というものがある。

それに収められる「田舎の祖母に寒中見舞の文」は次のようなものである。


今朝は風はげしう候て北に向きたるは窓さえ明けがたきように御座候《ござそうろう》都のうちさえ此《この》ようの寒さなるをまして山おろしいかばかりかと父母ともどもお案《あん》じ申上御様子《ごようす》承《うけたまわ》るべしと語りあい居《をり》候に

という具合である。明治維新と同時にまず、出てきたのは、こうした文章をひらがなだけで書いてしまえという主張であった。

漢字を廃止しようという動き

すでに、江戸末期から、漢字を廃止しようという動きはあった。

蘭学者で戯作者、また狂歌師でもあった森島中良《もりしまちゅうりょう》（一七五四〜一八一〇）は『紅毛雑話《こうもう》』（一七八七年刊）の「唐土《もろこし》の文字」（巻三）に次のように記している。

紅毛人万国の風土を記したる書に。支那の文字を笑て曰。唐土にては。物に付。事に依《よっ》て字を製す。一字一義のものあり。或は一字を。十言二十言にも用ゆる物あり。その数万を以て数うべし。故に国人。夜を以て日に継。寝食を忘れて勤学すれども。生涯己が国字を覚尽し。その義を通暁する事能《あた》わず。去によりて己が国にて記したる書籍を。容易《たやすく》読得者少し。笑うべきの甚しきなり。欧羅巴《ヨーロッパ》洲は。二十五字の国字を以て。少からずとすと記したりとなん。

森島は、ヨーロッパの言葉がアルファベットだけで書き分けられるということに驚いたのであった。漢字は、基本的には、ひとつの物に対してひとつの漢字が作られるという規則によっている。たとえば、「うし」に対して「牛」、「うま」に対して「馬」という漢字を作る。

ところが、この原則は無限に適応される可能性がある。

北宋の陳彭年《ちんほうねん》による勅撰『玉篇』（一〇一三年刊）という漢字の字書《じしょ》を見ると、

犻は、「二歳の牛」

犙は、「三歳の牛」

駒は、「二歳の馬」

馴は、「八歳の馬」

など家畜の年齢までも表すような漢字があったりする。しかも、同じ二歳という意味でも「牛」の場合は「牛」の右に「市」が書かれ、馬の場合には「句」が書かれるなど、原則のようなものは、そこには存在していない。

こうなってしまうと、どれだけ漢字を覚えてもまったく際限がない。

しかし、森島が言うように、たとえば「老」という漢字を調べてみると、「老いた人」「老いる」「朽《く》ちる」「熟練する」「年寄りを尊ぶ」「天子の側にいる大夫」「長者の尊称」「先人」「父母」「根本」「死ぬ」「人名に添える助辞」「年功《ねんこう》を経る」など、少なくとも十三以上の意味が、たった一字にあるものも存在する（大修館書店『大漢和辞典』巻九）。

こうなれば、一生かかっても漢字を全部覚えてしまうということは不可能であろう。なんと、『大漢和辞典』にあるだけでおよそ六万字、甲骨文字なども入れるならば、現在、漢字の延べ数は十万字を超すと言われているのである。

はたして、日本にはひらがなというものがあるではないかと森島は言う。

中良按《あんず》るに、皇朝の古《いにし》えは。簡易にして。文字をさえ用いず。夫《それ》より世降りて。五十音の目標に。唐土の字を仮用る事となり。いよいよ末の世に至りては。唐土の字音字義を用る事と成てより。事少なく安らけき。吾国風《おくにぶり》を捨て。事多く煩わしき。唐土風を用るは何事ぞよ。紅夷《こうい》といやしむ蛮夷すら。心有者は宜《うべ》なわぬ。唐土の字学なれ。

せっかく先人が、五十音という日本語の音韻組織に合わせて仮名というものを作ったのに、覚えるのに煩わしい漢字を使う必要がある記法を用いなければならないのだ。ヨーロッパではたった二十六文字のアルファベットで十分に言語を書き表しているではないか、と言うのである。

同じような意見は、森島以降にも書かれたが、「建白書」という形で提出されたのは、前島密が慶応二（一八六六）年、徳川慶喜《よしのぶ》に奉《たてまつ》った「漢字御廃止之議」が初めてであった。

前島は、慶応二年当時、開成所の「翻（もとは「反」と書いた）訳方」という役所で翻訳の仕事をしていた。維新後、明治新政府に出仕して紙幣制度取り調べのために渡欧し、帰国後明治四（一八七一）年、郵便制度創業に参与した。

「漢字御廃止之議」で前島は言う。

国家の大本は国民の教育にして其教育は士民を論ぜず国民に普《あまね》からしめ、之を普からしめんには、成る可く簡易なる文字文章を用いざる可らず。其深邃《しんすい》高尚なる百科の学に於けるも文字を知り得て後に其事を知る如き艱渋迂遠《かんじゅううえん》なる教授法を取らず。渾《すべ》て学とは其事理《じり》を解知《ちかい》するに在りとせざる可からずと奉存候。果して然らば、御国に於ても、西洋諸国の如く音符字（仮名字）を用いて教育を布《し》かれ、漢字は用いられず、終《つい》には日常公私の文に、漢字の用を御廃止相成候様にと奉存候。

学問の進歩、国民全体に教育を行うためには、漢字を全廃して、ヨーロッパのアルファベットのように仮名を用いるようにすべきだと前島は主張するのである。

ただ、前島が言うのは、漢字全廃だけではない。

国文を定め、文典を制するに於ても必ず古文に復し、「ハベル《侍》」「ケルカナ」を用る儀には無御坐、今日普通の「ツカマツル《仕ル》」「ゴザル《御座ル》」の言語を用い、之れに一定の法則を置くとの謂いに御坐候。言語は、時代に就《つい》て変転するは中外《ちゅうがい》皆然るかと奉存候。但《ただし》口舌にすれば談話となり、筆書にすれば、文章となり、口談筆記の両般の趣を異にせざる様には仕度《したく》事に奉存候。

前島は、言語が変化していくものである以上、古文を復興させるというのではなく、「談話」と「筆記」つまり「言」と「文」を一致させるようなものにしたいということをここで述べているのである。

日本語はひらがなだけでいい

明治時代になると、実際に日本語をひらがなだけで書いていこうとする運動が活発化することになる。

この運動の中心となったのは清水卯三郎《しみずうさぶろう》という人物であった。

清水は、幕末から明治にかけて日本の近代化に尽力した商人で、パリ万国博覧会で日本の芸者を紹介したり、ヨーロッパからアメリカへ渡り世界各国を見聞して、西洋の技術や文化などを積極的に取り入れた先駆者である。勝海舟、福沢諭吉、渋沢栄一《しぶさわえいいち》などとも交友があった。

清水は、万年が東大の学生だった時に講師であった物集高見《もずめたかみ》（一八四七〜一九二八）と一緒に、和語を尊重して言葉を綴るということを主張していく。

物集高見についてはのちに触れるが、物集が著した『かなのしをり』が明治十七（一八八四）年に出版されたとき、資金をすべて出して出版人となったのも清水である。物集は『かなのしをり』をこのような言葉ではじめている。

よろづ　の　くに　おほかた　この　くに　の　ことば　この　くに　の　もじ　を　もて　よろづ　の　もの　を　よび　ちぢ　の　こと　を　しるせり、かの　二十六　の　こゑ　二十六　の　もじ　を　もて　よろづ　の　もの　を　しるせる　くに　も　五十　の　こゑ　五十　の　もじ　を　もて　ちぢ　の　こと　を　しるせる　くに　も　とも　に　ひと　の　くに　の　もじ　を　かる　こと　なし、わが　みくに　も　また　五十　の　こゑ　五十　の　もじ　あり　て　よろづ　の　もの　を　よび　ちぢ　の　こと　を　しるさば　ひと　の　くに　の　もじ　は　かる　べく　も　あらぬ　を（筆者注：仮名遣い原文のまま）

なぜ数字だけは漢字を使うのか不思議な点がないわけではないが、言わんとするところは、こういうことである。

ヨーロッパでも日本でも発音は五十しかない、ヨーロッパではアルファベット二十六文字でこれを書き表す。日本には仮名文字が五十あるから、すべて仮名で書くことができるではないか。わざわざアルファベットを借りて書く必要はない。

さて、明治十六（一八八三）年七月、それまであった「かなのとも」「いろはくわい（会）」「いろはぶんくわい（会）」が海軍少将・肥田濱五郎《ひだはまごろう》の斡旋でひとつとなり、「かなのくわい（会）」が発足した。会長は有栖川宮威仁《ありすがわのみやたけひと》で、機関誌『かなのまなび』が発行された。

山本正秀は『近代文体発生の史的研究』で次のように言う。

一六年七月の「かないのくわい」総会で、会長に有栖川宮威仁親王、副会長に吉原・肥田、幹事に高崎・丹羽を推した。会全体の目的は、同会規則第一条の

我国ノ学問ノ道ヲ容易クセンガ為メニ言葉ハ和漢古今諸外国ノ別ナク成ルベク世ノ人ノ耳ニ入リ易キモノヲ撰ビ取リ専ラ仮名ノミヲ用ヒテ文章ヲ記スノ方法ヲ研究シコレヲ世ニ拡メントスルニアリ

によって知られる。かな専用と用語上の平易化はうたっていても、言文一致への積極的志向は明示していないのを見のがしてはならない。もちろん運動拡大のため一般人の入会、地方支部の設置は望む所で、明治二〇年頃まで逐年会勢を増大した。本部（東京日本橋に置く）直属の会員は、一六年一二月五六三人、一七年七月一八六一人、一八年七月三三一〇人、二〇年二月には三六八〇人、地方支部も三〇余個所の多きに上り、支部会員を合わせると一万人を下らなかったといわれ、また二〇年一二月には東京九段下に無月謝の「私立だい一かながくかう」まで開設している。（筆者注：文中の引用文の仮名遣い原文のまま）

漢字嫌いの外山正一

さて、ひらがな派に対して、ローマ字で日本語を書いていこうとする「羅馬字会《ろーまじかい》」が明治十八（一八八五）年に創立される。

中心となったのは、初め「かなのくわい」の会員だった東京大学教授の外山正一であった。外山は、「ひらがな派」からローマ字派に転向していたのである。

「羅馬字会」は約七千人が会員になっていた。

彼は明治十七（一八八四）年十一月四日、芝公園紅葉館で行われた「かなのくわい」の会合で「（新体）漢字破」という談話を発表した。

これは翌月の『かなのまなび』に掲載された。

愛媛県高松の郡長兼本県御用掛の泉川健という人の依頼によるものであった。

外山は次のように言う。

　余は仮名の会の月の部の会員たりし者なり、而《しこうし》て余の雪の部や花の部を賛成せずして月の部を賛成なしたるは、月の部には国学者が多きからと云う訳にもあらず、月の部の仮名使は他部の仮名使より正しきからと云う訳にもあらず、全く月の部は三部の中にて一番人数の多きものなるが故に則《すなわ》ち此部に加担したるまでのことにてあるなり、若《も》し雨の部でも風の部でも月の部より尚《な》お人数の多きものがありたらんには余は決て月の部を賛成せし者にはあらざるならん、余は漢字を廃さんと云う組ならば其主張する所の仮名使抔《など》は如何様でもそんなことには少しも構わず、少しでも人数の多き組を賛成なさんとするものなり、否漢字を廃さんと云う者ならば月の部でも雪の部でも仮名者流でも羅馬字者流でも少しも嫌なく何んでも御座れ一々之を賛成なさんとするものなり、今の時に在ては余は漢字程嫌なるものは他にはあらざるなり

外山の説は極端に過ぎるが、とにかく、言いたいことだけは明らかである。

彼はどんな方法を使ってもいいから、漢字をなくしたい。漢字は大嫌いだと主張する。

明治十八（一八八五）年六月十五日、東京大学で英語会が主催され、その特別会が小石川の植物園で行われた。外山は、この時学生とともにシェイクスピアのシーザーを、自ら演じるような破天荒な人物だった。

嘉永元（一八四八）年生まれであるから、明治十八年の時に三十六歳の外山は、力がみなぎっていたことであろう。

それにしても、「漢字程嫌なるものは他にはあらざるなり」と言うのは、無茶苦茶な論だと思うが、外山は理由を次に述べている。

東京大学総長から貴族院議員、文部大臣を務め、新しい教育の在り方を創り上げたひとりの思想家の言葉として、非常に興味深い。

世の中には何故に余は漢字を嫌うこと斯《かく》の如く甚しきかを訝《いぶ》かしく思わるる者蓋《けだ》し少なからざるならん、固《もと》より其れには深き理由のあることなり、一通り聞き玉え、世人も知る如く知識には真正の知識と真正の知識を人に伝え若《も》しくは人と思想を交換する為の方便にすぎざるの知識あり、家を建つる術、機《はた》を織るの術、田を耡《うな》う術、病を愈す術、国を富ます術、天下を治むる術、海に航《こう》する術、弾薬を製造する術、其他化学なれ物理学なれ衛生学なれ天文学なれ何《いず》れも皆な真正の知識なり、之を知る時は風雨をふせぎ、寒気をしのぎ、露命《ろめい》をつなぎ、庶民を安堵し、人の国をも奪い、敵の首をも取ることを得、恐るべき雷を避くることも出来れば、手の裡《うち》をかえす間に数千里の外と音信することをも得るなり、然るに言語の如き文字の如きに至りては右等の知識とは大に異なり、之を知りたる計《ばかり》にては少しも益のなきものなり、其役は右等の知識を人より人へ伝え若くは人の思想を交換する為の方便《ほうべん》にすぎざるなり、されば言語たり文字たり何と云うて一つに限るにあらず何んでも知識を伝え思想を交換するに便利なるものがよし、其れに不便なる者は若し改良を加え得べきものならば宜しく改良するがよし、改良位で兎《と》てもおっつかざる者ならば成るたけ速《すみやか》に其れより便利なる者と換《かわ》るがよし

ここに見るように、外山にとって知識とは「真正のもの」と「方便」とがあって、言語は「方便」にしかすぎないと考えていたようである。

そして、言語が方便であるのであればとして、ここではは っきりは言わないが、本当は英語にしてしまえとでも言いたかったに違いない。

しかし、それにしても、「一通り聞き玉え」などという言い方は、謡《うたい》によく出てくるような言い方だし、口調は漢文訓読体そのままである。

さて、外山の話は、次に、漢字を攻撃するという方向へと向かう。論理の展開の仕方は、明治時代の人らしく具体的すぎるほど具体的である。

余を以て見るに支那並に日本にて、古来用ゆる所の彼の漢字の如きは知識を伝え思想を交換する為の方便中最も不便を極むる所のものなり、大に開化の妨をなすものなり、何んとなれば之を用ゆる時は貴重なる歳月は之を学ぶ為に過半費さずんばあるべからざればなり、人の時には固《もと》より際限のあるものなり、丸で勘定をした所が一日廿四時間なり、然れども何人と雖《いえど》も廿四時間丸で勉強の出来る人はあらざるなり、飯も食わねばならず、寝もせねばならず、楽もなさねばならず、そこで廿四時間を三部に分ち八時間は寝る為の時となし、八時間は飯を食い運動をなし其他楽を為す為の時となし、残り八時間を以て勉強する為の時となさんには、最後の八時間の使用には実に注意せずんばあるべからざるなり

こうして、外山は漢字や漢文を勉強するのは非常に時間がかかること、そして漢字をたくさん知っていたからといって、「真正の知識」を得ることからはほど遠いと主張するのである。

漢字の行わるる中は……外国と戦えば敗北せずんばあらず、其れが虚だと思うなら、清仏事件

（筆者注：一八八四年に勃発した清仏戦争）が論より証拠、漢字を多く知ったとて、其れで戦争《いくさ》は出来ぬなり、他国と一切交わらず、我国のみで居ることの、出来る時ならいざ知らず、今は海外万国と、競争せねばならぬ時、へたにまごつく其時は、天下は竟《つい》に人の者、嗚呼恐ろしや恐ろしや、西洋人を相手では、漢字抔《など》ではおっつかず、我れが漢字を学ぶ間に、彼は電気を使うなり、我れが手習するひまに、彼は船をば堅くする、手習抔に莫大の、時を費す人民が、西洋人を相手にし、戦争抔とは尾籠《おこがまし》敷

これくらいにしておこう。

このの ち、外山は、列強との関係において、漢字を多く知っている中国の知識人たちでも交渉さえうまくできないという実態を嘆きつつ、かといって漢字を一朝一旦《いっちょういっせき》に廃止することもできないとも重々承知しているという。

そして結論を次のように述べるのである。

千年か万年の後に之を廃さんには如何《いか》なる方法を以てすべきぞと云わんに、漢字を読み書きすることにのみになれたる者は漢字を廃するを何より不便のことに思うが故に、小供《こども》の中より、初等小学の頃より、漢字を教うる傍《かたわ》ら仮名なり羅馬字なり、行々《こうこう》に換えんと思うものを教え、之を以て綴りたる書物を読み習わし、之を以て綴りたる文章を書き習わしむる様に為すべきなり、蓋《けだ》しこれには格別多分の時は要さざるならん、若し斯《かく》の如くなし、且《か》つ六《むつ》かしき漢字を成《な》る丈《たけ》教え込まぬ様に

なさんには其小供の成人した時に至りては漢字を廃さんことを賛成せざる者は全国一人もあらざるならん、余の考にては漢字を廃することは国会開設よりも宗教改良より急務なりと思はるるなり

明治という新しい地平を開拓したひとりとして、外山は間違いなく、なくてはならない人物であった。

外山は、東京大学ではイギリスの哲学者、社会学者として知られるハーバート・スペンサー（一八二〇～一九〇三）だけを学生に講読したという。スペンサーの思想は「社会進化論」などの言葉で代表されるが、当時、我が国に大きな影響を与えた。

森有礼、板垣退助《いたがきたいすけ》などと会ったこともあるスペンサー、また東京大学で哲学や経済学を教えていたフェノロサや、フェノロサの弟子である有賀長雄《ありがながお》などによるスペンサー理解など、明治時代の思想の動きに関しては山下重一『スペンサーと日本近代』があるが、山下によれば、外山が消化したスペンサーはいわゆる「有機体説」と呼ばれるもので、社会を構造的に改革していこうというものであった。

いまでこそ、「社会の構造的改革」という言葉は当たり前に使われるが、明治時代は、天から降って湧いた驚くべき言葉であった。おそらく、こう言われても何がいったいどんなふうに変わるのか、予想もつかなかったに違いない。「社会」という言葉さえ、「世間」とどう違うのか議論されたほどだったのである。

新しい「詩」

明治十八（一八八五）年、外山が作った詩に曲がつけられた。今でも防衛大学校、警視庁などで歌われる「抜刀隊」と題されるものである。

我は官軍我《わが》敵は　天地容《い》れざる朝敵ぞ
敵の大将たる者は　古今無双の英雄で
之に従う兵《つわもの》は　共に慓悍《ひょうかん》決死の士
鬼神に恥ぬ勇あるも　天の許さぬ叛逆《ほんぎゃく》を
起しし者は昔より　栄えし例《ためし》あらざるぞ
敵の亡ぶる夫迄《それまで》は　進めや進め諸共《もろとも》に
玉ちる劒《つるぎ》抜き連れて　死ぬる覚悟で進むべし

この詩の前書きには次のように記してある。

西洋にては戦の時慷慨《こうがい》激烈なる歌を謡《うた》いて士気を励ますことあり即ち仏人の革命の時「マルセイエーズ」と云える最も激烈なる歌を謡いて進撃し普仏戦争の時普人の「ウォッチメン・オン・ゼ・

ライン」と云える歌を謡いて愛国心を励ませし如き皆此類《たぐい》なり左の抜刀隊の詩は即ち此例に傚《なら》いたるものなり

明治十（一八七七）年の西南戦争（「西南の役」とも呼ばれる）田原坂《たばるざか》の戦いで、警視隊のなかから剣術に優れた人を選抜し編成された「抜刀隊」の勇ましさを歌ったものである。

この詩は明治十五（一八八二）年に、東京大学の同僚である井上哲次郎《いのうえてつじろう》、矢田部良吉《やたべりようきち》と一緒に編纂した『新体詩抄』に発表された。

それに明治十七（一八八四）に第三次フランス軍事顧問団として来日したフランス陸軍大尉で音楽家のシャルル・エドゥアール・ガブリエル・ルルー（一八五一〜一九二六）が曲をつけたのである。

「詩」と言えば、それまでは漢文による五言絶句や七言律詩などを指した。また日本語で作る詩《うた》と言えば、短歌や長歌、俳句などであった。

すなわち、外山らが書いた漢語、ひらがな交じりのものは、ヨーロッパのポエムに相当する「新体」の「詩」だったのである。

「新体詩」は、明治二十二（一八八九）年、森鷗外らによる『於母影《おもかげ》』にドイツのゲーテやハイネ、イギリスのシェイクスピアやバイロンの詩が漢字仮名交じりで訳されることによって、島崎藤村《しまざきとうそん》や萩《はぎ》原朔太郎《わらさくたろう》、中原中也《なかはらちゆうや》など近代の詩人を生み出していくことになる。

そして、こののち共通語としての日本語の普及になくてはならなかった「唱歌」もまた「新体詩」によるものであった。

ローマ字派の主張

明治二十（一八八七）年、鹿鳴館時代が終わっても、英語が不平等条約改正のため、あるいはヨーロッパ列強に匹敵する科学技術や軍事の方面での知識の獲得に必要だということには変わりはなかった。

外山正一の当時の活動を、三上参次は『外山正一伝』で次のように伝えている。

世人は、先生はまた、漢字廃止を絶叫せられたる、最初の一人であることを忘れてはならぬ。明治十七年の四月頃に、漢字を廃するに就《つ》いての、意見書ようのものを綴って居られるが、それは、この年一月二十七日の「かなの会」の総寄合に於ての、「漢字を廃すべし」という先生の演説と、同じ趣意のものである。そもそも、先生は早くより、文字は羅馬字を以て最上のものとせられて居ったが、その実行は、なかなか容易な業でないので、その実行せらるるまでは、「かなの会」に賛成せられて居ったのであろうと思う。されども、或は、先生も、当初は仮名を採るか、羅馬字を採るかに就いては、未定見であったとの説もある。要は漢字を打破するを以て急務とせらるるので、之に就いては公会の演説に、新聞雑誌の上に、頗《すこぶ》る猛烈なる議論をして居らるる、やがて、矢田部良吉君が、躍起となって羅馬字採用を主張せらるるに及んで、之に賛成せられ、是に於て、明治十八年に至って、羅馬字会が組織せられたのである。その主旨は、即ち、有害無益なる漢字を廃して、その代りに、横文字を用い、以て日本の文化をして、西洋文化の域に進ましめんとするのであった。

羅馬字会が発行した『羅馬字雑誌』に、チェンバレンは「言文一致」（明治二十年）という文章を発表している。あとで詳しく記すが、東大で言語学を教える万年の師・チェンバレンは、この羅馬字会の主要メンバーのひとりであった。

当時、急進的な考え方を持った人々は、漢字仮名を廃止し、できれば日本語をローマ字で書き表すこと、そしてより遠い目標としては日本語そのものをも廃止し、英語を公用語とする目標があったのである。

明治の前半、我が国には、ヨーロッパの価値観を移植することで新しい「日本」を創り出そうという熱い思いが渦巻いていた。そうした表れのひとつとして、日本語をローマ字化しようという動きがあったのである。

明治十八（一八八五）年、羅馬字会は「ROMAJI NITE NIHONGO NO KAKIKATA（羅馬字にて日本語の書き方）」という小冊子を出版する。これは、すでに表音主義をもとにして、旧仮名遣いを廃止した書き方を提唱する方法であった。

たとえば、「廟」という漢字は、旧仮名遣いでは「ベウ」と振り仮名が付けられていた。また「病」は「ビヤウ」、「謬」は「ビヨウ」であった。羅馬字会は、こうした振り仮名の違いがあっても、実際の発音では「ビョウ」であるということから「byo」と書くとするのである。

発音本位という点からすれば、「Hitotsu no on no owari ni aru n Oyobi m wa kana no ン no ji ni ataru;

m,b,p no mae ni arite wa m wo mochii, sono hoka wa mina n wo mochiyubeshi;（ひとつの音の終わりにある「n」及び「m」は、仮名の「ン」の字に当たる。「m」「n」「p」の前にありては「m」を用い、その他はみな「n」を用ゆべし）として、例を挙げる。
「天門」は、「temmon」、「天罰」は「tembatsu」、「天変」は「tempen」「天気」は「tenki」、「天然」は「tennen」、「天王」は「tennō」となる。

しかし発音本位と言いながら、「云ぅ（イウ）」という動詞は「iu to kaki, yu to kakubekarazu（iuと書き、yuと書くべからず）」とする。

当時イギリス・ケンブリッジ大学に留学していた末松謙澄《すえまつけんちょう》は、『日本文章論』（明治十九年刊）のなかで「羅馬字書方」を記し、羅馬字会が作ったローマ字の書き方を改良し、さらに日本語の発音と一体化する綴り法が必要だということを説明する。

たとえば、これはすでに駐日英国公使で、チェンバレンとも非常に親しい日本学者であったアーネスト・サトウ（一八四三〜一九二九）も指摘していることであるが、日本語の「〜です」という言葉は、ヘボン式のローマ字で書けば「desu」となる。しかし、「です ぅ」と発音しているかと言えば、そうではない。したがってこの語尾の「です」はローマ字で書く場合には「des」と書くようにすべきだというのである。こうした原則で言えば、「文部省」なども「Monb-sho」と書くとする。

また、助詞の「が」「に」「の」などについては、これを識別しやすくするために「,（アポストロフィ）」を付けて表すようにしたらどうかという提案などもされる。たとえば「Hana'ni（花に）」

「Tori'no（通りの）」などである。

ローマ字推進派の主張をまとめて言えば、次のようになる。

○漢字を廃せよ。漢字は日本固有のものではない。

○すべての文章をローマ字で書く。ローマ字は、世界中で使われる文字である。

○ローマ字は二十六字ですべてを書くことができる。

○英字タイプライターを使うことができる。

「漢字は日本固有のものではない」という理由を漢字廃止の理由にするなら、ローマ字を用いることもまた不適格になるはずである。不思議な論理であるが、彼らはこうしたことを主張したのだった。

漢字派の主張

これら「かな派」「ローマ字派」に対して、これまで通り漢字を使うべきだという意見も、もちろん現れる。

○漢字は千から二千字覚えれば、その組み合わせで何十倍もの単語を作り出すことができる。

○漢字を廃せば、日本語に多くある同音異義語を区別することができなくなる。

○ローマ字や「かな」に比べて、非常に視覚的に書かれていることを認識しやすい。

○漢字は日本文化と歴史的に不可分の関係にある。

○漢字撤廃ではなく、漢字の数を制限すれば学習には差し支えないのではないか。

以上ローマ字派、かな派、漢字擁護派とそれぞれ名づけられる主張が繰り広げられるが、あくまでこれは文字の問題である。

漢文や候文は、漢字なしでは書けないが、もし、これをしもローマ字や「かな」で書いたとしても、逍遥が言うような「新しい思想」を「新しい文体」で書くということにはなるまい。

世界の文字表記改革

世界でも文字表記の改革は行われている。

トルコでは、一九二八年ムスタファ・ケマル大統領が、それまでのアラビア文字での表記を廃止しラテン文字（ローマ字）にするという大きな文字表記の改革を行った。

また、朝鮮半島では一九四八年に「ハングル専用に関する法律」が作られ、韓国では一九七〇年に朴正熙が漢字廃止宣言を発表し、普通教育での漢字教育を全廃した。その徹底ぶりは、小学校で児童に漢字を教えた者に対しては懲戒免職処分が行われるほどだったという。

さらに、モンゴルでは一九四一年にモンゴル文字を廃止し、ロシア語のキリルアルファベットを使うことによって言文一致の表記が行われるようになったという。

我が国でも、もし、明治時代に漢字廃止や仮名撤廃の法律などが作られていたとしたら、あるいは日本語もローマ字によって書かれるようになっていたかもしれないのである。

しかし、トルコ語や朝鮮語、モンゴル語と同じ系統に属するとはいえ、日本語は、同音異義語が多すぎる。漢字での書き分けがあることによって、意味を識別することが可能なのである。ローマ字化してしまうことは、非常に難しい課題だったのではないかと思われる。

大槻文彦『言海』の仮名遣い

これまで見てきたように、明治十八（一八八五）年頃までの動きは、覚えるのに時間がかかる「漢字」よりも「ひらがな」や「ローマ字」を使うように教育の方法を変えようというのが中心であった。しかし、ひらがな・ローマ字のどちらで書くにしても、同じ問題が提起される。ローマ字表記のところでも少し触れたが、仮名遣いと呼ばれる問題である。

ローマ字派、かな派、漢字擁護派などの意見より、じつはこちらのほうが決着されなければならない問題としてあったのではないかと思われるのが、当時の「歴史的仮名遣い」の「書き分け」である。

さて、明治十九（一八八六）年に大槻文彦が編纂した『言海』（出版は一八九一年）は、初めての近代的国語辞典と言われる。

三万九千百三語の日本語を集め、語源などについても触れて解説するというところからしても、言わばドイツ語辞典の『グリム』、英語の『オクスフォード・イングリッシュ・ディクショナリー（OED）』に匹敵する、非常に近代的なものと言ってよいであろう。

これを繙《ひもと》くと、すぐに不思議に思うことと遭遇する。それは「旧仮名遣い」で書きながら、隣に小さく〈カタカナ〉で「新仮名」の振り仮名がふってあることである。

たとえば、

あきなひ《イ》
あきなふ《ウ》
えんがは《ワ》
かいぞへ《エ》
かいだ《ド》う
か《コ》う（名）孝　善ク父母ニ敬ヒ事フルコト。孝行

などである。

大槻文彦は、すでに百科全書の翻訳で、万年以前にグリムの法則を日本に紹介した人物である。しかし、大槻文彦はそれに止まらず、たったひとりで編纂した『言海』の凡例に「語法指南（日本文典摘録《ぶんてんてきろく》）」という項目を設けて、日本語の音韻変化の実態を把握しそれを辞書に反映しているのである。

「語法指南」というものに触れておこう。これは『言海』の巻首に附されたもので、これを見る限り、『日本文典』から「摘録」されたもののように思われる。しかし、探してみても『言海』以前に大槻がこうしたものを書いたものは見つからない。

この「語法指南」については、万年の弟子の福井久蔵《ふくいきゅうぞう》（一八六七〜一九五一）が『日本文法史』でも次のように触れる。

「辞書は文法の規定によりて作らるべきものにして辞書と文法とは離るべからざるものなり。而して文法を知らざるもの辞書を使用すべからず」

こは言海の編纂大意中に見えたる所。後半節は首肯《しゅこう》しがたきも前半節は確に違はざるを知る。されば辞書を編むものは、まず文法上の大綱《たいこう》を立てざるはなし。語彙の編者が別記をものしたる如く（筆者注：岡本保孝等編、文部省編集局　一八八四年）、詞の林の著者が初等日本文典を著されたるが如く（筆者注：『ことばのはやし』物集高見著、みづほや　一八八八年）、大槻氏が言海を編まんが為に文法を究《きわ》めてその巻首に載せらる。これ語法指南なり。言海の一部が始めて刊せられしは明治二十二年の九月なれど、その草稿の成りしは十七年の末なれば、語法指南の原稿の成りしはこれより以前なるべし。

「語法指南」には、まず、日本語の音素の説明について五十音図を出して次のように記される。

○単音、母韻、発声、熟音　阿行の五音は、喉より単一に出ず。これを単音と名づく。加行以下、九行の諸音は、其行毎に、各、其音を呼び発《おこ》す一種の声ありて、これを発声（Consonant）と名づけ、単音、その韻《ひびき》となり、発声と単音とは相熟して、始めて音と成る。此の故に、加行以下の九行四十五音を、熟音（Syllable）と名づく。単音は、斯《か》く発声の韻ともなるが故に、亦母韻（Vowel）の称あり。

こうして、次に、大槻は五十音図における仮名遣いについて言う。

五十音図の中に、阿行の「い」「う」「え」と、也行の「い」「え」と、和行の「う」と、同形の字、重出す。此の各二音は、各、甚だ相近ければ、古来、字を相通わして用い来れり。されど、阿行なるは、単音にて、也行、和行、なるは、別に、其各行の発声ある熟音なれば、各、相異なるべき理ありと知るべし。

また、いわゆる「旧仮名遣い」については、次のように説明する。

○「は」の仮名を記して、「わ」の如く転じて呼ぶことあり。又、「ひ」「ふ」「へ」「ほ」を記して「い」「う」「え」「お」の如く呼ぶことあり。是は、発声黙して、母韻のみ発するなり。左の如し。

いは《ワ》（岩）　いひ《イ》（飯）　くふ《ウ》（食）
うへ《エ》（上）　かほ《オ》（顔）……

○阿の段の音、衣の段の音は、（清、濁、共に）下に「う」又は、「ふ」（転呼音の）を承《う》くれば、於の段の音の如く転呼することあり、是は、発声を存して、母韻を変ふるなり。此転呼音、開口にも発し、他の音の後にても発す。左の如し。

あ《オ》うむ（鸚鵡）　あ《オ》ふみ（近江）　え《ヨ》う（要）
え《ヨ》ふ（葉）……

また、「連声《れんせい》」については次のように説明する。

「む」、及び、「つ」（音便にて促声と為《な》り）「ぬ」（音便にて鼻声と為り）の音は、其発声を、下に来れる他の母韻、又は、半母音と合わせて、転呼せしむることあり、これを連声という。

さむ―ゐ《ミ》（三位）　おむ―や《ミョ》うじ（陰陽師）
ほつ―い《チ》（発意）　けつ―い《チ》ん（欠陰）……

大槻は、このように日本語の音韻の変化を列挙していくなかで、たびたび「其委《そのくわ》しきことは文典に譲る」と記している。

万葉仮名と呼ばれる、漢字を使って日本語を書くことが始まったおよそ五世紀半ばから、日本語にはつねに、発音と表記の不一致という問題がつきまとってきた。

たとえ、九世紀後半日本語を書き表すための「仮名」が発明されたといっても、「仮名」はあくまで「仮り」の文字であって、それが発音される日本語の音素をそのまま忠実に再現するというものではなかった。

「仮名遣い」という言葉が使われたのは、初めて藤原定家《ふじわらのていか》が和歌を正しく書くためにはどうすべきかということを彼の美意識のなかに取り入れようとしたときであった。すなわち、『新古今和歌集』が編纂される鎌倉時代初期、一二〇〇年頃のことである。

ローマ字で書くか、ひらがなで書くか、あるいは漢字仮名交じりで書くか、日本語の表記をこれらのいずれにするにしても発音と表記の不一致を解消することは、後の言語学者・万年に課せられた大きな仕事であった。

井上ひさし『國語元年』の主人公・南郷清之輔と同じ重みが、万年の肩にはのしかかっていたのである。

第四章　万年、学びのとき

博言学への志

東京大学に入って十八歳になった上田万年は、「博言学」を学ぶことになる。

明治十八（一八八五）年のことであった。「博言学」は、現在では「言語学」と呼ばれる。

「博く言語について学問する」という意味で「博言学」という。

斎藤緑雨に影響を受けて、文学の道を志したにもかかわらず、「博言学」という道に進んだのは、たまたま、バジル・ホール・チェンバレンという先生に出会ったからだった。

政府は、お雇い外国人と呼ばれる外国人を高い給料で雇って、日本の近代化を急いでいた。万年は本所に住んでいたが、東京には煉瓦造りの建物が建ち、鉄道が延びていた。これらの技術は全部、お雇い外国人によるものである。今の小学館、集英社の目の前にあった東京大学の先生たちも、ほとんどが外国人だった。

明治の維新を迎え「江戸」は「東京」となったが、まだ十八年しか経っていないこの頃は、「東京」を「とうきやう」とか「とうけい」と呼ぶ人たちがほとんどだった。「東京」をどう呼ぶかなど、だれも気にしなかったのだ。言っていることの意味が通じればそれで済む。むしろ、「江戸」と言ったほうが通じることが多かった。

人はみな、日本語を話し、日本語で手紙や戯作《げさく》を書いていた。しかし、「仮名文」や「漢文」はあっても「国語」はまだだれも知らなかった。外国から来た人は、日本人が話す言葉を「JAPANESE」と呼んだが、日本人は、「日本語」という言葉を知らなかったのである。

東京大学には、漢文を読み、日本の古典を読み、そしてその読解の方法を教わって中学・高校の先生になることを目的とした学生たちが集まっていた。もちろん、そのうちの何人かは、以降京都や東北、九州に作られる帝国大学や、教員養成のための高等師範学校などの教員となる者もあったが、「博言学」は必ずしもそうした人たちには必要な学問ではなかった。というより、「博言学を習いた い」と言って、分かる人は当時の日本に、指を折って数えるほどしかいなかった。

江戸時代までは外国語を勉強して翻訳や通訳を行う人は、「通詞《つうじ》」と呼ばれていた。オランダ語通詞は長崎だけに置かれ、中国語の通訳を行う唐通事は長崎、薩摩、琉球王国に置かれた。オランダ語通詞には平戸組、長崎組というふたつの流れから出た十五の家の世襲によってオランダ語の習得が行われ、中国語は中国人の帰化人が担当していた。

もちろん、世界にはサンスクリット語やラテン語、また英語やロシア語、フランス語などがあることは江戸時代にも知られていた。しかし、真言宗や天台宗の僧侶が悉曇《しったん》で呪《じゅ》を書いたりする用に立てる以上に、積極的にサンスクリット語を研究したりすることがなかったのと同様、外国語を学問の対象として研究し、それを日本語と比較して考えるようなことは行われなかった。

江戸末期に起こった蘭学も、医学や化学、物理などの方面に対しての新しい知識をもたらしたが、オランダ語の研究は、あっても文法の習得という程度に止まり、言語としてのオランダ語を日本語やサンスクリット語と比較したりするようなことは行われていなかった。

こうした異なる言語を比較する学問は、比較言語学と呼ばれ、最初イギリスで始まった。インドを植民地としていたイギリスからカルカッタ（現・コルカタ）に上級裁判所の判事として渡ったウィリアム・ジョーンズ（一七四六～一七九四）は、インドでサンスクリット語を学んだ。そして、オクスフォード大学でラテン語や古典ギリシャ語に精通していたジョーンズは、サンスクリット語と、これら古典語とが非常によく似ていることに気がついたのである。ジョーンズは、わずか四十七歳にして亡くなるが、ヨーロッパ諸語はもちろん、ヘブライ語やペルシャ語、ベンガル語なども含め、およそ十三の言語に通じていた。

これらの言語を比較すると、ラテン語とフランス語やイタリア語、スペイン語などが非常に近い関係であることが分かってくる。またドイツ語とオランダ語、英語は同じように非常によく似ている。

ジョーンズのこうした言語を分類する研究は、サンスクリット語を含めたヨーロッパ諸語が時代とともに発展し、枝分かれした結果を明らかにする第一歩となる。そしてこれが比較言語学という学問の初めだった。

ジョーンズが生きた年代は、我が国の日本語の研究史で言えば、江戸時代後期、賀茂真淵《かものまぶち》や本居宣長《もとおりのりなが》（一七三〇～一八〇一）が国学という学問を始めた時代と同じである。

万葉仮名で書かれた文献、古事記や万葉集を読み解くためには、中国、唐代の音韻に通じることが必要である。残念ながら、彼らは唐代の中国語の発音を、ローマナイズして客観的に示すことはできなかった。それにもかかわらず、彼らは奈良時代の日本語を復元することに成功している。すなわち、ジョーンズによる比較言語学の新しい世界と同じような新たな地平線は、我が国にも同時期に芽生えていたのである。

しかし、その研究の深さは、宣長を国際的な言語への視野へと向かわせず、かえって狭く純化されたものを求めさせることになる。つまり、彼は日本語を、「やまとことば」と呼び、それが世界言語のひとつとして相対的に日本語を類別するような比較言語学的な視野を持つことはできなかった。

こうしたことが、ひとつには、日本語を、「国語」や「日本語」と呼ぶことへの問題を引き起こすことになる。

「日本語とは何か」、師チェンバレンの問い

さて、東京大学で漢文や日本の古典を学び始めた万年は、明治十九(一八八六)年「お雇い外国人」として「博言学」を教えていたチェンバレンというイギリス人の授業を受けたのだった。東京大学が帝国大学と改称された年のことである。

大森貝塚を発見して、考古学の立場から「縄文時代」を教えたアメリカの動物学者エドワード・S・モース(一八三八〜一九二五)、日本の美術品に高い評価を与え、海外に日本美術を紹介し、また文化財の保護に尽力したアメリカの東洋美術家フェノロサなど、当時、帝国大学には、お雇い外国

人として、「日本」の文化に対して、それまでとは根本的に異なるヨーロッパの近代科学的視点からアプローチをすることを教えた学者があった。チェンバレンもまた、そのひとりとして、「日本語とは何か」と問うたのである。

「博言学」という科目で、チェンバレンは、日本語の「文法」を教えた。「文法」という言葉は、すでに古くからあった。しかし、それは、漢詩を書くために平仄《ひょうそく》を当てはめ韻を踏む「詩法」に対する「文法」であって、我々が現在外国語を習うときの「文法」ではなかった。

チェンバレンが、漢詩を書くための「文法」を教えたわけではない。彼が教えたのは、我々が英語の「文法」を習うように、日本語のなかに規則性を求めるための「文法」である。

「国語」あるいは「日本語」という言葉がなかったと同様、現在我々がふつうに使う「文法」という言葉もまた、明治の初年にはなかったのである。

はたして、チェンバレンは、帝国大学の学生である万年に「日本語とは何か」と問うたのである。日本語は、どのように組み立てられているのか。そして、「日本語」に「文」を作るための法則を見いだしうるか。「日本語」とは何か。

万年には、答えられなかった。

自分は、日本語を話している。「日本語」は、生まれたときからただ身の回りにあった。父が話し、母が話し、看板に書かれた文字があり、本はすべて日本語で書かれていて、それを学ぶことで帝国大学の学生になった。そして、ここを出ても、日本語でものを考え、日本語で生活をしていくことは当然であった。

日本語は、空気と同じようなものなのだ。

その「空気」を、お雇い外国人のチェンバレンは、何かと訊いたのだ。若い万年に答えられるはずがなかった。

外国人教師による「日本語」の講義と、授業を受ける前にはやや馬鹿にしていたところがあった。なぜ外国人に、我々日本人が「日本語」を習わなければならないのか。

しかし、考えてみれば、日本人にとって「日本語」とは何かということを、日本人はこれまで考えてきたことがなかったのだ。

万年と同じ時期に帝大文学部の和文科にいて、のち東京帝国大学教授となった三上参次は、当時のことを次のように回想している。

その当時は自分でも自分の国の言語や文典をイギリス人に学ばなければならぬということは変なことだと感じたのであります。素《もと》よりそれより前に本居春庭《はるにわ》先生の「詞《ことば》の八衢《やちまた》」或は明治の初年に於ても文部省から出ました田中義廉《たなかよしかど》さんの「日本文典」を学び、或は私が姫路中学に居ました頃には今の帝国大学文学部教授春山作樹《はるやまさくき》博士の父君なる弟彦《おとひこ》先生の書かれた「日本文典」に就《つい》て一通りは学んで居りました。けれどもチェンバレン先生に就てはじめて日本の名詞とか代名詞とか接続詞とか動詞とかというようにイギリスの文典流に学んだのであります。昔流の所謂弖爾乎波《てにをは》流の方法でなく、西洋流の今日のような文典で学んだのですから、頗《すこぶ》る分り易く興味を覚えたわけであります。

（『バジル・ホオル・チェンバレン先生追悼記念録』）

こんな学問は、今まで日本にはなかった。

万年は大きな衝撃を受けた。それからチェンバレンからアイヌ語や琉球語、ドイツ語やフランス語、ラテン語、サンスクリット語などがどのような言語なのかを教わっていくことになる。

「博言学」と呼ばれる新しい学問をやる日本でただひとりの日本人、万年は、チェンバレンを通して学び、またいろいろな人々と出会うことになるのだった。

語学の天才、チェンバレンという人物

ここで言語学者としての万年に大きな影響を与えたチェンバレンについて触れておこう。明治六（一八七三）年、二十二歳になったバジル・ホール・チェンバレン（一八五〇〜一九三五）は、横浜に足を下ろした。

痩せて、少し青白い顔の神経質そうな男だった。

商用でも冒険のためでもない。訪日の目的は、療養のためであった。

チェンバレンは一八六九年、バーリングス銀行に就職してまもなく、神経を病んだ。オクスフォード大学に進学して古典学を学ぶことを希望していたのに、父親から銀行への就職を余儀なくされ、その仕事が身体に合わず発症したという。

イギリス海軍軍人ウィリアム・チャールズ・チェンバレンの長男として生まれ、六歳の時母の死に

めである。

遭《あ》い、パリに住む伯母のところで育てられた。海軍の将校だった父は留守がちで、家にいなかったた

おかげで、英語とフランス語は自然に身に付き、同時にドイツ語も母国語のように使いこなすことができた。母親もパリの伯母も、ドイツ文化に精通し、ドイツの音楽を愛する人だった。そして家庭教師にもドイツ人の女性が雇われた。

こうして、チェンバレンは次第に語学の才能を伸ばしていく。

十七歳の時には、一年をスペインで過ごしてスペイン語を身に付け、翌年フランスで大学に入学するための資格であるバカロレアを取得すると、ロンドンに戻り銀行に就職した。

しかし、数年も経たず神経を病み、銀行を辞めてからは、マルタ島、イタリア、ギリシャ、スイス、ドイツ、チュニスなどを旅行し、ラテン語、ギリシャ語など、全部で十一ヶ国語をマスターした。

チェンバレンは語学の天才である。

このことについては、チェンバレンの二番目の末弟が、次のように書き残している。

私は著名な日本学者である長兄のバジル・ホール・チェンバレンは彼女［母親］から多くを受けていると思います。それに反して私は彼女から受けついだものはほとんどありません。彼女のたやすく外国語をものにする語学の才も、彼女の禁欲的な心情も私は受けつぎませんでした。

（太田雄三『B・H・チェンバレン』所載、「Lebenswege, PP. 14 – 15」）

チェンバレンは、二十二歳の時、一旦ロンドンに戻り、ここからテルモピレー号という帆船でオーストラリアを目指し、北上して中国を経て、横浜に辿り着いた。

療養のために日本に来たチェンバレンは、日本語の世界に魅せられていく。ヨーロッパでも、比較言語学という学問がようやく花を開こうとしていた。

この「比較言語学」という学問を我が国に植え、世界の言語とともに「日本語」を研究の対象としたのはチェンバレンである。そして、その一番の弟子となったのが上田万年であった。

ただ、チェンバレンには、あまり人に言いたくない問題があった。病気のことである。

その私の［のどの］病気にはどれほど神経質なことが影響しているに違いないかに気付いて奇妙な気がします。私はよく見知っている人々、私のために本を朗読してくれる人とかホテルの従業員にはだいたい何でも支障なく言えるのです。ところが、見知らぬ人に話さなければならないとなるとたんに、私は話すと極度の疲労を感じ、そのうえのどが本当に痛みさえするのです。

（前掲『B・H・チェンバレン』所載、「チェンバレン杉浦藤四郎宛書簡」）

しかし、問題はのどだけではなかった。若い頃から目もあまりよくなく、人に本を読んでもらう必要もあった。

チェンバレンが自分の悩みを吐露した杉浦藤四郎《すぎうらとうしろう》（一八八三〜一九六八）というのは、彼が五十五歳の頃になって知り合った青年である。チェンバレンは、杉浦を我が子のように可愛がった。そして、杉浦は、チェンバレンの目となり、チェンバレンの「のど」となって助けた。チェンバレンと杉浦の間で交わされた書簡、そして杉浦がチェンバレンから贈られた蔵書は愛知教育大学に保管されている。

さて、チェンバレンにとって、日本はそれほど遠い国ではなかった。

母方の祖父、バジル・ホール（一七八八〜一八四四）が、イギリス軍軍艦の艦長として朝鮮半島から琉球を過ぎ、遠くから日本を眺めたことがあったのだ。ペリー来航の三十七年前、一八一六年のことであった。

そして、バジル・ホールは、琉球に立ち寄り、その土地の風俗などを書物として著しイギリスに紹介した。今、岩波文庫に『朝鮮・琉球航海記』として訳されるのがそれである。

ただ、祖父のバジル・ホールが日本を外側から興味の対象として見たのに対して、チェンバレンはもっと深く、厳しい学者の視点で日本を見つめていくことになる。

横浜到着の翌年、明治七（一八七四）年から明治十五（一八八二）年までチェンバレンは、海軍兵学寮（のちの海軍兵学校）の英語教師として教鞭を執ることになるが、来日直後から日本語を学び始めている。

　新しい言葉を学ぶことがいつも好きだった私は年配の侍を先生としてはじめから日本語の学習に熱心に励みました。この先生は最初は両刀を腰に差して私のところにやってきました。私が最初に取り組んだ本は古今集でした。それから私達は数多くの古い古典やもう少し時代の新しい作品を読みました。私の記憶に間違いがなければ、私の最初の著作はCornhill Magazineに載った謡曲「殺《せっ》生石《しょうせき》」の韻文訳でした。これは一八七七年か一八七八年のことだったと思います。同じころ私は日本語で『英語変格一覧』という小さな本を出版しました。これは英文法の概説書で、特に動詞の変化を詳しく説明し、その変化表を付したものでした。

（前掲『B・H・チェンバレン』所載、『日本事物誌』第六版「出版者の序」）

二十二歳から日本を離れる六十歳まで、彼は日本語を中心に古典、方言、文字などあらゆる方面から非常に質の高い研究を行い、「日本語とは何か」という問題を投げかけたのである。

まず、彼が行ったのは、『実語教』という書物の英訳であった（『日本事物誌』の序文に書かれた謡曲「殺生石」の韻文訳は、あるいは原稿は『実語教』に先だってできていたかもしれないが、発表は一八七六年十月で、『実語教』は一八七六年八月である。この点、チェンバレンの記憶が間違いであることは『近代文学研究叢書38』所収「バジル・ホール・チェンバレン」の「著作年表」に指摘されている）。

『実語教』は、平安時代初期、空海が作ったと古来言われてきた。もちろん伝説である。儒教的な教えの非常に濃い初学者のための教科書で、江戸時代には寺子屋などで必ず子どもたちが習ったものであった。

山高故不貴　以有樹為貴　山高きが故に貴《たっと》からず、樹《き》有るを以て貴しと為す

人肥故不貴　以有智為貴　人肥《こ》えたるが故に貴からず、智《ち》有るを以て貴しと為す
富是一生財　身滅即倶滅　富は是れ一生の財、身《み》滅すれば即ち倶に滅す
智是万代財　命終即随行　智は是れ万代の財、命終われば即ち随《したが》って行く

このような文章で始まって、少しずつ人としての教えとしての仁《じん》、義《ぎ》、孝《こう》、悌《てい》などの大切さを説き、最後を次のような文章で締めくくる。

故末代学者　先可案此書　故に末代の学者、先ず此の書を案《あん》ずべし
是学問之始　身終勿忘失　是れ学問の始め、身終わるまで忘失《ぼうしつ》すること勿《な》かれ

よく言われることであるが、福沢諭吉の『学問のすゝめ』にも『実語教』の引用が見える。こうしたことをチェンバレンが知っていたかどうかは明らかではないが、ただこの書が我が国の教育に大きな影響を与えていたことを、海軍兵学校の教官になることで知ったのかもしれない。

この書の英訳は、ロンドンの『コーンヒル・マガジン』という雑誌に発表された。『コーンヒル・マガジン』は、『シャーロック・ホームズ』シリーズを書いたコナン・ドイル、『日陰者ジュード』で知られるトーマス・ハーディなども寄稿したことがある由緒ある雑誌である。

遠い異国から送った論文が、こうした権威ある雑誌に載ったことは、チェンバレンの研究に対する意志を高めることになったに違いない。

チェンバレンが次に行った研究は、「和歌における枕詞とその役割について」というものであった。これは、はじめ日本アジア協会で口頭発表されたもので、その発表の三日後、明治十（一八七七）年一月二十七日付けの『ジャパン・ウィークリー・メイル』に掲載された。

チェンバレンがこの研究で参照したのは、賀茂真淵の『冠辞考《かんじこう》』である。

宝暦七（一七五七）年に刊行された『冠辞考』は、『古事記』『日本書紀』などの古代歌謡から『万葉集』までの枕詞三二六語を取り上げ、その出典、意味、解説を行ったものである。

もちろん、チェンバレンは、これをただ英語に訳したのではない。彼が出した結論は、枕詞は『古今和歌集』以降では、ほとんど意味を持たない形だけのものとして使用されるようになっているということであった。

今であれば、こうしたことは当たり前のように思われる事実である。しかし、なぜ『古今和歌集』以降、枕詞が必要ではなくなったかということは、古代日本語の機能を考える上で重要なヒントを示すものであった。

ただ、外国人が行ったこうした研究は、「国文学者」と自称する日本人には評価されるものではなかったようである。

たとえば、福井久蔵は、次のように書いている。

> チャンバーレン氏は『枕詞及び言語上の遊戯《ピロウワード・エンド・プレイ・アポン・リーグ》』と云う題で亜細亜協会雑誌に一論文を掲げ枕詞は意味のない詞であると云って居る。此の説は私どもの考では採るに足らないものと思う。是は中

世に至り枕詞の本義を失って、唯だ古人の用例を踏襲した作ばかりを見て無造作に立てた説に過ぎないようである。

しかし、こうした見解とは別に、楠家重敏『ネズミはまだ生きている』所載のアーネスト・サトウの日記によれば、彼は次のように言っている。

日本の事物を研究することはそれ自体が芸術なのである。わたしが知っているかぎりでは、わずかにあと二人のみがこの分野の開拓に成功したにすぎないのである。

当時、日本学の開拓者としてサトウが名を挙げたのは、チェンバレンと自分、そして外交官アルジャーノン・ミットフォード（一八三七～一九一六）であった。

福井久蔵とアーネスト・サトウのそれぞれの意見によるチェンバレンの「枕詞」の論文についての善し悪しを言うのは止めよう。ただ、福井久蔵が、この論文のタイトルに書かれる“On the Use of 'Pillow-Words' and Plays upon Words in Japanese Poetry”のPlays upon Wordsを「言語上の遊戯」と訳すのは如何なものであろうか。これは明らかに、「役割」という意味である。このような訳で福井が本当にチェンバレンの論文を理解したのかどうかは首を傾げたくなるのである。

チェンバレンの日本学に対する視点がまったく取るに足りないものであったとしたら、それは先には続かなかったであろう。論文には、だれにでも、いいものが書ける場合とそうでない場合がある。

問題は、研究に対する立場であり、そして方法である。

明治十一（一八七八）年、二十七歳の時、チェンバレンは父を喪《うしな》い、三十歳になった年に、一度イギリスに帰国する。

そして再び日本に戻ったのち明治十六（一八八三）年、三十二歳の時に、チェンバレンの金字塔とも言うべき『古事記』の英訳を出版する。十七歳になった上田万年が、斎藤緑雨らとともに回覧雑誌を作ったり、新聞に投稿をしている頃のことであった。

今なお『古事記』の英訳として海外でも高い評価を受けるこの業績は、本居宣長による『古事記伝』を利用して総論を加え、文献に見える日本の古代史を地図も添えて明らかにしたものであった。

日本語はどこから来たのか

はたして、この業績によって明治十九（一八八六）年、チェンバレンは三十五歳にして、帝国大学和漢文学科及び新設されたばかりの博言学科の教師に任命されるのである。

「和文」とは現在の国文学科、日本文学科に相当し、「漢文」は「中国文学」、また「博言学科」は「言語学科」に相当する。

上田万年は大学の和漢文学科に入学していたが、もし、万年が、緑雨と同じように小説や評論を書きたいと思って大学に入ったとしたなら、それはまったくの誤りだった。「和漢文学科」は、創作を教えるところではなく、客観的な研究の対象として日本文学や漢文学を見ることが求められたのである。

そして、チェンバレンと万年の出会いは、万年の人生だけではなく、我が国の「国語」あるいは「日本語」の問題にも非常に大きな影響を与えることになる。ただ、そのことについては、あとの章で詳しく述べることにしよう。

明治十九（一八八六）年、チェンバレンはアイヌについての研究に着手する。そのために、帝国大学の初代総長・渡辺洪基《わたなべひろもと》（一八四八〜一九〇一）に仲介を依頼し、修史局《しゅうし》（現・東京大学史料編纂所）、上野博物館（現・東京国立博物館）、内閣図書局（現・国立公文書館、内閣文庫）、東京図書館（現・都立中央図書館、日比谷図書文化館）、前田家（現・前田育徳会尊経閣文庫）、水戸徳川家（現・徳川ミュージアム）、南部家、松前家に所蔵されるアイヌ関係の文書や図書を調査し、三冊の目録を作成するのである。

『チェンブレン調査蝦夷関係書目』『蝦夷及び愛奴人に関する著書目録』『チェンバーレン氏蝦夷書目解題』（筆者注：いずれも現物未見）である。

文献学という方法によって言語などを研究するためには、ヨーロッパではすでに十八世紀頃から目録を作成してそれまでの研究を俯瞰し、自らの研究の視点を置くということが行われていた。

我が国でも宣長などによって同じようなことは行われたが、アイヌの研究がこうした近代的な方法によってなされたことはなかった。

チェンバレンは、こうした目録を作り、同年六月から七月にかけて、幌別《ほろべつ》にいたイギリス人宣教師でアイヌ研究に着手したジョン・バチェラー（一八五四〜一九四四）のもとで実地の研究を行うのである。こうして、チェンバレンはアイヌ語の研究に大きな第一歩を踏み出すことになる。

余談ではあるが、ジョン・バチェラーは、明治二十一（一八八八）年、アイヌ民族にキリスト教の精神で教育をさせる目的で愛隣学校を設立した人としても知られ、また『アイヌ語辞典』を編纂するなど、アイヌ文化研究の草分けとして知られる人である。

さて、この時、チェンバレンは、アイヌ民族集落で民話の収集を行い、また同年の冬には赤坂の自宅にもアイヌ民族を呼び、さらに民話を集める。

これらの民話は、明治二十一（一八八八）年、『アイヌ民話』としてまとめられたが、それより先、チェンバレンは明治二十（一八八七）年、「アイヌ研究の光に照らして見た日本の言語、神話、および地名」を書き上げ、帝国大学文科大学紀要に発表する。

さて、チェンバレンが『内外新報』のインタビューに応じて述べたこの論文の要旨は次のようなものであった。


帝国大学雇英人チヤムバーレイン氏は、先頃北海道の土人アイノ人種の言語を取調べんが為め同地方へ赴き、親しく土人に就きて綿密に取調べしに、其語脈は全く西比利人《しべりあ》と同一にして、又往古のマレー人種の語脈なることを発見し、之を推《お》して考うるに同人種は初め南洋諸島より移りて日本の本土に住居し、遠く西比利地方に亘《わた》りたるに、中古現存の日本人種が、西方より起りて漸次《ぜんじ》東国へ進み来るに追われ、遂に北海道へ逃げ込み、僅かに、同人種の命脈を、北方深林の中に保ち居たるならんとの意見にて、今度此等の事項に関する著述を為さんと、目下取調べ中なりと聞きぬ。

論文には、アイヌ語とマレー語が同じ語源であるとは記されていない。かえって「アイヌ語は全く孤立した言語」であるとチェンバレンは書き、日本語と同系統の言語ではないと十五の例証を挙げて証明するのである。

これについては、のち、上田万年のもとで言語学者となりアイヌ語の研究を行った金田《きんだ》一京助《いちきょうすけ》（一八八二〜一九七二）が一々に検証し、チェンバレンの説に誤りがないことを明らかにしている。

専門的すぎるから、興味のある方は是非専門書を読んで欲しいが、アイヌ語と日本語の違いには次のような点があるという。

たとえば、アイヌ語の動詞には複数形があるが、日本語にはそうしたものが存在しないこと。アイヌ語は接頭語によって形容詞が動詞になったり受け身になったりすること。数詞の構造が根本的に異なること。日本語にはない所有者を表す所有接辞と呼ばれる接辞が存在すること。エスキモーの諸語、アメリカインディアンの諸語に見られる古代日本語の係り結びにも似た抱合語《ほうごう》が多く見られることにより、日本語が膠着語《こうちゃく》と分類されるのに対して、抱合語として分類することができること、などがその理由である。

比較言語学という専門領域の話なので、分からなくてもいいのだが、万年はチェンバレンのそばにあって、このようなことをひとつひとつ学んでいったのである。

ところで、こうした文法や形態論的な言語的差異とは別に、チェンバレンは語彙の面では、箱根以北には多くアイヌ語が地名として残っているということを述べる。

これは、東大での授業でもよくチェンバレンが話題にしたことであったらしく、三上参次は「チェンバレン先生に就ての想ひ出」で次のように記している。

私は其後アイヌの方の事はとんと注意をいたしませぬからもう大分忘れてしまいましたのでございますが、如何にも面白いので今でもその二つ三つは小耳に挿《はさ》んで居るのでありますが、例えば富士山という名はアイヌ語ではどういう意味だ、箱根というのは何でも「パコニ」とかいうので、アイヌ語ではどういう意味だ、又日本では「塙」「花輪」という地名が多いが、之をアイヌ語で説明するとどこだとか、北海道に「山越内」という所がある、北海道の地名は土人の発音に内地人が勝手に漢字を当てはめているからして、下手に解釈をするととんだ間違いが起る。「山越内」という名も、確か栃の木の多いじくじくした所という意味だというような事を先生に教ったと記憶して居ります。又青森県に弘前市というのがあります。これは私の記憶が違って居るかも判りませぬけれども、当時面白く思ったので今でも記憶して居りますが、「ヒロサキ」は今では弘前と書いてある、あれは元はアイヌ語でピロマエと呼んだのであります。ピロマエに弘前という字を充てて弘前《ヒロマヘ》とした、それを内地人が後には前《マヘ》を前《サキ》と読むようになったのであるというような面白いことを教えて貰った。

この他にも、論文のなかには、アイヌ語では「イヅ（伊豆）」は「岬」を意味し、「イヅモ（出雲）」は「岬に近い湾」、「ツシマ（対馬）」は「遠い島」を意味する言葉であると記している。

このような説が真実であるかどうかは、だれにも判断できないだろう。

しかし、チェンバレンは、もはや単なるアマチュアの言語学者ではなかった。必ずしも思いつきの戯言ではない言語学的な音韻的対照ができるとされるのである。

チェンバレンは、大日本教育会で「日本地名中蝦夷語の存せるを論ず」を講演し、『羅馬字雑誌』にそれを掲載する。

それには、次のように記している。

お国のアリガトウという言葉はイタリア語のオブリガートウより出たなどおっしゃる方もありますが、なんの縁のない半世界を隔てる外国の言葉をひきあわせて、いくらか似よったところがあれば、すぐにくだんの外国語はくだんの日本語のもとだと言ってはいけません。批評学上では、そんな向う見ずの奇説は御法度《ごはっと》でございます。かならず道理上に、歴史上に、地理上に縁のあるところだけをたずねるのでございまする。それ故、日本のわからない地名のもとを探しますところは、日本に近い支那・朝鮮および蝦夷よりほかにはまずあるまいと思います。今日は支那や朝鮮をさしおきまして、もっぱら蝦夷のことばかり論じますのでございますが、日本の地名のうちに蝦夷くさい言葉が一つ二つあればとて、たちまち蝦夷語から出たとは定められません。さりながら、その似よりが多くなるに従って、だんだんその証拠も立つようになるものでございます。

チェンバレンは、このようなことを上田万年が受けた博言学の授業でも繰り返し言っていたことであろう。

日本語がどこから来たのか、我々がふだん何も考えずに使っている日本語とはどのような言語なのか。

チェンバレンは翌年、こうしたことを明らかにするために、万年とともに「日本語の最古の語彙について」という研究を行うことになる。

チェンバレン三十八歳、万年二十一歳の時のことだった。

当時の国語学の教師たち

チェンバレンの博言学や和文学の授業を受けて、学者として成長していく過程で、はたして万年はどのような思いを「日本語」に対して持つようになったのであろうか。

東大に入った頃のことを、万年は『国語と国文学』（巻十一第八号）の「国語学の草創期」に次のように書き残している。これは、万年がチェンバレンについて触れた少ない文章のうちのひとつでもある。

明治十九年頃の国語学は、田中稲城《たなかいなぎ》先生、物集高見先生等によって教えられたものだが、それ等の学科は、今の中学校で教える国語文法ほどにも進んでいない、第一、現代の我々が話している言葉と、奈良朝や平安朝時代の言葉との間に、どれだけの違があるかという概念すらも授《さず》けずに、

「語彙別記」や「活語指掌」を授けたのであるから——既に教える方で、現代の言葉と千年も前の言葉とを混同して、文法を教えるのであるから、はじめてそれを聞いた学生は非常に理解に苦しんだわけである。所謂大道《だいどう》を教えずして、小道《しょうどう》から始めて行くのであるから、それを受ける者が、十分納得の出来ないのも無理からぬ次第である。

けれども、当初、チェンバレンが大学へ来て、日本文法を講義すると、私達は、非常に奇異に感じた、西洋人から日本文法の講義をきく、これは全く国辱だとさえ考えたのであった。併《しか》し、実際に教授をうけ、薫陶《くんとう》をうけてみると、すべての点に於て、日本の学者よりは観察も広く、指導も懇切であることがわかって、これはどうしても、この学風が日本にも起らねばならぬという事をつくづく感じたのであった。

興味はこの点から起って、自分も一つ日本語を研究してみようという心持が起き、当時いろいろと日本語に関して書いたものを、チェンバレン先生に提出して、批評をうけた事も両三度ではなかった。

「文法」がおもしろいと思う人は少ない。もちろん、それは教え方にもよるのであろうが、まず「文法」を教わることの意味を、教える人がきちんと伝えないからである。教わる側にしてみれば、「文法」など分からなくても、文章を理解することができるではないかということになる。

このチェンバレンの日本語の文法の講義に触発され、万年は日本語研究を志すようになったのだった。

さて、この話に書かれる田中稲城（一八五六〜一九二五）は、のち、帝国図書館（現・国立国会図書館）の初代館長となる人である。

岩国（現・山口県岩国市）英国語学所を出て、明治七（一八七四）年東京外国語学校を卒業、東京開成学校予科（のちの東京大学）から東京大学和漢文学科を卒業後、准講師として国語学や和漢の文学を教えた。

ただ、田中の興味は、すでに開成学校予科の頃から図書館学にあった。このことは当時同級生だった牧野伸顕《まきののぶあき》（一八六一〜一九四九）が回想録に述べているが、明治十九（一八八六）年文部一等属に任命され文部省所轄の東京図書館（のちの帝国図書館）の運営に携わることになる。

万年が、田中稲城から教わったのは、ほんのわずかな期間だったと思われる。

ところで、もうひとりこの文章に現れる、万年に国語学を教えた物集高見について触れておこう。年の差で言えば、物集高見は、万年よりちょうど二十歳の年上である。

物集は、がむしゃらに学問をした人であった。

物集という姓は珍しいが、豊後国速見郡杵築《きつき》北新町（現・大分県杵築市）の出身である。故郷で国学と漢学を学んだのち、慶応二（一八六六）年長崎で蘭学を習い、翌年京都に出て、今度は国史を学んだ。

そして、明治二（一八六九）年に東京に来て、国学、漢学を再び学び、神祇《じんぎ》官としての職を得る。

明治八（一八七五）年、国文法の研究をするためには英文法を学ばなければならないとして、海軍中佐で海軍兵学校での教育にも尽力のあった近藤真琴《こんどうまこと》（一八三一〜一八八六）の門下に入る。

おそらく、それが機縁となったのであろう、明治十二（一八七九）年、三十三歳の時に山形県の月《がっ》山《さん》神社宮司に任命され、学習院でも教え、また國學院大學の創立にも尽力する。

この頃の物集の平日の日課を、息子の物集高量《たかかず》（一八七九〜一九八五）が書いている。

朝六時起床、すぐ湯殿に行き、水かぶり。体を浄めてから神前で祝詞《のりと》。新聞を読みながら朝食。箸を措《お》くと、その日の講義の検討、人力車で帝大へ行く。帰宅は二時か三時。家には英語の先生が待っています。洋服を脱ぐと英語のレッスン。終わってから銭湯行き、帰るとすぐ平安朝文学の研究。夕食には銚子が一本。酒も少量ならば健康によい、といつも言っていました。でも、これはどうやらこじつけのようです。

さて、夜の勉強が大変です。著書の執筆に取りかかるのです。『かなづかい教科書』、『てにをは教科書』、『言文一致』、『かなの栞』、『ことばのはやし』、『日本文典』、『日本文明史略』などが、その著述です。（中略）第一に文部省、次いで学習院、高等師範学校、女子高等師範学校などに招聘されたのですから、体がいくつあっても足らぬ思いだったでしょう。ときに齢《よわい》三十八、男ざかりでした。

（物集高量『百歳は折り返し点』）

明治十六（一八八三）年、帝国大学御用掛取扱となり、明治十九（一八八六）年三月、帝国大学教授に任命される。物集は三十八歳になっていた。

さて、明治十九年は、チェンバレンが三十五歳にして、帝国大学の博言学科の教授になった年であり、十九歳の万年が帝国大学に在籍していた。

つまり、三人は、この年ここで初めて顔を合わせることになったのである。

もちろん、学生である万年は、まず二人の授業を受けることによって学問を深めることを優先させる必要があったろう。

そして、チェンバレンは、アイヌ語の研究にも手を広げながら、比較言語学というヨーロッパの方法によって「日本語」に科学のメスを入れようとしていた。

では、物集高見はどうだっただろうか。

この前年の明治十八年十二月、物集は、『日本文明史略』という本を出版している。そして、それには同年同月に書かれた伊藤博文の序文が附《ふ》されていた。

明治十八年十二月二十二日は、内閣制度の発足に伴って、初代内閣総理大臣が選ばれた時だった。

だれが内閣総理大臣になるかという宮中での御前会議で、井上馨が「これからの総理は赤電報（外国からの電報）を読める人でなくては駄目だろう」と言ったことで、三条実美《さんじょうさねとみ》の支持者を黙らせ、山県有朋の「それでは、伊藤君しかいないだろう」という言葉で、伊藤博文が初代内閣総理大臣になったという話は有名である。

まさにその同じ年の同じ月に、物集高見は伊藤に自著の序文を書いてもらっているのである。

そして、『大分県人士録』によれば、たまたま本書を読んだ伊藤博文は、物集と会って次のように言ったという。

日本の学者が西洋の夫の如く社会全体の為めに、学問する人の少なきは遺憾とすべし、余は博士の眼識の凡《ぼん》ならざると、根気の卓絶せるには、夙《つと》に敬服しつつある処、望むらくは、此際国家社会の為めに、一身の富貴栄達を度外《どがい》に置き、日本人に日本の事を知らしむるを、眼目とせる大著作に従事せられん事を、武士の戦場に討死するを本分なりとせば、文士の文学の為めに討死する、亦《また》本懐たらずや

これを聞いて、物集は、「開闢《かいびやく》以来の一大著述に著手するに到れり」（同前）という。

「開闢以来の一大著述」とは、大正七（一九一八）年に完成する『広文庫《こうぶんこ》』のことである。『広文庫』は、小説における中里介山《なかざとかいざん》の長編小説『大菩薩峠』全四十一巻に匹敵する。

物集高見が書いたものは、言ってみれば、「索引」である。

少しこれについて説明しよう。これこそが小学館の『日本国語大辞典』など、初出などを正確にするための辞書ができる作業の根本であるからである。

古典文献が電子化され、組織化したシステムを作ることで、「串刺し」という方法であらゆる文献に見られる「語」が検索できるようになった。

しかし、こうした電子化がされる以前、我々が大学院生だった一九九〇年頃まで大学の研究室では、あらゆる古典文献の一文を手書きでカードに写し、そこに出てくる単語をアイウエオ順に並べていくという作業を行っていた。

『伊勢物語索引』『宇津保物語：本文と索引』など、日本文学関係の専門書を出版する笠間書院から

はこうしたものがシリーズとして出版されている。

また中国関係の文献は「一字索引」が作られ、ハーバード燕京研究所から『引得《インデックス》』というシリーズが刊行された。一冊、数万円という非常に高価な「索引」「引得」を当時我々は不可欠の工具書として購入した。「初出」の語などは、これなしには知ることができなかったからである。

しかし、今は、もうこうした「索引」「引得」は、古本屋の店頭に投げ捨てられるように積んである。パソコンで電子化されたテキストや、串刺し検索が可能なサイトを知れば、いちいちこうした本を開く必要がないからである。

『広文庫』は、この串刺し検索を、「本」にしたものである。明治以前の文献を全部、串刺し的に索引にしてしまった。

これは本当に便利な「索引」であり、画期的な事業であった。今の段階であるなら、日本の古典のどこに、どの言葉が出て、どのように記してあるかを調べるには、インターネットの情報より相当確実である。

たとえば、「扇」という項目で引けば、『和名類聚抄』の原文から『和漢三才図会』、中国の明代の書物『五雑俎《ござつそ》』などまで挙げ、さらに「日丸の扇」「紅の扇」「末広の扇」「中啓の扇」など、扇に関するものであれば、あらゆる記事の原文が挙げられる。

物集高見は、この索引作成を、たったひとりで成し遂げた。

全部で、二十冊、一冊につき平均六百頁は優に超えるだろう。研究室の壁の半分が埋まる程度の量である。

言ってみれば、古典の百科辞典というべきものである。

「万年の家の前を通るな」

ただ、『広文庫』が作られるために、犠牲となった人がいた。そして、人生は、不思議な、遠いところで、だれかとだれかが繋がっている。

たとえば、それは百六年の波瀾万丈の生涯を生きた物集高見の長男・高量である。

明治三十九（一九〇六）年、高量は、朝日新聞が主催した第一回懸賞小説に「罪の命」という小説を応募する。そして、この作品が第一席の当選となり、賞金五百円（現在の一千万円相当）を得たにもかかわらず、このお金はすべて、父親の『広文庫』のために使われてしまったという。

しかし、この賞によって高量は、大阪朝日新聞に入社し、夏目漱石の『虞美人草』連載の編集担当となるのである。いうまでもない、『虞美人草』は、『吾輩ハ猫デアル』『坊っちゃん』『草枕』『野分』に続いて書いた作品で、いよいよ漱石が職業作家としての道を歩み始めることを宣言するものでもあった。

さて、物集高見は息子の高量に、「上田万年の家は、小石川伝通院にあるが、決してその前を通ってはならぬ」と言ったと高量が記している。それほど、物集は万年のことを嫌っていた。

何があったのか、高量が書いている。

ある晩、父は母に言いました。

「わしは、今日まで自分で考えたことは何ひとつ外れたことはない！」

たいした自負心です。

それもその筈、十七歳で故郷を出て刻苦精励、大学教授となり、財産を作ったのですから、そう思うのも当然でしょう。

しかも、先輩の教授三人が老齢退職したので、父が国文学の第一人者となったのです。先頭に立てば、風当たりが強いのですから、ここに危険信号が点じられるのです。しかし、父はそのことを予知しませんでした。明治三十二年二月、三男高遠《たかとお》が生まれ、三月には文学博士の称号を授与され、得意の絶頂でした。

ところが、四月のある日、帝大文学部長、井上哲次郎氏が、私の家に訪ねてきました。どんな用件で文学部長がわざわざ来たのか、そのときの私は知る由もありませんでした。

井上氏が辞去してまもなく、母は青い顔をして私に言いました。

「お父さんに辞職勧告に見えたのですヨ」

後日、分かったことですが、その日、井上氏は父に、

「あなたは、学位も授与され、財産もできたのだから、後進に道を譲ったらいかがでしょう」と言ったらしいのです。すると、父はすぐ承諾したということです。私なら「しばらく考えさせて下さい」と言ったのでしょうが、そこが父の父らしいところなのかもしれません。

父は、その数日前、上田万年教授と文学論争をしたのだそうです。上田教授は、父の教え子なの

で、父が子供扱いにしたらしいのですが、そのことですっかり上田教授を怒らせてしまったということです。ところが、上田教授には新進の教授が大勢ついていたので、強行に父の追い出しを図ったのです。父は私に言いました。

「わしが去ったならば、誰も王朝文学を講義する者はいないだろう」

そしてまた、

「上田万年の家は小石川伝通院にあるが、決してその前を通ってはならぬ」

こういうのを「恨み骨髄に徹す」ではないでしょうか。しかし数年後、父はある人に言ったそうです。「上田万年を怒らせたのはまずかった」と。

（物集高量『百歳は折り返し点』）

時代は飛んでしまったが、三十二歳になった万年の後ろには、井上哲次郎、外山正一など東京大学を背負う人たちがついていた。

そしてまた「文学博士の学位」も、官費によるドイツ留学の経験を持つ人とそうでない人とでは雲泥の差があったのである。

さて、話を元に戻そう。田中や物集が教科書として使ったという『語彙別記』は、木村正辞《きむらまさこと》、横山由清《よこやまよしきよ》が総裁となって、岡本保孝《おかもとやすたか》、小中村清矩《こなかむらきよのり》、榊原芳野《さかきばらよしの》、黒川真頼《くろかわまより》、間宮永好《まみやながよし》、塙忠韶《はなわただつぐ》という当時の国語学者として知られる錚々たるメンバーで編纂されたものである。みな、当時帝国大学に関わっており、文部省が出版したものであった。しかし、いきなり、言語《コトバ》のはたらきに十四種あり、されどおおかたは十種にてことたる故にまず十種活用をあげて示す。（活語指掌にこの事はことわりおけり）第一より第八までを作用言《さようげん》という、第九第十を形状言《けいじょうげん》という

という言葉で始まって、序文も何もない。

そして、

第一、四段活用
さかむ　　さき　　さく　　さけ
将然言《しょうぜんげん》　連用言《れんようげん》　終止言《しゅうしげん》連体言《れんたいげん》　已然言《いぜんげん》
如此《かくのごとし》かきくけと四段に活用《ハタラ》く故に四段活用というなり

と書かれている。

中学、高校で習ういわゆる「国語文法」で、おもしろいものでもなんでもない。

また、『活語指掌』は、別の書名を『語彙活語指掌』という。編纂者の名前を具体的には記していないが、版元が文部省であることは『語彙別記』と変わりがない。


言語のはたらきをわけたるに、ふたつあり。其《ソ》は詞《コトバ》の活用《ハタラキ》と辞《テニヲハ》の運用《ハタラキ》となり。詞《コトバ》と云うは「あ

ふ」「おもふ」「さく」「ちる」又「あひ」「おもふ」「さきちる」の類なり。辞《テニヲハ》と云うは「す」「む」「て」「つ」「けり」「し」「ら」「む」「めり」「かな」「に」「を」「ず」「ど」「ども」の類なり

「助詞」「助動詞」などという言葉はまだ、この時代にはなかった。これらは「辞《テニヲハ》」と呼ばれていた。

しかし、それよりも、この本には「、」「。」などの句読点もない。さらに「れ」は「連」の変体仮名、「づ」は「川」と書かれる木版本である。

明治十九年は、こうした書物から言っても、まだまだ江戸となんら変わるものではなかったのである。

こうした江戸の雰囲気に、新しい風を吹き込んだのがチェンバレンであった。

国語教授法の大きな変化

チェンバレンがどのように「国語学」を教えたかは明らかではないが、十年後の明治三十（一八九七）年、万年自身が行った言語学の講義のなかで「日本の国語教授法」の歴史的変遷について触れたものが残っている。

これは、万年の弟子で、『広辞苑』で知られる新村出が残した上田万年の「言語学」の講義のノートである。

万年は、次のように述べている。

「日本の国語教授法」

数階のstage〈段階〉あり

1. 論語・孟子を読み、只textを視《み》、暗《そら》んじ、知らず知らず理解せしめんとせしなり。analytisch-practische Methode〈実践的分析的方法〉の一種か。生徒自身にunconsciously〈無意識的〉に規則を知らしめんとす。

漢学の影響を被《こう》ぶりてsounds〈音韻〉、character（六書）〈文字学〉、grammar〈文法〉、history of 1.〈語の歴史〉、vocabulary〈語彙〉などは、悉《ことごと》く知らずにすましたりき。

漢学：和学＝Greek〈古典ギリシャ語〉：Lat〈ラテン語〉。

然《しか》るに、徳川氏の中頃より和学開けて、漢学教授の弊《へい》を破りぬ。（〈〉は、筆者注）

これは、江戸時代に行われたいわゆる「素読《そどく》」という教授法を説明したものである。各藩校には、「素読寮」のようなものがあって、必ず「四書《ししょ》」の素読が行われた。先生が読むのに従って大きな声を出して漢文を読む。

現在の語学の習得方法で言えば、「シャドーイング」である。

我々が行う漢文の訓読は、平安時代後期の口語をもとにして作られたものとされている。しかし、もちろん、それがそのまま伝わったものではなく、文法的に説明することは非常に難しい。漢文訓読を身に付けるためには、「習うより慣れよ」と言われてきた。このような習得では、言語学的な分析などほとんどなされることがないのは当然である。

続いて、同じく新村のノートには、明治時代になってからの国語教授法の変化について触れられている。

2．小学読本　Wilson's Readerを田中義廉が訳せり。今迄のtextとはちがい、小児は小児の考えおる事を教わるに至れり。これは西洋の小児の考え方なり。

小学生が最初に学ぶ文章として、明治六（一八七三）年に発行された教科書が『小学読本』である。「凡《おおよそ》地球上の人種は五に分れたり。亜細亜《あじあ》人種、欧羅巴《ヨーロッパ》人種、馬来人種、亜米利加《アメリカ》人種、亜弗利加《アフリカ》人種、是なり。日本人は亜細亜人種の中なり」という文章で始まる。

内容は「学校教育の勧め」であるが、おもしろいのは、教師のことを「師匠」とし、授業や学習を「稽古」と記している。明治六年に発行されたというから、万年や斎藤緑雨、漱石なども小学校入学と同時にこの読本を読んだということになろう。

さて、万年は自分が大学に入って以降、国語の教授法が変わったことを同じ講義のノートに次のように記している。

Japanese Society（19年—30年）に、適切なるnationalなる性質を有しぬ。

之と同時に、Anschauungsunterricht［実物教授］のprincipleにより、目なれたる側より目なれない所へ進む、又interestを小児に起こさする事も起りぬ。

明治十九年から三十年（万年が講義を行っている「現在」である）までに日本の社会は、列強に並ぶ国家としての性質を有し、子どもが興味を持つような国語教育が行われるようになってきたと言う。しかし、まだ問題があると万年は言う。

之迄（三十年）の欠点は、未だ
a）spoken l.に重きをおかず、secondary positionにおきて目・耳主義の古漢学主義を取れり。
（spoken l.を小学読本に入れしは森有礼の時、十九年頃なりき。）
他の欠点は、Language=Sound—letter—word—sentence
b）発音法は一定せず
c）Sentenceは宜しくsimple naturalなるべきを、未だcomplexなる事を教える傾きあり。

万年は、口語に重きを置かない点に、国語教育の問題があるという。口語が教科書に入れられたのは、森有礼が文部大臣になった翌年の明治十九（一八八六）年に発行された教科書からであった。しかし、万年が言う「口語」、さらに進んで言えば「言文一致」を普及させるということこそは、すでに前章でも触れたが、明治の前半頃からの問題なのだった。

なぜなら、「文法」を論じ、日本語を論じるにしても、江戸時代までに使われてきた漢文や国学者たちが書いてきた文章は、もはや、うまく事柄を説明することができる「日本語」ではなかったからである。

日本語に近代科学のメスを入れるチェンバレンの授業

明治二十（一八八七）年五月二十八日付けの『郵便報知新聞』には、「チャンバレーン更に日本大文典編纂」という見出しで、次のような記事が載せられている。

文部省御雇チャンバレーン氏は先頃同省編集局の嘱托に依り、日本小文典を編纂し、尚お引続き大文典を編纂する筈なるが、同書には日本内国語は勿論、蝦夷琉球の言語に至るまで悉く其原因、沿革、法則等を詳細に取調るに付き、三四年の後ならでは脱稿に至るまじと云う。

『日本小文典』が刊行されたのは、この記事の前の月のことだった。しかし、じつは本書は、前年、ロンドンで出版された英語の『A Simplified Grammar of the Japanese Language（簡約日本語文法）』を日本語訳したものである。

チェンバレンがどれくらいの年月をかけて、本書を書き上げたかは明らかではないが、博言学の授業でもこの書物に記される日本語の文法の話をしていたはずである。

万年は、チェンバレンに教わった日本語の文法については何も書いていないが、二歳年下の後輩である岡倉由三郎《おかくらよしさぶろう》（一八六八〜一九三六）が「恩師チャムブレン先生を偲ぶ」という文章のなかで、当時のチェンバレンの授業が非常に魅力的であったということを記している。

岡倉由三郎は岡倉天心（一八六三〜一九一三）の弟で、夏目漱石の友人でもあった。漱石がロンドンに留学していたときに同じくロンドンにいて、文部省が日本公使館付岡倉由三郎宛てとして「夏目、精神に異常あり。藤代へ保護帰朝すべき旨通知すべし」という電報を送ったことでも知られるが、すでに帝国大学で岡倉と漱石は机を並べ、スコットランド人ジェームズ・メイン・ディクソン（一八五六〜一九三三）から英文学を習った同級生でもあった。ちなみに、電報に見える「藤代」は藤代禎輔《ふじしろていすけ》、のちに京都帝国大学文科大学教授となるドイツ文学者である。

岡倉は次のように述べている。

僕は明治の二十年七月に帝国大学文科大学の教場に出入を許される身となった。

当時、和文学科の学生としては、和田万吉君ただ一人、また、博言学科の学生として、は林曾登吉君、これも唯一人であって、僕は、その両君と、選択科目の具合で、離れたり合ったり、三年を大部分一緒に暮した。和田君は後に大学図書館長を永く勤めて昨今物故《ぶっこ》し、林君は長い間の外交関係の勤務の後、京都に隠棲、これも一昨年だか他界してしまった。当時の文科の学長は、外山正一氏で、先輩には、上田万年、その次の学年の三上参次、高津鍬三郎《たかつくわさぶろう》、渡邊董之介、の諸君があり、同学年生としては前記の和田君と林君とのほかに、白鳥庫吉、磯田良の両君などがあった。

これくらいの数少ない、優秀な学生を相手にチェンバレンは授業をしていたのである。岡倉は次のようなことも書いている。

先生のお時間は、毎週たった一回であったと覚えている。いつも、お抱えの人力車にクションを幾個も、お腰のまわりに当てがわれていられた事が、今でも眼に浮ぶ。一八五〇年のお生れゆえ、明治の二十年は、おん年三十七歳で、男盛りのご年輩ではあられたが、脊椎のお病とかで、すでに御体鶴の如くさえお見うけもうす者もあった。六尺ほどのお丈であったから、一層痩せてお見えであった。それでも、御病気の為の御欠席など、殆ど記憶にない。(中略) 先生は謂わゆる蒲柳《ほりゅう》の質《しつ》であられたのみならず、お眼が極めてお悪く、強度の近眼鏡をお用いでも、一日二時間以上の読書は、御自身のお眼でなされないことのお定めの由で、その他の読書は、侍読《じどく》の人の眼の力でなされたのである。それゆえ、日本の若い学生で、先生の為に英書の侍読をした、謂わゆる“reader”も数々で、自分の知っている処では、本田増次郎君や上田敏《うえだびん》君なども、その中の一人であった。

先に触れたように、チェンバレンは若い頃から目を酷使できなかった。あるいはその分だけ、言語学的な聴力が発達したのかもしれない。

さて、具体的に、チェンバレンは『日本小文典』などを使いながらどのような授業を行ったのであろうか。岡倉の言葉を続けたい。

僕が先《ま》づ講義を拝聴したのは、「日本文典」の科目で、同一の科目が、同じ週に、物集高見教授からせられた。同教授の「てにをは教科書」や「かなづかひ教科書」が、当時の講述の資料であり内容であったに対し、チャムブレン先生の御講義は、日本語の言語学上の位置を明かにせられ、代名詞の語根の事、数詞のhi(fi)-fu,mi-mu,yo-ya,itu-towoの倍数対立の現象の事、動詞の活用の語幹(stem)の無変化(sak-a, sak-i, sak-u, sak-eの類)の事、等々、当時は極めて耳新しかったいろいろの問題を、諄々《じゅんじゅん》と示して下さったので、自分等の自国語の構造についての、新しい考察の眼は、茲《ここ》に大に視開かれたのであった。

文字化されていなかったアイヌ語の研究を行う際に、チェンバレンはすでに耳で聞いたアイヌ語を、可能な限りそのままにローマ字で書き表そうと努力した。それと同じように、仮名で書いてしまえば、当たり前に見える日本語を、ローマ字で書くことによって、倍数対立の現象や動詞の語幹の無変化などが明らかになることを、チェンバレンは学生たちに教えたのである。

さて、言語学的視点からの日本語の考察を行いながら、チェンバレンはもっと広範な視点からの言語学の講義も行った。

先生の言語学のお講義も、たしか、第一学年から始まったかと記憶する。先生は、当時一世の寵児のように、言語学の正しい常識の書として、広く読まれていた、Max MüllerのLectures on the Science of Languageを、あまりに大衆的と視られた為か、その論敵William D. Whitneyの著、The Life and Growth of Languageなどを参考の書として、言語学の初心者に勧められた。僕の如く博言学科と云う名称に誤られて、やたらに多くの他国語を教えられるのかと思っていたものには、言語の生老病死の四相を考察する学科として、Comparative Philology（筆者注：比較文献学・比較言語学）を了解するようになって、ここにも大きな啓発を先生から受け、そこに眼醒めて後、初めて日本語の真の機構の攷察《こうさつ》も出来ることと、大いに悟ったのだった。

さらに、岡倉は次のような授業を受けたと記す。

先生から次に教を受けたのは、アイヌ語の構造のあらましであった。その次に先生は、朝鮮語の文典を説かれ、且《か》つ、仏国宣教師の夙《つと》に出版していたLa Grammaire Coréenne（筆者注：朝鮮語文法）を資料として、同語の演習をも指導してくださった。

こうして在学三年の間に、僕は先生から、日本文典と、アイヌ語と朝鮮語とを教えていただいたのであったが、アイヌ語は、日本語とは別の系統の語で、日本語に知られない、受身の前置詞（例a-wakka-tare, wakkaは水 a-tare酌《く》まれる、tare酌《しゃく》）のある事や、アイヌの数詞が二十を単位として物を数え、例えば、七十を示すには（20×4）－10＝70の迂《まわ》りくどい様式を取ることなどを説明して下さったので、僕は、アイヌ語より朝鮮語に一層強い親しみを感じるようになった。と云うわけは、朝鮮語と日本語との構造上の類似が、いかにも深い事実を、先生は僕等に、理論と実際の両方面から示して下さったからで、朝鮮語より更に近い関係のことばとして、琉球語を示され、それが日本語の姉妹語か但しは一つの方言かの問題についても、僕等に考慮の餉《かれい》を与えられた。

こうした日本語と同系の言語の事を述べられると同時に、先生は、僕にRobert Caldwellの Comparative Grammar of the Dravidian Or South Indian Family of Languages（一八五六）を推称せられ、また、一般言語学の書としては、Hermann PaulのPrinzipien der Sprachgeschichte（筆者注：『言語史原理』）を読むようにと、お勧めになった。


博言学に興味を持った万年も、岡倉が勧められたと同じ本を読んでいたに違いない。

岡倉は、大学卒業後、明治二十四（一八九一）年に朝鮮政府が京城に創設した日本語学校の職員として赴任する。そして、英語学の専門家となっていく。

万年、大学院へ

万年は、チェンバレンのそばで研究を続けた。まず、行ったのは「A Vocabulary of the most ancient words of the Japanese Language（日本語の最古の語彙について）」というチェンバレンの論文執筆の助手である。

チェンバレンは、アイヌ語の研究で、アイヌ語が日本語とは言語学上異なる系統であることを明らかにした。そして、次に琉球語への研究に着手する。

ふたつの言語を比較してその関係を見る場合、可能な限り多くの古い語彙が一致する、あるいは音韻的変化に適合することを発見することが重要である。

アイヌ語のように文献がない言語は如何ともし難いが、日本語の場合は少なくとも七一二年に献上された『古事記』頃まで遡ることができる。ただ、こうした文献は漢字で書かれていることもあって、当然、漢語が多く見える。

はたして、漢語を取り除いて、日本語の基礎語彙となるようなものが発掘できるかどうか。あるいは、漢語は分別することができるとしても、もしかしたら、古代朝鮮語が『古事記』や『日本書紀』（七二〇年献上）には多く含まれているかもしれない。

チェンバレンの古代朝鮮語の漢訳についての問題は、のちに三品彰英『日本書紀朝鮮関係記事考証』などによって研究されることになる。

しかし、この時点で、Most ancient words（最古の語彙）を探し出すことは、必ずしも簡単なことではなかった。が、『古事記』や『日本書紀』などに見える古代日本語の語彙とアイヌ語、朝鮮語、琉球語などの比較作業を行うことによって、チェンバレンは、日本語が朝鮮語と琉球語との三つの関係のなかでどのような位置にあるのかを研究しようとしていた。

それは、英国公使館勤務日本語通訳であったウィリアム・ジョージ・アストン（一八四一〜一九一一）の研究にも触発されたからだった。

アストンは、アイルランド生まれで、チェンバレンより九つ年上の言語学の専門家であった。アイルランドのクイーンズ大学ベルファアスト校で、ラテン語、ギリシャ語、フランス語、ドイツ語を学び、元治元（一八六四）年に日本に来てからは、同じく英国公使館通訳で、のちに駐日英国公使となるアーネスト・サトウとともに日本語の研究を行っていた。

そして、チェンバレンが日本に来る四年前の明治二（一八六九）年にアストンは『A grammar of the Japanese spoken language（簡約日本口語文典）』を、そして明治四（一八七一）年には、『A grammar of the Japanese written language（日本文語文典）』を出版していた。だから、そういう意味では、チェンバレンの『日本小文典』が必ずしも画期的なオリジナリティを持っているものではなかったのである。

しかし、それでも、やはり、これが最高学府の和文学科というところで教科書として使われたということは、画期的であった。

そして、チェンバレンの周りにアストンやサトウという語学に才能がある人々がいたこと、またこうした人々とチェンバレンを介して会えたことが、万年に新たな世界を見せたのではなかっただろうか。

明治十二（一八七九）年、アストンは「A Comparative Study of the Japanese and Korean Language（日本語と朝鮮語の比較研究）」という論文を、ロンドンの王立アジア協会の雑誌に発表していた。日本語のみならず、朝鮮語にも通じていたアストンは、明治十七（一八八四）年、朝鮮駐在のヨーロッパ人領事として仁川《インチョン》（現・大韓民国仁川広域市）に派遣されることになる。

当時朝鮮半島は、政治的に非常に不安定で、いつ内乱が勃発してもおかしくない情勢だった。

もともと身体が強靱でなかったアストンは、同年十二月に起こった金玉均らによる甲申政変に遭い、極寒の戸外で幾日も難を避けなければならなかった。これが原因で肺を患い、彼は急遽神戸に搬送されて帰ってくる。こうして再び在日公使館に勤務するが、明治二十二（一八八九）年、体調の回復を得ることができずイギリスへの帰国を余儀なくされ、結局、職を辞してイングランド南西部のデヴォン州ビアーに隠棲することになるのである。

チェンバレンが万年を助手として書き上げた「日本語の最古の語彙について」は、アストンが日本にいる間に発表された。アストン自身によるこの論文の評価は残っていないが、日本語が言語歴史学的にどこまで遡れるかということを初めて明らかにしたこの業績は、日本語の系統論を研究する基点となったものであった。

さて、「日本語の最古の語彙について」が発表された明治二十一（一八八八）年七月、万年は帝国大学文科大学和文学科を卒業し、九月に大学院に入学した。

この論文が、学者としての道を歩むための大きな自信になったことは言うまでもない。

チェンバレンは、この論文を「日本アジア協会」の雑誌に掲載するに当たってタイトルの下に「By B.H. CHAMBERLAIN, ASSISTED BY M.UEDA」と万年と共著者であることを示し、各頁の上には「CHAMBERLAIN AND UEDA: ANCIENT JAPANESE VOCABULARY」と印刷させている。

チェンバレンと名前を並べ、当時、最高水準の日本学関係の雑誌に英語で名前が出されるということは、帝国大学の学生でも初めてのことだった。

そして、ひとつおもしろいことは、英語で「M.UEDA」と論文に記されていることである。「上田万年」は「うえだ・かずとし」が本名であるとされる。しからば「K.UEDA」となるだろう。

ところが、万年は、明治二十三（一八九〇）年からドイツに三年、フランスに半年の留学を命じられるが、その渡航先でも、つねに「Mannen」とサインをしているのである。

チェンバレンもおそらく万年の名前を「カズトシ」とは呼ばず「マンネン」と呼んでいたのであろう。

「大日本帝国の国語」を造り出すこと

明治二十二(一八八九)年、万年はいよいよ、学者としての道を歩み始めることになる。

万年がひとりで書いた最初の論文は、博文館の『日本大家論集』にも載ることになった「日本言語研究法」である。

以降、翌明治二十三(一八九〇)年までに七本の論文を書いている。

「日本言語研究法」をはじめとして、「博言学」「印刷物校正法に就きて」「言語上ノ変化ヲ論ジテ国語教授ノ事ニ及ブ」「尋常師範学校の漢文科を廃すべし」「欧米人の日本言語学に関する事跡」「日本歴史教掛上の意見」の七本である。

「尋常師範学校の漢文科を廃すべし」「日本歴史教掛上の意見」など、すでに万年は教育問題に言及するような政治的なスタンスを、この頃から見せていた。

たとえば、「尋常師範学校の漢文科を廃すべし」という論文は、各府県に一ヶ所ずつ設置された尋常師範学校は地方税によって賄《まかな》い、各地方の小学校教員を養成するためのものであるが、はたして、漢文が本当に必要なのかどうかを論じたものである。

残念なことに、未完に終わり結論は書かれていないが、教育制度の改革を目指すという点で、江戸時代以来続いてきた漢文を、習慣的に今日の小学校教育に入れただけではないのかと言い、漢文科は廃すべしと主張する。

また「言語上ノ変化ヲ論ジテ国語教授ノ事ニ及ブ」は、大日本教育会での発表を印刷したものである。

これは、我が国で西洋音楽の教育を初めて行い、『小学唱歌集』を編纂した伊沢修二《いさわしゅうじ》（一八五一〜一九一七）が行った「本邦語学に就ての意見」に対して、自らの見解を述べたものである。

万年は、チェンバレンが博言学の授業で使ったホイットニーによる言語の定義を紹介して話を始めている。

> 言語の定義は余程狭められて居って、「一人の口より発し、他人の耳に聞かるる音の一体にして、社会の人が各自の思想を通達するために符喋《ふちょう》として用いるものなり」

万年は、たとえばここに言う「符喋」という言葉に対して次のように解説する。

> 又言語は符喋であるとは申しますものの、社会は決して言語を造るが為に会合したという事はありませぬ。そう想像するのは、恰《あたか》も総ての社会及政府は、われわれの祖先が取り結んだ契約だ、と説いた十八世紀間の学者の説を繰りかえすのと同じであります。われわれが書物を書物と呼ぶのは、

そう呼ぼうとて、隣人や先生やと相談し、約束したのではありませぬ。それをビブリヨンともリーベルとも、或はブッフとも少し乱暴かは知れませんが、オンガボキャーとも、アダブラカブラとも、呼べば呼べるのでありますが、多数の他の人間が理解せぬ所から、実は書物と云って居るのであります。

こうした話を聞いて、人が笑ったかどうか分からないが、「オンガボキャー」とか「アダブラカブラ」などという言葉を、万年が真面目な研究会で使っているところを想像すると、明治という古きよき時代の和やかさを感じることができる。

さて、「言語の変化」という点について、万年は、次のように言う。

私は今伊沢君が去る十月の会に提出された問題の中で、「三、国語の変化は何か定ったる法則に依て支配されて居るものであろうか。果して然らば其の法則は如何なるものであるか」との問題を言語一般の上の変化を説くと共に証拠立て、それから進んで国語教授法の上につき、私が未来に取りたいと思う方針を申し述べて、諸君の意見を伺うつもりであります。

こうして万年は、まず、次のような音韻変化の現象を具体的に挙げる。

「野」は「のno」「ぬnu」

「木」は「こko」「きki」
「父」は「ちちtiti」「ててtete」「ととtoto」
「御前」は「おまへomahe」「おまえomae」「おまいomai」「おめーomē」

また、二重母音の「あう」「おう」などが「おー」に変化するなど、母音の部分が変化することを言う。

そして、「同化《アツシミレーション》」と「不同化《デイシミレーション》」という、それまでの国学者が行ってきた国語研究には使われなかった比較言語学の用語を使って万年は、日本語に変化の法則があることを例証していくのである。

「同化」と「不同化」については、「これは母音の上にもあることでありますが、しかし母音の方のは簡単で、強い音と弱い音とがどちらかに引きつけられて強くなるとか、弱くなるとかいうのでであります。たとえば、

一昨日　あとつひ　ato-tu-hi　↓　おととひ　ototohi
筏　うきいた　uki-ita　↓　いかだ　ikada
衣　きるも　kiru-mo　↓　ころも　koromo

の類であります。子音の方で申せば、

立派　りつぱ　ritsu pa　→　りッぱ　ri'pa
南風　なんふう　nan fū　→　なんぷう　nan pū
国々　くにくに　kuni kuni　→　くにぐに　kunigumi
八日　やか　ya-ka　→　やうか　ya-u-ka
六日　むか　mu-ka　→　むいか　mu-i-ka
可愛　かあい　ka-ai　→　かわい　ka-w-ai

の類であります。」

という。

このようなことを説明して、万年は、「大日本帝国の国語」という言葉を持ち出すのである。

扨《さて》、右に述べましたように、言語は種々の刺衝《ししょう》によって変化するものであります。現在の日本国語を見渡しましたら、体形の変って居るのもありましょうし、意義の変って居るのもありましょうし、外国から来たのもありましょうし、腐ったのもありましょうし、或は古いのも、或は新しいのも、貴いのも、賤しいのも、種々雑多でありましょう。この国語に対し、真正の方向を立てて、よく開拓し、善を取り、悪を去り、不便を棄て、便利を求め、そうして後秩序井然《せいぜん》たる大日本帝国の国語を造り出すことは、幾多の心力と幾多の時日とを要することであるが、これは実に吾々の奮って為すべきことだろうと考えます。しかし、このことは果して今日の和学者のよくなし得べきことでありましょうか。言語と文字との差別すらが判然として居ないようでは、これらの和学者にはちと覚束《おぼつか》ないと存じます。

チェンバレン等によって教えられた比較言語学という客観的な方法によって、音韻変化を考察することの重要性を万年は述べるが、同時にそれが直接、政治や教育とも結びついていることを、すでに二十二歳になった万年は将来への課題としてここに披瀝《ひれき》しているのである。

万年は、次に、このように述べてこの講演を終えている。

これから大学、小学、師範学校等の国語教授法に付て私の意見を述べたいと存じますが、余程時も過ぎましたし、未だ後に御演説もある様子、諸君もおつかれでありましょうし、私も実はつかれました。

こういう言い方がふつうであったのか、それとも万年の魅力だったのか。

若い頃の写真を見ると、万年は中肉中背で、とても健康で元気な若者に見える。鼻の下に髭を蓄えているのは、当時のインテリに共通していることであるが、明るくあっさりした性格であったようである。

思想を吐露し、理論を闘わせるための言語

ところで、万年が皇典講究所で行った講演の筆記録「日本言語研究法」は、明治二十二年三月に刊行された『日本大家論集』と『日本文学』という雑誌に二度掲載された。

『日本大家論集』は、博文館という明治時代から昭和初期にかけての巨大な出版社がそのスタートの時期に作った雑誌である。明治二十（一八八七）年六月に第一号が発刊されるが、これはまだ著作権などない時代とはいえ、囂々《ごうごう》たる非難を浴びながら、当時としては一ヶ月に四回の増刷で一万数千部に達する破格の出版部数を出した雑誌であった。

新潟出身の社長、大橋佐平《おおはしさへい》（一八三五〜一九〇一）がやったのは、依頼した執筆原稿や筆記録に加え、様々な雑誌にすでに発表された論説や論文のなかから、おもしろいものだけを選び、著者にも出版社にもまったく無断で『日本大家論集』に転載してしまうということだった。もちろん、原稿料や転載料なども払われることはない。

読者としては、最前線のおもしろい論説論文だけが読めてしかも十銭という安さ（明治二十年当時のそば、一杯の値段は一銭）であってみれば、こんなにありがたいことはない。これが『日本大家論集』が驚くほど売れた理由であった。

もちろん、他に雑誌を作っている出版社にとっては、こんなに迷惑なことはない。まもなく、我が国でも明治二十六（一八九三）年に版権法が制定され、さらに明治三十二（一八九九）年にベルヌ条

約に加盟すると同時に著作権法が制定され、『日本大家論集』も廃刊されることになる。

しかし、万年など若い学者の論文がこの雑誌に掲載されることは、非常に光栄なことでもあり、自分の意見を広く喧伝するためにも有効なものだった。何より雑誌のタイトルは「日本の大家たちによる論集」である。

二十二歳の時に行った講演録がすぐさま『日本大家論集』に載るということなど夢のようだったのではないだろうか。

さて、内容はどのようなものだったのだろうか。

万年は、次のように述べている。

私はここにこの（筆者注：言語）研究法と、博言学との関係を申しましょう。一国言語の構造法、及び音韻等を充分科学的に理解しようというには、どうしても他国の言語上にある、音韻及び構造法の規則等を熟知せねばなりますまい。この仕事は博言学者の本務であります。即ちその人が各種の国語、及びその構造法につき、注意したる比較の結果を示しますと、文学上の学者は、これをおのれの目的に応用するのであります。文学者は言語のつかい方に目をとめますれば、博言学者は言語の体形に注意します。文学者はその取りあつかい居る文学を、造出せる人民の言語を、よく知らねばなりませぬ。なぜと申せば、言語は思想を表わしたもので、文学者はこの言語を写し出せるものからして、人民の智識上状況を指示するものであるからであります。

博言学という学問が何か、その博言学から日本語を見ることの意義を語るのは、「言語上ノ変化ヲ論ジテ国語教授ノ事ニ及ブ」で述べたのと同じである。

しかし、ここでは、「言語上ノ変化ヲ論ジテ国語教授ノ事ニ及ブ」では書いていない国語の教授法について記している。

今我国では、この活きた言語の教授法は、まだまだ注意を受けて居りませぬ。文章の教授法でさえ、未だ充分行われて居らぬほどであります。この言語の規則を定め、その応用を盛んにすることは、実にこの日本言語の生存と、幾億万人の子弟の教育上とには、大関係あることと考えます。今我国に文章をよく書く人はありましょう、併《しか》し、言語を正しく話す人はありますまい。これは勿論のことで、語学というものが、まだ、立って居らんからであります。畢竟《ひっきょう》、我が国では、おのれの思想を、公衆の前に述べようというようなことは、稀でしたから、まだまだ話の稽古は、一の学問技術とならずに、落語家、軍談師《ぐんだんし》、説教者、代言人等の実地練習のみにとどまって居るのでありました。しかし、この談話、演説等を教うるのは、今日にせまったことであると考えます。これからの世界は、思想を吐露しあい、理論を闘わする世界であります。公衆に対して、演説せねばならぬことが、沢山ある時節であります。よろしく、さきに目をつけた、又さきに進んで居る教育家たちが、早くその道をたてて、子弟の教導をされたいことであります。

第五章　本を、あまねく全国へ

明治の大ジャーナリスト、徳富蘇峰

明治から昭和初期まで、言論界で大きな影響力を持っていた人に徳富蘇峰《とくとみそほう》（一八六三〜一九五七）がある。

とくに明治前期の日本語形成に、この人ほど大きな影響を与えたものはいなかった。

明治二十（一八八七）年二月に、徳富蘇峰は「民友社」を設立し、雑誌『国民之友』を出版する。万年、二十歳の時である。

それまでなかったほどの発行部数を誇る『国民之友』を、万年もたびたび読んでいた。

坪内逍遥、山田美妙《やまだびみょう》、森鷗外、幸田露伴、樋口一葉、泉鏡花らの小説、二葉亭四迷の翻訳、森田思軒《もりたしけん》などの文章が掲載された雑誌である。

さて、徳富蘇峰とはどういう人だったのだろうか。

蘇峰は、肥後国上益城郡益城町杉堂（現・熊本県益城郡益城町）の出身であった。

子どもの頃から非常に頭がよく、九歳の時、熊本洋学校に入学するが、まだ年齢が満たないというので退学させられてしまう。

しかし、それでも諦めず、三年後に再び入学する。

明治九（一八七六）年、蘇峰は、熊本洋学校で、ドイツの自由主義神学と呼ばれるプロテスタントのひとつの流れを汲んだアメリカ人教師L・L・ジェーンズによってキリスト教に目を開かされる。

そして「幕府」「朝廷」といった「国家」ではなく、キリスト教を介した普遍的な契約によって成り立つ「ネーション」という「国の在り方」を知るのである。

こうして、一旦上京し、官立東京英語学校に入ったが、二ヶ月で辞め、京都の同志社英学校に入学する。

新島襄から洗礼を受け、明治十三（一八八〇）年に同志社で起こった学生運動を機に退学した。

すべてに関して潔い人で、しかも行動の早さ、決断の早さにおいては、驚くほどである。

再び上京し、東京で新聞記者になろうとするがうまくいかず、熊本の故郷に帰って父とともに熊本県飽託《ほうたく》郡大江村（現・熊本市大江）に「大江義塾」を起こし、英語、歴史、政治、経済などの講義を行った。

大江義塾の設立は、明治天皇の侍読でもあり「教育勅語」の起草にも当たった熊本藩士・元田《もとだ》永孚《ながざね》（一八一八～一八九一）の斡旋によるものであった。

元田の思想は、朱子学に根ざしたもので、天皇を有徳の君主として、その徳治によって国家、君臣を作ろうとする理想主義である。

蘇峰のキリスト教とはまったく合わないものであるが、蘇峰の父、一敬《かずたか》（一八二二～一九一四）が、元田とともに、熊本藩藩校・時習館で当時寮長であった横井小楠《よこいしょうなん》(一八〇九〜一八六九)の教えを受けたという縁があった。

さて父、一敬は漢学を教えたが、蘇峰は英語の書物を使って歴史や経済を教えながら、『第十九世紀日本之青年及其教育』(明治十八年)、『将来之日本』(明治十九年)を書いていく。

そして、この『将来之日本』の一冊が、蘇峰の人生を変えることになる。

詳しくは、『蘇峰自伝』を読まれることを勧めたいが、少し、蘇峰が一家を挙げて東京に出、民友社を創立し『国民之友』を発刊するところまでを紹介したい。

蘇峰は書き上げたばかりの『将来之日本』の原稿を携えて、熊本から神戸を経て高知にいた板垣退助に会う。当時、板垣は家族に病人があって、心が晴れやかでなかったらしいが、自由党の同志としてともに頑張ろうというような言葉をもらって、蘇峰は手紙を残しただけで上京する。

蘇峰は、熊本からひとりで来たのではなかった。

人見一太郎という秘書を連れていた。人見は熊本師範学校を卒業して小学校の教員をしており、一週間に一度、蘇峰の英書の講義を聴きに来ていたが、気に入ったので大江義塾で秘書として雇っていたのだった。

東京に来た蘇峰は、人見に、「予等は長く田舎に老ゆべき者ではない。中原《ちゅうげん》に出て角逐《かくちく》すべき時期は、正に到来せんとしつゝある。それで君は今より直《じき》に帰って熊本の同志に告げ、速かに大江義塾の閉校を許られ度《た》し。若し諸友が異存あれば、火をつけて塾を焼いても差支へはない。万事君の思ふ侭《まま》に任すから宜しく頼む。予は暫《しばら》く東京に止って、愈々《いよいよ》旗揚げの準備をなし、然る後帰郷する事とする」と語る。
ひとりになった蘇峰は、この時、漢詩を作っている。

弊裘依旧出都門
一片帰心軽似雲
西海故人応待我
秋風吹老大江村

弊裘《へいきゅう》　旧に依って都門《ともん》を出ず
一片の帰心《きしん》　雲よりも軽し
西海《さいかい》の故人　応《まさ》に我を待つべし
秋風《しゅうふう》　吹き老《お》ゆ　大江村

（ぼろぼろになった着物を着て東京からちょっと出てみれば、故郷を懐かしむ想いが雲とともに飛んでいく。西海の国にいる友人よ、帰るからしばらく私を待っていてくれ。秋風が、懐かしい大江村にも吹いているに違いない）

『将来之日本』は、田口卯吉《たぐちうきち》が主宰する経済雑誌社から出すことが決まり、警保局の検閲を受けた。蘇峰はこの検閲のことについて次のように書いている。

当時の警保局長は、清浦奎吾《きようらけいご》伯で、予の同郷の先輩であったが、予はその力を仮る迄《か》もなく、その属僚に平野候次郎なる人あり、この人より訂正すべきかどかどを内示せられ、そこで漸《ようや》く無事に通過した。その訂正の文字は悉《ことごと》くは覚えていないが、唯だ革命の文字を、悉く改革と代えただけは、今猶《な》お記憶に残っている。

「革命」は四書のうち『孟子』に書かれた言葉で、「天命を改めること」、つまり王朝交替を意味する言葉である。『孟子』は、我が国では平安時代には、その革命思想が書かれたためにほとんど読まれず、徳川時代になってから読まれるようになる。しかし、朱子学の「四書」のなかのひとつとして読まれるのであって、必ずしも積極的に「革命」を求めるというものではなかった。吉田松陰《よしだしょういん》（一八三〇〜一八五九）の『講孟余話』が初めて印刷されたのも、昭和十（一九三五）年になってからである。

朱子学の素養がある蘇峰は、「革命」という言葉を何気なく使ったのであろうが、明治の初期王朝交替を意味する「革命」という言葉は、非常に怖い言葉であった。しかも、それは単に王朝交替ではなく、「レヴォリューション」という社会主義革命をも意味する言葉の訳語として使われつつあったのである。

さて、出版の手はずをして、大江村に帰ってみると、塾の者たちも、また蘇峰の父母もみな、一緒に上京するという。

こうして上京してみると、出版された『将来之日本』は新聞などでも非常に評判が高かった。

蘇峰は書いている。

「予が東上の汽船中にて、既に此書を携《たずさ》へて、朗読しつつある者を見出したるに依《よ》って見ても知らる。」（『蘇峰自伝』）

当時、まだ本を黙読することはほとんどなかった。

本は、奈良平安以来ずっと、声に出すか、少なくとも必ず唇を動かして読まれてきた。

船の上で読む本も、人は声に出して「朗読」していたのである。

『将来之日本』は、次のような文章で始まっている。

「朕ガ後ニハ洪水アラントハ。是レ路易《ルイ》第十五世ガ死ニ垂ントシテ佛国《フランス》ノ将来ヲ預言シタルノ哀辭ナリ。今ヤ洪水ノ時代ハ既ニ我邦ニ来リ吾人亦タ波瀾層々ノ中ニ立テリ。（中略）吾人ハ更ニ如何ナル言ヲ発シテ以テ之ニ答フベキ乎」（筆者注：仮名遣い原文のまま）

慣れというのは確かにあるが、筆者のように長年読んで慣れている者でも、漢字とカタカナ交じりの文章は、目で追うだけでは間違って読むことが少なくない。これは漢文も同じである。

今でも、間違って読んでいないかどうかを確かめるために、漢文は必ず声に出して読む。

『将来之日本』は、成功を収める。

「『ミルトン論』の出た後のマコーレーと、同一程度に世間の評判を博したと云わぬが、正直の処、評判はなかなか盛んであった。而《しか》して其の証拠には、予の文体や論旨などを、摸倣と云わんよりも、其儘複製したるものが、往々にして予の目にもつく程であった。」（『蘇峰自伝』）

明治十九（一八八六）年の『将来之日本』の蘇峰の文章は、漢文訓読体といってもよいであろう。しかし、それでも当時の人には、口に出して読みやすいものだった。人はそれを真似して書いたのである。

その口調は、明治十八（一八八五）年九月に蘇峰が作った「愛国ノ歌」によく現れている。

今は昔となる海の
西なる英と露西亜《ロシア》等が
獅子奮迅の威を振ひ
殺気亜細亜《アジア》の天に満ち
四百《しはく》余州の帝国も
今は土足に蹂躙し
長白山の頂《うてな》には
鷲の旗影《きえい》閃めけり
起きよ武夫《ますらお》、いざ起きよ
国に尽すは今なるぞ
異邦人よ侮るな
我が日本に人なしと
目にもの見せむ仇あらば
日本刀の折る迄

（筆者注：仮名遣い原文のまま）

漢文訓読体と和歌の七五調が美事に融合したものこそ、蘇峰の初期の文章の特徴である。

先に挙げた『将来ノ日本』も、「朕ガ後ニハ／洪水アラントハ／是レ路易《ルイ》第十五世ガ／死ニ垂ントシテ／佛国《フランス》ノ／将来ヲ／預言シタルノ／哀辭ナリ。／今ヤ洪水ノ／時代ハ既ニ我邦ニ／来リ吾人亦タ波瀾／層々ノ中ニ立テリ」と、そのような調子で読むと、とても読みやすい。

当時の流行歌「ダイナマイト節」

明治二十（一八八七）年にだれもが声高らかに唄った歌がある。

♪民権論者の涙の雨で
　みがき上げたる大和胆《ぎも》
　コクリミンプクゾウシンシテ（国利民福増進して）
　ミンリョクキュウヨウセ（民力休養せ）
　若しも成らなきゃ　ダイナマイトどん

治外法権撤去の夢を
見るもうれしいホルトガル
　コクリミンプクゾウシンシテ（国利民福増進して）
　ミンリョクキュウヨウセ（民力休養せ）
　若しも成らなきゃ　ダイナマイトどん

「ダイナマイト節」という名の「演歌」である。

今、演歌歌手が歌う哀愁を帯びた「演歌」のもとになるもので、「公の場で演じて歌う」という意味の「演歌」である。

「演」はもともと、理屈を口や手真似で人に分からせるという意味があるが、身振り手振りを使ってこんな歌を歌い叫びながら、人々は街頭で立ち会い演説を行ったのである。

さて、この「ダイナマイト節」に見られる「民力休養」は、板垣退助率いる自由党のキャッチフレーズである。

当時の日本は、急激な軍備拡張と産業育成のために増税が必要であった。労働の強制をするならば、それを保証する政策をしなければ、ダイナマイトが爆発するようにどちらもダメになってしまうだろうと言うのである。

歌の内容は別としても、「ダイナマイト節」も蘇峰の「愛国ノ歌」も同じ調子の七五調である。こうした歌の調子は、川上音二郎《かわかみおとじろう》（一八六四〜一九一一）の「オッペケペー節」（一八八九年作詞・一八九一年初演）にも通じていく。

♪権利幸福きらいな人に。自由湯《じゆうとう》をば飲ましたい。
オッペケペ。オッペケペッポーペッポーポー。
堅い上下《かみしも》角とれて
「マンテル」「ズボン」に人力車

意気な束髪《そくはつ》ボンネット。
貴女に紳士のいでたちで。
うはべの飾りはよいけれど
政治の思想が欠乏だ。
天地の真理が解《わか》らない。
心に自由の種を蒔《ま》け。
オッペケペ。オッペケペッポーペッポーポー。（中略）

亭主が職業は知らないが。
おつむは当世のそくはつで。
ことばは開化のかんごで。
みそかのことわり
洋犬《カメ》だいて。
不似合だ。およしなさい。
なんも知らずに知った顔。（中略）
オッペケペ。オッペケペッポーペッポーポー。

さて、この歌に書かれる「おつむは当世のそくはつで。ことばは開化のかんごで」というところは、まさに蘇峰が使う言葉を指したもので、漢語のなかにフランスの王「ルイ十五世」が「路易第十五世」などとあって西洋かぶれの言葉が使われて、漢文なのか似而非《えせ》漢文なのか分からないというのである。

全国に読者を得るためには出版取次業が必要

蘇峰は本の成功によって、京都にいる新島襄からも大阪の新聞に就職することを打診された他、矢《や》野文雄《のふみお》の報知新聞、田口卯吉の経済雑誌社にも誘われる。

しかし、蘇峰にはすでに腹案があった。

上野国碓氷郡安中宿（現・群馬県安中市）出身の湯浅治郎《ゆあさじろう》（一八五〇〜一九三二）とともに新しい新聞を立ち上げることであった。

湯浅は、蘇峰の姉の夫で、新島襄が同志社英学校を創設したときの発起人のひとりでもあった。

篠田正作『明治新立志編』によれば「氏は上野の人にして頗《すこぶ》る事務の才に長じ、時期を察するの明あり。又其稟性温雅《ひんせいおんが》にして篤実《とくじつ》なるを以て郷里に推尊せらる。人に接するに牆壁《しょうへき》を設けず貴賤高卑により て其交りに厚薄《こうはく》の区別を為すが如き事を為さず」という人で、日本鉄道会社の理事、また群馬県会議長として廃娼論を実行している人物でもあった。

湯浅は快く蘇峰の意見に賛同し、

申す迄もなく予は社長格で且つ主筆として一切の編集に従い、紙面に関する責任を負い、湯浅氏は副社長格で、マネーヂャーとも云うべく、経営一切の事に任ずる事になった。湯浅氏は計算の上のみならず、技術方面の趣味もあり、雑誌の表紙とか、一切の体裁及び広告の様式に就いても、大方ならず貢献した。（中略）

予は唯だ広告の文字のみ斯《か》くすれば効果多かるべしと、自ら認めたるところを、其儘書放して置けば、湯浅氏がそれを極めて目につく様、よき体裁に作上げて、これを新聞に広告するという事になり、斯くて『国民之友』第一号は明治二十年二月十五日発行せられた。（『蘇峰自伝』）

当時、東京で政治雑誌を発行するためには、保証金五百円を管轄庁に納付しなければならなかった。これが最も大きな雑誌発行の障害であったが、言論の規制は厳しく、発起人の素性も徹底的に調べられた。

日本鉄道会社の理事、群馬県会議長という肩書きを持つ湯浅なしには、蘇峰は雑誌を発行することはできなかっただろう。

はたして、そうしたバックアップのみならず、先に述べたように、湯浅には広告などを作る意匠においても才能があった。

『蘇峰自伝』で、蘇峰は書いている。

当時雑誌の発行部数は、概ね千部以下にて、通常五百、六百という位にて、千を超ゆれば先ず盛んなりと云うべきであった。『国民之友』は初号を、最初初号であるからと考えて、思い切って多く刷ったが、見る間に売切れ、再刊、三刊の止むなきに至り、遂に総数万位に上るに至った。これは吾ながら意外であった。

これは、蘇峰の記憶の誤りで、『国民之友』第二十五号（明治二十一年七月六日号）掲載の「民友子の述懐」によれば、創刊号は七千五百部であった。

しかし、それでも、七千五百部はまさに驚異的な数字で、以後、さらに着実に読者を増やし、有山輝男の研究「言論の商業化――明治二〇年代『国民之友』」によれば、『国民之友』は平均発行部数一万三千五百にまで伸びるのである。

しかし、発行部数が多いのは、当然、販路があってのことである。

いまだ流通網が確立していない時代、取次店から小売店へという流通はなされるべくもなかった。明治二十年六月、博文館が『日本大家論集』を作ったときのことが『博文館五十周年史』に記されている。これをもって雑誌の流通は知られるであろう。

（社員が）前日に印刷製本の出来上った雑誌を自から数十冊背負うて、先ず近き本郷三丁目角に、其頃あった文寿堂いう雑誌店に行き、店主に話して五冊買って貰うて、それを店先に並べると、折しも通りかかった書生が、直ぐ一冊買うて行たので、店主はあとモウ五冊買おうといわれ、この文寿堂に都合十冊売ることが出来て、一冊八銭ずつに割引するので、代金八十銭を得た（中略）斯くて本郷から神田の神保町あたりを一巡して、其日の夕方にまた朝廻った店へ往って見ると、あの雑誌は能《よ》く売れて、最早皆な売れ切れたから、モウ十部持って来いと云う様だったという。

しかし、『国民之友』は、こんな売《う》り捌《さば》き方をしたわけではなかった。

当時、書籍の配付には、右に挙げたような版元の社員が本を担ぎ、書店を回るという方法の他にふたつの方法があった。

ひとつは、郵便によるものである。新聞などに広告を出し、欲しいと思う人が葉書か手紙を出す。版元はこれに応じて本を送る。これは現代でも行われているやり方である。

しかし、書籍はこれでもよいのだろうが、雑誌となると大量にこれを販売するというところにまでは辿り着かない。

出版取次業の必要が出てくるのはこの頃からである。

我が国には、江戸時代にも出版書肆《しょし》と呼ばれる出版の版元の組合があり、ここで作られた本が京都、大阪ほか小売の販売書肆に届けられて売られるようにはなっていた。

もとより、木版での発行部数は限られたもので、明治時代以降の出版とはまったく比べものにはならない。

しかし、江戸時代創業の出版書肆と明治以降に版元として起業した出版社は、ちょうど明治二十年前後に一体となって、それ以降の出版文化を創り、そこに取次業が生まれ、全国津々浦々まで本屋が作られるという現象が起こることになる。

もちろん、この出版というメディアが発達し、全国に読者を得ることが、新しい日本語が作られる土台になるのは言うまでもない。

出版、取次、販売が三位一体となった組合の設立

ところで、明治十七年十一月、明治政府は各種産業の助成を行うために「同業組合」の設立を奨励する「同業組合準則」を通達する。これを受けて明治二十年十一月に「東京書籍出版営業組合」が創立された。

この組合は、明治十三年十二月に作られた「東京書籍商組合」と明治十四年三月に作られた「地本錦絵営業組合」を合わせて作られたものである。

「東京書籍商組合」は、江戸時代にあった「江戸書物問屋仲間」、政府系の出版を手がける版元、そして福澤諭吉がバックアップして門人の早矢仕有的《はやしゆうてき》が創業した丸善など、新知識を出版しようとして現れた版元が一緒になって作られたものである。

これに対して、「地本錦絵営業組合」は、江戸の匂いを色濃く残すものであった。「地本錦絵営業組合」の組合規則第二条には、次のように記される。

「我営業品は図書及書籍、総て色合せ摺彫版画（錦絵）、石版、銅版、亜鉛版（筆者注：当時多く行われた画面の印刷）、絵画類、団扇《うちわ》各種共に出版御届に及ばざる彩色摺物、其他模写画きたる絵之種

類、数多く販売なす者」

これらの組合が一緒になって作られた明治二十年の「東京書籍出版営業組合」は、言ってみれば、江戸時代までの限定された出版と流通を、大きく発展させる意味を持つものであった。

ただ、「東京書籍出版営業組合」は、出版と販売と、その中間で取次を行うものの三者が一体になったものであった。

これとは別に、たとえば明治十九（一八八六）年に川合晋《かわいしん》が創業した「東海堂」は、大手取次の嚆《こう》矢《し》で、昭和十六年五月五日に政府が介入して「日本出版配給」（略称「日配」）が作られるまで大きな力を持っていたところである。

川合は、静岡県遠州の出身で、はじめ小学校の教員をしていたが、父が株で「五万円」という大きな借金をしたこともあって妻と上京し、帝大の前で下宿屋をやった。

しかし、これでは望むほどの経済力がつかない。たまたま静岡出身の穂積松下《ほづみまつした》という人が「東海堂」という屋号で、新聞の逓送販売店を京橋の数寄屋町に開いていると聞いて、ここで事務員として雇ってもらう。ところが穂積は、この事業から手を引くというので、この店を自分が買い取り、仕事を引き継いだという。

川合は、この時十九歳だった。

川合は、はじめ書籍にはほとんど手を出さず、雑誌と新聞の取次を行った。

神田区佐柄木町（現・神田小川町）に店を置いて新聞と雑誌の売り捌きを行い、銀座に新聞を発送するための事務所を置いた。

経理はすべて夫人のこう子が行って無駄な経費を省いて夫婦ともによく働いた。店を起こしてから四年後の明治二十三年には、五万円の借金をすべて払い終え、銀座尾張町（現・銀座四丁目）に大きな店を構えるにいたる。

明治四十二（一九〇九）年九月に東京実用女学校出版部から出された村上直治郎著『（男女修養）夫妻成功美談』には次のように記される。

今日晋氏が取扱って居る新聞紙の数は非常なもので恐らく日本一であろう、ドンナ山間僻地へでも東京の新聞紙を安く又迅速に送って地方の人に読まさすというのは晋氏夫婦の力である。若し知識を広く社会に広がらすを学者教育家の役目であるとすれば、此晋氏夫婦も亦一種の教育家といってよい訳である。一国の文化を進めることの大なる到底外の職業ではないであろう、而して之が片相手となり片腕となって会計課長もやれば兵站《へいたん》部長もやる参謀ともなれば事務部長ともなって其夫の事業を充分に内助したのは此こう子の大功績で、之は紀念して忘れることが出来ない程貴き価値《あたい》を有って居る。

女子の教育のために書かれた本であるために、夫人こう子が夫の晋のよき参謀となって働いたと記されるが、新聞のみならず雑誌が「東海堂」という取次があることによって日本全国に普及したことは、明らかであろう。

川合東海堂の取次での成功は、青雲の志を持った多くの人を動かした。

新潟の長岡にいた大橋佐平も、川合東海堂によって新しい「取次」という職業があることを知り、東京に出てきたひとりだった。

長岡で細々と「越佐毎日新聞」を発行しながら「大橋書店」という書籍販売店を経営していた大橋は、自分の店に並べることができる本の数が少ないことを見て、中央の出版界がまだ成熟していないことを知り、自分もまだこの業界に参画することが可能だと思ったという。

息子の信太郎を連れて上京したのは明治十九年であった。

本郷の弓町に博文館の看板を上げ、『日本大家論集』を出版する。すでに触れたが、まだ著作権法が確立していない時期、大橋は様々な雑誌に発表された著名人の論文を無断で勝手に『日本大家論集』に掲載した。

これが当たり、創業三ヶ月目には日本橋本石町に店舗を持つにいたる。

そして創業三年目には、自社出版物の卸と小売を担当することを目的に「東京堂」という取次を神田神保町に置いたのであった。

東京堂（神田神保町）が創業を始めた当時、東京には、東海堂（神田駿河台下）、上田屋（同じく神田駿河台下）、良明堂（数寄屋橋側）、至誠堂（日本橋本石町）の五大取次があった。

このように、取次が銀座・日本橋と神田駿河台神保町の二手に分かれていたのは、江戸時代の出版が古く日本橋にあったのと、新興の出版社が神田神保町にできたことによるものである。

とはいうものの、江戸の出版書肆は、ほとんどこの頃にはなくなっていた。それは、明治五年に起こった「銀座大火」が大きな原因であった。

明治五（一八七二）年四月三日午後三時、和田倉門内兵部省添屋敷（現・皇居外苑三・和田倉噴水公園）から出た火は、西北の風に煽られて銀座を焼き、築地まで到達する。

およそ七時間後に鎮火したものの、この火事によって、今の丸の内、銀座、築地にあった四八七四戸、九十五万四百平方メートルが焼失した。

この後、まもなく、東京府知事・由利公正《ゆりきみまさ》は、御雇い外国人トーマス・ウォートルスの設計で、銀座に西欧風近代都市に似せた煉瓦造りの街を作らせることになる。

しかし、焼いたものは戻らない。「江戸」の出版業のもとになっていた版木なども多くこの時焼けてしまい、新興の出版社がこの後現れてくることになったのであった。これが神田駿河台神保町の新しい出版社群である。

ところで、明治十九年には、鉄軌上を走る馬車鉄道が、新橋から銀座、京橋、日本橋、神田、上野、浅草に向かって敷かれていった。

また神田万世橋（現在の秋葉原）から九段下を円太郎《えんたろう》馬車と呼ばれる小型の乗り合い馬車が走っていた。また、ここから外れた所には、すべての物資が人力による箱車と呼ばれるものによって運搬された。

当時の東京府内書店の出版物は、先に挙げた五つの取次が回収し、次に三田の福島屋、虎ノ門の栗原、浅草の飯塚、本郷春木町の春盛堂など比較的大きい書店にまず配られ、さらに、今度はこれらの本屋がそれぞれ近所の本屋に配付するという仕組みになっていたのである。

文明開化の象徴としての鉄道

明治五（一八七二）年五月七日に、品川横浜間の鉄道が開設されると、少しずつ鉄道が各地に敷かれていくようになる。

まず、関西方面では、明治七年に神戸大阪間、明治十年には大阪京都間の鉄道が開通し、明治十三年には京都大津間が開通した。

そして明治十七年には長浜と敦賀港を結んで、明治二十年には敦賀から武豊までの鉄道が延びた。

北海道では、明治十三年に、官営幌内鉄道が手宮から札幌の間を、明治十五年に札幌から幌内までの路線を開通させる。

関東では私鉄日本鉄道会社が明治十六年に上野熊谷間を、明治十七年には熊谷から高崎を結び、翌十八年には高崎から横川までの路線が開業した。

明治二十年頃までは、このように鉄道はまだ黎明期という段階であった。

しかし、これから明治三十年までの十年の間に、驚くほどに発達し、日本を縦断する鉄道が完成する。

東海道線が開通したのは、明治二十二（一八八九）年七月である。

そして、日本鉄道会社は、上野から青森までの鉄道を明治二十四（一八九一）年九月に完成させる。

さらに九州でも、私鉄九州鉄道が、門司から八代、門司から鳥栖を経て早岐までの線路を敷く。

ところで、金融法のみならず会社関係の法規などが整備されるのも、まったくこの鉄道の発達と同じ明治二十年から三十年頃で、様々な工場が、鉄道の敷設に合わせて作られていった。

その数は、明治十八年に、大工場と呼ばれるものが六六一あったのが、明治二十五年には二七六七と四倍以上増え、石炭の産出量も明治二十年に一七四万トンだったのが明治三十年には五一七万トンとおよそ三倍に増えるほどになっている。

さて、徳富蘇峰が代表となった民友社の実質経営上のパトロンである湯浅治郎は、日本鉄道会社の理事でもあった。

日本鉄道会社は、明治十四（一八八一）年に設立された我が国最初の私鉄である。

岩倉具視以下六百四十八名の華族が鉄道建設に出資し、岡山藩第十代当主であった池田章政以下四百六十一人が発起人となっている。

会社設立の認可が下りると、日本鉄道は、三年後にすぐ、東京から熊谷、深谷を通って高崎までの鉄道を敷き、四年後には高崎から富岡を経て、横川にいたるという路線を敷設することに成功する。

深谷は、言うまでもなく渋沢栄一の出身地であり、日本の近代化を建築の部分で支える煉瓦工場があった。また富岡は、これまた我が国の近代化に不可欠の製糸産業を支えた、現在重要文化財になっている富岡製糸場のある場所である。

横川は、現在安中市に属するが、湯浅治郎はこの安中の出身であった。そして、また同志社を作った新島襄の出身地でもある。

湯浅は、はじめ慶應義塾で英語を学び、横浜に出て、群馬に帰り、県会議員となった人である。娼妓廃止論を唱えたことで有名になったが、群馬では「群馬県の人口大凡《おおよそ》百万あるも蓋《けだ》し君を以て第一の人物となす」(『現行民権家品行録』)とまで言われた陰徳の人物であった。

日本鉄道会社の理事のみならず、東京基督教青年会(現・東京ＹＭＣＡ)を設立してキリスト教定期刊行物である『六合雑誌』を発行し、さらにこれの出版を引き継ぐため、警醒社を設立した。

警醒社は、内村鑑三が書くものを出版した出版社でもある。

ところで、湯浅は、明治五(一八七二)年、二十三歳の時に、安中に「便覧舎」という私立の図書館を作って町の人々に図書を公開するという慈善事業を行った。

湯浅は、慶應義塾の出版物をはじめ、和漢洋に及ぶ図書およそ三千冊を無料で閲覧させたという。

残念ながら便覧舎は明治二十(一八八七)年に焼失して、その蔵書の概要は分からないが、新島襄はここを安中の人々を洗礼する場所としても使っていたという。

明治五年という年は、文部省が、湯島聖堂の旧大学校内に文部省博物局所管の書籍館を創設した時でもあった。これは現在の国立国会図書館、明治三十(一八九七)年に創設される帝国図書館の前身に当たるものであるが、当時の蔵書は一万数千冊であったとされる。してみれば、湯浅が集めた三千冊という便覧舎の本の数がいかに充実したものであったかは明らかであろう。

湯浅は、第一回衆議院議員総選挙に群馬県第五区から立候補して衆議院議員となったが、同志社にいた新島襄が亡くなったために第一期で引退し、京都に移っていく。

湯浅には、弟があった。湯浅吉郎《きちろう》(一八五八〜一九四三)である。

吉郎は、湯浅半月《はんげつ》という号でも知られる詩人であるが、我が国最初の本格的な文献学に基づく聖書学者であり、図書館学者でもあった。

吉郎は、この便覧舎の運営を兄とともに行い、のち、同志社普通科に入学し渡米、イェール大学で旧約聖書の研究及びヘブライ語を学び博士号を取得した。

帰国後明治二十四（一八九一）年から同志社で旧約聖書の講義を行い、明治三十四（一九〇一）年に京都帝国大学法科大学講師、明治三十五（一九〇二）年に再びアメリカに留学して図書館学を学んで帰国する。明治三十七（一九〇四）年に京都府立図書館長となる。

このように湯浅は兄弟で、図書館事業を進めるための運動も行っていった。

蘇峰や内村鑑三の出版事業への援助、鉄道の拡張、図書館の設立、それは教育を推進して「文明開化」を日本に広げていくための大きな力となった。

ちなみに、湯浅治郎の息子湯浅八郎《はちろう》（一八九〇〜一九八一）は、同志社普通学校を卒業後、渡米してイリノイ大学で農学博士を取得し、大正十三（一九二四）年に京都帝国大学農学部教授として招聘されたために帰国し、文化人類学・霊長類研究者として知られる今西錦司《いまにしきんじ》（一九〇二〜一九九二）を育てた人でもある。戦後、国際基督教大学の設立に尽力して初代総長を務め、自ら集めた民芸、考古、歴史資料などを無料公開するために「国際基督教大学博物館湯浅八郎記念館」が設立された。

生きることは愛すること
愛することは理解すること
理解することは赦《ゆる》すこと

赦すことは赦されること
赦されることは救われること

この言葉を生活の信条としたとされる。これは父親と新島襄からの教えでもあった。
キリスト教が明治以降の我が国の文化に与えた影響は非常に大きい。
また、すでに触れたように、湯浅治郎はデザインにも非常に長《た》けていたと蘇峰は語った。デザインとは、もちろん、意匠という意味でもあったが、それは会社を大きくしていくための大きな将来への見取り図ということも含まれていた。
『国民之友』は「人民全体の幸福と利益」という平民主義を掲げて「政治社会経済及文学之評論」を掲載する「総合誌」である。
『国民之友』は附録に「文学」を大きく取り上げた。
明治二十一（一八八八）年、ツルゲーネフ原作・二葉亭四迷訳『あひびき』、またジュール・ヴェルヌ原作・森田思軒訳『大東号航海日記』
明治二十二（一八八九）年には森鷗外・落合直文・市村讃次郎・井上通泰・小金井喜美子による訳詩集『於母影』、ヴィクトル・ユゴー原作・森田思軒訳『探偵ユーベル』
明治二十三（一八九〇）年には、森鷗外『舞姫』や幸田露伴『一口剣《いっこうけん》』
明治二十九（一八九六）年には、樋口一葉『わかれ道』
など、数え切れないほどの名作がここから生まれた。

蘇峰の雑誌『国民之友』は、平民主義というスローガンと湯浅の努力、そして新しい文学作品の紹介によって日本各地に広がっていった。

当時のベストセラー、蘇峰の文章

それでは、その頃最も売れたとされる蘇峰の文章はどうだったのであろうか。

その前に、小野田亮正『現代名士の演説振』に、蘇峰の演説の仕方を筆記した興味深い資料があるので、彼の文章と比較するためにもここにそれを引用したい。

　氏は態度音声共に、他の演説家と全く異って居る。大概の演説者は、演壇に立つ時は、稍々《やや》反身《そりみ》になり、少し澄して聴衆を見廻わし、それから水を飲んで、手巾《はんかち》で口の辺を拭い、咳一咳《がいいちがい》して『諸君』なんぞと始めるのであるが。氏はそうでなく、一向に容体《ようたい》振るところがない。又近頃は余程ハイカラに成ったようだが、自然に具《そな》わる野蛮の形相は、到底隠すに隠しきれず、其の一挙手一投足の間に、チラチラ現われるのであるが、それが又氏の尊《たつと》まる所以なのである。（中略）氏は単刀直入。敢《あえ》て飾らず、誠に以て色気の無い遣口《やりくち》である。

　其音声は、一種異様の響を発し、其調《そのちょう》高からず、太からざれども、能《よ》く四隅に達して、聞苦しい所が無い。（中略）能弁術《のうべんじゅつ》という上から、氏は第一流の演説家とは言えまい……言われたくもあるまいが。（中略）番組《ばんづけ》面には、暫く氏を張出《はりだし》大関の位地に据えるが、適当であろうと思う。（中略）氏の演説は滑稽《ユーモア》に富んで居る。又時々ノン、センスを語る。これが又如何《いか》にも巧妙にして、思わず知らず、人の頤《おとがい》を解く、故に氏の演説は幾ら長くとも、聴衆を倦《あ》きさすることは無い。（中略）氏は他の人と異って、余り多くの演説をせぬ方であるのに拘《かかわ》らず、多くの聴者を有《も》つことの出来るのは。氏の常に総ての事に、勉強し、精励し、刻苦して、殊に新聞経営に付ては、大確信、大発展をなす所の、その精力《エネルギー》を有して居るからである。兎《と》に角《かく》当世の文壇に於て、一異彩を放て居る如くに、矢張演説に就ても、一異彩を有して居るものと謂《い》わねばならぬ。

蘇峰は聴衆を笑いの渦に誘いながら、おもしろい話をしたもののようである。

明治三十二（一八九九）年、田岡嶺雲《たおかれいうん》が書いた『第二嶺雲揺曳《ようえい》』には、蘇峰の文章について次のように記されている。

『新日本の青年』出て尋《つい》で『国民の友』の始めて世に出ずるや、徳富氏の文調一時を風靡して少壮青年の間に持囃《もてはや》され、吾国《わがくに》の文体為《ため》に一変化を受け、今日文士の文、所謂民友調なるものの痕跡多少印《しる》せられざるはなし。多少害を今日に遺したるもののなきにあらざるも氏の功は没す可からず。

「民友」は蘇峰が起こした「民友社」のことか『国民の友』の略か、そのいずれをも指すかは分からないが、蘇峰の文章を真似た「民友調」と呼ばれるものが流行した。

蓋《けだ》し氏の文平淡《へいたん》にして譬喩《ひゆ》に富み、婉曲にして流暢《りゅうちょう》。簡勁《かんけい》の趣なしと雖《いえ》ども、前に応じ後に伏し、断《た》えては続き続きては断え、其間多少の波瀾、多少の頓挫《とんざ》に致をとる。仮令《たと》えば春の川一筋若草の野を流るるにも似たり、湍《はやせ》に激し巌《いわお》に咽《むせ》ぶの奇観なしと雖ども、紆徐曲折また趣《おもむき》なくんばあらず。また以て当世の能文《のうぶん》たるを失わず。然れども文才余りありて見識足らず、卑近俗を択《えら》ばすに足れども深刻の人を動かすに足るものなし。

蘇峰の文章は、非常に読みやすかった。もとより「能文」のうちに入るが、しかし、見識が足りないところがあってまだ人の心を動かすには足りないというのであろう。

演説でも「氏は単刀直入。敢て飾らず、誠に以て色気の無い遣口《やりくち》である」と言われているが、文章でも「湍に激し巌に咽ぶの奇観なしと雖ども、紆徐曲折また趣なくんばあらず」と言われている点は同じである。

田岡は、蘇峰の文章の評を締めるに当たって次のように記している。

「曰く一片の真骨頭を有《も》てよ、説を変ずるはよし、節を変ずる莫《なか》れと」

この田岡の評は明治二十九年になされたもので、蘇峰は、たとえばこの年『(国民叢書第九冊)家庭小訓』という本を出している。本書の巻頭「愛度《めでた》き新年(健全なる家庭)」は、次のような文章で始まっている。

愛度き新年は来れり。何故《なにゆえ》に愛度き乎《か》。愛度しと思うは、則ち最も愛度きものにあらずや。

『元日や神代《かみよ》の事もおもはるる』ゆらゆらと輝き渡れる朝日に向い、新たなる顔を以て、新たなる年を迎れは、此身は恰《あたか》も清浄なる、新鮮なる世界に入りたる心地こそすれ。新たなるは、進歩の始めなり。一の新年は、則ち人の再生の時と知らすや。復活の時と知らすや。年と共に生れ更り、年と倶《とも》に新たなり。

斯《か》くして進歩も来るなれ、斯くして上達も来るなれ。而して幸福は最も多く来るなれ。その新年は各人各個の誕生日と思えば、斯く迄愛度き日は、亦《ま》た何《いずれ》の時にかあらん。祝《しゆく》せよや、喜へよや、愛度しと思うは、即ち最も愛度き所以にあらずや。

もちろん、読んでもさほど難しい文章ではない。しかし、ちょっと落語家、たとえば桂歌丸《かつらうたまる》師匠がこれを語っていると思って声に出して読んでみると、噛んで含んで優しく諭すような名調子であるのが分かるであろう。

本書は、明治時代にも版を重ねて二十刷ほどの増刷が行われたが、大正十二（一九二三）年の関東大震災で原版が焼け、翌大正十三年に新版が作られた。

これもまた、十四年六月までに二十六刷にいたるほどの徳富蘇峰のベストセラーのひとつとなる。

漢文体の名文で「平民主義」を唱えていた兄の蘇峰が政治への道に入ってナショナリズムに傾いていくのに対し、弟の徳富蘆花《とくとみろか》は次第に距離を置くようになる。明治三十六（一九〇三）年に彼は、兄に対して「告別の辞」を書いて絶縁した。

『自然と人生』は、絶縁にいたるまでの静かな心の揺らぎを、素直な言葉で書いたものである。

兄の蘇峰もおもしろい話で聴衆を沸かせ、文章でも人を酔わせたが、それよりもなお、蘆花は真実を伝えようとする心で人の感動を得ることができる人だった。

たとえば、明治四十四年二月一日、幸徳秋水の死刑に対して旧制第一高等学校で行われた「謀叛論」という講演の草稿は、今『日本の名随筆』（別巻九十二）に見ることができるが、これを読んで感動しない者はあるまい。

是非、この名講演の草稿を読んで欲しいが、ここにはこの講演の最後の部分だけを挙げよう。

諸君、幸徳君らは時の政府に謀叛人と見做《みな》されて殺された。諸君、謀叛を恐れてはならぬ。謀叛人を恐れてはならぬ。自ら謀叛人となるを恐れてはならぬ。新しいものは常に謀叛である。「身を殺して魂を殺す能《あた》わざる者を恐るるなかれ」。肉体の死は何でもない。恐るべきは霊魂の死である。

（中略）

諸君、幸徳君らは乱臣賊子《らんしんぞくし》となって絞台の露《つゆ》と消えた。その行動について不満があるとしても、誰か志士としてその動機を疑い得る。諸君、西郷も逆賊であった。しかし今日となって見れば、逆賊でないこと西郷のごとき者があるか。幸徳らも誤って乱臣賊子となった。しかし百年の公論は必ずその事を惜しんで、その志を悲しむであろう。要するに人格の問題である。諸君、我々は人格を研《みが》くことを怠ってはならぬ。

「新しい日本語」のための留学

万年は、大学院に進み、帝国大学文科大学で英語の授業を持って学生を教えていた。しかし、チェンバレンの影響ももちろん受けて、英語だけでなくドイツ語にも通じ、フランス語もある程度できたようである。

チェンバレンと連名で論文を書いた万年は、外山正一に紹介される。すでに触れたように外山は帝国大学の文科大学長（学部長）で、羅馬字会を作り、派手な変わりもので評判だった。チェンバレンもまた日本語をローマ字で書こうということを提唱する羅馬字会の発起人のひとりだったことも先に述べた。

表音文字と表意文字、発音主体で言語を表記したほうが、言語学の研究には役に立つ。しかし、発音を正確に表記できるかどうか、ローマ字で綴るといっても、完璧にそれができるのかどうか。

明治二十三（一八九〇）年九月から、万年はドイツ留学を命ぜられる。ドイツでは新しい言語学が興《おこ》り、グリムの法則と呼ばれるものが発見されていた。万年はドイツに留学して、こうしたものを学んでくることになる。

万年の留学について研究した金子亨「Uëda Mannenのこと」（千葉大学ユーラシア言語文化論集）によれば、留学前の万年には、主要な関心事がふたつあったと指摘されている。ひとつは、大日本帝国の国語の創設であり、ふたつめは博言学的な日本語研究の推進である。

このふたつの課題を胸に、万年は、最初の一年を過ごすベルリンへ向かうのである。

万年と同じくドイツに留学するために、船に乗っていた人に、医学博士で細菌学が専門の岡田國太《おかだくにた》郎《ろう》（一八六一〜一九四五）と、もうひとりIohito Yoshiiという人物がいた。この三人は、いずれもベルリン大学に入学登録をした学生登録簿に名前を連ねているが、このうちIohitoがのち、どのようになったのかは分からない。漢字での本名さえわからないのである。

岡田國太郎は、ベルリンでハインリヒ・ヘルマン・ロベルト・コッホ（一八四三〜一九一〇）に師事する。コッホは、炭疽菌、結核菌、コレラ菌を発見した「近代細菌学の開祖」とされる人物であるが、岡田をコッホに紹介したのは、北里大学を創設した北里柴三郎《きたさとしばさぶろう》（一八五三〜一九三一）であった。

明治十九（一八八六）年からベルリン大学に留学していた北里は、ちょうど万年たちがベルリンに着く年にベーリングと連名で「動物におけるジフテリア免疫と破傷風免疫の成立について」という論文を書いて、第一回ノーベル賞生理学・医学賞の候補として名前が挙げられていた。残念ながら北里が受賞することはできなかったが、それでも世界的な研究者として北里柴三郎の名は有名になっていた。岡田は、北里がいた大学の寮に入った縁もあってコッホに紹介されたのだった。

ところでドイツに留学した医学者と言えば、なんといっても森鷗外（一八六二〜一九二二）を忘れることはできないだろう。

じつは、鷗外も北里のことはよく知っていたし、北里の紹介で、コッホにも会っているのである。

ただ、鷗外のドイツ留学は明治十四（一八八一）年から明治二十一（一八八八）年で、万年たちが留学する二年前にはすでに帰国していた。そして明治二十三（一八九〇）年一月には、「舞姫」を発表している。

日本中の若者を、ドイツ人女性との恋愛で驚かせたという「舞姫」を、万年たちが読んでいなかったはずがない。

また、「森鷗外の足跡」ということを、万年はしきりにベルリンで聞いたことは間違いない。

ベルリンは、当時医学研究の中心地だった。コッホの研究所などもあって、日本人も多くいた。そんな人たちと交際しながら、万年は言語にも変化の法則があって、それはどの言語にも共通するものだということを学んでいく。チェンバレンのやっていることの意味が、ここで本当に万年に分かってくるのだ。

はたして、万年は、明治四十一（一九〇八）年、臨時仮名調査委員会で、鷗外と真っ向から対立する立場を取ることになり、また岡田國太郎は、明治二十六（一八九三）年に帰国と同時に陸軍軍医学校の校長であった森鷗外の副官に命じられることになる。

そして、鷗外が作った臨時脚気《かっけ》病調査会で、脚気の原因が病原菌にあることを主張するための研究を補佐する役目を負わされることになるのである。

万年にとって鷗外は大きな因縁の相手だった。

「西洋」に対する驚嘆

万年の留学は、漱石のそれよりちょうど十年前になる。漱石がイギリスに向けて横浜を出帆したのは、明治三十三（一九〇〇）年九月八日のことである。万年は、明治二十三（一八九〇）年にベルリンに到着し、翌一八九一年六月までそこに滞在したと自ら記している。

しかし、漱石が詳細な日記を残しているのに対し、万年の渡航については、彼が何も残していない。どこの国の船に乗り、どこに立ち寄り、何を見、どのように感じたのかを知る由もない。ただ、後年、万年の弟子、高野辰之《たかのたつゆき》は次のように語っている。

> 始めて独逸《どいつ》留学に向われた時、一冊も多く参考書を買って来たいと思って、独逸汽船の三等で往《い》ったが、牛や豚に近い所にいるようで苦しかったと話された。
>
> （『国語と国文学』第十四巻第十二号所収、「噫　上田万年先生」）

航路は十年後の漱石の時と同じであった。横浜から上海、香港を経て、シンガポール、コロンボへと船は南下する。

漱石に限ったことではないが、当時、ヨーロッパへ渡航した人々にとって、上海は初めて見る異国であった。

漱石は、ドイツの汽船会社が所有するプロイセン号で横浜から上海に着く。

しかし、今のように客船が上海港に到着するというのではなく、呉淞《ごしょう》という上海のやや北側で小型の蒸気船に乗り換えて、黄浦江《こうほこう》を遡った。

ここは、およそ千年前の八三八年の唐暦七月二日、実質上最後になった第十九次遣唐使船に乗った円仁《えんにん》(七九四〜八六四)が難破してやっとの思いで上陸したところであった。

それを万年が思ったかどうか分からないが、円仁は、平安時代初期にあって日本語が形成されるのに、なくてはならない人であった。

およそ十年間、円仁は、無許可で中国に滞在し、ほぼ全土を踏破《とうは》している。そして、その間ずっと日記を付け、つぶさに唐王朝の崩壊への過程を記している。

また円仁は、日本語を、漢語とサンスクリット語との関係のなかで客観的に見つめ、サンスクリット語と日本語が非常によく似た音の変化をすること、また、サンスクリット語のアルファベットを使えば日本人が話している音を、漢語よりさらに忠実に写せることを発見する。

空海《くうかい》(七七四〜八三五)、円仁、そして菅原道真《すがわらのみちざね》(八四五〜九〇三)という系譜が万葉仮名から〈ひらがな〉と〈カタカナ〉へという我が国の国語表記を作っていったと筆者は考えている。

はたして、その千年後に現れたチェンバレン、万年、そして漱石が、今度は、新しい日本語を作ろうとしていたのだ。

青木剛「夏目漱石の欧州航路　西洋建築との出会い」を参考にしつつ、漱石の日記から当時の留学事情を見てみよう。

小型の蒸気船で黄浦江を遡った漱石は「日記」に次のように書いている。

小蒸気にて濁流を遡り、二時間の後、上海に着す。満目《まんもく》皆支那人の車夫なり。家屋宏壮《こうそう》、横浜抔《など》の比にあらず。

さて、漱石は、上海で、「中国人の人力車がいっぱいだ」と記す。横浜から上海まで五日、日本を離れたことを実感し、ようやく異国に着いたということを彼はここで知ったのである。

漱石らが着いたところは、当時、「仏蘭西《フランス》波止場《はとば》」と呼ばれていた。共同租界からフランス租界に入ってすぐのところに船は止まり、ここから「江海関《こうかいかん》」という税関を通って、旅行者は上海の街に出ることが許される。

ただ、波止場から税関までの道に、当時すでに上海には、上海クラブ、大清銀行、香港上海銀行、独亜銀行など、見上げるほどの西洋建築が立ち並んでいた。「横浜抔の比にあらず」というのは、当時の横浜の洋館が二階建てか平屋だったのに対して、上海には、三階建て、四階建ての建物も珍しくなかったからであろう。

横浜のグランド・ホテルは、ベランダ植民地様式と呼ばれるスタイルで、当時横浜で最も美しい西洋建築であるとされた。しかし、他の「洋館」は、ほとんどが寄せ棟作りの建物に、外壁を石張りにした疑似洋館で、本格的な西洋建築はまだ多くはなかった。

しかし、上海にはもうベランダ植民地様式の建物はなく、ゴシック・リバイバル様式、あるいはクイーン・アン・リバイバルと呼ばれる新しいデザインの大きな建物が並んでいたのである。

清朝政府は、すでに多額の借款《しゃっかん》をヨーロッパから受けなければならない状況に陥っていた。すでに、広東、香港、上海は列強の租界となっていた。関税収入を担保とした借款であってみれば、清朝政府は、これまで軍事要塞としてきた海岸部の都市を列強の言うまま貸借せざるを得なかった。

しかし、こうした政治的問題とも密接に結びつくことであるが、この頃から文献学あるいは言語学を専門とするヨーロッパの学者たちは、中国の奥地へと入り、「シノロジー（中国学）」を発展させていくことになる。

万年が、まもなくドイツで会うことになる中国学者ゲオルク・フォン・デァ・ガーベレンツ（一八四〇～一八九三）も言語学者として『Chinesische Grammatik（支那語文典）』（一八八一年）を書いているが、これは中国語のなかに文法的な規則を発見しようとしたほとんど最初の研究書だった。

さて、上海を出た船は、次に香港に寄港する。

漱石とヨーロッパに向かう船に同船したひとりに、芳賀矢一（一八六七～一九二七）がいた。彼は、パリで漱石と別れドイツに向かうが、その後、ドイツ留学で文献学を修め、万年に続いて東京帝国大学国文学科の教授になった人である。

芳賀は、香港についての印象を「留学日誌」（『芳賀矢一選集』）に次のように記している。

香港の市街たる繁栄は上海に及ばざるが如しといえども、巍然《ぎぜん》たる層楼相連りて、昇降にはエレヴェーターを用う。全屋悉く大理石なるが如きは、欧米の大都といえども及び難かるべし。

日本にエレベーターが付けられたのは、明治二十三（一八九〇）年、十一月にオープンした浅草の凌雲閣《りょううんかく》であった。万年がヨーロッパに発《た》ってからのことである。ニューヨークのオーチス社が開発した電気仕掛けによるエレベーターの発明は、世界中に広まりビルの高層化を推進していくことになる。エレベーターは、一九〇〇年以降「電気の時代」が到来するひとつの幕開けでもあった。

また、二十世紀は「心理の時代」とも言われる。ウィーンというヨーロッパの東の街から、フロイトが『夢判断』をひっさげて登場する。

そして、世の中は第一次世界大戦へと向けて次第に大きな歯車をまわしはじめていたのである。

十九世紀の田園的風景を見ながら、船は香港を離れる。

「それはなんとも美しい港であった」と漱石は言っている。

船より香港を望めば万燈水を照《てら》し空に映ずる様、綺羅星の如くと云わんより満山に宝石を鏤《ちりば》めたるが如し。diamond及びrubyの頸飾《くびかざ》りを満山満港満遍《まんべん》なくなしたるが如し。

船は、一週間ほどでシンガポールへ、その後五日でコロンボへと到着する。

そして、ここから紅海とスエズ運河を過ぎ、いよいよ一行はナポリへと辿り着く。

漱石は、十月十八日の日記に「この地は西洋に来て始めて上陸する地故それほど驚きたり」と書き、またここからジェノヴァに行った十月二十三日の夏目鏡子《きようこ》宛て書簡にも、「以太利《イタリー》の小都会なるにも関せず頗《すこぶ》る立派にて日本などの比にあらず」と、「西洋」に対する驚嘆を何度も記している。

ナポリでは、ここへ来た人はみな行くところがあった。

漱石は、日記に次のように記す。

Naplesに上陸してcathedralsを二つ、museum及Arcade、Royal Palaceを見物す。寺院は頗る荘厳にて、立派なる博物館には有名なる大理石の彫刻無数に陳列せり。且Pompeyの発掘物非常に多し。Royal Palaceも頗る美なり。道路は皆石を以て敷きつめたり。

日本人がナポリで一番驚いたのは、「ウンベルト一世ガレリア」と呼ばれるアーケードであった。

漱石が記す「Arcade（筆者注：アーケード）」である。一八八四年にコレラが流行したため、貧民街であったところを撤去し、一八九〇年になって作られた。鉄筋ガラス張りのドームが天井に張り、足下には大理石のモザイクが美しく敷き詰められている。

万年らが到着した頃、ちょうどできあがったばかりで、非常に華やかな店も軒を連ねていた。

このアーケードについては、明治三十六（一九〇三）年にここを訪れた児童文学者の巖谷《いわや》小波《さざなみ》（一八七〇〜一九三三）が『洋行土産』に次のように記している。

殊に驚いたのは、ガレリイ（浅草の中店《なかみせ》の様な遊場《あそびば》）の壮大な事だ。瑠璃《がらす》の天井は見上げるに頭《くび》が痛く、大理石の床は行《ゆ》くに足も疲れる許《ばか》り。広さと美しさと賑かさには、只《ただ》開いた口が閉《ふさ》がらない。

なぜ、ベルリン大学だったのか

「西洋に来て始めて上陸する地」で、日本にいては想像もできなかったヨーロッパの文化、芸術などに触れた万年らは、ここからマルセイユまで船で行き、そして鉄道でパリへ、パリからベルリンへと向かうことになる。

さて、なぜ、万年はベルリン大学へ行ったのか——そこには、言語学の専門の講義だけではなく東洋学を兼ねた人物がいたからである。

ライプツィヒ大学からベルリン大学に移ってきたゲオルク・フォン・デァ・ガーベレンツである。父親、ハンス・コノン・フォン・デァ・ガーベレンツ（一八〇七〜一八七四）はイエナ大学で教鞭を執《と》る、当時、満洲語の専門家として有名な言語学者であった。

父親のハンスは、子のゲオルクを自分同様言語学者か東洋学者にするつもりであったらしい。

ゲオルクは、高校までにすでにラテン語、古代ギリシャ語はもちろん。オランダ語、イタリア語、中国語を習得していたという。

そして、まもなく父に就《つ》いて法学、行政学、言語学の講義をイエナ大学で受け、徴兵ののち、ライプツィヒ大学で本格的に東洋語学を専攻した。

一八七六年、「太極図説の研究（翻訳）」でドレスデン大学から博士号を取得、ライプツィヒ大学東アジア学教授に就任する。彼はドイツ語圏では初めての東洋言語学の教授となった人物であった。

彼の弟子には、中国学者となったヴィルヘルム・グルーベ（一八五五〜一九〇八）、日本学者のカール・フローレンツ（一八六五〜一九三九）、またチベット学者のハインリッヒ・ヴェンツェル（一八五五〜一八九三）などがある。

ゲオルクがライプツィヒ大学を離れ、ベルリン大学へ転職したのは、一八八九年の離婚が原因だったと言われる。しかし、このことによって万年は、ゲオルク・フォン・デァ・ガーベレンツから、言語学のみならず東洋学の広さと深さを学ぶことになる。

ところで、「一般言語学」という言葉を聞けば、フェルディナン・ド・ソシュール（一八五七〜一九一三）の『一般言語学講義』を思い浮かべる人が少なくないだろう。

しかし、ルーマニアの言語学者、エウジェニオ・コセリウ（一九二一〜二〇〇二）は、ソシュールの「ラング」と「パロール」という概念は、すでにゲオルクによって指摘されていたのだという。

ガーベレンツという学者が、「言語」を、非常に近代的な意味で深く広い視野から見ようとしていたことは確かであろう。

万年は、当時最高の言語学を学ぶためにガーベレンツのもとにいたのである。

さて、金子亭の前掲論文によれば、万年がベルリン大学に正規学生として入学登録をした学生登録名簿が、ベルリン大学（現・フンボルト大学）の文書館に残されているという。

それによれば、

氏名　Ueda Mannen
生年　１８６７
住所　Artilleriestrasse 4
学生番号　２３９５／８１
登録期間　１８９１年４月17日から１８９１年８月10日まで

すでに触れたが、「かずとし」と読むとされる「万年」を、自身「まんねん」と呼んでいたことは明らかであろう。少なくとも、ローマ字で自分の名前を書くときには、いつも万年は、「Mannen」と記している。

金子は、「上田は正規の学生番号を取得していて、聴講生ではない。従って、同時期にベルリンに居た森鷗外などとは異なった身分であった（筆者注：「鷗外は陸軍省からの留学で学生という身分ではない」という意味であろう）。上田の本国での身分は、別の文書 Album civium universitas literaraie berolinesisによると、文部省の部長（Abteilungsleiter）とされていた。しかしベルリンで上田は若い研究者として自由に研究者仲間と交流する立場にはなく、一人の学生として講義や演習に出席していたと思われる」という。

金子はベルリン大学で万年がどのような授業に出席し、どのような成績を得たかということを調べたが、こうしたことについての記録はまったく残っていないとのことである。

ただ、ガーベレンツは、『ベルリン大学アルヒーフ（講義録）』によれば、当時、四つの授業を開講していた。

（一）マレー語　水曜日五―六　公開
（二）中国語講読　月曜日四―五　少人数
（三）古代日本語文法　火曜日・金曜日四―五　少人数
（四）言語学演習　日時は話し合いで、極少人数　無料

ガーベレンツはライプツィヒでも同じく行っていた東洋語の個別的研究よりむしろ、ベルリンでは急速に「一般言語学」に興味を持ち始めていた。（四）にある「言語学演習」はまさに、そうしたものであったのであろう。

当時最高のガーベレンツの「言語学」とは

ガーベレンツは、一八九一年二月『Die Sprachwissenschaft（言語学）』という書を出版する。

本書は、二〇〇九年に獨協大学名誉教授の川島淳夫氏によって翻訳されている。難解で分量も多く、

分かりにくく、またあらゆる言語が出てくるドイツ語で書かれたガーベレンツの『言語学』の文章を訳すのは大変だったに違いない。じつに、日本語の訳本で五百頁を超える大冊なのである。しかし、川島氏のおかげで、我々は、万年が聴いたであろうと同じ世界最初の「一般言語学」の講義を日本語で読むことができる。

ガーベレンツの序文によれば、「本書は、途中大きな中断があったが、かなり長い年月をかけて成立した」とある。そして、「その部分、部分は、決して現在見られるような順序で作成されたのではない。まさに自分がかかわっていたものは、それが熟したと思われるや否や、論文として書き下ろされた。計画が生まれ、時とともに完全なものとなり、私は一般言語学について講義を行った。そして、それが長ければ長いほどますます私の原稿の隙間を埋めることとなった。このような成立の痕跡は、ほとんど拭《ぬぐ》い去ることができない」と記している。

万年がガーベレンツから授業を受けたのは、本書が上梓されてから、わずか二ヶ月後のことであった。

まさか自分の死期があと二年余りということを知っていたとは思えないが、ガーベレンツにとってはこれが最後の著作となった。

序文には、さらに次のように述べられている。

本書は、第一に、将来、われわれの共同研究者や後継者と見なせると思う人たちのために書かれたものである。(中略)言語学そのものは、まだ成立して日が浅い。その領域の多くは、ほとんど研究者たちの手に触れられることもなく、なかにはまだ処女地の魅力や危険を呈示するものもない。そのことを私は考慮に入れなくてはならなかった。読者には、目的を意識したたゆまない研究活動が、どんなに早くりっぱな果実を実らせたかを知ってもらいたいし、これらの果実を読者にもともに享受してもらいたいと思うのである。しかし、読者には絶対に、私たちが現在より少しは前進しているであろうなどと、想像しないで貰いたい。読者には、最高にして、最後の目的を念頭においていただきたいものである。私は、その目的を認識できたと思う限り、それを指摘してきた。測り得る限りの全領域の輪郭をはっきりさせてきた。前人未踏の領域にも経緯度線を引く地図学者の権利を惜しみなく利用してきた。できる限り私は、可能性の世界の内側に触れ、そのさいしばしば先駆的手法をとったが、私の経験が許したときには、いくつかの例を手がかりに、可能的なものを現実的なものとして証明しようとした。

ある意味、ガーベレンツにとって、この書はそれまでの自らの研究の集大成であり、同時に新たな領域への出発点でもあった。そうした自分の教えを、日本からはるばるやってきた若い学徒に教えることの意義を、ガーベレンツは十分に感じていたに違いない。

ガーベレンツから万年への新しい学問の伝授は、あるいは、およそ千年前に遣唐使で長安に行った空海が、恵果《えか》から密教の大系を学んで我が国に、新しい密教という教えを持ち来たったことに匹敵するとも言えよう。

そして、密教という宗教ではあっても、この空海がもたらしたサンスクリット語による学問は、言語学的に大きな影響を及ぼすことになるのである。

はたして、このことについては、ガーベレンツも本書のなかに「日本語」について触れたところで、指摘している。

当時のヨーロッパの言語学者（先に触れたように、ガーベレンツは東洋学者としても知られていた）が、日本語についてどのような考えを持っていたかということも分かるので、やや長くなるが前掲『言語学』に記されたガーベレンツの意見を引用しよう。

日本人というのは、独自の精神的創造のどんな分野においてであれ、言語研究の分野ほど輝かしい成果を示すことはないのではなかろうか。ほとんど千五百年も前から、漢語は彼らの人文科学的教養の基礎をなしている。その漢語でも日本人を文法的研究に駆り立てることはなかったようだ。そうでなければ漢語の補助語研究をこの文法的研究に数えねばならないことになるだろうから。その代わり、語彙研究と文字研究は、それだけに重要であった。教養ある人たちがやがて信奉した孔子の教えは、崇敬の念を大事にするばかりでなく、この崇敬の念を促進さえするのである。日本にきて孔子の教えは、その教えとは無縁の古い文化を見出した。その文化の尊敬すべき記念碑である古い口伝《くでん》の伝説や歌や祈禱は、まず文字で書き留められ、次いで今日に至るまで評価され、そして研究しつくされた。しかし、地元の言語（日本語）は、英国のサクソン語あるいはデンマークの古ノルド語と同じくらい急速に変化した。日本語の偉大なる過去とその今日の――真の没落――状態とを比較すると、ここにもまた調査研究を強く促すものがあった。多方、仏教はこの国にインドの影響を与えたが、その射程はまだ完全には測ることができない。インドの影響のお陰で、とりわけ、日本語の五十音図（Syllabar）はかなり合理的な配列をしているのである。この配列は、sを硬口《こうこう》蓋音《がいおん》の代表と仮定すると、インドの音列a,i,u,e,o,k,s,t,n,f,m,y,r,wに従っていることになる。日本語で書かれたサンスクリット文法があるそうであるが、自国語の体系的研究への最初の動因は、外国語に由来したのかも知れない。いずれにせよ、そこには奴隷的な摸倣の影は微塵も感じられない。われわれヨーロッパ人が、いかに暴力的に、かつ、長きにわたって見知らぬ言語をラテン語というプロクルステスのベッドに無理矢理に押し込んだかを考えてみると、われわれは東洋の島国の文法家たちを、彼らの学問的な心遣いのために賞賛せずにはいられない。語源学では、彼らはわれわれの祖先よりほんの少しひどいところにいただけである。しかし、形態論と統語論の前提抜きで即物的な研究においては、彼らはかなり理想に近づいている。今世紀になってようやく二三の日本人学者が、彼らの文法をヨーロッパの木型に張るという不幸な試みをしたのである。彼らは激しい反駁を招いた。それに、この論争は見ていて、きっと楽しいものに違いない。

ガーベレンツの父親の時代、ドイツでは、とくに言語の形態論についての研究が活発に行われていた。代表的な学者に、アウグスト・シュライヒャー（一八二一〜一八六八）がいる。シュライヒャーは、世界の言語を初めて、屈折語・膠着語・孤立語の三つの類型に分類した人である。

もちろん、これは言語を構造的に分類したものであるが、シュライヒャーの思想の根幹には、生物学的な進化と同様に言語が発展していくものであるということがあった。彼のこうした理論は、ダーウィンの進化論より数年早く、ダーウィンの影響ではなく、ヘーゲルの影響を受けたドイツ観念論的発想だとされる。

はたして、このシュライヒャーの考え方によれば、孤立語という性格を持った中国語は、もっとも原始的な言語だとされた。もちろん、現在ではこうした考えを持つ言語学者はいないが、当時は、ヨーロッパで広くこのような考え方がなされていたのである。

それは、ひとつには、視覚的特徴が強いという漢字に対する印象があったことは確かであった。動詞や名詞、形容詞などが格や時制、人称によって変化するインド・ヨーロッパの言語に対して、中国語で使用される漢字は何らの変化も表面上表すことがない。まるで絵文字のように、ただ並べられる漢字は、驚異的な隠語の世界としか見られなかった。

これに対して、日本語は、その表記が音素単位であることが知られてから、言語学的にも中国語とは異なることが認識されるようになっていた。

エカテリーナ二世の世界諸言語蒐集への情熱

ヨーロッパにおける東洋語の言語研究は、ロシアの女帝エカテリーナ二世（在位一七六二～一七九六）による言語に対する興味によっても大きく発展した。

北ドイツのボンメルン（現、ポーランド）で育ったエカテリーナ二世は、二歳の時からフランス人の家庭教師に育てられた。

生来明晰な頭脳の持ち主であった彼女に与えたフランスの啓蒙主義は、ロシア皇帝ピョートル三世の死後、自身が女帝になることによって国家規模の文化的事業を推進させることになる。世界に名だたるボリショイ劇場、スモーリヌィ女学院、エルミタージュ美術館などは彼女によって作られた。

言語の習得にも彼女は非常に熱心で、母国語であるドイツ語はもちろん、フランス語に次いでロシア語を十代の初めに習い、とくにロシア語を習得したときには熱中のあまりに高熱を出して倒れたこともあったとされる。

そしてピョートル三世と結婚すると「世界単語集」と呼ばれるものを編集したいと思いつく。この任を委ねられたのは、ペーター・ジーモン・パラス（一七四一〜一八一一）というドイツ出身の動物学者・植物学者として知られる学者であった。

パラスは一七八六年から翌年にかけて『欽定《きんてい》全世界言語比較辞典（Linguarum totius orbis vocabularia comparativa)』の第一部を出版する。

ところで、このヨーロッパにおける比較言語学の先鞭ともなった本書を初めて見て、日本語の部分のチェックを行ったのは、日本からの漂流民として保護された大黒屋光太夫《だいこくやこうだゆう》（一七五一〜一八二八）であった。

天明二（一七八二）年十二月に駿河沖で遭難した大黒屋光太夫は、暴風雨に遭いアリューシャン列島のアムチトカ島に漂着する。七年後、イルクーツクでフランス人探検家ジャン・レセップスやスウェーデンの植物学者キリル・ラクスマンに保護され、一七九一年サンクトペテルブルクに到着した。

ここでエカテリーナ二世に謁見し、日本への帰国を嘆願した。

大黒屋光太夫は、九ヶ月サンクトペテルブルクに滞在したが、その間に『欽定全世界言語比較辞典』に掲載された日本語に誤りがないかどうかの確認を依頼されているのである。

漂流からおよそ十年を経て帰国後、桂川《かつらがわ》甫周《ほしゅう》（一七五一〜一八〇九）が光太夫から聴取して記録した『北槎聞略《ほくさぶんりゃく》』という本を残している。

このなかで、光太夫は「此の学校に万国基語《きご》の書あり。部を分かちて日本語をも載せたり。（中略）光太夫に冊定すべきよしを望まれける故、日々通いて六日にして卒業す」と誌している。

「基語」とは「日常の言葉」の意味で、今日でいう「基礎語彙」であるが、新村出『東亜語源志』によれば、これこそすなわち世界の言語の基礎語彙を比較して研究しようとした世界で初めて作られた研究書、『欽定全世界言語比較辞典』であるという。

今、本書を見ると、アジアの言語百四十九種、ヨーロッパ五十一種、アメリカ、アフリカなど合わせて合計二百七十二に及ぶ言語を網羅する。

さて、ロシアがヨーロッパの最も北方の地にあってこのような比較言語研究をしていた時期に、ヨーロッパの南では、ローレンソ・エルワス・イ・パンドゥロ（一七三五〜一八〇九）というスペイン人イエズス会士によって『宇宙の理念（Idea dell' Universo）』全二十一巻が出版された。

この第十七巻に『今までに知られた言語のカタログ及びその相互の親近性と相異性についての覚え書き（Catalogo dell lingue conosciute e notizia della loro affinita e diversita opera）』（一七八四年、イタリア　チェゼーナ刊）が含まれている。

パンドゥロは、本書の出版ののち、さらにこの第十七巻を訂正増補して、『今までに知られた諸民族の言語のカタログ並びにその民族固有語及び方言の多様性に拠る累算、分類（catalogo de las lenguas de las naciones conocidas y numeracion, division, y clases de estas segun la diversidad de sus idiomas y dialectos)』（一八〇〇〜一八〇四、スペイン　マドリッド刊）を出版する。

宣教師として長く滞在した南アメリカで、彼は四十以上の言語を採集して文法書を書いたとされ、本書にはヨーロッパ諸言語の方言を含めて約三百種の言語が輯録《しゅうろく》されている。

このように、十九世紀前後にヨーロッパでは可能な限りひとつでも多くの言語を集めてそれを比較し、これをカテゴリーに分けるということが行われていた。

そして、ここに新しい言語学研究の一石を投じたのが、ドイツ人のヤーコプ・グリム（一七八五〜一八六三）とフランツ・ボップ（一七九一〜一八六七）、デンマーク人のラスムス・ラスク（一七八七〜一八三二）、の三人であった。

万年が学んだ最新言語学「グリムの法則」

万年は、東大の学部を卒業し、すでに大学院に二年在籍していた。今で言えば「修士」を終わったところである。今日であれば、大学院博士課程に進学し、専門的な学問を修めて、博士論文を用意する時期である。

してみれば、よほどの専門家でなければ理解できないほどの高度な研究をしていたと思われる。

たとえば、ベルリン大学の教授であったボップは、ペルシャ語やサンスクリット語を学んで、すでに一八一六年に「ギリシャ、ラテン、ペルシャ、ゲルマン語の動詞変化との比較におけるサンスクリット語の動詞変化組織について」という論文を出版していた。

万年は、こうしたものを言語学の古典として読むのである。

この論文で、ボップは、表題に示された言語は動詞の変化などから見ても同じ種類の言語であり、そして何らかの共通する語根《ごこん》を想定し得ることを示す。

「語根」とは、単語が作られるときの「核」になる部分を言う。

たとえば、

あかるい

あくるひ

あけぼの

という日本語で言えば、「あか」「あく」「あけ」などは「明」あるいは「開」「空」などの漢字の意味で表される共通の「語根」を持つと言える。

比較言語学では、これを利用して「あか」「あく」「あけ」などという発音で、同じような意味を持つ言葉に、琉球語や朝鮮半島の古い言葉、モンゴル語、ウィグル語などがあるかどうかを調べるのである。

そして、もし多くの「語根」を共通にするような言語が見つかれば、日本語とその言語が非常に近いものであると考えられるというのである。

今となっては、当たり前のこの「語根の想定」は、ボップが現れる前の言語学では考えられてはいなかった。

ボップは、この後一八三三年から一八五二年にかけて『サンスクリット・ゼンド・アルメニア・ギリシャ・ラテン・リトアニア・古代スラブ・ゴート・ドイツ諸言語比較文典』を著す。全三巻に及ぶ本書は、一八五七年から一八六一年にかけて全改訂を施して出版される。畢生《ひっせい》の大作というに相応しいものであった。

さて、デンマーク人のラスクは、一八一四年に完成させていた「北欧《ノルド》語あるいはアイスランド語の起源に関する研究」という論文を一八一八年に発表する。

ラスクは、この第一章に、「語源論一般」というタイトルをつけ、当時行われていた語源研究が単なる単語の解釈に止まらず、さらにそれを押し広めて「語根」というものを構築するものであること、そしてアルファベットで綴られる文字の変化と発音の変化をどのように取り扱うべきかを論じている。

この文字と発音の関係は、つまり必ずしも言葉は、表記されるままに発音されているわけではないというもので、こうした考え方が後世国際音声記号（ＩＰＡ）を生み出す原動力になったが、すでにラスクはこのことを論文の冒頭に言うのである。

そして、次の章で、アイスランド語とゲルマン諸言語との関係を決定し、第三章ではアイスランド語をグリーンランド語、ケルト語、バスク語、フィンランド語と比較して単語の類似が多少見られるだけで親族関係がないことを証明する。さらに、スラブ語とレット語（現在のラトビア語）を比較して、これらが印欧語のなかでも別の一派を形成するものであることを明らかにする。

そして、ラスクは、最後の章に記した結論で、北欧語とゲルマン語は互いに近接する分派の関係にある言語であり、スラブ語やレット語と同じく「古代トラキア語」から派生したものであるという。ラスクの論文が優れているとされるのは、「古代トラキア語」というものを想定したことにある。しかし、「古代トラキア語」などというものは、存在するものではない。これは現代の言語学用語で言えば「印欧祖語《いんおうそご》」と言われるものである。「祖語」の設定をすることで、彼は言語の変化を追うことができるという比較言語学の方法をここで想定することに成功したのである。

ラスクは、この論文でラテン学術協会賞を受ける。そして、イラン語の研究などを行い、サンスクリット語の研究のためにインドに渡航するが、その後、言語学に関する研究から退き、わずか四十五歳で亡くなってしまう。

ボップの「語根の想定」とラスクの「印欧祖語の想定」とは、互いの研究の影響などまったくない、それぞれの言語研究の途上で現れたものであった。

ところで、グリム童話で知られるドイツのおとぎ話は、ヤーコプとヴィルヘルムというグリム兄弟によって編纂されたものであるが、じつは、この二人はドイツ文献学、言語学の専門家であった。とくに兄のヤーコプは一八一九年に『ドイツ語文典』を著したが、十一年後にはこれを全面的に改訂したものを出版する。

この改訂は、書信での交流もあったラスクの影響を受けたためで、改訂版の第一巻には「文字論」が新しく書き足されている。

まず、ギリシャ文字、サンスクリット語のデーバナガーリという文字、古代エジプトの神聖文字、ロシア語の文字、ルーン文字、チベット文字、ハングル、漢字、ひらがななど、世界には非常に多くの文字が存在するが、どのような理由でそれぞれの文字が生まれてきたのかなどの研究をすることの必要を説いたものである。

しかし、もうひとつ、ヤーコプは「文字論」で、文字と発音の間には乖離《かいり》するものがあるということを指摘するのである。

たとえば、フランス語では「au」と書いて「アウ」とは発音しない。「オー」である。また「th」は英語では舌を上下の歯に入れる形で「ス」あるいは「ズ」と濁って発音するが、サンスクリット語では同じように書いても「トホ」というような「h」の音を喉の奥から吐き出すようにして発音する。

このように、同じ表記でも発音が異なることの解明を行うのである。

そして、この改訂版には「文字論」に加えて、上田万年にも大きな影響を与えることになる「音韻推移（グリムの法則）」と呼ばれるものが記されるのである。

「グリムの法則」の代表的なものについてだけ記そう。実際の発音を意味するものではなく、ある言語の音声を音韻論的に考察して得られた単位となる音素は//で記される。

たとえば、印欧祖語の無声閉鎖音/p/ /t/ /k/は、ゲルマン語では無声摩擦音の/f/ /th/ /h/になる。

たとえば、サンスクリット語、古代ギリシャ語、ラテン語では「父」を表す言葉はそれぞれpitar、pater、paterであるが、これがドイツ語、英語、デンマーク語、オランダ語のゲルマン語になるとVater、father、Far、vaderに変化する。ドイツ語、オランダ語の表記では「v」で書かれるが、実際の発音はいずれも「f」である。ゲルマン祖語は、こうした例によって＊fadērが導き出される（語の前の＊は理論上の推定であることを示す）。

また、印欧祖語の有声閉鎖音/b/ /d/ /g/は、ゲルマン語では無声閉鎖音の/p/ /t/ /k/になる。たとえば、数字の「2」の発音は、サンスクリット語、古代ギリシャ語、ラテン語では、それぞれdvi、duo、duoである。これがドイツ語、英語、デンマーク語、オランダ語のゲルマン語になるとzwei、two、to、tweeと変化する。ドイツ語の「z」は「t」の発音である。

ここからゲルマン祖語＊twaiが導き出される。

さらに、印欧祖語の帯気音/bh/ /dh/ /gh/は、ゲルマン語では無帯気音の/b/ /d/ /g/になる。たとえば「弟」はサンスクリット語、古代ギリシャ語、ラテン語では、それぞれbhratrka、phrater、fraterであるが、ドイツ語、英語、デンマーク語、オランダ語のゲルマン語になるとBruder、brother、broder、broederとなる。

ここから、ゲルマン祖語では＊brōþērが導き出される。

というようなものであるが、ドイツ語の祖語である「ゲルマン祖語」、またサンスクリット語や古代ギリシャ語などヨーロッパ諸語などを含めた「印欧祖語」と呼ばれるものを想定して、発音がどのように変化してきたのかを調べることで、発音変化の原理を導き出そうというものなのである。

ラスクが「古代トラキア語」つまり「印欧祖語」という言葉を想定し、また表記と実際の音が必ずしも一致しないことに十分な注意を払うことが必要だという「文字論」の問題を取り扱うようになったおかげで、グリムはこのような法則を導き出すことができたのである。

異なる言語間における単語を比較することによってついに音韻変化の法則を導き出すという画期的な方法を、ヨーロッパの言語学者は、およそ一八〇〇年代初頭に見いだすことに成功したのである。万年はこの「グリムの法則」を用いて、明治三十一年、留学から帰国して四年後に、「P音考」という日本語学史上画期的な論文を発表する。これについてはのちに譲ろう。

言語とは何かを問うことは、国家とは何かを問うこと

言語は変化する、その変化には何らかの法則があるということだけを勉強するのであれば、わざわざ外国に行く必要はない。

たとえば、日本初の近代的辞書『言海』を作った大槻文彦は、インド・ヨーロッパ語には祖語があって、そこからサンスクリット語、古典ギリシャ語、ラテン語などが言語の変化とともに生まれ、さらにラテン語からイタリア語、フランス語、スペイン語が生じたということを、辞書を頼りに理解することができた。大槻は万年が「P音考」を発表する二十年ほど前に「グリムの法則」を日本に紹介していた。

それでは、万年はどのようなことを学びに行ったのであろうか。

もちろん、当時の東京帝国大学では、外国に留学しなければ、博士になれないなどの条件があって、それをクリアするという内情もあった。

しかし、それにしても、博言学という新しい学問が我が国のなかで学問として成長することが必要

であるとする考えが文部省のなかになければ、万年のドイツ留学は計画されなかったに違いない。

はたして、万年が留学する当時、ヨーロッパの言語学は、新たな局面を迎えつつあった。すなわち、言語とは何かを問うことが、国家とは何かという問いと重なるものになりつつあったのである。

それは、ドイツの「青年文法派」と呼ばれる学者たちによる新しい研究の視座であった。主な学者に、ブルークマン（一八四九〜一九一九）、オストホフ（一八四七〜一九〇九）、レスキーン（一八四〇〜一九一六）などがいるが、彼らは「音韻法則に例外なし」という標語を掲げ、グリムの法則のように音韻変化には必ず法則があって、「類推」という方法を使えば、すべて例外なくその法則を求めることができるのだとする。言うなれば、旧約聖書の創世記に見える、バベルの塔の崩壊以前にあった、人間が共通に使っていたという言葉にまで遡るというものである。

しかし、単語の比較、文法の比較を行うことによって、祖語と思われるものを復元することが可能であるとしても、はたして歴史的な産物として現れる具体的な言語、たとえば「ギリシャ語」「ラテン語」「ゲルマン祖語」「ドイツ語」「英語」というものは、自然に作られてきたものであろうかという疑問が起こってくる。

青年文法学派の学者たちは、言語は、自然にできるものではなく、人間の集団的歴史、あるいは精神的所産であると考えるのである。

そして、結果的には、ここからソシュールによる集団的言語としての「ラング」と個人的な言語としての「パロル」という構造主義的見方が生まれ、「共時言語学」という新しい言語学が現れてくることになるのである。

青年文法派が現れる一八七〇年代半ば、プロイセンからドイツ帝国が生まれてくるに際して、「ドイツ語」は「国家」と「言語」の関係において非常に大きな問題となって人々に議論されたのであった。

万年はまさに、こうした議論がより昇華された形で「言語」が研究される段階でドイツに行ったのである。

戦争準備としての「言語統制」

ドイツでの言語の研究は「国家」と「言語」との関係を、日本に当てはめて考えることができるかどうかであった。

歴史的音韻変化の法則などを研究する「比較言語学」という方法だけでなく、将来の日本を支え得る「言文一致の日本語」はどのようにすればできるのか、万年の肩には、このような重い課題がのしかかっていた。

考えてみれば、我が国が「大日本帝国」を作ることによって国家としての地位をヨーロッパから認めてもらうために辿ったのと同じような過程を、ドイツ帝国はおよそ二十年前に行っていた。

一八七〇年に起こった普仏戦争と、その勝利によって作られた「ドイツ帝国」成立である。

これは、明治維新によって今、新政府が創ろうとしている「大日本帝国」と同じように考えることができると、万年は思うのである。

少し「ドイツ帝国」成立の歴史を辿って言語との関係を見てみよう。

一八〇六年、ナポレオンによる神聖ローマ帝国の崩壊によって「ドイツ＝ドイツ語」という国家を貫く言語が創られた。

広大な版図を持った神聖ローマ帝国内には、公用語としてドイツ語、ラテン語、イタリア語、フランス語、オランダ語、ポーランド語、チェコ語、フリジア語、ソルブ語が存在していた。

しかし、ここから「ドイツ語」だけを話す地域になる「ドイツ帝国」とした体制が作られることになる。

まず、一八一五年、ナポレオン戦争後に開催されたウィーン会議において三十五の君主国と四つの自由都市からなる「ドイツ連邦」が成立する。

フランス革命以降、少しずつ帝政が失われていくヨーロッパでは、内的に社会構造を見ていくような哲学が次第に発展してきていた。

それはある意味、啓蒙主義が浸透していったことの表れであろう。

同じように、言語の研究も、次第に「言語」とは何かという内的な問いを始めることになるのである。

十七世紀頃から始まったドイツ人の民族としての自覚が高まることによって、知識人たちは「標準語」を求めることになっていく。「国語浄化運動」と呼ばれるもので、ゲーテ（一七四九～一八三二）、シラー（一七五九～一八〇五）などドイツ古典主義（ワイマール・クラシック）と呼ばれる人たちが現れたのは、その影響でもあった。

言い換えれば彼らによって近代ドイツ語は作られたのである。

言語学的な問題に戻れば、先ほどから述べているガーベレンツ以来の「一般言語学」と呼ばれる研究がそれであるが、比較言語学のほうからも、たとえば、フランスで話される言葉がフランス語であれば、カナダで話されるフランス語は何か別に名称が必要になるのかという議論が起こってくる。カナダに移り住んだ人たちが使うフランス語は、時間が経過すればするほど、ヨーロッパのフランス語とは異なった進化を始めていくからである。

さて、ドイツ連邦は、オーストリアが議長国を務め、フランクフルトに連邦議会を置き、一八三三年には歴史学派の経済学者フリードリッヒ・リストによって「ドイツ関税同盟」が提唱され、翌年からこれが発足する。

経済によってドイツを統一するこの同盟は、工業力の弱いオーストリアにとっては重要であったし、自由貿易によって帝国内に物流が促進されることによって、十九世紀後半にドイツ帝国は著しい経済成長をすることになるのである。

ところが、ドイツの統一には当時、ふたつの考え方があった。

ひとつは、大ドイツ主義と呼ばれるもので、オーストリアを中心に統一を促進する動きである。

もうひとつは、小ドイツ主義と呼ばれるもので、オーストリアを排除し、プロイセンを中心に統一をしようとするものである。

そして、最終的には、後者がそれを推進していくことになる。プロイセン王ヴィルヘルム一世（一七九七～一八八八）と首相のビスマルク（一八一五～一八九八）が軍備を増強してドイツを統一する、いわゆる「鉄血政策」である。

オットー・エドゥアルト・レオポルト・フュルスト・フォン・ビスマルク＝シェーンハウゼンと長い名前を持つプロイセン出身の地主貴族は、一八六二年にプロイセンの宰相に任命される。

全ドイツがプロイセンに期待するのは自由主義ではなく武力である。バイエルン、ヴュルテンベルク、バーデンは好きに自由主義をやっていればいい。これらの諸国にプロイセンと同じ役割を期待する者は誰もいないだろう。プロイセンはすでに何度か逃してしまったチャンスの到来に備えて力を蓄えておかねばならない。ウィーン条約後のプロイセンの国境は健全な国家運営に好都合とは言えない。現在の問題は、演説や多数決――これが一八四八年から一八四九年の大きな過ちであったが――によってではなく、鉄と血によってのみ解決される。

（エーリヒ・アイク『ビスマルク伝』）

一八六二年九月三十日、プロイセン衆議院予算委員会での演説で、ビスマルクはこのように主張する。「鉄血演説」と呼ばれるものである。

このビスマルクの言葉は、はたして様々な反対を受けるが、かえってそれによって着実に「統一ドイツ」を作る引き金が用意されていくことになる。

外交交渉に抜きんでたビスマルクの頭のなかには、おそらく予《あらかじ》め計算された政治的なバランスや具体的な方法があったのだろう。

就任演説から二年目の一八六四年、プロイセンはオーストリアと共同でデンマークを攻撃し、まず民衆から自分への信頼を勝ち取る。

そして、また二年後、今度は、プロイセンに不満を持つオーストリアと戦争をすると宣言する。もちろん、この戦争を回避するためにフランスが介入してくることは明らかであった。ビスマルクの思い通り、ナポレオン三世が、オーストリアとの仲介に入ってくる。

ここで、ビスマルクはイタリアを味方につけ、プラハで、オーストリアとの和約を結ぶ。プラハ(プラーグ)和約と呼ばれるものである。

第一に、ドイツ連邦の解体
第二に、シュレスヴィッヒとホルシュタイン地方のプロイセンへの併合
第三に、オーストリアからのイタリアへのヴェネツィア割譲
第四に、オーストリアのプロイセンに対する賠償金支払い

ビスマルクは、次に一八七〇年、フランスに対して宣戦布告する。いわゆる普仏戦争である。

戦争の口実は、一八六八年に起こったスペイン革命に伴う空位となった王位をめぐる問題であった。この王位をめぐってプロイセン王家(ホーエンツォレルン家)の王子レオポルトが立候補したことに対し、フランスは反対した。そして、反対するのみならず、ナポレオン三世は、王のヴィルヘルム

一世に、レオポルトの立候補辞退に対する誓約書と立候補をしたことに対する謝罪文を求めた。避暑地バート・エムスで静養していたヴィルヘルム一世のところにフランス大使が現れ、このことを告げる。

すでに立候補を辞退していた王子は、この無礼な要求を宰相のビスマルクに報告した。一八七〇年七月十三日、午前九時十分の電報による打電である。

ビスマルクは、この電報を意図的に一部分省略してこれを新聞や各国の報道機関に流したのである。「エムス電報事件」と呼ばれるものである。

世論は、一気に戦争へと傾いていく。

そして、ついに七月十九日にフランスからプロイセンに対して宣戦布告が行われたのである。

しかし、兵力の違いは明らかであった。プロイセン軍四十万人に対してフランス軍二十万人である。なおかつフランスとの戦争を準備してきたビスマルクのプロイセン軍はセダンの戦いで、ナポレオン三世を捕虜とし、パリにまで侵攻する。一八七一年一月十八日、ヴェルサイユ宮殿で、ヴィルヘルム一世の「ドイツ皇帝」戴冠式が行われ、同時に「ドイツ建国式典」が行われ、同年五月十日、フランクフルトで講和条約が結ばれる。

条約の内容は、

第一に、ドイツ皇帝の承認

第二に、アルザス・ロレーヌ地方の割譲と水路のドイツ監督権

第三に、賠償金五十億万フランの支払い
第四に、五十万人に近いフランス兵捕虜の返還

である。

普仏戦争から第一次世界大戦終結まで存続した「ドイツ帝国」の経済状況は必ずしも豊かだったわけではない。しかし、西南アフリカのナミビア、中央アフリカのカメルーン、東アフリカのルワンダ・ブルンジ、パプアニューギニア、サモア、中国の膠州湾《こうしゅうわん》の租借地、天津《てんしん》や漢口《かんこう》の租界地など、海外植民地を統治することに成功する。

ドイツの帝国主義的植民地支配は、同時にドイツ語が世界に広がっていくことをも意味した。

フランクフルト講和条約で承認されたフランスの「アルザス・ロレーヌ地方割譲」によって、この東フランスに属する地域では、フランス語の使用が制限され、ドイツ語の方言のひとつである「アルザス語」が公用語として使用されることになる。

そして、第一次世界大戦勃発の際には、ここから徴兵された「ドイツ兵」は、ドイツ語の指揮系統下、ロシアの最前線へ送られることになっていく。

万年が留学しているときには、第一世界大戦勃発まではまだ二十数年の時間がある。とはいえ、ドイツ帝国は、確実に、次の戦争を用意しながら、「言語統制」を行っていたのであった。

ドイツ留学の意義

こうしたヨーロッパの動き、とくにビスマルクによる「ドイツ建国」を実現するための体制固めは、我が国に非常に大きな影響を与えた。

たとえば、大久保利通《おおくぼとしみち》は天皇と自分の関係を、ビスマルクとヴィルヘルム一世に擬《なぞら》えて、自らを「ビスマルクたるべし」と鼓舞していたし、山県有朋も自ら「日本のビスマルク」を自認していたという。

こうしたビスマルクへの畏敬は、一八七三年三月十五日、岩倉使節団が、ビスマルクから夕食会に招待されたときに始まる。

田中彰『岩倉使節団「米欧回覧実記」』によれば、席上、ビスマルクは次のようなことを使節団に言ったという。

要約して挙げてみよう。

「貴国と我が国は同じ境遇にある。私はこれまで三度戦争を起こしたが、好戦者なわけではない。それはドイツ統一のためだったのであり、貴国の戊辰戦争と同じ性質のものだ。英仏露による植民地獲得戦争とは同列にしないでいただきたい。私は欧州内外を問わずこれ以上の領土拡大に興味を持っていない」

「現在世界各国は親睦礼儀をもって交流しているが、それは表面上のことである。内面では弱肉強食が実情である。私が幼い頃プロイセンがいかに貧弱だったかは貴方たちも知っているだろう。当時味わった小国の悲哀と怒りを忘れることができない。万国公法は列国の権利を保存する不変の法というが、大国にとっては利があれば公法を守るだろうが、不利とみれば公法に代わって武力を用いるだろう」

「英仏は世界各地の植民地を貪り、諸国はそれに苦しんでいると聞く。欧州の親睦はいまだ信頼の置けぬものである。貴方たちもその危惧を感じていることだろう。私は小国に生まれ、その実態を知り尽くしているのでその事情がよく分かる。私が非難を顧みずに国権を全うしようとする本心もここにあるのだ。今、日本と親交を結ぼうという国は多いだろうが、国権自主を重んじる我がゲルマンこそが最も親交を結ぶにふさわしい国である」

「我々は数十年かけてようやく列強と対等外交ができる地位を得た。貴方たちも万国公法を気にするより、富国強兵を行い、独立を全うすることを考えるべきだ。さもなければ植民地化の波に飲み込まれるだけだろう」

日本における富国強兵と国家としての独立が動きだしたのは、まさにこのビスマルクの言葉によってであった。

いかにこのビスマルクの言葉によって、我が国がドイツを手本にしようとしたかが、よく分かる例が、幕末から日露戦争頃までに送られた留学生の内訳である。

幕末の段階では、ドイツに留学する人はほとんどいなかったものが、明治六年を過ぎた頃から急に多くなる。

万年はもちろん、ドイツに留学した人としては、医学としては森鷗外や北里柴三郎、音楽では滝廉太郎《たきれんたろう》などがある。これらの学問は、いずれもドイツの富国強兵政策とともに興ったもので、日本が手本にするには、最も適していたのである。

ところで、当時のドイツの首都ベルリンは、どのような雰囲気だったのだろうか。

明治二十八（一八九五）年に出版された『日用百科全書（第六編）』所収「独逸伯林《べるりん》の服装」に、次のような記事が記されている。

伯林府は新興の都府にして、人心素朴憨厚《とんこう》なりしが、次第に盛大を極むるにつれ、次第に華奢の風を生じ、晩近《ばんきん》は大に衰頽せりと云う。

府の周辺遊苑《ゆうえん》あり、麦酒《ビール》を醸造する家多く連る、都人士《とじんし》の此に杖を曳《ひ》くもの庭上に羅座《らざ》し、小卓を囲んで麦酒を酌《くみ》交わし、無上の愉快とす。劇場内にありても男女酒を飲て酔を買うは英米の風俗に異りて、却りて我邦《わがくに》に類するものあり。欧州中飲酒の盛んなるは蓋《けだ》し此国を巨擘《きよへき》となす。煙草を喫することも亦荷《オ》（筆者注：「阿」の誤り）蘭佗《ランダ》人に次ぐとぞ。

淫風の盛んなるは実に驚く可き程にして、色を衒《う》るの冶婦遊園《ちふゆうえん》到処に徘徊す。ウンテルデン、リンデン街の写真舗の如き秘密の写真を公然売らんとせしことあり、欧州の各都にて、春画を鬻《ひさ》ぐもの只此府《このふ》あるのみ。

府の盛況は倫敦《ロンドン》、巴里《パリ》に比敵すべく、製造品は絹帛「アルパカ」諸毛の織物、麻布の「メリヤス」、木綿、敷物、金玉の器烟斗泥管《きえんとでいかん》、学術機械等精巧なり、賽金粉《さいきんぷん》、顔料、香水は蓋し其の長技《ちょうぎ》なり。

として、服装の流行を記している。

これが書かれた一八九五年は、すでに万年の留学からは五年を隔てている。しかし、それにもかかわらず、これを読むと、なんとなく鷗外の「舞姫」に見える、ベルリンの湿っぽい暗さや惨めさのようなものが分かるような気もする。

新しい日本語作りへの決意

万年が、明治二十三（一八九〇）年にドイツに留学した時、すでにビスマルクは亡くなり、ヴィルヘルム二世の親政が始まっていた。

ヴィルヘルム一世が亡くなったのは、一八八八年である。そしてその子フリードリッヒ三世は、即位わずかに九十九日で死去してしまい、その子ヴィルヘルム二世は二十九歳になっていた。ヴィルヘルム二世は即位するや否やビスマルクを更迭して独裁的保守化を強め、海軍を増強して植民地の獲得を狙う。

一八九八（明治三十一）年に中国、山東省の膠州湾一帯を租借したのはまさに、この植民地獲得を求めたことによるヴィルヘルム二世の成果であった。

岩倉使節団の訪独からこのドイツによる膠州湾租借、そして膠州湾を自らのものにする第一次世界大戦までのおよそ四十年間、我が国は、ひたすらドイツの真似をするように、ドイツの文化を輸入していく。

その文化のひとつに、印刷と出版がある。

我が国では明治を二十年過ぎた頃から、江戸の老舗であった出版社が少しずつ店を畳み、新しい出版社ができつつあった。

その原因のひとつに、明治五年の「銀座大火」があったことはすでに述べた。この火事による江戸時代の版木の焼失は、新しい出版文化として金属活字印刷を持ち込むにはちょうどよい機会ともなった。

先に触れた蘇峰の『国民之友』などは木版印刷では、決して成功を望めなかったに違いなかった。第一、金属で作られた活字は、木製の整版印刷に比べて摩滅が少ないから、どれだけの発行部数にも対応できる。また誤字、誤植があっても、一字一字を置き換えればいいから、訂正することも非常に簡単であった。

アントワープ、リヨン、パリ、ストラスブール、ロンドンなどに比べれば、ベルリンの出版は、後進に位置する。それは、前に触れた『日用百科全書』「独逸伯林の服装」にも記されたように、ベルリンが「新興の都府」だったからに他ならない。

しかし、その分、伝統の桎梏《しっこく》を受けない最新の出版ができるという利点もあった。

明治十九（一八八六）年、ちょうど森鷗外がベルリンにいた頃、ひとつの出版社が作られた。「S・フィッシャー」という、今もベルリンにある出版社である。

『人形の家』(一八七九年)のヘンリク・イプセン、一九一二年にノーベル文学賞を受賞したゲールハルト・ハウプトマン、『チャンドス卿の手紙』(一九〇二年)で知られるフーゴ・フォン・ホーフマンスタール、一九二九年ノーベル文学賞受賞のトーマス・マン、また一九四六年にノーベル文学賞を受賞したヘルマン・ヘッセ、『ユダヤ人としての、ドイツ人としての我が人生』(一九二一年)などでナチスから禁書となったヤーコプ・ヴァッサーマン、『カレーの市民』(一九一四年)で知られるゲオルク・カイザーなどは、S・フィッシャーを主な版元とした作家である。

ノーベル賞作家を三人も輩出した出版社というのは、ヨーロッパ内でも非常に珍しい。

トーマス・マン(一八七五~一九五五)は、自らを育ててくれたS・フィッシャー社の初代社主ザームエル・フィッシャーが一九三四年に七十四歳で亡くなった時、次のような追悼文を捧げている。


まちがいなく、かつてコッタが古典主義を代表する存在であったと同じように、S・フィッシャーは、一八九〇年のドイツの文学運動を代表する存在であった。フィッシャーには、古典的なものにたいする、あるいは、古典的になることにたいする感覚が、革命的なものを古典的な域に流入させるのを好む傾向が顕著に認められただけに、このコッタとの比較はいっそう当を得たものになる。彼は成長の人だった。成熟しつづけて、生涯の仕事をまとめあげる人、立派な全集をまとめあげる人だった。彼自身も革命家として、来たるべきものを先取りする進取の企業家として出発し、彼の出版社は、亜流の支配する文学界に、国際主義的かつ社会主義的傾向をもつ自然主義によって新風を吹き込むのに貢献した。……彼の送りこんだ文学は、市民にとっては狂暴で破壊的であり、公権力と対立するものだった。……しかし、リベラルな文化が革命的なものを受入れ、許容したというまさにそのことによって、リベラルな文化は、この革命的なものを穏和化し、これに、成長し成熟する可能性を、古典的な生の展開をへて〈全集〉に結実する可能性を与えたのであった。フィッシャーにおいては、こういったプロセスがきわめて顕著であった。

（山口知三ほか『ナチス通りの出版社』）

出版が、文化の形成に大きな役割を果たしたことは、改めて言うまでもあるまい。

我が国では、教育という点から言っても、全国の学生に対してまったく同じ教科書を印刷し配付しようという時代を迎えていた。

教科書によって一定した「日本語」を定めれば、識字率が高まり、列強ヨーロッパと肩を並べる文化を創り上げることができる。

はたして、そうなれば、江戸までの文学とは異なる、もっと世界に通用する文学が書かれることも夢ではなくなる。

そのためにも、やはり新しい「日本語」を作ることが必要なのであった。

ドイツでの言語学の研究が二年目を迎えた。

ドイツで学ぶべきことを、万年はほとんど終えていたのであろう。

一八九二年八月、文部省は、万年にフランスに行くことを命じた。パリ・ソルボンヌ大学での言語学の研究である。

万年はガベレンツと別れるに当たって詩を詠んでいる。

千八百九十三年八月二十三日先師ガベレンツ先生に其居城ポシュウィッツにて別れける時よめる

なごりはいかに惜とも　ともに限りはあらずかし
うれしき君がみなさけと　さらばまからむいざさらば
いやましばしわかれては　ふたたびとては夢ならむ
千里のそとのわれなれば　せめてはながく此の部屋に
それもならじなかしまだつ　ときおくれてはあしからむ
たびのようゐはととのへり　めめしかりけりためらひて
さらは師の君すこやかに　みくにのためにこのみちの
いやさかえませさかえませ　ひかりのためにとことはに
きたのかたにもすこやかに　みいへのためにそのみこの
いやさかえませさかえませ　おしへのためにとことはに
つゆかはらじな君々が　しげれや森の草よ木よ
ゐますみしろは千代かけて　よろづよかけて花に実に
梢の鳥よなわすれそ　みいけの魚よ君まさば
うたたてまつるを春秋に　おどりてむかへまつれかし

さらばたふとき君々よ　あはれかなしきわかれかな
さらはよなれしポシュウィッツ　ふかきなさけにおくられて
ふりかへりふりかへり見る城の窓に　きぬふりたまふ師の君はしも

（筆者注：仮名遣い原文のまま）

万年は研究だけでなくなお、若き日の創作を忘れてはいなかったのである。

「国語は帝室の藩屏《はんぺい》なり、国語は国民の慈母《じぼ》なり」

フランスではドイツ・オーストリア・イタリアによる三国同盟に対して、ロシアと同盟を組むべく交渉が始まりつつあった。

パリでは、普仏戦争に遊撃隊として徴兵されたモーパッサンが正月一日の夜中に発狂してピストルで自殺未遂をし、精神病院に収容されて以来、彼の容態が暗く噂されていた。

長編『女の一生』『ベラミ』『モントリオル』『死の如く強し』、短編の『脂肪の塊』『壁』など彼の作品は、フランス国内だけでなくロシアなどでもツルゲーネフらが高く評価し、我が国でも翻訳されはじめていた。

当時のパリの名物はなんといってもエッフェル塔であった。一八八九年、パリ万博のために建てられたエッフェル塔を、麻薬中毒で狂ったモーパッサンはひどく嫌い、眺めずにすむからといって塔の中にあるレストランで食事をしたという有名な逸話もよく語られていた。

日本からの留学生は、日本への帰路、マルセイユから乗船することがほとんどだった。したがって、ドイツから日本に帰国する留学生は、学期が終わる六月を機に、フランスに移っていたのである。

フランスで、言語学と言えば、古代エジプトのロゼッタ・ストーンを解読したシャンポリオン（一七九〇〜一八三二）を思い浮かべるだろう。

九歳でラテン語を話し、二十歳までに古代ギリシャ語、ヘブライ語、アムハラ語、サンスクリット語、アヴェスタ語、アラビア語、シリア語、ペルシャ語、中国語などを習得したと言われるシャンポリオンは、未解読の古代言語を研究するという言語学者のひとつの夢を叶えたということでも憧れの対象であった。

一八三二年三月にコレラに罹《かか》って四十一歳で亡くなっていたが、ルーブル美術館には、多くの古代エジプト語の資料なども多く所蔵されていた。

万年は、こうしたものも見てまわったのだろう。

また、パリの高等研究院には、エチオピア語の専門家として知られるジョゼフ・アレヴィ（一八二七〜一九一七）があった。

一八六九年から一年をかけて、イエメンを横断したアレヴィは、紀元前十世紀頃アラビア半島南西端のサベア地方にあったとされる石刻資料を収集して帰国し、これを解読することに成功していた。

そして、アレヴィはまた、紀元前十五世紀頃、アナトリア半島に栄えたヒッタイトの楔形《くさびがた》文字の解読者としても知られていた。

フランスでは、ドイツとはやや異なる言語学が行われていたのである。

パリは、師・チェンバレンが子どもの頃、過ごした街でもある。

万年が、東京に帰る日も近く迫っていた。

母が待っているだろう。

日本からの情報は、ベルリンにいるときよりずっと耳に入ってくる。

明治二十五（一八九二）年四月十日に起こった東京神田の大火では約四千戸が焼失したらしい。

川上音二郎が壮士芝居《そうししばい》を興行し、それが大いに人気を集めている。

八月八日には、松方内閣が総辞職し、第二次伊藤博文内閣が成立した。

また、日本では、「皇室の藩屏《はんぺい》」あるいは「帝室の藩屏」という言葉が多く使われるようになっていた。

「藩屏」というのは、儒教の経典『春秋左氏伝』（僖公《きこう》二十四年）に「親戚を封建し、以て周室《しゅうしつ》を藩屏す」と見える言葉で、とくに皇室の守護となることを言う。

ドイツ帝国と大日本帝国……ドイツ語と日本語……国家と言語……留学を通して、万年は、「国語」という思想が必要なことを考えたのだった。

「国語は帝室の藩屏なり、国語は国民の慈母《じぼ》なり」という言葉が、フランスを発つ前の万年の心には浮かんでいた。

第七章　落語と言文一致

言葉を写真のように記せる「速記」

万年がヨーロッパに発った明治二十三（一八九〇）年は、日本にとってとても重要な年であった。七月一日、第一回帝国議会衆議院総選挙が行われたのである。

そして、その年の十一月二十九日から帝国議会が開かれた。

ところで、議会のあとには、必ず「議事録」が作成される。国家の最重要課題が議論されるためには、議員のひと言ひと言が精確に記録されていなければ、「議事録」は作れない。

録音という技術もない時代、「言文一致」ができないと人々が悩んでいた時代、彼らは、どのようにして議員の言葉を記録したのだろうか。

速記である。

明治二十三年の第一回帝国議会以来、参議院は二〇〇八年一月、衆議院は二〇一一年四月にそれぞれ廃止されるまで、議員の言葉は、速記によって記録されていたのである。

ところで、この「議会」と「速記」が結びつくためには、意外な媒介が必要だった。

落語である。

明治時代前期の人々の楽しみは落語だった。

漱石が正岡子規と仲よくなるのは、落語という共通の趣味があったからである。また、万年も落語が大好きだった。

しかし、どうして落語と速記が結びついたのであろうか。

当時、落語界で名人と言われていたのは、初代三遊亭円朝《さんゆうていえんちょう》であった。

円朝は、「牡丹灯籠」という新作落語を得意としていた。

これを、明治十七（一八八四）年に速記で起こし出版した人があったのだ。

若林玵蔵《わかばやしかんぞう》という。

彼は、「速記」という技術を使えば、人の語りをそのまま文字に映し出すことができることを証明したのだった。

明治十七（一八八四）年七月、東京稗史出版社から『怪談牡丹灯籠』という本が出版された。

表紙の見返しにある封面《ほうめん》には「三遊亭円朝　演述／若林玵蔵　筆記」とある。

江戸の名残を残す木版刷りである。

ただ、これは、これまで日本にはなかった本であった。

なぜなら、「速記法」によって書かれたものだったのである。

筆者が説明するより「速記」の意図やその効果については、若林が書いた「序詞」を読むに如《し》くはない。やや長いが、ここに引用しよう。

文字能《よ》く人の言語を写すと雖《いえど》も只其《ただその》意義を失わずして、之を文字に留《とど》むるのみ。其活発なる説話の片言隻語《へんげんせきご》を洩《もら》さず之を収録して文字に留むること能《あた》わざるは、我国に言語直写《ちょくしゃ》の速記法なきが為めなり。予《よ》之を憂うること久し。依《よっ》て同志と共に其法を研究すること多年。一の速記法を案出して屢々《しばしば》之を試み、講習の功遂《こうつい》に言語を直写して其片言隻語を誤まらず、其筆記を読んで其説話を親聴するの感あらしむるに至りしを以て、議会、演説、講義等直写の筆記を要する会席に聘《へい》せられ、之を実際に試み、頗る好評を得たり。

噺家が話す言葉そのままを文字で起こすことができるというのは画期的なことであった。しかし、レコーダーによってそのまま話している人の声を残すようにはできない。速記が不十分な点を若林は次のように記している。

但《ただし》其記中往々文体を失し抑揚《よくよう》其宜《よろし》きを得ず。通読に便《べん》ならざる所ありて尋常小説の如くならざるを、即ち其調を為さざる言語を直写せし速記法たる所以にして、我国に説話の語法なきを示し、以て将来我国の言語上に改良を加えんと欲する遠大の目的を懐《いだ》くものなれば、看客《かんきゃく》幸いに之を諒《りょう》して愛読あらんことを請《こ》う。若林玵蔵識

我が国の速記は、岩手出身の田鎖《たくさり》（源《みなもと》）綱紀《こうき》（一八五四～一九三八）が明治五年頃に独力でこれ

を発明し、アメリカのグラハム式というものを日本語に応用したものであるとされる。そして、明治十五年十月二十八日に「日本傍聴筆記法講習会」を立ち上げた。

牡丹灯籠の「序詞」を書いた若林玵蔵は、この講習会の第一回卒業生である。大正十五（一九二六）年に若林が出した『若翁自伝』によれば、彼らは浅草寺で僧侶の説教を速記したり、両国にあった井生村楼で行われる政談演説会の演説を速記したりするなどしてその腕を伸ばしていったという。

ところで、こうした実地練習のひとつとして行われたものに、先に触れた外山正一の「かなのくわい」の講演もある。明治十七年三月、埼玉私立教育会発行の『埼玉教育雑誌』に載せられた文章は、残念ながら、雑誌の記者が文語文に直してしまって外山の話し言葉をそのまま伝えていない。しかし、外山など「かなのくわい」に所属する学識者や政治家への働きかけによって、明治二十三（一八九〇）年十二月一日には、貴族院、衆議院両院により速記を使うことを記した規則が議決され、貴族院規則第一〇九～一一一条（衆議院規則第一四二～第一四五条）に明記された。

第一〇九条　議事速記録は、速記法に依り議事を記載す

第一一〇条　議院法第八十七條に依り議長取消を命じたる発言は速記録に記載せず

第一一一条　演説したる議員は速記録配付の当日午後六時までに其の訂正を求むることを得。但し訂正は字句に止まり演説の趣旨を変更することを得ず。速記録の訂正に対し異議を申立つる者あるときは議長は賛成者あるを待ち討論を用いずして議院の決を取るべし

この規則ができると同時に、両院では三十四名の速記者を採用した。これらはみな、若林玵蔵の弟子であった。

さて、速記者が、帝国議会でも不可欠な記録の存在となるために、円朝の寄席を完全に書き取ることが必要だった。

依て益々此法を拡張して、世を益《えき》せんことを謀《はか》るに方《あた》り嘗《かつ》て稗史《はいし》小説の予約出版を業とする東京稗史出版社の社員来て曰く、有名なる落語家三遊亭円朝子の人情話は頗る世態《せいたい》を穿《うが》ち喜怒哀楽能く人をして感動せしむること恰《あたか》も其現況に接する如く非常の快楽を覚ゆるものなれば、予が速記法を以て其説話を直写し之を冊子と為したらんには、最も愉快なる小説を得るのみならず、従《したがっ》て予が発明せる速記法の便益にして必要なることを世に示すの捷径《しょうけい》たるべしと其筆記に従事せんことを勧む。予喜んで之を諾《だく》し、会員酒井昇造氏と共に円朝子が出席する寄席に就き請《こう》て楽屋に入り速記法を以て円朝子が演ずる所の説話を其儘に直写し、片言隻語を改修せずして印刷に附《ふ》せしは、即ち此怪談牡丹灯籠なり。是は有名なる支那の小説より翻案せし新奇の怪談にして頗る興あるのみか、勧懲《かんちょう》に裨益《ひえき》ある物語にて毎に聴衆の喝采を博せし子が得意の人情話なれば、其説話を聞く、恰も其実況を見るが如くなるを、従て聞けば、従て記し、片言隻語を洩《もら》さず。子が笑えば筆記も笑い、子が怒れば筆記も怒り、泣ば泣き、喜べば喜び、嬢子《じょうし》の言《こと》は優にして艶に、傖夫《そうふ》の語は鈍にして訛《なま》る等、所謂言語の写真法を以て記したるがゆえ、此冊子を読む者は亦寄席に於て円朝子が人情話を親聴するが如き快楽あるべきを信ず。以て我が速記法の功用の著大《ちょだい》なるを知り玉うべし。

（『怪談牡丹灯籠』序詞）

演説をする人の言葉を、「速記」という方法によって、本当に精確に記録することができるかどうかを、東京稗史出版社の社員は知りたかったのだろう。それにちょうどいいと考えたのが寄席の噺だった。

速記に残る名人・三遊亭円朝の語り口

三遊亭円朝（一八三九～一九〇〇）は、名人のなかでも別格と言われた人である。昭和三（一九二八）年一月に、春陽堂から出された『円朝全集（巻の十三）』にはふたつの円朝の伝記が載せられている。

ひとつは漢文で書かれた信夫《しのぶ》恕軒《じょけん》「三遊亭円朝伝」、もうひとつは朗月散史《ろうげつさんし》（あるいは、やまと新聞の記者・水沢敬次郎の筆名とも言われる）の「三遊亭円朝子の伝」である。

円朝の本名は、出淵次郎吉（治郎吉とも、岩波文庫『怪談牡丹燈籠』の奥野信太郎解説には「次郎吉」とある）と言った。もともと先祖は加賀前田家に仕えていたが、祖父の代に平民となり、父が橘屋円太郎という芸名で落語家になった。円朝は父を継いで小円太と名乗ったという。

小石川の是照院《ぜしょういん》に、永泉《えいせん》という名の兄が僧侶としてあったが、円朝も子どもの頃、数年この寺に住み読書習字を習い、次いで異父兄で玄正という、谷中日暮里の南泉寺の役僧の紹介で寺子屋に行き、漢文の手ほどきを受けたという。

円朝が生まれたのは、江戸時代、天保十年大塩平八郎《おおしおへいはちろう》の乱が起きた二年後で、維新までまだ三十年弱ある。漢文は、出世のためには不可欠であった。

しかし、円朝の場合は、この漢文が、噺家としての力となって発揮された。

ここに速記された「怪談牡丹灯籠」も、中国明代の小説集『剪燈新話《せんとうしんわ》』に収められた「牡丹燈記」を題材にした翻案である。

奥野信太郎によれば、「また当時のことであるから、漢文の読解力においても、これを現代の青年たちに比べたならば、あるいははるかにまさったものがあるかもしれない。しかし、『剪燈新話』を自由に読解するには相当の漢文力を要するので、これには助力者があったことと思われる」という。

そして、信夫恕軒「三遊亭円朝伝」に書かれたことに触れ、「信夫恕軒がかれに『牡丹燈記』を聞かせたという話は、この意味でははなはだ当を得た感じをもたらせるものだ。凝性《こりしょう》の円朝のことであるから、最初恕軒からこの話を聞いた後、あるいはあらためて原本にあたってその構成を一応検討したかもしれない」とする。

奥野は、『牡丹灯籠』が作られたのは、文久年間(一八六一〜一八六四)円朝が二十三、四歳、住居を中代地に移したころと推定される」と言う。

円朝は、「人と為り温和、甚だしくは酒を嗜まず、善く歌及び書を諧《たの》しみとす」と信夫恕軒は言う。

『円朝全集』などに載せられる書や書簡などを見れば、和歌のみならず深い漢文の素養があったことは十分に知られるところである。
しかし、円朝にあったのは、「和漢」の素養だけではなかった。奥野が言うような「凝り性」なのか、あるいは研究のようなことが好きだったのか、円朝の落語はイギリスの話にも及ぶ。明治十八（一八八五）年、これも速記によって残る「(西洋人情話）英国孝子ジョージスミス之伝」がそれである。『円朝全集』の解題《かいだい》によれば「これは翻案であることは申すまでもありませんが、種は或る洋学先生とある許《ばか》りで、桜痴《おうち》居士あたりであろうと思ふだけで誰から得たものか分りません」とある。

円朝が、英語を能くしたとは必ずしも言わないが、話の種をイギリスに求めるというのは、相当にその興味の対象を広く求める探求心に溢れていたことだけは明らかであろう。

若林玵蔵筆記、伊藤新太郎助筆とされる「(西洋人情話）英国孝子ジョージスミス之伝」の冒頭は、次のようなものである。

御免を蒙《こうむ》りまして申上げますお話は、西洋人情噺と表題を致しまして、英国の孝子ジョージ、スミスの伝、これを引続いて申し上げます。外国《あちら》のお話ではどうも些《ち》と私の方にも出来かねます。又お客様方にお分り難《にく》いことが有りますから、地名人名を日本にしてお話を致します。英国のリバプールと申しまする処で、英国の龍動《ろんどん》より三時間で往復の出来る処、日本で云えば横浜のような繁昌な港で、東京《とうけい》で申せば霊岸島《れいがんじま》鉄砲洲などの模様だと申すことで、その世界に致してお話をします。

円朝が、ヨーロッパの話を翻案して落語にしたものは、「(西洋人情話)英国孝子ジョージスミス之伝」だけではない。

「(欧州小説)黄薔薇」(明治十八年以前)、「英国女王イリザベス伝」(明治十八年)、「名人長二」(モーパッサンの小説「親殺し」の翻案、明治二十八年十月)、「松の操美人の生理」(明治三十一年二月)などもある。

日本語は二百五音ですべて写し取ることができる

速記によって作られた「怪談牡丹灯籠」は、大ベストセラーになった。

この話は、十三回に分けて寄席で話されるものを、それぞれ一回ずつ速記で書き起こして、明治十七年七月十四日から、毎週土曜日に出版された。

「本書の定価は一編現金七銭五厘とし全十三編の代価前金八十七銭とす」と「社告」がある。明治十八年一月一日から逓信省が発行を始めた往復葉書の値段が二銭である。現在の往復葉書の値段百円と比較することが必ずしも当時の本の値段に値するとは限らないが、一冊およそ三百円足らずとすれば、本書は現在の漫画本か週刊誌一冊分の値段で売られていたと言えるだろう。

版元の東京稗史出版社は、東京京橋区南伝馬町三丁目十三番地(現・中央区京橋三丁目十三番地、秋田銀行東京支店がある辺り)に本社があったが、第二編の附録に付けられた「売捌所《うりさばき》(取り扱い書店)」は、東京だけで八十三店、「(東京)府外売捌所」は、横浜弁天通の池田屋から京都、大坂、盛岡、彦根、広島、福岡、長崎、神戸、金沢など二十九店舗に及ぶ。

これが、第四編の附録に見える「(東京) 府外売捌所」では、西京寺町通松原下ルの改進堂以下加賀金沢まで全国で八十六店舗にまで拡大するのである。

明治二十年までにこれだけ売れた本はなかった。

ところで、岩波書店『「文学」増刊　円朝の世界』所載「現代に語り継がれた円朝話芸」で、山本進は、「周知のように、明治十七年わが国初の速記本『怪談牡丹燈籠』が、大好評をもって迎えられ、以後多くの口演速記が新聞・雑誌・単行本に掲載されることとなった。これらは、音声・映像による記録が出来なかった時代の口演の実際を窺い知る唯一のよすがで、もし『円朝全集』(春陽堂) がなかったならば、今日ほどに広く円朝がもてはやされていただろうかと考えるとき、速記が後世での円朝の評価に果たした役割は、極めて大きいと言わなければならない」という。

速記によって作られた「怪談牡丹灯籠」は、次のようなものである。

第三編第六回の冒頭を見てみよう。

萩原新三郎は独りクヨクヨとして飯島の御嬢の事ばかり思い詰めて居ます処へ折しも六月二十三日の事にて山本志丈《しじょう》が尋ねて参りました。志「其後は存外の御無沙汰を致しました。鳥渡《ちょツと》伺うべきで御坐いましたが如何にも麻布辺《へん》からの事《こと》故《ゆえ》おッくうでもあり且つ追々お熱く成て来たゆえ庸医《やぶい》でも相応に病家《びょうか》もあり何や彼やで意外の御無沙汰、貴君《あなた》はどうもお顔の色が宜《よ》くない、何お加減がわるいとそれはそれは」

新「何分にも加減がわるく四月の中旬頃《なかば》からどっと寝て居ます。飯も碌々給《た》べられない位で困ります。お前さんもあれきり来ないのは余《あんま》り酷《ひど》いじゃァありませんか」
（中略）団扇を片手に蚊を払いながら冴え渡る十三日の月を眺めて居ますとカラコンコンと珍らしく駒下駄の音をさせて生垣の外を通るものがあるから不図《ふッ》と見れば、先《さ》きへ立《たッ》たのは年頃三十位の大丸髷《おおまるまげ》の人柄のよい年増にて其頃流行《はやッ》た縮緬細工《ちりめんざいく》の牡丹芍薬などの花の附いた燈籠を提げ其後から十七八とも思われる娘が髪は文金《ぶんきん》の高髷《たかまげ》に結い着物は秋草色染の振袖に緋縮緬の長襦袢

円朝の声が聞こえてくると言えば大げさかもしれないが、それにしてもなんと読みやすい文章だろうか。

こうしたことができるために、速記は、確固とした「話し言葉」の文字化を行うためのルールを設定していた。

田鎖（源）綱紀の考案を具体的な形にした、日本傍聴筆記学会大阪支会の会長・丸山平次郎が明治十八（一八八五）年十一月に大阪森玉林堂から出版した『ことば乃写真法（一名筆記学楷梯）』がそれである。

総論の初めには、「言語の写真法は簡単にして且つ明瞭なる一種の文字即ち音声に基きて造りたる記号を連綴《れんてい》し及其他に略語、略文、加点、等種々の方法に依りて人の言語を耳に聞くまま詳細同時に写真するの学術なり」と記される。

「学術」と言われるように、あるいは当時の「博言学（言語学）」より、日本語の音素に対する研究

は、進んでいたかもしれない。

彼らは、耳に聞こえる日本語の音を客観的に聞き分けて、新しい記号で「五十音図」を書き表すことに成功しているのである。

丸山は言う。

「総て此写真法に拠りて書き取るときは如何なる音便訛り言葉及び其演者の産の都鄙《とひ》をも判知し得べきものにして尚此術の熟するに随い言語の外の感情即ち喜怒哀楽の情及び咳嗽打咤《せきばらいしたうち》、等の声に至るまで容易に写し取ることを得べし」

日本傍聴筆記学会では、日本語の発音を「単音」「複音」のふたつに大別して考えると、丸山は言う（次頁の図①参照）。


単音とは記号表中第一表のアイウエオよりワヰ于ヱヲ及び第二表のンガ、ンギ、ング、ンゲ、ンゴよりルラ、ルリ、ルル、ルレ、ルロに至るの総数九十五音を云う。

複音とは記号表中第一表のキャ、キィ、キュ、キェ、キョよりリャ、リィ、リュ、リェ、リョ及び第二表のンギャ、ンギィ、ンギュ、ンギェ、ンギョよりツヮ、ツヰ、ツゥ、ツェ、ツヲに至るの総数百十音を云う。


つまり、この図①に書かれている二百五音によって日本語はすべて写し取ることができると言うのである。

図1　日本傍聴筆記学記号表

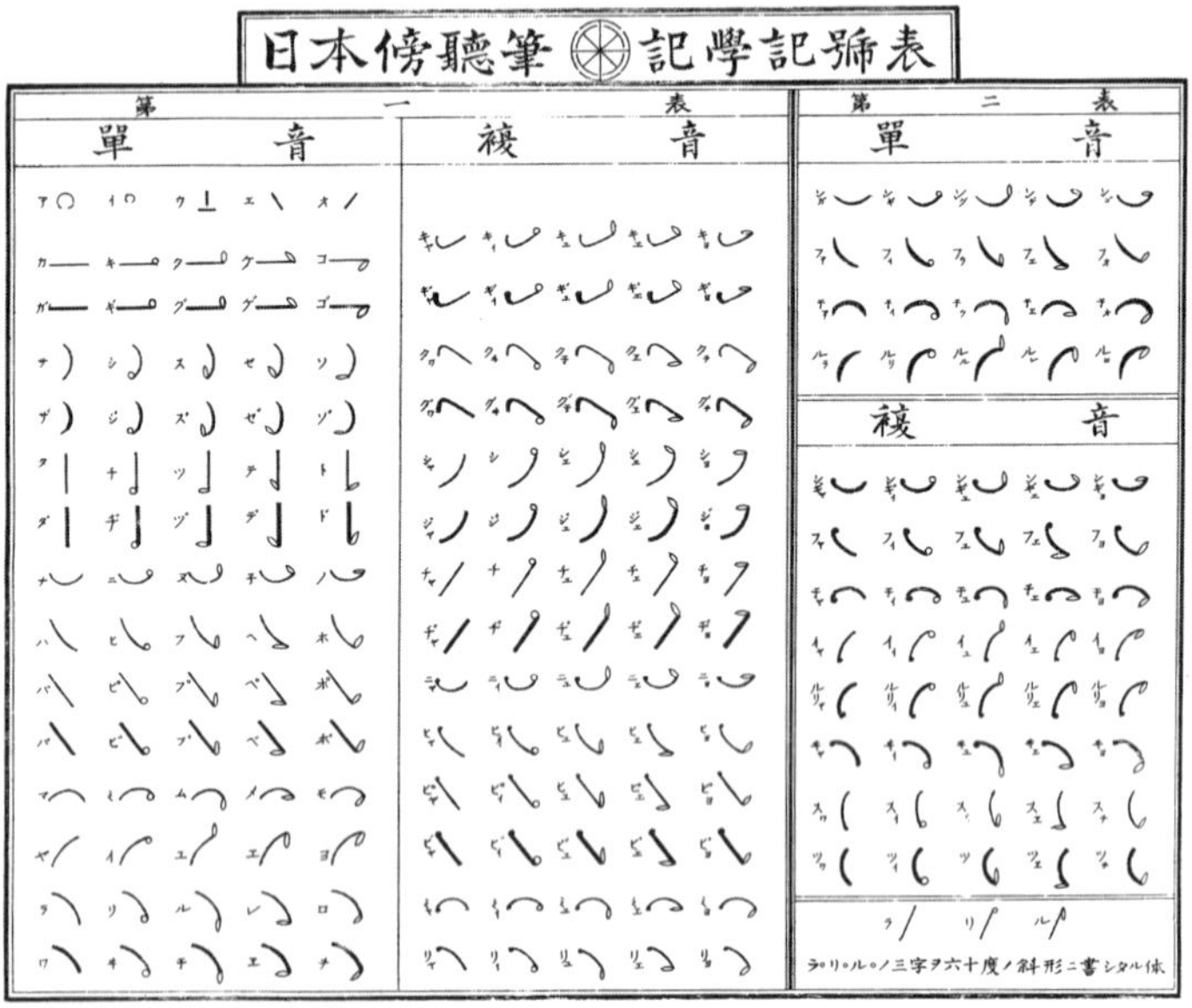

日本傍聴筆記学会によって作成された、日本語の発音を短音 95 音、複音 110 音の合計 205 音を新しい記号で書き表わした五十音図。
（丸山平次郎著『ことばの写真法（一名筆記学階梯）』より）

図2　現代日本語の音韻表

	五十音（清音）	が·ざ·だ·ば·ぱ（濁音）	拗音（清音）	拗音（濁音）
母音	あいうえお			
ローマ字	a i u e o			
IPA	a i ɯ e o			
	かきくけこ	がぎぐげご	きゃ きゅ きょ	ぎゃ ぎゅ ぎょ
ローマ字	ka ki ku ke ko	ga gi gu ge go	kya kyu kyo	gya gyu gyo
IPA	ka ki kɯ ke ko	ga gi gɯ ge go	kja kju kjo	gja gju gjo
IPA		ŋa ŋi ŋu ŋe ŋo	←鼻濁音→	ŋja ŋju ŋjo
	さしすせそ	ざじずぜぞ	しゃ しゅ しょ	じゃ じゅ じょ
ローマ字	sa shi su se so	za ji zu ze zo	sha shu sho	ja ju jo
IPA	sa ʃi sɯ se so	dza dʒi dzɯ dze dzo	ʃa ʃɯ ʃo	dʒa dʒɯ d ʒo
	たちつてと	だ　でど	ちゃ ちゅ ちょ	
ローマ字	ta ti tsu te to	da　de do	cha chu cho	
IPA	ta tʃi tsɯ te to	da　de do	tʃa tʃɯ tʃo	
	なにぬねの		にゃ にゅ にょ	
ローマ字	na ni nu ne no		nya nyu nyo	
IPA	na ɲi nɯ ne no		ɲa ɲɯ ɲo	
	はひふへほ	ばびぶべぼ	ひゃ ひゅ ひょ	びゃ びゅ びょ
ローマ字	ha hi fu he ho	ba bi bu be bo	hya hyu hyo	bya byu byo
IPA	ha çi ɸɯ he ho	ba bi bɯ be bo	çja çjɯ çjo	bja bjɯ bjo
		ぱぴぷぺぽ	←半濁音→	ぴゃ ぴゅ ぴょ
ローマ字		pa pi pu pe po		pya pyu pyo
IPA		pa pi pɯ pe po		pja piɯ pjo
	まみむめも		みゃ みゅ みょ	
ローマ字	ma mi mu me mo		mya myu myo	
IPA	ma mi mɯ me mo		mja mjɯ mjo	
	やゆよ			
ローマ字	ya yu yo			
IPA	ja j ɯ yo			
	らりるれろ		りゅ りゅ りょ	
ローマ字	ra ri ru re ro		rya ryu ryo	
IPA	ra ri rɯ re ro		rja rjɯ rjo	
	わをん			
ローマ字	wa o n			
IPA	wa o N			

「あいうえお」などの「五十音」（清音）46音、「がざだばぱ」などの濁音23音、「きゃきゅきょ」などの拗音（清音）21音、「ぎゃぎゅぎょ」などの拗音（濁音）12音の合計102音が現代日本語の音韻数。

※IPA：《International Phonetic Alphabet》あらゆる言語音を表記することができるよう国際音声学協会が定めた音声記号。1888年に制定された。「国際音声字母」「万国音標文字」ともいう。

万年は、明治三十年に「国語会議について」という論文で「まず発音の上より述べんに、現に我国には如何程《いかほど》の母音及び子音が存在するか、これらは誰人も未だ充分調査したることなきが如し」と書いている。しかし、速記者は、「言文一致」をさせるためにすでに日本語における発音を聞き分け、書き分けなければならない音の数を把握していたのである。

それによれば、明治十八年の段階で、日本語で区別されるべき音韻の数は二百五であった。

ちなみに、標準的な現代日本語で判別すべき音韻の数は、百二であるとされる（前頁の図②参照）。今からおよそ百年から百五十年前の日本語を、もし優れた聴覚で言語学的に書き起こしたら、方言音なども含めて、おそらくここで丸山が示した二百五音ほどになったことであろう。

そうした意味においても、筆者などは、円朝の「怪談牡丹灯籠」を速記したそのままの原稿を是非見たいと思うのであるが、残念ながらそのようなものは残っていないようである。

「円朝の落語通りに書いて見たら何《ど》うか」

明治時代、はっきりと、円朝の速記を使って言文一致を行ったと公言した作家がいる。二葉亭四迷（一八六四〜一九〇九）である。

日本近現代文学史のなかで取り上げられることではあるが、少し説明しておこう。

言文一致は「どうして英語やフランス語など外国語で書かれた文章には、口語と文語の区別がないのか」という疑問を抱いた二葉亭四迷によって始まる。

語学が得意だった四迷は、外国語で書かれたように日本語が書けないかと思い悩み、坪内逍遥のところに相談に行く。すると、逍遥は「落語のように書け」というアドバイスをするのである。

ただ、書き進めるうちに、四迷は日本語の語尾を「です」「ます」にするか、あるいは「だ」で書いたほうがいいかと考える。

この「です・ます」調と、「だ」調は、じつは、語尾の問題だけには止まらず、文中の言葉にも影響を与えると、四迷は思いいたるのである。

たとえば、

我、爾《なんじ》らが師なり。

私が、君たちの先生です。

おれが、お前たちの先生だ。

内容は、まったく同じである。しかし、語尾の違いによって、主語の「我」「私」「おれ」、また目的語となる「爾ら」「君たち」「お前たち」のように、使われる言葉が変化する。

四迷は、明治二十（一八八七）年六月『浮雲』（第一編）を書く。この時、「〜だ。」で終わるを文章のスタイルを選び、それに合致する言葉を使うのである。

そして、翌明治二十一年、ツルゲーネフの「あひびき」を翻訳する。明治二十九年、春陽堂『片恋』の付録として出版されたものによって挙げよう。

「待ったか？」と矢張何処《やはりどこ》か他処《よそ》を眺めながら、足を搖《うご》かして欠《あく》び雑《まじり》に云う。

少女《むすめ》は急に返答を為得《しえ》なかった。
「どんなに待ったでしょう」、と漸《ようよ》う聞えるか聞えぬ程の小声で云う。

「あひびき」は、現代の中高生が読んでも理解できるほどの分かりやすい日本語で書かれている。そしてさらに、「あひびき」の翌年、山田美妙(一八六八〜一九一〇)は『胡蝶』を発表する。

前後左右は皆源氏です。が、わずかの仕合わせ、皆御座船を目掛けますから落人《おちうど》も案外平易に逃れます。けれど肝を冷やしたのは幾度《いくたび》ですか、浪も荒ければ四方《あたり》に船も多く、思うようには進めません。

読んで分かるように、美妙の文章は「です」「ます」調で記される。
こうして、最後に現れるのが、尾崎紅葉の「である」調である。明治二十四(一八九一)年に書かれた『二人女房』では、まだその「である調」は出てこないが、明治二十九(一八九六)年に書かれた『多情多恨《たじょうたこん》』では、完全に「である」調の、分かりやすい言文一致体の文章が記されている。

鷲見柳之助は其妻を亡《うしな》ってはや二七日《ふたなぬか》になる。去る者は日《ひび》に疎《うと》しであるが、彼は此十四日《か》をば未《ま》だ昨日のように想っている。時としては、今朝のように、唯の今のようにも想う。余り思い窮《つ》めては、未《ま》だ生きているようにも想っている。

次に紹介する文章は明治三十九（一九〇六）年五月、雑誌『文章世界』に発表された。四迷が写実小説と呼んだ、初めての言文一致体小説『浮雲』（明治二十〈一八八七〉年七月）を書いた経緯を述べたもので「余が言文一致の由来」と題されている。

言文一致に就いての意見、と、そんな大した研究はまだしてないから、寧ろ一つ懺悔《ざんげ》話をしよう。それは、自分が初めて言文一致を書いた由来——も凄まじいが、つまり、文章が書けないから始まったという一伍一什《いちぶしじゅう》の顛末さ。

もう何年ばかりになるか知らん、余程前のことだ。何か一つ書いて見たいとは思ったが、元来の文章下手で皆目方角が分らぬ。そこで、坪内（筆者注：坪内逍遥）先生の許へ行って、何《ど》うしたらよかろうかと話して見ると、君は円朝の落語を知っていよう、あの円朝の落語通りに書いて見たら何《ど》うかという。

で、仰せの儘にやって見た。所が自分は東京者であるからいう迄もなく東京弁だ。即ち東京弁の作物が一つ出来た訳だ。早速、先生の許へ持って行くと、篤《とく》と目を通して居られたが、忽ち礑《はた》と膝を打って、これでいい、その儘でいい、生じっか直したりなんぞせぬ方がいい、とこう仰有る。

自分は少し気味が悪かったが、いいと云うのを怒る訳にも行かず、と云うものの、内心少しは嬉しくもあったさ。それは兎に角、円朝ばりであるから無論言文一致体にはなっているが、茲《ここ》にまだ問題がある。それは「私が……でムいます《ござ》」調にしたものか、それとも、「俺はいやだ」調で行ったものかと云うことだ。坪内先生は敬語のない方がいいと云うお説である。自分は不服の点もないではなかったが、直して貰おうとまで思っている先生の仰有る事ではあり、先ず兎も角もと、敬語なしでやって見た。これが自分の言文一致を書き初めた抑《そもそ》もである。

暫くすると、山田美妙君の言文一致が発表された（筆者注：明治十八年に「嘲戒小説天狗」を我楽多文庫、明治二十年に「武蔵野」を読売新聞に連載）。見ると、「私は……です」の敬語調で、自分とは別派である。即ち自分は「だ」主義、山田君は「です」主義だ。後で問《き》いて見ると、山田君は初め敬語なしの「だ」調を試みて見たが、どうも旨く行かぬと云うので「です」調に定めたという。自分は初め、「です」調でやろうかと思って、遂に「だ」調にした。即ち行き方が全然反対であったのだ。

けれども、自分には元来文章の素養がないから、動《やや》もすれば俗になる、突拍子もねえことを云やあがる的になる。坪内先生はも少し上品にしなくちゃいけぬという。徳富（筆者注：徳富蘇峰）さんは（其頃国民之友に書いたことがあったから）文章にした方がよいと云うけれども、自分は両先輩の説に不服であった、と云うのは、自分の規則が、国民語の資格を得ていない漢語は使わない、例えば、行儀作法という語は、もとは漢語であったろうが、今は日本語だ、これはいい。併《しか》し挙止《きょし》閑雅《かんが》という語は、まだ日本語の洗礼を受けていないから、これはいけない。磊落《らいらく》という語も、さっぱりしたと云う意味ならば、日本語だが、石が転がっているという意味ならば日本語ではない。日本語にならぬ漢語は、すべて使わないというのが自分の規則であった。日本語でも、侍《はべ》る的のものは已に一生涯の役目を終ったものであるから使わない。どこまでも今の言葉を使って、自然の発達に任せ、やがて花の咲き、実の結ぶのを待つとする。支那文や和文を強いてこね合せようとするのは無駄である、人間の私意でどうなるもんかという考えであったから、さあ馬鹿な苦しみをやった。成語、熟語、凡《すべ》て取らない。僅に参考にしたものは、式亭三馬の作中にある所謂深川言葉という奴だ。「べらぼうめ、南瓜畑に落こちた凧じゃあるめえし、乙うひっからんだことを云いなさんな」とか、「井戸の釣瓶じゃあるめえし、上げたり下げたりして貰うめえぜえ」とか、「紙幟《のぼり》の鍾馗《しょうき》というもめッけえした中揚底で折がわりい」とか、乃至《ないし》は「腹は北山しぐれ」の、「何で有馬の人形筆」のといった類で、いかにも下品であるが、併《しか》しポエチカルだ。俗語の精神は茲に存するのだと信じたので、これだけは多少便りにしたが、外には何にもない。尤も西洋の文法を取りこもうという気はあったのだが、それは言葉の使いざまとは違う。

当時、坪内先生は少し美文素を取り込めといわれたが、自分はそれが嫌いであった。否寧ろ美文素の入って来るのを排斥しようと力《つと》めたといった方が適切かも知れぬ。そして自分は、有り触れた言葉をエラボレートしようとかかったのだが、併しこれはとうとう不成功に終った。恐らく誰がやっても不成功に終るであろうと思う、仲々困難だからね。自分はこうして詰らぬ無駄骨を折ったものだが……。

思えばそれも或る時期以前のことだ。今かい、今はね、坪内先生の主義に降参して、和文にも漢文にも留学中だよ。

「懺悔」という言葉が使われていることなどからすれば、本来なら公にするつもりではなかったのかもしれない。しかし、それにしても、言文一致が円朝の落語によって作られたこと、そして「文章が書けないから」とやってきた二葉亭四迷に坪内逍遥が円朝の落語通りに書けというアドバイスをしたことなど、驚くべきである。

しかし、このなかに書かれる「自分には元来文章の素養がないから、動《やや》もすれば俗になる、突拍子もねえことを云やあがる的になる。坪内先生はも少し上品にしなくちゃいけぬという。徳富さんは（其頃国民之友に書いたことがあったから）文章にした方がよいと云うけれども、自分は両先輩の説に不服であった」という言葉は、非常に興味深い。坪内がここにいう「上品な言葉」とは、国学者が使う言葉あるいは和歌のような言葉をいう。そして、徳富蘇峰がいう「文章」は、漢文をいう。漢籍を熟知した蘇峰の漢文は非常に巧い。

ところが、四迷は、和学や和歌を書く素養もなければ漢文を書くこともできなかった。

そして、「浮雲」の舞台は東京である。みな東京弁か、四迷が参考にしたという三馬の深川言葉で喋っている。冒頭に見える会話を少し引いてみよう。

「しかしネー、若《も》し果して課長が我輩を信用しているなら、蓋《けだ》し已むを得ざるに出でたんだ。何故と言ッて見給え、局員四十有余名と言やァ大層のようだけれども、皆腰の曲ッた老爺《じいさん》に非ざれば気の利かない奴ばかりだろう。其内で、こう言やァ可笑しい様だけれども、若手でサ、原書も些《ちっ》たァ囓っていてサ、而《そう》して事務を取らせて捗《はか》の往《い》く者と言ったら、マア我輩二三人だ、だから若し果して信用しているのなら、已を得ないのサ」

「けれども山口を見給え、事務を取らせたら彼《あ》の男程捗の往く者はあるまいけれども、矢張免《めん》を喰ったじゃァないか」

「彼奴はいかん、彼奴は馬鹿だからいかん」

円朝の落語を写しつつ、語彙を三馬に求めるという二葉亭四迷言による言文一致の方法は、読みやすい文章で、ひろく全国に「読者」を開拓した。

それは「言文一致」という名前で呼ばれる。

「言文一致」という言葉は、明治十七（一八八四）に地租改正の立案者で貴族院議員であった神田孝平《かんだたかひら》（一八三〇〜一八九八）が、「文章論ヲ読ム」（東京学士会院で演説、のち『東京学士会院雑誌』第七篇之一に掲載）で使ったのが初めであった。

言語と文章とを一致せしめんと欲せば、作る所の文章を朗読し聞く者をして直に了解す可からしむべし。聞く者をして直に了解せしめんと欲すれば平生説話の言語を用いざる可からず。平生説話の言語を以て文章を作れば即ち言文一致なり。

しかし、これだけで、新しい「日本語」が作られたわけではない。

二葉亭四迷が言うように、理想的な新しい日本語には、「和文」と「漢文」と昇華された「東京弁」による三つの和音が必要なのだった。

第二部　万年の国語愛

第八章　日本語改良への第一歩

日本語への熱い思い

明治二十七（一八九四）年六月、三年九ヶ月ぶりに帰ってみると、日本は驚くほど変わっていた。まず、横浜に降りたときの風景に万年は驚いた。瓦礫の山なのだ。

万年が横浜に着くほんの少し前、六月二十日の午後に起こった地震で、銀座を含め煉瓦造りの土蔵や煙突が多く崩壊したままになっていたのである。

船でもらった「安政二（一八五五）年以来の大地震　家屋の倒壊四千八百戸　死傷者百七十人」と見出しのある新聞が万年の手には握られていた。

母は大丈夫か……本所緑町三丁目（現・墨田区両国二丁目十三）の古い平屋は、瓦が落ちたくらいで大した被害はなかったというが……。

万年は母思いだった。それは父親が三歳の時に亡くなってしまったからということもあったろう。

五十五歳になった母は、門の前に立って、涙を流して万年の帰りを祝ってくれた。

そして斎藤緑雨や幸田露伴など古い友たちの懐かしい顔も見えた。

「万歳！　万歳！」という声を聞くと、万年の目頭は熱くなった。

帰国を祝う一升瓶が仏壇の前に数多く並べられていた。

仏壇の父に帰国を報告して、床の間を見ると、見慣れない写真が飾ってある。

どこかで見た覚えがありそうなないような……と思いながら「なんだね」とつぶやくと、「畏《おそ》れ多い！」と母が言う。「当今《とうぎん》様やぞ」

万年は頭を下げた。

明治二十五年三月十九日、東京府は管内の学校に天皇・皇后の御影《ぎょえい》及び教育勅語を下賜《かし》した。これに伴って、同じく東大の教員にも同様のものが下賜されたのだった。

「まず、文部省と東大に行って、帰国の報告をしてくる。酒はそのあとだ」と言うと、万年は、背筋を伸ばして、馬車に乗った。

すでに、留学期間の報告書は文部省に郵送してあった。

「国のためのジャパニーズを研究し、明治という新しい帝国のためのジャパニーズを創らなければならない！」

二十七歳にして帝国大学教授に

七月一日、万年は、帝国大学総長・濱尾新《はまおあらた》から、出頭を命じられた。

「ドイツ、フランスへの留学とその成果報告ご苦労」と挨拶を受け、辞令が交付された。

帝国大学教授
上田万年
高等官六等　ニ任ズ
明治二十七年七月一日
帝国大学総長　濱尾新

「九月からの授業では、よく博言学講座を担任するように」という太い濱尾の声は腹の底から響いていた。

濱尾の横で、帝国大学文科大学長の外山正一が笑顔を覗かせていた。

外山こそ、チェンバレンと相談して、万年の留学を文部省に斡旋した人であった。

ドイツから帰国した万年は、帰国と同時に帝国大学教授に就任したのだった。

世の中は、大きく動きはじめていた。

この辞令が下りてからまもなく、七月二十五日、日本は朝鮮半島に出兵し、日清戦争が勃発したのであった。

八月一日付けで「清国に対する宣戦の詔勅」が出された。

九月、新年度がはじまって、帝国大学文科大学国文科に入学した博言学専攻の学生は、ひとりであった。のちに万年の手足となって働くことになる保科孝一《ほしなこういち》である。置賜《おきたま》県米沢（現・山形県米沢市）出身の保科は、まん丸い顔に丸いめがねを掛けて、立派な鼻髭を生やした青年で、言葉少なく、笑っていなくてもいつでも笑っているような顔をしていた。そして、万年のあとを「先生、先生」と言ってついてきた。

さて、十月八日、万年は帰国後初めて哲学館（現・東洋大学）で「国語と国家と」という演題で講演を行うことになっていた。

もちろん、この時も保科が一番前に座って万年の講演をメモしていた。

「日本語は日本人の精神的血液なり」

井上円了が明治二十（一八八七）年に建てた哲学館は、現在の文京区向丘にあった。今残っている写真を見れば、木造二階建ての洋館で、入り口の二階の窓がアーチ型になっている。

筆者は、二階が教室と講演などに使われる談話室、一階に事務室があったという話を聞いたことがあるが、確かなことは分からない。

ところで、「国語と国家と」という講演は、円了から直接、万年が依頼されたものであったのかもしれない。あるいは、円了ととても深い親好があった帝国大学文科大学長・外山正一が円了と話して万年に講演をさせるように促したのかもしれなかったが、いずれにせよ、「哲学館」での講演というのは、当時、非常に影響力のあるものであった。

万年は、二十七歳、まだそんなに多くは講演の経験もなかった。前の晩は、緊張もあってなかなか眠れなかった。

何度も何度も、明日読む講演の草稿に手を入れた。

哲学館の創立者井上円了はもちろん、東京大学初代総長・加藤弘之、帝国大学総長・濱尾新、帝国大学の哲学科の助教授・井上哲次郎、外山正一、『国民之友』の徳富蘇峰、雑誌『日本人』の三宅雪嶺、森鷗外、坪内逍遥、国文学者の落合直文、大学で教えを受けた物集高見、丸善の内田魯庵《うちだろあん》、そしてチェンバレンなど、錚々たる人々が招待されているということだった。

ドイツ留学での学問の成果を、万年はここで見せなければならないのだ。

翌朝、万年は、高い襟のついた白いシャツに、ドイツで買った臙脂色《えんじいろ》のネクタイを締めた。

母親は、紋付き袴のほうがいいのではないかと言ったが、留学から帰ったことを示すためには、やはり洋装のほうが相応しい。

ただでさえ汗っかきの万年は、手拭いで頭からしたたり落ちる汗を何度も拭いた。

「車が参りました〜」と間延びのした書生の声がした。

「忘れ物はにゃかい？　原稿は鞄のなかに入れたかい？」と母が言う。「緊張せんと、人という字を馬車のなかで何回も左手に書いて、呑みこんでいくんだよ」

外は、光でいっぱいだった。

真っ青な高い空に白い雲が浮かんでいる。

万年は、汗を拭って、馬車に乗り込んだ。

「国語と国家と　帝国大学教授　上田万年先生」と大きく筆で書かれた演題が講堂に張られている。場内は人でいっぱいだった。百人ほどはいるだろうか。女性も数人見えている。

予は、今茲《ここ》に諸子と相見《まみゆ》るの栄を得て、此問題につき、聊《いささ》か平生の意見を述ぶるにあたり、まず国家と云う事より説き初めんと欲す。

話しはじめると、万年の頭のなかは真っ白になった。

汗が噴き出す。

自信を奮って、原稿を読んでいくしかない。

予の考うる所によれば、国家とは一定の土地に住《じゅう》し居《い》る、一人種或は数人種の結合にて、其結合は生活上共同目的を達するがために、法律の下に統一せらるる者を云う。

「土地」ということを説明するのに万年は次のような話をする。

土地を全部他人に略奪せらるる事は、即ち亡国を意味す。（中略）之に反し、かく土地を略奪する事は、其略奪者の権力幷《ならび》に隆盛を示すに足る者なり。次ぎには、一部分其土地を他人に略奪せらるる事も、亦《また》同じ命運に傾きつつある事を示すものにして、暹羅《シャム》（筆者注：現・タイ王国）の仏国に於ける、アルサス・ローレン二州の独逸に於ける、或は支那のアムール地方を失える、或は土《ト》耳古《ルコ》がバルガン半島の主権を失いし、皆此例に外ならざるなり。

万年の頭のなかには、目下行われている「日清戦争」があったに違いなかった。そして「ドイツ帝国」と「大日本帝国」、また「帝国主義」というものに付随して現れる「権力」や「植民地政策」である。

そして、こうした「帝国主義」政策における「言語」について、次のように言う。

日本の如きは、殊に一家族の発達して一人民となり、一人民発達して一国民となりし者にて、神《じん》皇蕃別《のうばんべつ》の名はあるものの、実は今日となりては、凡《すべ》て此等を鎔化《ようか》し去《さり》たるなり。こは実に国家の一大慶事にして、一朝事あるの秋《とき》に当り、われわれ日本国民が協同の運動をなし得るは主としてその忠君愛国の大和魂と、この一国一般の言語とを有《も》つ、大和民族あるに拠《よ》りてなり。故に予輩《よはい》の義務として、この言語の一致と、人種の一致とをば、帝国の歴史と共に、一歩も其方向よりあやまり退かしめざる様《よう》勉めざるべからず。かく勉めざるものは日本人民を愛する仁者《じんしゃ》にあらず、日本帝国を守る勇者にあらず、まして東洋の未来を談ずるに足る智者にはゆめあらざるなり。

あえて、東洋全体のことについては言わないが、と言いながら、万年は、「大和魂」「大和民族」そしてこの「一国一般の言語」つまり「日本帝国の言語」という国粋主義に基づく「言語観」をここに述べていく。
この考えの基本にあったのは、当時最も日本の言語学に影響を与えたマックス・ミュラーである。フリードリヒ・マックス・ミュラー（一八二三〜一九〇〇）は、イギリスのオクスフォード大学で比較言語学、比較宗教学、サンスクリット語仏典などの翻訳を行っていた学者であるが、我が国の仏教学者・南条文雄《なんじょうぶんゆう》の師に当たる。

南条は日本で初めてオクスフォード大学からマスター・オブ・アート（修士号）をもらった人で、明治二十二（一八八九）年文部省から「日本第一号」の「文学博士」を授与された人でもある。

ミュラーや南条は、仏教というインドで生まれた宗教の思想が翻訳を通してどのように変化していくのか、またその思想の変化は、言語とその国の固有性とどのように関わっているのかということを考えていくのである。

ただ、ミュラーは、今の言い方で言えば「人種差別主義」的である。インド人とヨーロッパ人を合わせて「アーリア人」という言葉を使ったのは、このマックス・ミュラーで、「アーリア」という言葉は「高貴な」という意味のサンスクリット語である。

サンスクリット語とギリシャ語、ラテン語、ドイツ語を含めたヨーロッパ諸語は同じ系統の印欧語《いんおうご》と呼ばれる言語であるということは、すでに述べたように、ヨーロッパの比較言語学では明らかにされていた。これに、マックス・ミュラーは人種主義的な固有の「アーリア神話」というものがあってそれが、言語の違いによってギリシャやラテン、あるいはそれぞれの言語が生まれるに際して変化していったのだと主張したのである。

このようなマックス・ミュラーのアーリア人種の優位性を強調する思想は、自然「大和民族の優位性」を強調する日本にも影響を与えた。

もちろん、今では、人種差別的神話の解釈が間違ったものであることは、文化人類学などの発達によって完全に実証されている。

「時代の潮流」と言ってしまえば、そうであった。「帝国主義」という弱肉強食の競争で一歩相手より先に歩を進めるためには「固有性」を強調して、そこに理論を組み立てる戦術が必要だったのだ。

話しているうちに、万年には、少しゆとりが出てきていた。相変わらず汗は頭の上から流れ落ち、背中には滝のように汗が流れていたが、まだまだ話はこれからである。

予輩はマクスミュラーの如く、言語即思想と云いきる程の勇気をば有せざるも、言語即具形的思想というに至りては、敢て其不可なきを認むる者なり。試《こころみ》に支那語を見よ。如何《いか》に仁義の道が彼等の間に行われしかは、歴史をまたずして言語の上に明なり。試にサンスクリット語を研究せよ。如何に古代の印度人《いんどじん》が、分析的能力に富みしかは、彼等の哲学書宗教書言語学書等を繙《ひもと》くまでもなく、其語彙《ごい》のみの上よりも断言し得べし。文人国に詩歌の語多く発達し、武人国に武人の語多く繁昌す。希臘語《ぎりしゃご》は古代の哲学美術の言語なり。羅甸語《らてんご》は中古の法律、宗教、文学の言語なり。英語の商業に於ける、仏語の社交に於ける、独逸語《どいつご》の理論に於ける、皆それぞれ其人民の長処によりて発達したる者なり。

言語はこれを話す人民に取りては、恰《あたか》も其血液が肉体上の同胞を示すが如く、精神上の同胞を示すものにして、之を日本国語にたとえていえば、日本語は日本人の精神的血液なりといいつべし。日本の国体は、この精神的血液にて主として維持せられ、日本の人種はこの最もつよき最も永く保存せらるべき鎖の為に散乱せざるなり。故に大難の一度来るや、此声の響くかぎりは、四千万の同胞は何時にても耳を傾くるなり、何処までも赴いてあくまでも助くるなり、死ぬまでも尽すなり、而《しか》して一朝慶報に接する時は、千島のはても、沖縄のはしも、一斉に君が八千代をことほぎ奉るなり。もしそれ此のことばを外国にて聞くときは、こは実に一種の音楽なり、一種天堂の福音なり。

「日本国語にたとえていえば、日本語は日本人の精神的血液なりといいつべし」という言葉がここに見えることに気がつかれたであろうか。「国語」という言葉は、「日本国の言語」という意味で現れてきた言葉なのである。だからこそ次に万年が言うような「他国語」という言葉もある。

されば国民が、其国の言語を尊む事は一の美徳にして、偉大なる国民は必ず其自国語を尊び、決してこれを措《お》いて他の外国語を尊奉せず。昔時《せきじ》の支那が諸蕃に於ける、往古《おうこ》の希臘が外国に於ける、彼等は他国語を皆野蛮人の言語なりとして、一も眼中に措かざりしなり。羅馬の言語史を研究せらるる人々は、正に知らるべし、如何に羅馬人が其羅甸文学を振起《しんき》する上に苦心せしかを。シーザーの如きは、かの軍事上又政治上の激職《げきしょく》を帯びながらも、猶《なお》文法上の研究に注目し、彼が創造せしアブラチーブ格（筆者注：ラテン語の「奪格」のこと）の名、現に今日まで伝わり居るにあらずや。

其他カート（筆者注：マルクス・ポルシウス・カトー・ケンソリウス、紀元前二三四〜一四九）の如き、尤も急激なる保守論者たりしにもかかわらず、猶其子の教育のためには、忍びて希臘語を学びたりと聞く。而してかく彼等の自国語発達のために計画せる結果は、遂に羅甸語をして法律、宗教、文学上の言語たらしめ、以て希臘語の世となさずして、羅馬語の世とはしたるなり。

（中略）故に偉大の国民は、（中略）情の上より其自国語を愛し、理《ことわり》の上より其保護改良に従事し、而して後此上に確固たる国家教育を敷設《ふせつ》す。こはいうまでもなく、苟《いやしく》も国家教育が、かの博愛教育或は宗教教育とは事替り、国家の観念上より其一員たるに愧《は》じざる人物養成を以て目的とする者たる以上は、そは先ず其国の言語、次に其国の歴史、この二をないがしろにして、決して其功を見ること能《あた》わざればなり。故に我国に於て、国語教育を盛《さかん》にする前に、漢語教育或は英、独、仏、語教育を奨励するが如きあらば、そは極めていわれなき事にして、其当事者はむしろ国語の混同に尽力しつつありというも不可なからんか。国語の教師なくば、他国語を奨励する前に、しからざるもこれと同時に、篤《あつ》く其養成に尽力すべきなり。もし又国語の研究法、或は其上の保護、未だ行届かざるなれば、何は扨《さ》ておき、先ず此上に計画する所ありて然るべき筈なり。

悲しい哉《かな》、我国にては此日本語は、未だ其受納すべきだけの款待《かんたい》を受け居らざるなり。見よ此不孝不実なる大和男児は、如何に此上に振舞うかを。

日本語の科学的な研究はまだ今はじまったばかりである。しかし、今後、日本語という母国語がどのようなものなのかを研究し、きちんとした日本語の教育を行っていく必要があると万年は主張する。

そして、この「日本語」に対する万年の熱い思いは、講演の最後に次のような言葉となってほとばしる。

日本語は四千万同胞の日本語たるべし、僅々《きんきん》十万二十万の上流社会、或は学者社会の言語たらしむべからず。昨日われわれは平壌を陥れ、今日又海洋島に戦い勝ちぬ。支那は最早日本の武力上、眼中になきものなり。しかも支那文学は、猶日本の文壇上に大勢力を占む、而して此大和男児の中、一箇の身を挺《てい》して之と戦う策を講ずる者なく、猶共に二千余百年来の、所謂《いわゆる》東洋の文明を楽まんとす、因襲の久しき己を忘るるの甚だしき、あながちに咎《とが》むべからざるも、さりとてあまりに称誉《しようよ》すべき次第にはあらず。

「四千万同胞」という言葉は、戦前、我が国の人口を言うときに使われた言葉である。

これまで我が国の公式文書は漢文によって綴《つづ》られてきた。そして今の文壇でも漢文の影響なく文章を書く人はほとんどいない。

こうしたことをこれからも無批判に踏襲していいものかどうか、今こそ、「国語」の重要性を再認識する必要があると、万年は言うのである。

一時間半に及ぶ講演が終わった。

大きな拍手が会場に湧き上がった。

大風呂敷を広げた話のようにも思えるが、一応成功と言ってよかろう。井上円了や外山正一らも顔をほころばせている。

今からすれば、万年のこうした議論は国粋主義的な昂揚によって現れたものと言われるであろう。しかし、この講演が行われたのは、日清戦争が勃発してから二ヶ月後のことであった。ビスマルクから「弱肉強食」の時代だと言われ、日本はなんとか議会政治が動きはじめ、列強に対して自らの地位を示すための「朝鮮の独立と改革の推進」及び「東洋全局の平和」という大義名分を閣議決定することができたのであった。

八月一日には、「清国に対する宣戦の詔勅」が出されていた。

天佑《てんゆう》ヲ保全シ万世一系ノ皇祚《こうそ》ヲ践《ふ》メル大日本帝国皇帝ハ忠実勇武《ゆうぶ》ナル汝有衆《ゆうしゅう》ニ示ス

朕茲《ちんここ》ニ清国ニ対シテ戦ヲ宣ス朕カ百僚有司《ひやくりようゆうし》ハ宜《よろし》ク朕カ意ヲ体シ陸上ニ海面ニ清国ニ対シテ交戦ノ事ニ従ヒ以テ国家ノ目的ヲ達スルニ努力スヘシ苟《いやしく》モ国際法ニ戻《もと》ラサル限リ各権能ニ応シテ一切ノ手段ヲ尽スニ於テ必ス遺漏《いろう》ナカラムコトヲ期セヨ（筆者注：仮名遣い原文のまま）

という言葉で「詔勅」ははじまる。

だれが実際にこの詔勅を書いたか明らかではないが、この詔勅には、時の内閣総理大臣伊藤博文、以下逓信大臣黒田清隆《くろだきよたか》、海軍大臣西郷従道《さいごうつぐみち》、内務大臣井上馨、陸軍大臣大山巌《おおやまいわお》、農商務大臣榎本武《えのもとたけ》揚《あき》、外務大臣陸奥宗光《むつむねみつ》、大蔵大臣渡辺国武《わたなべくにたけ》、文部大臣井上毅《いのうえこわし》、司法大臣芳川顕正《よしかわあきまさ》が名前を連ねている。

内容はともかくとして、これが、当時の公式の「日本語」だったのである。

漢文及び漢文訓読体の文章は、「簡にして要を得る」ことを目的として書かれる。いらないと思われる言葉を可能な限りそぎ落とすことが、漢文で名文を書く秘訣とされてきた。声に出して読むと、背筋が伸びる思いがするのは筆者ばかりではなかろう。

こうした文章に囲まれていたとしたら、「帝国の歴史と共に、一歩も其方向よりあやまり退かしめざる様勉めざるべからず。かく勉めざるものは日本人民を愛する仁者にあらず、日本帝国を守る勇者にあらず、まして東洋の未来を談ずるに足る智者にはゆめあらざるなり」というような言葉が出ることは、なんとなく雰囲気で理解できないでもない。

万年が作った雑誌、『帝国文学』

ある日の午後のことだった。

幼馴染の斎藤緑雨が、万年を訪ねてやってきた。

斎藤緑雨は、今や、森鷗外、尾崎紅葉、幸田露伴、小杉天外《こすぎてんがい》などと並ぶ、当代随一の小説家として、活躍していた。

十八歳の時に処女作「善悪押絵羽子板《ふたおもておしえのはごいた》」を『今日新聞《こんにち》』に発表して以来、「紅涙《こうるい》」を『読売新聞』に、「小説八宗《はっしゅう》」を『東西新聞』に、「油地獄」を『国会』にそれぞれ連載し、大手出版社・春陽堂から『かくれんぼ』『油地獄』『反古袋《ほごぶくろ》』を出版していた。

緑雨は万年に言うのである。

「筆は一本。箸は二本、お前分かるか？」

緑雨が得意としたアフォリズムである。

「……分からん」と万年は言う。「お前のように、おれは頓知《とんち》がきかん」

「一本の筆は、所詮二本の箸に勝つことはできん。筆は浪漫《ろまん》だ。絵空事だ。浪漫をいくら書いたとて、絵に描いた餅だ。二本の箸を使って食べるおまんまが腹一杯手に入るわけじゃない」

この頃の小説家の原稿料は、どれだけ書いてもやっと生活ができるほどのものにしかならなかった。一本の筆は二本の箸に勝てないのである。

緑雨は言う。

「しかしだ、衆寡《しゅうか》敵《てき》せずと知るべしとおれは言いたい」

万年は応えた。

「そうだ。文学ほど素晴らしいものはない。ゲーテを見よ。ゾラを見よ。蘇東坡《そとうば》を見よ。西鶴《さいかく》を見よ。箸で食ったものは、食った途端に何を食ったか忘れてしまうが、筆は、数百年の名を残すことができるのだ」

「そこで、相談だ」

「おれに何か書けというのか？」

「そんなことは言わん。雑誌を作ってくれないか」

「雑誌？」

「食うためには、発表する場が必要だ。その発表の場を帝国大学教授・上田万年の力で作ってくれというのだ」

「そういうことか！　分かった」

ラジオやテレビなどない明治時代、雑誌は、当時、最も大きなメディアであった。明治二十（一八八七）年に徳富蘇峰の民友社から『国民之友』が、そして翌明治二十一（一八八八）年に三宅雪嶺らによる『日本人』などが刊行され、すでに全国に読者を持つようになっていた。

しかし、こうした雑誌に原稿を掲載してもらうのは、なかなか難しい。

もっと自由に書けるところが欲しいと、万年も漠然と考えていたのだった。

こうして万年が作ったのが『帝国文学』という雑誌である。

東京帝国大学文科大学関係者に、万年が声をかけたのだ。

創刊号巻末を見ると、「本会の発起人 幷《ならび》に役員左の如し」として、井上哲次郎・上田万年・三上参次・高津鍬三郎・芳賀矢一ら帝国大学出身者の名前が連ねられ、その後に文科大学学生として塩井雨江《しおいうこう》・高山林次郎《たかやまりんじろう》（樗牛《ちょぎゅう》）・姉崎正治《あねさきまさはる》・島文次郎・岡田正美・内海弘蔵・上田敏らの名が掲げられている。そして、なんと会員の所には、「高等師範学校講師大学院学生文学士　夏目金之助」の名前も見えているのである。

発行部数は三千から四千部、内容としてはすでに明治二十四（一八九一）年十月に創刊されていた『早稲田文学』に対し、「帝国大学」という官学風・高踏的《こうとう》立場から論説・詞藻《しそう》・雑録・文学史料・雑評を載せることで区別がされた。

『帝国文学』は、明治二十八（一八九五）年一月に創刊され、大正九（一九二〇）年一月に廃刊されるまで、総数二百九十六冊、万年もここに自らの意見を発表するが、高山樗牛・大町《おおまち》桂月《けいげつ》・井上哲次郎・上田敏・登張《とばり》竹風《ちくふう》・戸川《とがわ》秋骨《しゅうこつ》・厨川《くりやがわ》白村《はくそん》・片山《かたやま》孤村《こそん》・夏目漱石・森鷗外・芥川《あくたがわ》竜之介《りゅうのすけ》らの創作や評論などが掲載されることになるのである。

印刷メディアの発達が方言を駆逐した

万年は明治二十七（一八九四）年十二月頃から「欧州諸国に於ける綴字改良論」という論文を書きはじめていた。これは、翌年の七月発行の『太陽』第一巻第七号に掲載された。

さて、ここで万年は、イタリア、スペイン、ポルトガル、フランス、オランダ、ドイツ、デンマーク、スウェーデン、イギリスの各国で行われた正書法の制定と、そこで行われた綴り方の改定について述べるのである。

これは、いうまでもなく、ラテン語から各国語が独立する段階から起こったものである。イタリアではダンテの『神曲』からはじまり、十七世紀中葉に確立したイタリア式イタリア語綴り方の改良である。

さて、十五世紀中葉、イギリスにはベルギーから印刷技術がもたらされた。

ベルギー、オランダなどで毛織物商人として活躍したウィリアム・カクストン（一四二二頃～一四九二）が一四七三年、ベルギーのブルージュで『トロイ歴史集成』をフランス語から英語に訳し、出版したのが英語による印刷の嚆矢とされる。

カクストンは、その後、一四七六年にイギリスに帰国し、ウェストミンスター寺院のなかに出版印刷所を持つことを許され、およそ二十冊のフランス語からの英訳と百種余りの出版をしたと言われるが、同時に印刷を通じて、綴字法や語形の固定化の一翼を担った人物だとされる。

こうしてイギリスでは写本の時代から、カクストンを経て印刷の時代に入る。そして同時に、英語史においては、中世英語から近世の英語へと変化するのである。

カクストンが一四九〇年に印刷した英訳『Eneydos』の序文には、興味深いことが記されている。

Our langage now vsed varyeth ferre from that whiche was vsed and spoken whan I was borne (Our language now used varies far from that which was used and spoken when I was born.)

(我々が今使っている言葉は、私が生まれたときに使われ話されていたものとは大いに違っている)

そして、

It is harde to playse euery man / by cause of dyuersite & chaunge of langage (It is hard to please every man, because of diversity and change of language.)

(言葉は様々に変わるから、すべての人々に気に入られるのは難しい)

Bytwene playn rude & curyous, I stande abasshed (Between plain rude and curious, I stand abashed.)
(簡素で粗野なものと、凝ったものの間で、私は板挟みになっている)
In a meane bytwene bothe, I haue reduced & translated this sayd 20 booke in to our englysshe, not ouer rude ne curyous (In a mean between both, I have reduced and translated this said 20 books into our English not over-rude nor curious)
(私は、この両者の中間を行くように二十の本を我々の英語に訳した。あまりにも粗野とならず、あまりに凝ったものとならないように)

ところで、印刷と言語の関係について言えば、もちろん、印刷がはじまったから英語が変化したというのではなく、英語の変化の途中にたまたま印刷がはじまったと考えるのが当然であろう。

ただ、英語の場合は、表音という方法で書かれるためにその綴りに当時の発音が反映するが、漢語の場合は、漢字という表語文字を使うために、発音は決して字面には反映しない。

しかし、表現の「簡素さ」と「凝ったもの」という点においては、漢語も宋代以降の文章は、カクストンが言う「両者の中間」というべき言葉で書かれるようになっていく。

我が国では、印刷が本格的にはじまる江戸時代、次第に東国の影響を受けて日本語がより簡単なものに変化していく。それまでの中古中世の日本語から近世日本語への変化が起こっているのである。

もちろん、日本語は、英語ほどには発音を字面に反映するものではなく、かといって中国語ほどにまったく発音を反映しないものではない。

しかし、それにしても、日本語の表現という点について言うならば、貴族性を伴う古語からだれにも理解される「簡素」なものへと、語彙や文法も変化していくのである。

はたして、このように見れば、印刷という技術は、言語の変化と不可分の関係にあったということは明らかであろう。

言うまでもなく、それまでの写本の段階では方言などの影響で揺れていた表記が、印刷によって一定のものへと次第に固定化されていく。

およそ印刷は、カクストンの出版印刷所がロンドンに置かれたのと同じように、中国や我が国でも首都や副都に発達した。中央の言葉が印刷によって広がっていけば、方言を消していく役割を果たすことにもなる。

印刷というメディアの発達は、言語の自然な変化を推進したものと言えるであろう。

そして、当然、そこでは「綴り方」が大きな問題となって現れることになるのである。

「欧州諸国に於ける綴字改良論」で万年は言う。

而《しか》して最後に、日本に於ける綴字法の歴史は如何に。上古言文一致の風破れて、定家仮名遣法なるもの興り、定家仮名遣法破れて契沖《けいちゅう》の語源的綴字法行われん。爾後《じご》二百年、恰《あたか》も亦《また》此上に論難を試むる者なかりしが、維新の世となり泰西の学術輸入せられて支那学其価値を失いし頃に、かなの会起り、次で又羅馬字会起り、かなの会内割れして雪月花の三部となり、羅馬字会も亦意見の衝突ありて、新旧の二派となり、而して最後に皆諸共《みなもろとも》に泣き寝入りとなりぬ。主唱者や熱心ならざりし、会員や例の浮気なりし、抑《そもそ》も亦社会や頑迷無智何事も解せざりし。或は然らん、或は然らざらん。予輩は容易に此判断を公言するに忍びざるものなり。

激しい口調で、万年は、わが国にも、明治維新の世に相応しい綴字法の改良が必要だと主張するのである。

明治の新興出版社成長の物語

さて、明治二十八（一八九五）年は万年にとって、嬉しいことがふたつあった。

ひとつは、弟子のひとりである岡田正美が『帝国文学』一月号に「漢字全廃を論じて国文国語国字の将来に及ぶ」を書いてくれたことである。これは十二月号まで三回にわたって掲載されるが、まさに万年が考えていることをうまくまとめたもので、「普通仮字遣の部」として表もつけられた。

この表は明治三十八年十月刊の岡田正美『新撰仮字遣』（東京外国語学校内東京外国語学会蔵版）の中に文部省新定の仮名遣いとして掲載されることになる。

ふたつめは、六月二十三日の奥付で『国語のため』という自著が出たことである。発行元は坂本嘉《さかもとか》治馬《じま》の冨山房である。

扉を開けると、

「国語は帝室《ていしつ》の藩屏《はんぺい》なり

「国語は国民の慈母《じぼ》なり」

と高らかに万年の意志が印刷されている。

巻頭論文は、先に示した「国語と国家と」である。ほかに「国語研究に就きて」「標準語に就きて」「教育上国語学者の抛棄《ほうき》し居る大要点」「言語学者としての新井白石」「普通人名詞に就きて」「欧州諸国に於ける綴字改良論」「清濁音」「新国字論」「今後の国語学」「本居春庭伝」「初等教育に於ける国語教授に就きて」「国語会議に就きて」、附《ふ》として「日本大辞書編纂に就きて」の以上十四本の講演や論文が掲載されている。

ところで、『国語のため』を出版した冨山房の社長・坂本嘉治馬は、万年と昵懇《じっこん》の仲になる。晩年、夏になると万年は、鎌倉の大仏裏に避暑に行ったが、その避暑の先は坂本が持っていた家であった。

また、冨山房は、じつは、あとで詳しく触れるが、万年らが国語改革を実行しようとする引き金になった教科書疑獄事件で連座することになる教科書出版会社のひとつであった。

明治時代中期、新興の出版社がどのようにして成長していったのかということも、万年や日本語の歴史を知る上においては、非常に重要なことではないかと思う。

横道に逸れるが、冨山房を起こした坂本嘉治馬のことについて、触れておきたい。

まず、坂本の生い立ちと冨山房がどのようにして創立されたのかについて記そう。

坂本嘉治馬は幕末、慶応二（一八六六）年に土佐の幡多《はた》郡宿毛《すくも》村（現・高知県宿毛市）に生まれた。父喜八は土佐藩の家老伊賀家の足軽二人扶持《ににんぶち》の小者の農家で、戊辰戦争のために伊賀氏が編成した「機勢《きせい》隊」に加わって東北地方に出征し、無事帰郷はしたものの疫病に罹《かか》って瀕死に陥った。これを助けたのが、機勢隊の軍医をしていた酒井融《さかいとおる》という人物であった。

奇跡的に命を取り留めた父喜八は、子の嘉治馬に何度も繰り返し、命の恩人酒井の話をしたという。

嘉治馬は、初め軍人になることを望むが、家庭の事情によってそれは許されなかった。しかし、なんとか東京へ出て勉強をし、仕事がしたいという気持ちは変わらなかった。

明治十六（一八八三）年十七歳のとき、ついに父親の恩人、酒井を頼って上京することを決意し、家出した。宿毛から宇和島、宇和島から神戸、神戸から横浜へと船出し、東京日比谷の小さな木賃宿に身を置き、すぐに翌日、番町にあった酒井宅を訪ねたという。

酒井は、「あの喜八の子か」と嘉治馬を招き入れ、「しばらくここにおれ」と言い、数日後、「同郷の小野というのが、書林《しょりん》を開業するそうだから、この手紙を持って会いに行ってこい」と言った。

酒井が紹介した小野とは、大隈重信のブレインで、立憲改進党を結成し、早稲田大学の前身である東京専門学校の創設に尽力した小野梓《おのあずさ》（一八五二～一八八六）である。

小野は、嘉治馬より十四歳年上で嘉治馬の父親と同じく機勢隊に参加して東北に及び、一旦帰郷したものの上京して昌平黌《しょうへいこう》に学んだ。

明治三年に中国へ、翌年アメリカ、さらに明治五年から七年にかけてイギリスに留学して法学、とくに功利主義の創始者として知られるイギリスの哲学者ジェレミ・ベンサムを研究して司法省に入り、のち、民間に下って明治十五年立憲改進党を創立した。

そして、明治十六年、すなわち坂本嘉治馬が上京して職を探し、酒井の家に滞在しはじめたとき、小野は東洋館書店を設立しようとしていたのである。小野はこの時三十一歳、本人は知らなかったであろうが、結核に冒された彼の命は残り三年しかなかった。

酒井からの紹介状が功を奏したのか、小野は同じ郷里出身の坂本をすぐさま採用し、「ただ、おまえの名前は難しくて言いにくい。今日から『栄吉』にしよう」と言ったという。

坂本嘉治馬は、東洋館書店での採用から小野の死による突然の廃業まで坂本栄吉と名乗った。

日本語で学術書は書けるのか

坂本栄吉こと坂本嘉治馬は、この東洋館書店で、のちに自ら創設した出版社、冨山房を経営していくための基礎をすべて学ぶことになる。

いまだ簿記や会計といったものが発達していなかった明治の初年、アメリカや欧州で勉強をした小野梓は、ベンサムの研究などを通してこうした経済原理や会社法などにも非常に造詣が深かった。それは小野が東洋館書店を創設してすぐに出版された書物によっても伺い知れる。たとえば、高田早苗の『貨幣新論』、山田喜之助訳の『麟氏英国会社法《りんしえいこくかいしゃほう》』などである。小野は今でこそ当然ではあるが、東洋館で売上伝票を使用し、毎日簿記を行ったという。こうした簿記をつけて会社の利益をいかにして作っていくかという経営方法を坂本は学んだ。

また、小野が東洋館で積み上げた書籍の多くは当時の知識人が渇望した洋書であった。しかし土佐から上京して学問をしたことがなかった坂本の目には、横文字を見ても、初め何が書いてあるのか分からなかった。しかし、分からなくては商売にならない。坂本は夜を徹して外国語を勉強し、半年ほどで英・独・仏語で書かれた原書のタイトルが分かるようになったという。

しかし、坂本が小野から学んだ最も大きなものは、小野がヨーロッパでの学問を終えて政治の世界に一旦身を置き、自らの思想をさらに後世に残そうとしたことであったろう。

それがはたしてどういう考えであったのかは、明確には分からないが、小野は『東洋館書店開業趣意書』の冒頭と末尾に二度同じ言葉を繰り返して、彼の書店開業の意志を表明する。

「東洋の文化にして進むべからしめば則《すなわ》ち已《や》まん。苟《いやしく》も之を進むるを得ん乎《や》」

また、小野は、少年の時の父親の訓戒「丈夫路に当たりて其の志を行う能わずんば、則ち書を著して其の志を言うべし」という言葉を胸に抱いてこの書店を開業したという。

自らの著書を出版して志を言うという目的ももちろんあったろう、しかし我が国の文化を進歩させるために志を言いたい人々が周りに多くいる。またそれを享受したいと望む人も多い。「講学読書の人士《じんし》をして机上良書に乏しく、筐底《きょうてい》善書なきの歎あらしむ」という思いが、小野が書店を開業した理由だった。そしてこの思いを小野は「益世報效《えきせいほうこう》」という言葉で示した。つまり「この世に益になるように恩返しをすること」である。そして、これを坂本は受け継いだ。

明治十九年一月十一日、坂本が仕事をはじめてから二年余り、小野の急逝によって東洋館書店は借金を負ったまま倒産した。事後処理を行ったのは小野梓の義兄にあたる小野義真《ぎしん》であった。義真は当時、岩崎彌之助《いわさきやのすけ》率いる三菱の顧問をしていた。

坂本は小野の葬儀ののち、義真を訪ね、小野梓の後を継ぐべく書店を開業したい旨を告げ、かつ資金の援助を求めた。

「私は梓に二万円ばかり出して損をした。本屋というものはなかなか経営が難しいようだ」と、義真は初め難色を示したという。

坂本は「資金にもいろいろあります。私の申す資金は多寡《たか》の知れたものです」と、一日五、六十銭ずつ儲ければ、それで店が維持できる計算をして、資金二百円を要求すると、「それではその計算書を書類にして持ってきて御覧」と言った。

義真の給料は毎月五百円、しかもそれはおよそ接待のためだけに使われていたという。

微細極まる予算と経営の計画書を見た義真は快諾して、坂本に出資した。

こうして、坂本は現在の冨山房（現・千代田区神田神保町一丁目）の地に小さな店を借り、ガラス屋にあった棚を買い取り、洋書をずらりと並べる。最も売れたのはスウィントンの『万国史』、モーレーの『地理書』、グッドリッチの『英国史』などで、これら洋書の販売によって店の経営は安定した。

そして坂本は冨山房を開業して、まもなく幸運なことに、出版の世界でも大成功を収めたのである。それは、経済学者、早稲田大学の創立にも関わり、またのちに早大総長を務めた天野為之《あまのためゆき》の著書『経済原論』の出版によってである。

天野は当時の自著の出版を回顧して、次のように述べている。

「その頃知識階級の間に一つの問題があった。即ち、政治経済等の所謂泰西《たいせい》の学理を、邦語を以って、又邦文によって、科学的に説述して外国語に通ぜぬ人々に之に接せしめ得るや否やという問題である」（『冨山房出版年史』）と。

当時は翻訳書も現在のように多くは出版されておらず、原書を読む力がなければ学問を修めることができなかった。しかし、外国語が分からない人にも、日本語でだれもが理解できるような学術書が書けないかと天野は考えていたというのである。

是非とも日本人が邦語を以って経済原論等を科学的に著述する外はない。（中略）そこで進んで早稲田の学校でこれを実行し、所謂原書を教科書とせず、全然日本語で泰西の学理を提唱説明してみた。而《しか》も私は、私の専門の経済学の上に試みた所、これが予想外に成績よく外国語の知識なき生徒にもよく理解される。此成功に力を得て、この早稲田に於ける講義を纏《まと》めて世間に頒《わか》ち、外国語の心得無き一般の人々の間に、広く経済の学問を普及せしめんと試みたのが、私の最初の著作「経済原論」の出版である。私の考えも友人達の考えも又冨山房の考えも、この書物が佐程《さほど》世の中に歓迎されて売れようとは思わなかった。ところが出版してみると意外にも盛んに売れたものである。（中略）私は幸運にも私の処女作に成功し、冨山房も処女出版に成功した訳である。（同前）

坂本は、この天野の『経済原論』の出版の成功を得て、翌年には小野梓の『東洋遺稿（上下）』を刊行し、また天野為之による『万国歴史』を出版する。『万国歴史』は当時、世界に目を向けはじめた若者が先を争うようにして買い漁ったベストセラーとなって、あっという間に数十版を重ね、中等学校の教科書としても採用された。

そして創業から八年後の明治二十七年頃からおよそ十三年の編集・編纂を行って世に問うたのが吉

田東伍編『大日本地名辞書』（全十一巻）である。

しかし、資金が潤沢にあったわけではない。

坂本はこの大部の辞書を出すに当たって、創業の時に資金を提供してくれた小野梓の義兄、当時鉄道会社の副社長をしていた小野義真に相談した。

「目前の利を追わずして成功を十年ののちに待つ、これ予が子に諭《さと》うる所の本旨《ほんし》なり。子は年壮鋭意以てこれに当れ。百折撓《ひゃくせったわ》むこと勿《なか》れ」と義真は激励したという。

坂本は、義真のこの言葉を受けて『大日本地名辞書』に続いて『日本家庭百科事彙』『国民百科大辞典』『普通学問答全書』『袖珍《しゅうちん》名著文庫』『通俗世界文学』『世界哲学文庫』『博物叢書』『少年世界文学』などの大部の叢書ものを次々と発刊し、単行本としても井上哲治郎『日本陽明学派之哲学』、坪内逍遥『倫理と文学』、尾崎紅葉『草もみぢ』、石原重雄『ピアノ・オルガン教則本』、吉田弟彦『応用地質学』、澤柳政《さわやなぎまさ》太郎《たろう》『教育者の精神』など明治末年までだけで、広汎な分野にわたるおよそ一千種の本を陸続《りくぞく》と出版したのである。

冨山房から出された万年の『国語のため』の初版がどれほど売れたのか、詳しくは分からない。しかし、出版から二年後の明治三十年には、再版されている。

奥付に記される万年の住所は、「東京市浅草区向柳原町二丁目一番地」と見える。万年は、本書が出版されたのとほとんど変わらない時期にここに居を構えていた。現在の台東区浅草橋一丁目である。

まだこの頃には、すぐそばに肥前平戸藩主の松浦邸が残っていた。

第九章　国語会議

「国字改良会」の結成

さて、明治二十八（一八九五）年、万年は、国語調査会を設置する必要があるという講演を行い、明治三十年「国字改良会」を発足させる。

そして、ここから「国家」こそが、言語に対して責任を持って対処すべきとの主張を行うのである。

明治二十八年の講演は記事として残っていないが、同じ内容で「初等教育に於ける国語教授に就きて」という演題で、明治二十九（一八九六）年十一月二十三日に国家教育社で行われた講演の記事が残っている（『国語のため』所収）。

もうこの頃には、講演も大分手慣れたものになってきていた。

そして、講演の時に着るものを心配してくれる人も母ではなく、妻になっていた。

明治二十八（一八九五）年十二月、万年は、福島県令・三島通庸《みしまみちつね》の下で大書記官であった村上楯朝《むらかみたてとも》という人の娘・鶴子《つるこ》（墓碑による。『国語と国文学』所収「上田万年先生略年譜」には「つる子」とある）と結婚していたのである。

万年、二十八歳、鶴子は二十二歳だった。

「今日は、紋付きのほうがいいですよ」と鶴子は言った。「ズボンを履かれると、窮屈でしょう」

万年は、黒縁の丸いめがねをずり上げた。

「汗ふきの手拭いも忘れないで下さいませ」と、鶴子は万年に手拭いを手渡した。

さて、万年はこの講演で、留学中に見てきたフランス、ドイツの言語政策を引いて言う。


西洋各国に於ては是（筆者注：言語）に関する社会の制裁極めて厳粛にして、現に仏国にては学士会院の議決を経ざる言語及び綴方は、之を正当の仏国語と承認すること能《あた》わざるの気風あり。独逸政府が綴字改良会議を開きて新綴字法を行うに至りしが如きも、亦《また》かかる徳義を重んずるに外ならず。斯《かく》の如く国民の自覚力発達するに至りて、始めて、見るべき国語は成立すべきものにして、一個人の自由意志に左右さるるが如き薄弱なる国語国文は、到底其の統一を望む可からざるなり。


フランスのアカデミー・フランセーズのようなものが、今こそ、必要なのではないか。

国家が率先して「国語」を制定する法律を作ること、またそのための審議をする機構が必要なことを万年は言うのである。

万年はこの機構を仮に「国語会議」と呼びたいと言う。

そして、「国語会議」においてまず、発音の問題を取り扱いたいと言う。

まず発音の上より述べんに、現に我国には如何程の母音及び子音存在するか、これらは誰人《たれびと》も未だ充分調査したることなきが如し。又或る音は一地方のみに行われ、或る音は他地方には行われざる事あり。たとえば井とイ、ヱとエ、カとクワ、ワとハ、ヅとズ、ジとヂ、イとヱ、イとウ、ヒとシの如き、皆これなり。今此等の音が全国中に於ける分布の区域は如何あるべきか。其統計を取ることは、これらを二音として生存し置くか、或は一として其孰《いず》れかを択《えら》び用いるべきか、といえる議論の上に大関係ある事なるべし。又両者を同時に保存し置く事とするも、或は又其孰かを採用する事とするも、均《ひと》しく之に引き続きて起り来るべき問題は、其発音教授法、に就いてなるべし。

すでに第七章でも触れたことであるが、速記を行う人は、日本語の音韻の区別に二百五十音あるということを知っていた。

ただ、音韻の区別があることと、それを聞き分けそして書き分けることができるかどうか、また書き分ける必要があるかどうかということは、別の問題として考えなければならない。

速記の場合は、全国から集まる議員が方言を使いながら話をする。その方言の細かい部分も聞き分けて、書き分けることが、議事録を作る際に必要な場合があると考えたのかもしれない。

万年が言う「たとえば井とイ、ヱとエ、カとクワ、ワとハ、ヅとズ、ジとヂ、イとヱ、イとウ、ヒとシ」の音の違いの聞き分け書き分けである。

第三章で、筆者は大槻文彦が『言海』を編むに際して「語法指南」というものを書き、日本語の音《おん》素《そ》と音韻を説明していたことを紹介した。

少しだけ、言語学的な意味での「音素」と「音韻」というものを説明しておこう。第六章でも触れたが、音素は/ /で記される。

日本語の場合の音素は、

①母音音素として　/a/　/i/　/u/　/e/　/o/　の五つ

②子音音素として/p/　/b/　/d/　/t/　/c/　/k/　/g/　/s/　/z/　/h/　/r/　/m/　/n/の十三

③半母音音素として/j/　/w/のふたつ

④特殊音素として/N/　/Q/のふたつ

があるとされる。

日本語は、この①から④の音素が単独かあるいは、組み合わされて作られる。

ただし、「音素」と呼ばれるものは、音韻論における「意味」の分化に関わる最小の単位を言う。音声学という分野で言えばこれは「単音」と呼ばれるものになる。

ところで、この音素の組み合わせは日本語の場合、三つのパターンに分けて考えることができるとされる。

（i）最小対（ミニマル・ペア）対立

同一の音声環境において、入れ替わると意味が変わるふたつの単音の対立

たとえば［o-ka］（丘）と［a-ka］（赤）のような場合は最初の音の「オ」と「ア」が入れ替わってしまえば、まったく異なった意味になる。

同じように［a-ka］（赤）と［a-sa］（朝）では「k」と「s」の違いだけでまったく意味を異にする

言葉になる。

（ii）自由異音

「標準語」を作ろうとした場合に、最も問題になるもののひとつである。

人がどのような発音をしているかということを調べる場合、口のなかの舌の位置を知ることが必要となる。

次頁の図③は左を向いた人の口の形を書いたものであるが、同じ「あ」と書かれる発音でも、じつは口の下の部分の前のほうに舌を置いて発音すると、音声学的には［a］という音が出、後方に舌を置いて発音すると［ɑ］という音が出る。

日本語の単語で言えば［a-ka］は「垢」、［ɑ-kɑ］と発音すると「赤」となる。

しかし、これを書き分けて使っているかと言えば、そんなことは日本語の場合にはしない。［a］と［ɑ］が入れ替わっても、その意味に変化は生じない。このようなものを「自由異音」と呼ぶ。

（ちなみに、［ɑ］は、［a］よりも口の開きが大きく、舌の位置も奥まっている。英語やフランス語などではこれを区別しないと間違った意味になる場合もある）

（iii）相補分布

ところで、「三枚」「三年」「三月」という言葉を発音する場合、「三」の発音はみな同じであろうか。

じつは、発音記号を使って書くと、それぞれ

三枚は、［sammai］

三年は、［sannen］

図3　母音の調音位置の模式図

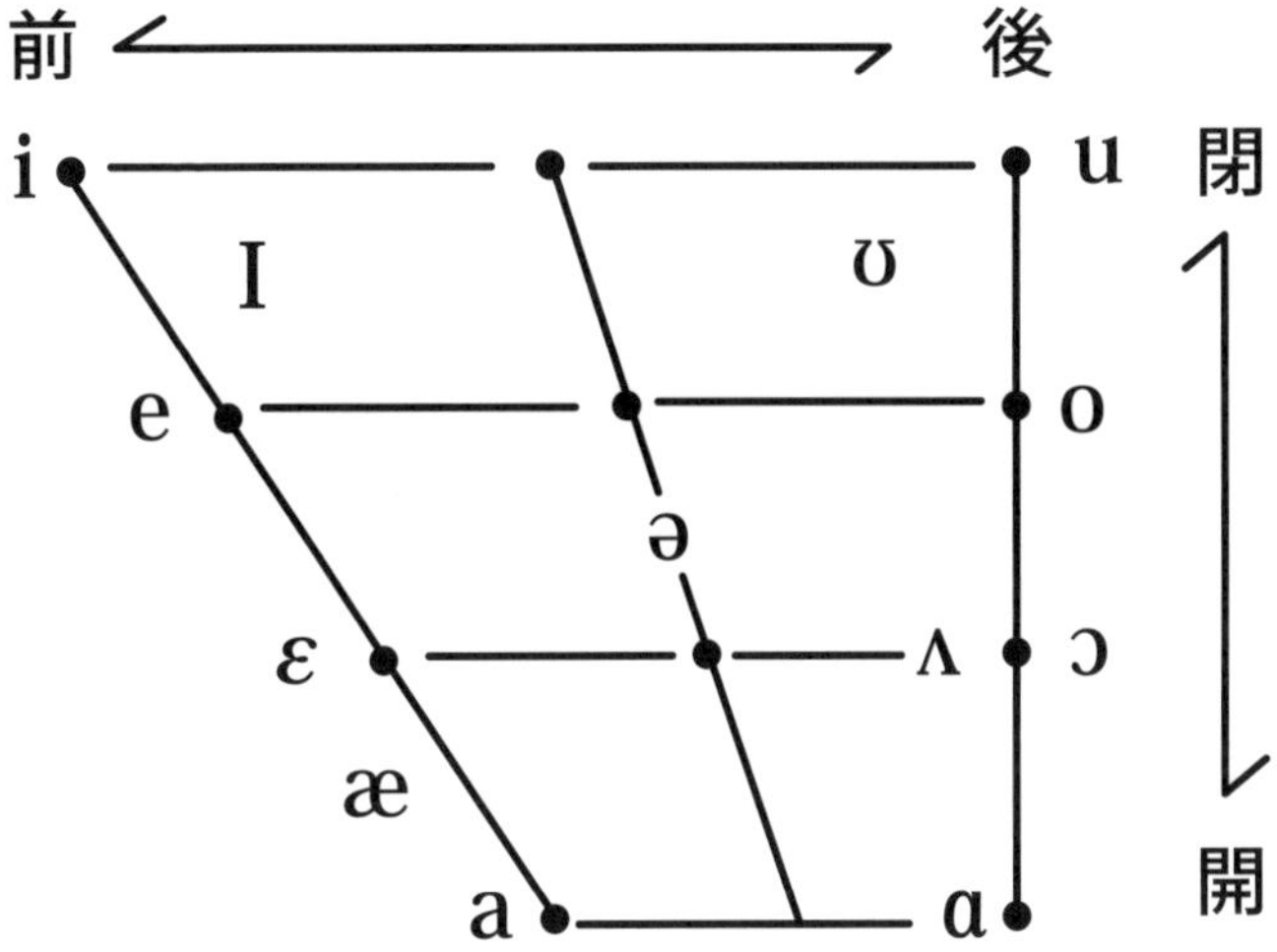

左を向いた人の口の中を図に示したもの。同じ「あ」でも口の下の部分の前の方に舌を置いて発音すると［a］、後方に舌を置いて発音すると［ɑ］という異なった音が出る。

（亀井孝・河野六郎・千野栄一・西田龍雄編『言語学大事典』三省堂より）

三月は、［saɲɲatu］

となる。

振り仮名で「ん」にあたる部分[m][n][ɲ]は、あとに接《つ》く音環境のもとで変化して現れている。こうした撥音に関してはこの三音は「相補分布をなしている」と言われ、音素/N/が抽出される。そして、相補分布の関係にある異音を「条件異音」と呼ぶ。

専門に言語学を修めない限り、「音素」などということを考える必要はない。

五十音図さえ頭に入っていれば、日本語の発音は、この図のなかからはみ出ることはない。

しかし、たとえば「ん」と書かれる言葉でも、じつは発音が様々あるということを知っていれば、「ん」が母音でも子音でもなく、五十音図の左の端に、ちょこんとはみ出していることの意味も分かるのではないかと思う。

方言を生存し置くか否か

さて、万年は、博言（言語）学者らしく、日本語の母音子音の数を調査することの必要性を言う。

しかし、そんなことをしても、結局、日本語は、〈かな〉を使うという前提に立てば、五十音図に収めることができる音だけをここに抽出するしかない。

もし、それがダメだと言うのであれば、日本語をローマ字表記にすべきである。

この判断は、別の言い方で言えば、方言として存在する「音」を「生存し置くか否か」ということにもなるだろう。

ゲーテやシラーなどによって創り上げられた「標準語」としてのドイツ語は、「国語浄化運動」というものが行われた結果であると、万年はドイツで学んできた（第六章参照）。余計な方言音を切り捨てて「国語浄化運動」を行うことによって初めて、「国語」というものが作られるのだ。

万年は、国家的プロジェクトとして、大鉈を振るって日本語を作るべきだという意気込みを持ってこれに臨もうというのである。

これに関連したこととして、万年は具体的に方言を俎上に載せて論じる。

たとえば東北の或る地方にては、井をWiと発音し、ヱをWeと発音し、現に

豕　Winoko

井　Wido

絵具　Wenogu

など立派に教え居る所もありという。こは予の懇意なる文部の参事官より聞きしことなり。かくの如く一地方のある教師が、独断的に発音を左右して、自分勝手に其教授を為し行くも、中央教育の枢機《すうき》に当る人々は、毫《ごう》も注意せずして可なるべきか。予輩《よはい》の所信を以てすれば、右の如き事は以ての外の事柄にして、たとえかくあるべきにもせよ、かかる事は先ず教育の衝《しょう》に当る最高等の府にありてこれを決し、次いで最高等の師範学校之を応用し、然る後順次に全国の諸学校に及ぼし行く

べき筈のものなりと思考す。もし中央教育の枢機を掌《つかさど》る府にして、かかる事に注意せざらんか、予輩は何を以て教科書を審査検定し、何を以て学事の進歩を保護奨励するの標準とするかの疑なき能わず。

（「国語会議に就きて」）

「ゐ」「ゑ」をそれぞれ「Wi」「We」と発音するように教えているということについて万年は、激しく追及する。

なぜなのかというのは、それが方言に残る古い日本語の発音だからである。

万年は、ここに引かれた例では「懇意にしている文部省参事官から聞いたこと」として問題を投げかけるが、この講演が行われるより先、明治二十八（一八九五）年一月十二日に大日本教育会の講演「教育上国語学者の抛棄《ほうき》し居る一大要点」で同じような話題を投げかけ、次のような問題を指摘している。

（一）全国の教師が話す言語は如何あるべきか

（二）其談話語は如何に養成せらるべきか

（三）其談話語と方言とは如何に連絡せらるべきか

大日本教育会は、一八八〇年代初頭に、東京府下の教員が米国のＮＥＡ（全米教育協会）にならって設立した。のち、これに東京教育学会（現・東京府教育談話会）、師範学校長、府県学務課長などが加入し、明治二十三（一八九〇）年頃には、会員数十万人以上に及ぶという全国的規模で非常に影響力のある団体であった。

また、万年が今、演説をしている国家教育社というところは、東京師範学校（現・筑波大学）、東京音楽学校（現・東京芸術大学音楽学部）、東京盲唖学校（現・筑波大学附属視覚特別支援学校）の校長となった伊沢修二が設立した団体である。

じつは、このふたつの団体は、あまりに国家主義的傾向が強く、明治二十六（一八九三）年には、文部省から「箝口訓令《かんこうくんれい》」の政治干渉を受けたことがあったほどだった。

ただ、第二次世界大戦終結まで国家主義を貫く教育が行われていく弊害を作ったのはこのふたつの団体であるが、翻《ひるがえ》って考えれば、万年の国語政策への主張に対してこれらの団体が合意すれば、非常に大きな力となって、国語教育が普及していくことは確かだったのである。

そして、子どもに国語教育を行う前に、まず、こうした全国組織の団体の加入者である教師こそ教育されなければならないと万年は言うのである。

ところで、万年は、発音の問題に次いで、「文字」の問題についても触れる。

万年は、言う。

猶文字の上に関しては、他に研究すべき事多し。予輩は明治の文章が、容易に他の文字に移るべしとは信ぜざれども、然れども一方に於て新字の事、文字改良の事等は、学者が専心攻究《こうきゅう》すべき価値あるものと信ずるなり。此攻究を一方に為し行くと同時に、片仮字、平仮字は必ずしも二種を幷《なら》べて教えざるべからざるか、或は二種の中いずれか一つのみにて可ならざるべきか、よし仮りに二種共に必要なりとするも、他の変体仮字の如きは悉《ことごと》く不用とすべきにあらざるか、よししからずとするも、凡《すべ》て此等の事は中等教育以上に於て教授すべき事にして、普通教育にてはむしろ簡便なる一定の仮字を以て満足すべきにあらざるか、等の問題も、逐次《ちくじ》研究せられん事を希望す。

（「国語会議に就きて」）

当時は、まだ木版印刷も残っていたし、手紙を書くにも江戸時代に編纂された「往来物《おうらいもの》」が利用された。

これらには、いわゆる「変体仮名」と呼ばれる筆記体のくずし字が使われている。

現在であれば、日本語には〈カタカナ〉〈ひらがな〉〈漢字〉という三つの文字が使われると簡単に言えるが、じつは、明治時代にはこの他にも、「変体仮名」があった。

万年は、日本語をローマ字化することには、あまり乗り気ではなかったようであるが、日本語は、文字の整理もされなければならなかったのである。

仮名遣いを発音主義で統一する

万年は、ドイツで学んだ「言語＝国家」という思想で、国民が「国語」という共通の言葉を持つためにはどうすればいいのかと考えはじめる。

明治三十二（一八九九）年、長男の寿《ひさし》が生まれた。

自分が子どもを持ったということもあり、新しい日本語を自分の子どもたちに教えなければならない、と強く思ったのだ。

一番弟子でよく気の合う芳賀矢一が国文科の助教授となったこともあり、明治三十（一八九七）年九月、万年は芳賀とふたりで「国語研究室」を作り、日本語研究を縦横に行える環境を整えた。

芳賀は、底抜けに明るい人物だった。

万年と生まれた年は同じである。

福井県の出身で、明治二十五（一八九二）年に帝国大学文科大学国文学科を卒業した。万年の帝国大学卒業は明治二十一（一八八八）年である。生まれは同じ年でも、芳賀の卒業は万年の四年後であった。

芳賀は万年の授業も受けたことがあったが、直接就いた先生は、国学者・小中村清矩（一八二二〜一八九五）であった。父、芳賀真咲も福井の神道家で国学者でもあり、帝国大学国文学科に入ったのは、父の後を継ぐためであった。

万年と芳賀は、よく学び、よく飲んだ。

それが原因だったのだろう。ふたりともまもなく糖尿病になってしまう。

そして、このふたりの雑用も含めて世話をしたのが、保科孝一（一八七二〜一九五五）だった。

保科は、万年が留学から帰ってきたとき以来、ずっと学生としてそばにいて、明治三十（一八九七）年七月に東京帝国大学国文科を卒業した。

保科は、昭和二十四（一九四九）年に『国語問題五十年』という本を書いているが、このなかに、明治三十（一八九七）年九月に加藤弘之・井上哲次郎・嘉納治五郎が発起人となって「国字改良会」を設立した頃のことを詳しく記している。

当時の東大国文科の状況や、万年のことなども分かるので、少し長くなるが、保科の話を引こう。

わたくしは明治三十年七月東京帝国大学国文科を卒業したが、当時さかんに論じられていた国語・国字の世論には、あまり関心をもたなかった。ところが、その九月に大学の会議室で、加藤弘之・井上哲次郎・嘉納治五郎の三氏が発起人となって、国字改良会を設立し、三氏がこもごも立って、国字改良の必要を唱えられた。わたくしはその会に列し、三氏の意見をきいて、おぼろげながらその必要を感じたものの、これに自分の一生をささげるというような心持はまだ芽ばえなかった。

「国字改良会」は、先に万年が唱えていた「国語会議」が具体化して生まれたものである。この文章を読むと、加藤・井上・嘉納の三人が発起人で話をしたことはもちろん分かるが、そばには万年も芳賀もいたし、彼らも何か話したに違いない。

一体、わたくしは第一高等中学校に入学し、予科三年を経て、本科に移るとき、一部を選んだ。（中略）文科大学に進んで、国文学を学ぶことになった。しかし、国文学といっても広いもので、その中のどんな問題を選ぶか、すくなくとも国文か国語か、そのいずれかをきめなければならないが、それもしばらくは迷っていた。当時、文科大学には老教授黒川眞頼先生がおられ、源氏物語や紫式部日記の講義をしておられたが、これは実に名講義で、学生はつよくこれに引きつけられた。また老教授物集高見先生が国語の方を担任しておられたが、しかし、それは詞玉緒《ことばのたまのお》（筆者注：本居宣長の著作）の範囲をすこしも出なかったので、あまり魅力がなかった。ところが、上田万年先生が明治二十七年欧州留学から帰朝されて、はじめてわたくしどもに新しい講義をされたので、その新鮮味に学生がつよく引きつけられた。先生の講義は国語学史概説で、釈《しゃく》契沖の国語学から説きおこして、その後の発達を講述されたのであるが、各学者の研究を批判し、言語学を基礎として、国語の科学的研究は、いかに進むべきかを教示されたので、わたくしどもははじめて国語学の進むべき道を知りえて、前途に一条の光明を見いだした感じをもち、今後国語について、この新しい研究を進めてみようと考えるようになった。わたくしは卒業するとすぐ文科大学に新しく設置された国語研究室の助手に採用されたので、この研究室を学生が自由に便利に研究のできるように設備したいと考えた。そこでまず国語に関する文献をあまねく集め、これを語源・かなづかい・活用・音韻・文字・辞書というように分類して、かなづかいについて研究しようとすれば、容易にできるまでに設備しようと努めた。また万葉集や源氏物語等の注釈書や研究資料も、ひとところに集めて、これを研究しよう、卒業論文を書こうとする学生に便宜を与えようとした。その間、わたくしは言語学や音声学に関する原書を読み、過去におけるわが国語学の欠陥を認識するにしたがって、ますます新しい国語学をうちたてようという希望にもえはじめた。

（同前）

保科は、万年が持って帰ってきた新しい言語学的視野から見た国語学に触発されたのである。すでに触れたように、国語研究室を作ったのは万年と芳賀である。そして、この研究室は現在も続いているが、その初代の助手になったのが保科だったのである。

日本語の歴史を資料に即して考えるという文献学的方法、本居宣長などによる国学的方法、また現代日本語の問題などがこの研究室で扱われるようになる。

さきに述べた国字改良会に出席して、三氏の講演を聞いて、その問題の重要性をさとったが、当時あたかも戦争のあとで、国語国字問題がさかんに議論されていたので、自分もますますこれに大きな関心をもつようになった。文部省においても、国語国字問題の世論を傍観するわけにいかなくなったので、藤間勝二・岡田正美の両君とわたくしの三人を、明治三十一年二月図書課の嘱託として、国語国字問題の研究調査に当らせることになった。そこで、三名はとりあえず字音かなづかいを発音主義で統一するのがよいという意見を上申した。（同前）

「字音かなづかいを発音主義で統一する」ということは、分かりやすく言うと漢字の字を歴史的仮名遣いで書くのをやめて発音しているように書こうとするものである。

具体的に言えば、

「位」は歴史的仮名遣いであれば「ゐ」これを発音通りに書くと「い」

同様に「栄」の「ゑい」を「えい」に

「火」の「くゎ」を「か」に
「及」の「きふ」を「きゅう」に
「中」の「ぢゅう」を「じゅう」に
などである。
「発音主義」というのは、話している言葉と書き言葉を一致させようという考えに基づく。すなわち、「言文一致」の基本だったのである。

学問と政治は不可分

帝国大学教授（高等官六等）であった万年は、明治三十一（一八九八）年十一月には、文部省専門学務局長兼文部省参与官（高等官二等）兼東京帝国大学文科大学教授に昇進する。

留学してヨーロッパの言語学の粋を学んできた専門家は万年以外にはいない。大槻文彦がいくら言語学に精通していたとしても、文部省の高等官となって人をまとめることはできなかった。

学問だけに邁進する道ももちろんある。しかし、東京大学は学問の最高府であると同時に、官僚を養成するための最高機関でもあった。学問と政治は不可分である。

とくに教育という人を創るための根幹にあって、「国語」は、その中心の課題であった。万年の手に「国語」の将来は託されていたと言っても過言ではなかろう。

その万年のもとで国語国字問題について実際に調査研究をして万年に報告していたのが、保科孝一だった。

ただ、すべてが万年の思い通りになるというわけではもちろんない。

たとえば、万年は、次のように、促音の「っ」について新しい文字記号を作ることを明治三十年一月の「国語会議に就きて」の講演で提案している。

> 促音の符号の如き、或人はッの字をかき、或人はフツクチキの字の右側に●点を施し、或人は｜又はフを以て之を区別す。これらも予輩の希望よりすれば、一定の符号仮令ば**ワ**字の如きを作り、これを以て総ての場合を総括したきものなり。たとえば
>
> 国家　コ**ワ**カ　立法　リ**ワ**ポー　一切　イ**ワ**サイ
>
> 合羽　カ**ワ**パ　達者　タ**ワ**シヤ
>
> 等の如し。これらも亦《また》｜と同じく、五十音図中んの下に入るべきは論なかるべし。

万年作の絵本『おほかみ』

時は遡るが、明治二十二（一八八九）年、万年が二十二歳の時に採用した文字表記を見ることができるものが残っている。

万年は大学院に在籍中に、『おほかみ』というタイトルの小さな絵本を出版した。版元は、現在、日本史関係の書籍を出版する老舗として知られる吉川弘文館の前身である吉川半七である。

表紙には濃紺の着物に黒い帯を締め、年増風に鬚《ひげ》が生えた羊が籠を持って心配そうな顔をしている。その後ろには、深緑色で格子縞の着物を着て牙をちょっと覗かせる、人相の悪そうな狼が半腰に座ってキセルで煙草を吸っている。

木版の草紙である。表紙をめくると

狼《おほかみ》　獨逸　グリム氏　原著
日本　上田萬年　重訳

とあってすぐに本文がはじまる。

グリムの童話、つまりグリムの法則を発見したヤーコプ・グリムが兄弟で編集した童話「狼と羊」の訳なのである。ただ、「重訳」とあるように、ドイツ語の原文から訳されたのではなく、万年は英訳を使っている。

ちょっと初めの部分を読んでみよう。新しい仮名遣いの部分にだけ、左側にルビが入っている。

むかし、一疋《いっぴき》の年《とし》とッた女羊《めひつじ》があッて、七疋《しちひき》の子供《こども》を可愛《かわい》がッて育てて居た。ある日、その女羊が、森へ行ッて食物《たべもの》をとッて来るとて、子供たちを呼びあつめて云ッたには、みんなはよい子だから、今おッかさんが森へ行ッて居るうちは、よく狼《おほかみ》に気をおつけよ。もしあれが来ると、お前たちは皮から毛まで、みんな食はれてしまいます。それに、あれは時々身なりをかへて来るから、よくあのこはい声と、黒い足とに気をつけて、だまされないやう《ヨー》におし、と云ッたら、子供たちはいづれも、おッかさん。私たちはおッしーや《シャ》るとー《トー》ほり、気をつけませーう《ショー》。心配せずに、行ッていらッしーやい、とやさしく答へたゆゑ、その女羊は、よろこんで、いッさんに森へと行ッてしまッた。（筆者注：仮名遣い原文のまま）

本書には挿絵がついている。本頁の絵は武家屋敷のようなところから七人の子羊が母親を見送る場面である。

前項の最後の部分で、万年が「国語会議に就きて」で促音に新しい文字記号を採用することを提案している点に触れた。

じつは、「字音かなづかいを発音主義で統一する」という万年の考えは、すでにこの「おほかみ」が出版された明治二十二年に、少し実現されていたのである。

やう《ヨー》
おッしーや《シャ》る
とー《トー》ほり
気をつけませーう《ショー》

である。

これもまた、万年は、明治三十年一月の「国語会議に就きて」で言う。

長母音を示す符号の如き今日までは大抵「あゝ」「いゝ」の如く同字を二ツ書くか、或は「あう」「おう」の如く「ぅ」の字を他の字の下に書くかして、其用を便じ来れる者なれども、此等には此等の特別の読み方別に存するが故に、(中略) 今日にても、既に実際使用し居る「ー」符号を五十音図の上に措《お》き、小学初等科より早くこれを教授せんと希望するものなり。

旧仮名遣いの横に振り仮名として実際の発音を附記するのは、大槻文彦が『言海』で行ったのと同じやり方である。

国語仮名遣い、字音仮名遣い、訳語仮名遣い

万年は、「国語会議に就きて」で、仮名遣いについても述べる。

次に仮字遣の事に関しても、亦攻究《こうきゅう》すべき事頗《すこぶ》る多し。我国に於ける仮字遣には大約三種あり。第一国語仮字遣、第二字音仮字遣、第三訳語仮字遣これなり。而して其仮字遣の主義の上には、又歴史的仮字遣法と音韻的仮字遣法との二あり。今日我国に行わるる国語及び字音仮字遣は、歴史的主義に則れるものにして、洋語の仮字遣のみひとり其音韻的主義を維持しつつあるなり。此等の上に就いては特に学者の鄭重《ていちょう》なる研究を要すべし、如何となれば我同胞数千万人の子弟が、均しく小学校に入りて教育を受くる時に使用する言語は、此等学者の指定に拠《よ》らざるはなければなり。

万年によれば、仮名遣いといっても、国語仮名遣い、字音仮名遣い、訳語仮名遣いの三種類があるという。

そして国語仮名遣いと字音仮名遣いは、歴史的仮名遣いに則っていて訳語仮名遣い、万年の上の言葉で言えば、西洋語の訳語仮名遣いだけが音韻主義、つまり発音通りの音をそのまま書く方法によっているとする。

「訳語仮名遣い」というのは、「soup」を「スープ」、「American」を「メリケン」、「lamp」を「ランプ」などと書くように、ヨーロッパの言葉を可能な限り発音に忠実に写していく方法をいう。

また「字音仮名遣い」とは、すでに触れたように、漢字の発音、たとえば「王」を「わう」と書いて「オウ」、「怪」を「くわい」と書いて「カイ」、「道」を「だう」と書いて「ドウ」と読むものである。こうした仮名遣いは、中国隋の時代に作られた『切韻《せついん》』という字書に基づくもので、遣唐使以来の伝統を持つ歴史的な発音表記の方法である。

漢字の読みをいわゆる旧仮名遣いで書くのは、奈良平安時代に遡れば、「訳語仮名遣い」であるが、時代を経ることでとくに「字音仮名遣い」と呼ばれるものになる。

また「国語仮名遣い」という和語を書くための仮名遣いも古く、遡れば万葉仮名以来の伝統を持つもので、万葉仮名は基本的には「字音仮名遣い」によって発達した。

仮名遣いという点から万葉仮名を見れば、「上代特殊仮名遣い」と呼ばれる特徴があった。

それは、奈良時代に使われた万葉仮名の時代には、「キ・ケ・コ・ソ・ト・ノ・ヒ・へ・ミ・メ・モ・ヨ・ロ」、また濁音では、「ギ・ビ・ゲ・べ・ゴ・ゾ・ド」の音にそれぞれ二種類の音があったというものである。

たとえば「キ」は「ki」「kï」という音の違い、「コ」には「ko」と「kö」というふたつの音の書き分けが行われていた。

たとえば現代日本語で「こい」と同じく発音される「恋」と「乞い」の「こ」は奈良時代には、発音が異なっていた。

「恋」という言葉の「こ」は、万葉仮名では「ko」と発音される「孤」「古」「故」「枯」「姑」の漢字が使用される。

これに対し、「乞い」のほうは「kö」と発音される「許」「己」「忌」「巨」「去」「居」の漢字が使われる。

この両者は、奈良時代の文献では、決して混同されることがない。

それでは、こうした音の違いがあったと知って、何か役に立つことがあるのかと考える方も少なくないだろう。

じつは、これは語源を考える場合に非常に重要な点なのである。

つまり「恋」と「乞い」の「こ」の音が異なるということは、すなわち「人を乞い慕う」という語源は、成り立たないということになる。

しかし、この書き分けは、平安初期およそ八三五年から九〇〇年にいたるまでに区別が失われ、〈ひらがな〉や〈カタカナ〉が生まれることによって完全に消滅してしまう。

日本語に限らず、言葉は発音を簡略化していく傾向がある。古代の音素の数は時代を経るごとに、少なくなっていくのである。

「甲（カフ）」も「皇（クワウ）」も「コー」

はたして、万年は、国語会議で何を求めようとしていたのか。

普通教育に於ける国語科の目的は、現在社会に於ける国語の理解力と、其運用力とを養成するにありて、必ずしも歴史的の事実、比較的の語源等を教授するにはあらず。而してかかる点より今日の仮字遣法を観察すれば、甚だ遺憾ながら、右の弊中《へいちゅう》にありといわざるべからず。

（「国語会議に就きて」）

万年が言おうとするのは、今、国語を考えるのに、歴史的な経緯や語源を知るため、旧仮名遣いなどを残すのは、不必要だということである。

今、必要なのは、新しい「明治の日本語」なのである。

万年は続けて強い口調でこれを主張する。

畢竟《ひっきょう》するに、以上述べ来りたる発音文字仮字遣及び文法等の上に存する疑義を解釈し、其未来に為すべき攻究を奨励し、其学問の上に犠牲となる学者を保護し、而して能く帝国教育の基礎を固めしめんには、国語会議なる学者の一団体を設けて、これに附するに相当の権力を以てし、一方に図書検定の最高顧問となり、一方に国語統一の中枢機関となりて、全国の国語学者に其仰ぐ所を知らしむるにあり。仏国の学士会院の如き、現に一部に於て此天職を執行する者なり。（中略）明治二十九（筆者注：一八九六）年十二月高等教育会議開設の勅令は下りぬ。知らず此名誉ある高等会議に列する諸君は予輩の此の希望を以て、単に一の空中楼閣と見做したもうや否や。抑《そもそ》も亦社会も予輩の此言を以て、単に一の空中楼閣と見做《みな》して了《おわ》るべきや否や。

万年は、国語会議というものを設けて、今こそ、フランスの学士会院（アカデミー・フランセーズ）のような、国語政策の中枢機関において、明治の日本語を創ろうと言うのである。平凡社東洋文庫に収められた『国語のため』所収の本論文の校注では、安田敏朗が「高等教育会議」を説明して次のように記している。

一八九四年の帝国議会において「教育高等会議及地方教育会議ヲ設クル建議」が貴族院および衆議院から提出された。その後、まさに上田が講演をした一八九六年十二月に勅令により文部大臣の諮詢《しじゅん》機関である高等教育会議が設置された。規則によると、議員は帝国大学総長および各分科大学長、文部省各局長、直轄学校長、学識経験者等から組織するものとされた。

繰り返しになるが、「国語」は政治の俎《まないた》の上に載せられ、ここで、現代にまで通じる一本の方針が定められることになる。

そして、万年も「国語会議に就きて」で記した「予輩の希望」を提げ、文部省専門学務局長兼文部相参与官（高等官二等）という役職でこの会議に参加することになるのである。

明治三十二（一八九九）年、万年は帝国大学総長・菊池大麓《きくちだいろく》の推挙で文学博士の称号を授与される。

そして、翌明治三十三（一九〇〇）年、文部省から「国語調査委員」に任命されたのだった。

委員長は、漢字廃止を唱えた前島密だった。委員には『言海』を編纂した大槻文彦、『国民の友』の徳富蘇峰などが含まれていた。

同じ年、万年と同い年で、一番仲がよかった弟子・芳賀矢一が文献学研究を目的にドイツに留学する。そして、芳賀と同じ船には、夏目漱石が乗っていた。漱石は「英語学研究」の目的でイギリスに向かっていた。

芳賀は、二年後、帰国に際してロンドンにいる漱石を訪問し、彼が精神的に衰弱していることを万年に知らせ、即刻漱石を帰国させるべきだと進言した人物でもあった。

ところで、明治三十三年は、万年にとって「仮名遣いの革新」という意味では非常に実りある年でもあった。

帝国教育会国字改良部仮名調査部の会議などを経て、八月、文部省は小学校令において、「読書作文習字を国語の一科にまとめ、仮名字体・字音仮名遣いを定め、尋常小学校に使用すべき漢字を千二百字に制限」し「仮名遣いの一定として変体仮名を廃止し、字音仮名遣いを改正する（表音式に改め、長音符号を採用する）こと」を決定したのである。

これを受けて、明治三十三年に出された坪内逍遥の『国語読本』には、次のような表記が使われている。

「小人」の読み方は「ショージン」（旧仮名遣いでは「小」は「セウ」）

「道理」は「ドーリ」（旧仮名遣いでは「道」は「ダウ」）

また、この読本の解説書である『高等国語読本字引』には、次のようなものが見える。

「構造《コーゾー》の進歩《シンポ》」の注には、「つくり方が、じょーづになること」（旧仮名遣いでは「構造」は「カウ・ザウ」）と記される。

「棒引き字音仮名遣い（略して「棒引き仮名遣い」とも）」と呼ばれる新しい表記スタイルである。

また同じく明治三十三年に金港堂から発行された『尋常国語読本』には次のような文が載せられる。甲種巻六、第十三課に見える「人形の病気」という文章である。

お花は、為吉と云ふ人形を、ふとんの上にねかして、片手で、其のはらをさすって居ます。是は人形が、病気にかかったと云って、かんびょーのまねをして居るのでございます。（中略）

お花「為吉は、昨夜より、腹が大そーいたむと申してないてばかり居ます。」（筆者注：仮名遣い原文のまま）

これによれば、「看病」が「かんびょー」、「大層」が「大そー」となって、つまり「高（カウ）」も「甲（カフ）」も「皇（クワウ）」も「コー」、また、「生（シヤウ）」も「招（セウ）」も「渉（セフ）」も「ショー」で書き表すということになる。

カタカナで書かれた同じく金港堂発行の『尋常国語読本』甲種巻二の「よいこども」には、

兄モ、弟モ、一ネンジュー、ヨクベンキョーイタシマシタ。（中略）父母ハ、二人ノコドモニ、ベンキョーノホービダトイッテウツクシイヱヲ一マイヅツヤリマシタ。（筆者注：仮名遣い原文のまま）

という文章が載せられている。

これが、「新しい思想」を書くための「新しい文体」かと言われれば、首を傾げたくもなるが、これは「発音主義」と呼ばれる立場によって作られたものだった。「ネンジュー」は「年中」、「ベンキョー」は「勉強」、「ホービ」は「褒美」である。

分かりやすく言えば、発音しているように書くというまさに「言文一致」を目指すものである。

この「発音主義」棒引き仮名遣いを推進したのは、じつは上田万年とその弟子・保科孝一であった。

「母」は「パパ」だった――「P音考」

明治三十一年、万年は、「P音考」という日本語学史上画期的な論文を発表する。その冒頭の部分を紹介しよう。

此のP音の事に就きては、本居翁などが半濁点の名称の下に、これを以て不正鄙俚《ひり》の音なりとし、我国には上古《じょうこ》決してなかりし音なりなど説き出されしより、普通和学者などいう先生たちは、一図《いちず》に其の説を信じて、何事も他の云う事を信ぜざるが如し。其の誠や愛すべきも、其の愚《ぐ》や笑うべきのいたりなる。茲《ここ》に予が述ぶる所は、敢てかかる先生たちを相手としてにはあらず、従いて唯《ただ》此の上の要旨をのみ述ぶる事と知られたし。

この論文は、本居宣長が、古代日本語にはP(パピプペポ)ではじまる言葉がなかったと言ったことをそのまま信じる和学者を批判する攻撃的な筆致で書き出される。

「近代化」が急速に進められれば、それに反発する力もまた強くなる。「皇国史観」などが生まれてくるのもまた当然のことであった。

万年は、もちろん「近代化」のほうにいる人物である。

それまで日本語を研究するのに、和学者が使うことのなかったローマ字を使うことで、客観的な言語の変化を目の当たりにすることができる。〈ひらがな〉や〈カタカナ〉でしか日本語を表せない人にとっては、まるでマジックを見ているようなものであっただろう。

万年は、論文を次のように続ける。

もし濁音が清音より出《いで》しものなれば、即ちダ行はタ行より出で、ガ行はカ行より出しものなれば、

D＝T

G＝K

B＝（？）＝P!!

B音の出し清音は、決してハ行（H）音にもあらず、ファ行（F）音にもあらず、即ち純粋なる唇的清音パ行（P）音ならざるべからず。

そして、和学者と呼ばれる人たちが、「P」の音がなかったということに対して次のように言う。

中古以降、音韻の学衰うると共に、音を音として研究せず、文字の上よりのみ音を論ずる似而非《えせ》学者出で来りて、終に半濁音などという名称までを作り、大に世人を惑わすにいたりたり。

まさに、ラスクやグリムが指摘した、書かれた文字は必ずしも実際の発音を反映しているものではない、ということが、日本語に当てはめても言えることを、述べたものであろう。

さて、こののち、万年は、サンスクリット語の漢訳を例に出す。ここではそのうちの少しを挙げよう。

Arahân　阿羅（漢）
Hami　（哈）密
Maha　摩（訶）

サンスクリット語のH（h）で書かれた部分が、漢訳されたものではすべて、日本語では「カン」「コウ」「カ」など「K」で発音される漢字であることを万年は例として挙げるのである。そして、次のように結論を言う。

（一）当時我邦《くに》にHの喉音《こうおん》なかりし事、（二）なかりしかば、其の類似的喉音K音にて写しし事を証《あか》してあまりありというべし。

次に万年は、明治二十二（一八八九）年に出版されたバチェラーの『アイヌ・英和辞典』を引く。すでに述べたが、バチェラーは万年の師チェンバレンがアイヌ語を研究した際に世話になった北海道在住の宣教師である。

アイヌ語のなかには、日本語を借りて表す言葉「借用語」が少なくない。

万年は日本語からの借用語である次の語を示す。

針はPachi
光はPekare
箸はPashui
骨はPone

これによれば現代日本語の「H」が、すべて「P」で書かれる。ところで、アイヌ語には「H」の発音はないが、似たものに「F」の発音がある。万年は言う。

これらは果して古きアイヌに入りし邦語にはあらざるか。もし新しく入りし者なりとせば、何故にFHを有するアイヌは、之を其の音にて伝えざるか。

すなわち、古代日本語は「針」「光」「箸」「骨」などすべて「P」で発音されていたものであった。だからこそ、アイヌ語で「P」で書かれるのだという。

万年はさらに方言について、「沖縄薩摩等、九州の南部にかけて、F音の多く存在することを認むるのみか、沖縄語典の吾人《ごじん》に告ぐる処によれば、国頭《くにがみ》八重山《やえやま》宮古《みやこ》の諸島には、半濁音の語極めて多しというなれば、此等の上より見ても、現在流行の音が、P　Ph（F）　H　Wの転遷をなし来りし事、昭々《しようしよう》たるにあらずや」と言う。

つまり、万年は、上古の日本語では「はひふへほ」が「パ・ピ・プ・ペ・ポ」と発音されていて、それが「ファ・フィ・フゥ・フェ・フォ」となり、「ハ・ヒ・フ・ヘ・ホ」と変化したと言うのである。

もちろん、この説は、現在では正しい学説として認知されている。まさにグリムの法則に従って、万国語に共通して現れる現象だからである。

しかし、この当時、グリムの法則を知ってはいても、それを日本語に適合してみるという研究はなかったのである。

大槻文彦とグリムの法則

話はやや時代を遡るが、グリムの法則は、すでに明治十二（一八七九）年、この万年の論文が書かれる十九年も前に日本で紹介されていた。

文部省が明治六（一八七三）年から十年ほどの年月をかけて刊行したイギリスの『百科全書』のうち、明治十二年に大槻文彦が「言語」を訳出している。

この百科全書は、明治時代、非常に重宝され、「チャンブル」あるいは「チャンブルの百科全書」と呼ばれていた。

オリジナルの書名は、『Chamber's Information for the People』という。

ウィリアム・チェンバース（一八〇〇〜一八八三）は、スコットランド、エジンバラの市長であった。そして、弟にロバート・チェンバースという科学者がいた。

彼らは、普通教育を全スコットランドで行うためにという目的で、出版社を設立し、教科書を普及させるために安価で印刷できる印刷機を導入した。そして、人々により広範な知識を広めるという目的で、一八三三年から一八三五年にかけて『Chamber's Information for the People』を編纂したのだった。

松永俊男の研究によれば、福澤諭吉は、『西洋事情外編』（一八六八年）を書くに当たって、「チャンブル氏の経済書」を下敷きにしたと言われるように、『Chamber's Information for the People』は、すでに明治初期に、我が国で読まれはじめていた。

これを、文部省が、明治四（一八七一）年から『百科全書』というタイトルにして洋学者に命じて訳させ、出版していった。

文部省の西村茂樹と箕作麟祥が中心となって行われた本書の翻訳については、石井研堂《いしいけんどう》『明治事物起原』に次のように記されている。

私は南校に居て、明治四年の七月か八月に、編輯寮《へんしゆう》の大属になりましたが、其時、箕作麟祥先生が、編輯頭をやって居られました。其時分先生が頭になって、フルベッキ（筆者注：グイド・フルベッキのこと）の持つて居たチャンブルの百科全書――インフヲルメーションオフピープルとかいうもの百科ばかりあるので、あれを割訳にしようといって引っぽといて、賃訳《ちんやく》に出しました。編輯寮に勤めて居る者でも、学校の教員をして居る者でも、福澤の人たちでも、誰でも英書の読める者には、訳させたものです。

たとえば、第二十代内閣総理大臣や大蔵大臣などを歴任し、二・二六事件で銃弾に斃《たお》れた高橋是清《たかはしこれきよ》も、本書の「衣服及服式」の巻の翻訳を行っている。彼は、アメリカで奴隷同然に働いていたところを助けられて文部省に入り、大学予備門などで英語を教えていた。わずか十三歳か十四歳の頃のことである。

本書の研究は、杉村武『近代日本大出版事業史』、福鎌達夫『明治初期百科全書の研究』によって行われたが、編纂の過程やどれほど影響があったのかなどについては、不明の点も少なくない。

簡単に、この『百科全書　言語』の内容を示しておきたい。万年が留学する前に、すでにヨーロッパの言語学の流れを、日本にいて知ることができた点を明らかにしておきたいからである。

ほんの百頁ほどの小冊子であるが、これは、言語学の入門書としては非常に優れたものである。

万年ももちろん、留学の前にこの本を読んでいたことであろう。

本書は、まず「概論」として、言語を学ぶ、あるいは言語学の目的を説く。

ところで、明治十二年と言えば、チェンバレンが『古事記』を訳す四年も前のことである。つまり、まだ東京大学には後世「言語学」となる、「博言学」という専門科目は設置されていなかった。

しかし、この書には、すでに「言語学」という言葉が使われているのである。

大槻文彦は、この「概論」で、「抑《そもそも》此学問の一科学と成りしは、稍《ようやく》近世の事に属し其名称と雖《いえど》も未だ一定普通のもの無く之を称して或は比較文法学《コンパラチブ、グラマ》或は比較語学《コンパラチブ、ヒロロジー》或は話学《リングイステック》或は言語の学問《サイアンス、オフ、ランゲージ》と謂う。蓋《けだ》し言語の学問と云える名は最も穏当を得たるものの如しと雖も然れども亦煩雑に入るべき不利あるを免れざるなり」と記す。

しかし、巻末の「言語の由来を論ず」という章では、「マッキスミュルレル氏の如きは一千八百六十一年倫敦刊行の言語学に於て」など、「言語学」という言葉を使っている。

大槻文彦は、これまでに何度か登場しているが、日本で初めてアイウエオ順に言葉を並べて『言海』を編纂した人である。

祖父・大槻玄沢《げんたく》は、『解体新書』を翻訳した杉田玄白《すぎたげんぱく》、前野良沢《まえのりょうたく》の弟子で、蘭学者であり、漢学者の大槻磐渓《ばんけい》が父である。

よく知られることではあるが、玄沢は、杉田玄白から『解体新書』の改訳を依頼されて『重訂解体新書』を著し、医学用語としての人体の部位呼称を現代にも通じるように直すなどの業績を残している。

例を挙げておこう。

『解体新書』で「欠盆骨」とするものを、「鎖骨」とする。同じく「大脳髄」を「大脳」、訳がされていなかったところに「網膜」という訳をするなどである。

また、父の磐渓については、おもしろいエピソードがある。

玄沢が、先に記した、大黒屋光太夫から聴取して『北槎聞略』を残した桂川甫周と雑談をしているときに、オランダ語を日本語にうまく訳すためには漢学者を育てなければならないという話になって、玄沢は、息子磐渓を漢学者にしたという話である。

オランダ語を日本語（漢語）に訳すことは、文彦にとっても同様に父親から課された務めのひとつだった。

「博言学」という言葉をだれが作ったか明らかにすることができないが、「言語学」という文彦の訳語が現代にまで生きていることは、外国語を日本語に訳すという祖父の代からの家業が、言葉に対する繊細な神経を、文彦に与えたことの表れであるとも言えるであろう。

さて、『百科全書　言語』には、言語の変化についても記されている。

このうちには「米利堅人《アメリカ》に至ては我が英人の如く斯《か》く文字に拘泥《こうでい》せずして種々の言語を製造せり。而して其製造の新語の我が英国に入るとき語学の熱心家は之を蔑視すれども亦常用の語となれる者尠《すくな》しとせず。例えば、pro'gressより出でたる動詞のto progre'ss; in'terviewより出でたる動詞to interviewの如き是なり」など、すでに英語、米語の違いなどにも触れられる。

また、語源という点について言えば、「silly」という言葉を使って「意義の変化」が解説される。

「例えば現今の英語sillyは安格羅撒遜《アングロサクソン》語のsaeligより転訛せる者にして即ち幸福の義あり。然れども幸福の規範の単純なる者は児童の幸福にして而して児童の幸福は丹心《たんしん》無罪と質朴単醇《しつぼくたんじゅん》とより生ずる者なるに因《よ》り此語は無罪醇朴《インノセント、シンプル》の第二義を得、稍《やや》年所を経るに随いて終に幸福の第一義を失せり」

印欧語を大きく捉えて鳥瞰してみれば、現在ある言語は、すべて「アリアン語」（現在の「アーリア人」の意）から派生したものであるとして、ここからインド語派、ケルト、グレコ、イタリックなどの語派がそれぞれ分化して現れると説く。

もちろん、現在となっては、修正されるべきものも少なくないが、当時の言語学の最先端の学説が、ここには記されている。

「グリムの法則」は、まさにそのひとつであった。

「印度欧羅巴語の一科中に行わるる声音転換の法則中最も著明なる者はグリム氏の法則と名づくるものにして所謂グリムとは嘗《かつ》て此法則を検究したる有名なる日耳曼《ゲルマン》語学家の名称に取りしものなり」と紹介される。

グリムの法則についてはすでに触れたが、本書には、英語、オランダ語、アイスランド語、ドイツ語、リトアニア語、スラブ語、ケルト語、ラテン語、ギリシャ語、ペルシャ語、サンスクリット語、アラビア語、トルコ語を挙げて、グリムの法則があらゆる言語に当てはまることを証明する。

さらに、本書には、すでに「言語の模像《タイプ》を論ず」として「孤立語《こりつご》」「粘着語《ねんちゃくご》（現在の「膠着語《こうちゃくご》」）」「変尾語《へんびご》（現在の「屈折語《くっせつご》」）」の三種類があることを説明する。

万年の師・チェンバレンがアイヌ語を研究するときに、言語の形態論をまず用いて分類したと第四章で記したが、世界の言語をこのように形態で分類できるということが紹介されたのは、この書物によってであった。

これらを「言語発生の階級」とすることなど、もちろん今日では否定されることも記されるが、孤立語として中国語を、膠着語としてフィンランド語を、また屈折語としてゲルマン語以下インド・ヨーロッパ諸語を挙げて、これらの違いを説明する。

大槻文彦が、これらヨーロッパ諸語を知っていたとは考えられないし、これらの言語についての辞書が当時我が国にあったとも考えられない。よくもこういう複雑なものを訳すことができたと驚嘆するばかりであるが、明治初年にすでに言語学についての最先端の情報はこうして紹介されていたのである。

いずれにせよ、明治初年、文部省が最新の知識を我が国に紹介しようとしたこと、そしてそのうち「言語」については、「グリムの法則」まで、そこで詳しく記されていたことだけは明らかである。

第一〇章　文人たちの大論争

敵か味方か？　鷗外の力

万年は、明治三十二（一八九九）年、文学博士の称号を授与され、これによって名実ともに、言語学者として、また言語学の立場から日本語を論じることの権威となったのである。

ところで、博士という学位を持って明治の世を闊歩していた人に森林太郎・鷗外がある。明治二十四（一八九一）年に医学博士の学位を授与されて以来、鷗外は、また文筆家としても華々しい活動を行っていた。

そして、万年とは明治三十五（一九〇二）年以降、「国語調査委員」として顔を合わせることになる。

万年とはうまくいくのか……鷗外は負けず嫌いで、人に論争をふっかけ、しつこく追い回すという癖を持っていた。

なかでも、本格的な美学研究を行っていた高山樗牛（一八七一〜一九〇二）にふっかけた論争は、樗牛の心身をひどく傷めるものであった。樗牛は、もし肺結核に罹《かか》らなければ、芳賀や漱石と一緒にヨーロッパに留学し、美学研究を行うはずであった。鷗外と樗牛の論争はのちに譲るが、かつて、鷗外の論敵にされた坪内逍遥もすでに小説の筆を断ち、近松門左衛門とシェイクスピアの研究に没頭していた。文壇における鷗外の力は、どんどん大きくなっていく。

明治四十二（一九〇九）年、森鷗外は「『即興詩人』時代と現時の翻訳」という小文を書いている。言うまでもないが、『即興詩人』の原作は、デンマークの童話作家、ハンス・クリスティアン・アンデルセンの出世作で、初版は一八三五年に出版された。

鷗外は、ドイツに留学したときに、ドイツ語に訳された『即興詩人』を手に入れ、「我座右《ざゆう》を離れざる書の一に属す」（『柵草紙《しがらみぞうし》』）と、何度もこれを読み返して、翻訳に手を染めた。とはいっても、一気にすべてを翻訳して一冊にしたものではない。明治二十五（一八九二）年から明治三十四（一九〇一）年まで雑誌『柵草紙』に断続的に連載された。

それが本にまとめられたのは、明治三十五（一九〇二）年七月七日のことである。

鷗外は、この初版の例言で次のように言っている。

此訳は明治二十五年九月十日稿を起し、三十四年一月十五日完成す。殆ど九星霜《せいそう》を経たり。然れども軍職の身に在るを以て、稿を属《しよく》するは、大抵夜間、若《も》くは大祭日日曜日にして家に在り客に接せざる際に於てす。予は既に、歳月の久しき、嗜好の屢々《しばしば》変じ、文致《ぶんち》の画一なり難きを憾《うら》み、又筆を擱《お》くことの頻にして、興に乗じて揮瀉《きしや》すること能《あた》わざるを惜みたりき。世或は予其職を曠《むな》しくして、縦《ほしいまま》に述作に耽《ふけ》ると謂《い》う。冤《ぬれぎぬ》も亦甚《はなはだ》しきかな。

そして、大正三（一九一四）年八月三十一日に第十三版が出るに当たって、再び「題言」を記して次のように言う。初めて翻訳の稿を起こしてから二十二年後のことである。

是れ予が壮時《そうじ》の筆に成れるIMPROVISATOREN《インプロイザトオレン》の訳本なり。国語と漢文とを調和し、雅言《がげん》と俚辞《りじ》とを融合せんと欲せし、放胆《ほうたん》にして無謀なる嘗試《しようし》は、今新に其得失を論ずること須《もち》いざるべし。初めこれを縮刷に付するに臨み、予は大いに字句を削正《さくせい》せんことを期せしに、会々欧洲大戦の起るありて、我国も亦其旋《せん》渦中《かちゅう》に投ずるに至りぬ。羽檄旁午《うげきぼうご》の間、予は僅に仮刷紙を一閲《いちえつ》することを得しのみ。

「国語と漢文」「雅言と俚辞」を融合して、新しい言葉での試みを行うと言うのであるが、鷗外の本心としては、長年かかって少しずつ、言葉を選びながら翻訳してきた大好きな一冊に、もはや手を加えたくなかったのではないだろうか。

はたして、経済学者・小泉信三（一八八八〜一九六六）は、次のような讃辞を贈っている。

鷗外の作品としては、私はやはり第一に「即興詩人」を挙げたい。青年時代に偶々《たまたま》「即興詩人」を読み得たことは自分の幸福であった。その青年時代を「即興詩人」を知らずにすごした人があるとすれば、それは大きな損をしたものだと私はいいたい。多くの読者と同じく、私もその幾つかの章節をそらんじ得るまでにくり返して読んだ。イタリヤを旅行するときその一巻を携えたこともまた人々と同じであった。（中略）この物語は勿論アンデルセンの作である。しかしそれがかくもわれわれを動かすのは鷗外の文章によること争うべくもない。即興詩人のドイツ文は私もかつて一読した。しかしそれから受ける感動の訳文からのそれに比すべくもないのは、自分のドイツ語学力の不足のためとは考えない。鷗外は、原文の文意は勿論、一字のニュアンスをもおろそかにすることなしに、（中略）しかも忠実なる翻訳であるが、訳者は日本の読者のために原文の読者のかつて味わい知らぬ異常の美しさを加えたのである。（中略）しかも欧文をかくまでに解し味わい、和漢の文字をかくまでに駆使するということは、今後果たして誰れが出て為し得るか。鷗外の前に鷗外なく、鷗外の後に鷗外なし。「即興詩人」は和漢洋文学の珠玉をおさめた、日本文というものの到り得る極所を示したものとして伝えらるべきである。

これほどの讃辞はないだろう。

小泉信三は、戦後、東宮御教育常時参与として継宮《つぐのみや》明仁《あきひと》親王（今上天皇）の教育の責任者になった人であるが、おそらくそれ以上に、二〇〇八年に映画化された『ラストゲーム　最後の早慶戦』という話で知っている人も少なくないであろう。昭和十八（一九四三）年十月十六日に、学徒出陣に行く早稲田と慶應の野球部の学生たちのために「出陣学徒壮行早慶戦」を開催した、当時の慶應大学塾長である。

父親の小泉信吉もまた、明治時代の慶應義塾塾長で、福澤諭吉ととても親しく、横浜正金《しょうきん》銀行の支配人などを歴任した人である。
小泉信三は、鷗外から二十六歳年下で、面識もあったようである。
とはいっても、小泉から「和漢洋文学の珠玉をおさめた、日本文というものの到り得る極所を示したもの」と言われたら、文豪鷗外としてもこれほどの喜びはないに違いない。
それでは、少し、『即興詩人』の冒頭を見てみよう。

羅馬《ローマ》に往きしことある人はピアッツア、バルベリイニを知りたるべし。こは貝殻持てるトリイトンの神の像に造り做《な》したる、美しき噴井《ふんせい》ある、大なる広《ひろ》こうじの名なり。貝殻よりは水湧き出でてその高さ数尺に及べり。羅馬に往きしことなき人もかの広こうじのさまをば銅板画にて見つることあらん。

もちろん、冒頭だけで名文名訳とは言われまい。読み進めて、最後のほうに、次のような文章が見える。

聖母《マドンナ》の御影の前に、一燈《いっとう》微かに燃え、カノワが棺のめぐりなる石人は朧気《おぼろげ》なる輪廓《りんかく》を画《か》けり。贄《にえ》卓《づくえ》に近づけば、卓前に三つの燈の点ぜられたるを見る。菫花《すみれ》のかおり高き邊《ほとり》、覆《おお》わざる柩《ひつぎ》の裏に、堆《うずたか》き花弁《はなびら》の紫に埋もれたる屍《かばね》こそあれ。長《たけ》なる黒髪を額《ぬか》に綰《わが》ねて、これにも一束の菫花を挿《さしはさ》めり。是れ瞑目せるマリアなりき、我が夢寐《むび》の間に忘るることなかりしララなりき。われは一声《ひとこえ》、ララ、など我を棄てて去れると叫び、千行《ちすじ》の涙を屍の上に灑《そそ》ぎ、又声ふりしぼりて、逝《ゆ》け、わが心の妻よ、われは誓いて復《ま》た此世の女子を娶《めと》らじと呼び、我指に嵌《は》めたりし環を抽《ぬ》きて、そを屍の指に遷《うつ》し、頭を俯して屍の額に接吻しつ。爾時《そのとき》我血は氷の如く冷えて、五体戦《ふる》いをののき、夢とも現《うつつ》とも分かぬ間に、屍の指はしかと我手を握り屍の唇は徐《しず》かに開きつ。われは毛髪倒《さかしま》に竪《た》ちて、卓と柩との皆独楽《こま》の如く旋転するを覚え、身辺忽《たちま》ち常闇《とこやみ》となりて、頭の内には只だ奇《く》しく妙《たえ》なる音楽の響きを聞きつ。

『即興詩人』が好きな人はこの辺り（「心疾身病《しんしつしんびょう》」）を読むと、主人公とともに涙を流してしまうのだという。

鷗外の『即興詩人』を愛読したのは、小泉信三ばかりではない。小説家では正宗白鳥《まさむねはくちょう》、蒲原有明《かんばらありあけ》、江戸川乱歩《えどがわらんぽ》なども称賛の言葉を残している。

「翻訳を越えた翻訳」と正宗などは言うが、今、これを読んで内容が分かり、名文だと言う人は、よほど明治大正の文章に精通した人であろう。

ところで、こうした古典的な美文を書く鷗外の能力は、「漢文」に支えられていた。「簡にして要を得た文章」を書くことが要求された漢文である。

江戸時代後期には、頼山陽《らいさんよう》（一七八〇～一八三二）が漢文で『日本外史』を書いている。批判的な意見もあるが、武士の興亡を端的な漢文で書いた本書は、近藤勇《こんどういさみ》（一八三四～一八六八）、伊藤博文など幕末維新のいわゆる志士に大きな影響を与えたとされる。

漢文は男のロマンを掻き立てるものであった。

しかし、これをそのまま「国語教育」に使うことができるかと言えば、そうはいかない。

問題は、まず明治初期から言われていた「漢字」の多用があった。漢文では、ヨーロッパからの新しい思想や技術を受容していくことに困難があるのである。

鷗外の文章の力は雅俗折衷体にある

小倉斉は、「森鷗外初期の文体意識に関する覚書」（愛知淑徳短期大学研究紀要）で、森鷗外が明治二十二（一八八九）年を起点として発表した翻訳作品を口語体と文語体に分けて列記する。非常に興味深いので、参照したい。

〈口語文体〉

● 「音調高洋箏一曲《しらべはたかしぎたるらのひとふし》」（カルデロン原作、三木竹二と共訳、『読売新聞』明二二・一・五〜二・一四）

● 「緑葉の歎」（ドウデー原作、三木竹二と共訳、『読売新聞』明二二・二・二二）

● 「玉《たま》を懐《いだ》いて罪あり」（ホフマン原作、三木竹二と共訳、『読売新聞』明二二・三・五〜七・二一）

● 「新世界の浦島」（アルヴィング原作、『少年園』明二二・五〜八）

●「洪水」（ハート原作、『柵草紙』明二二・十～明二三・三）
●「戯曲折薔薇《おりばら》一名『エミリヤ、ガロッチー』」（レッシング原作、三木竹二と共訳、『柵草紙』明二二・十～明二五・八）
●「伝奇トオニイ」（キヨルネル原作、三木竹二と共訳、『読売新聞』明二二・一一・二五～十二・三）

〈文語文体〉

●「戦僧」（ドオデェ原作、『少年園』明二二・三）
●「於母影《おもかげ》」（新声社共訳、『国民之友』明二二・八）
●「瑞西館《すいつつるかん》に歌を聞く」（トルストイ原作、『読売新聞』明二二・一一・六～一一・二九）

鷗外はこの前年の明治二十一（一八八八）年九月八日に、四年に及ぶドイツ留学から帰国した。ここに列挙された本は、ドイツに滞在している間にドイツ語あるいは英語で読んで翻訳の筆を執っていたものである。

小倉はこのように、帰国翌年の明治二十二年に鷗外が発表した翻訳十編のうち七編が口語文体であることを挙げて、鷗外に対する山田美妙の考えを引用する。

明治二十二年十二月、雑誌『以良都女《いらつめ》』に書かれた「明治廿二年度の日本文学世界」の言葉である。

「前に美妙斎主人の言文一致体の流行に協力者の実の有ったのは二葉亭氏、嵯峨の屋《さがや》（筆者注：「嵯峨の屋おむろ」のこと）氏でした。後の紅葉山人《こうようさんじん》の西鶴体の流行に合同の力をくわえたのは饗庭篁村《あえばこうそん》氏、露伴氏でした。外に森鷗外氏はむしろ言文一致体のために腕を添えました」

ここで言われている「西鶴体」とは井原西鶴が『好色一代男』『好色一代女』『好色五人女』などで描いた写実主義で、文章のスタイルとすれば「擬古《ぎこ》（典主義）」と呼ばれるものである。つまり、近世の「浮世草子」や平安時代の『源氏物語』などにも通じる和文脈の世界のことである。

美女は命を断斧《たつおの》と古人《こじん》もいへり。心の花散ゆふべの焼木《たきぎ》となれるは何れか是をのがれし。されども時節の外なる朝《あした》の嵐とは。色道《しきどう》におぼれ若死の人こそ愚なれ。其種《たね》はつきもせず人の日のはじめ。都のにし嵯峨に行《ゆく》事ありしに。春も今ぞと花の口びるうごく梅津川を渡りし時何恰《うつくし》げなる当世男の采体《とりなり》しどけなく。色青ざめて恋に貌《かたち》をせめられ行末頼みすくなく。追付《おつつけ》親に跡やるべき人の願ひ。我万《よろず》の事に何の不足もなかりき。此川の流れのごとく契水《けいすい》絶ずもあらまほしきといへば。（筆者注：仮名遣い原文のまま）

（『好色一代女』）

このような和文脈と、「言葉を写真」にした言文一致体、そして明治二十二年二月十一日に発布された「大日本帝国憲法」に使われる漢文体の文章がこの当時、我が国にはあった。

朕《ちん》国家ノ隆昌《りゅうしょう》ト臣民ノ慶福《けいふく》トヲ以テ中心ノ欣栄《きんえい》トシ朕カ祖宗《そそう》ニ承《う》クルノ大権ニ依《よ》リ現在及将来ノ臣民ニ対シ此ノ不磨《ふま》ノ大典《たいてん》ヲ宣布《せんぷ》ス（筆者注：仮名遣い原文のまま）

（「憲法発布勅語」）

この三種類の言葉には、それぞれが担う役割がある。

たとえば、和文は、万葉の時代より脈々と受け継がれてきた「やまとことば」の伝統がある。和歌はこの言葉で書かなければならない。

漢文は、列強が現れる以前の、東アジアの共通語であり、公文書は漢文で書かれなければならない。漢文は、簡潔で、文章が短くて済む。別に〈ひらがな〉を並べて書く和文に比べると漢字で書かれることによって視覚的にも即座に理解しやすいという利点がある。しかし、そのためには漢字の習得が必要である。それに、もはや、「中国の王朝を中心とした東アジア＝世界」という時代ではなくなってしまっている。

さらに、漢文訓読体を基本に間々《まま》和語を交えて書く「雅俗折衷体」というものがある。坪内逍遥『小説神髄』の「文体論」に出る言葉であり、滝沢《たきざわ》馬琴《ばきん》の『南総里見八犬伝』などに使われた文体で、「音調は実に滑《なめらか》なる所もあれど、其声卑《いや》しうしてほとほと読むべきに堪《た》えざるものあり」などというものである。

速記によってはじまった「言文一致」は、話すように書かれているから分かりやすい。基本的には、和文の上にだれもが分かる漢語が使われている。しかし、これは東京弁に基づいているもので、これが日本全国の共通語として理解されるかどうかが分からない、またややもすれば「べらんめえ」調の「俗」に流れてしまうおそれもある。さらに「話し言葉」は、一過性のもので、和文や漢文のような「伝統」があるわけではない。

鷗外は、明治二十二年の時点では言文一致の方向で文章を書くように見えたが、翌二十三年一月に発表された「舞姫」（『国民の友』）で突然「雅俗折衷体」に転じてしまう。そして以降、明治四十二（一九〇九）年三月に発表される「半日」（『スバル』）まで一貫してこの文体を崩さない。
「舞姫」の冒頭は、暗誦している人も少なくないだろう。

石炭をば早や積み果てつ。中等室の卓《つくえ》のほとりはいと静にて、熾熱燈《しねつとう》の光の晴れがましきもやくなし。今宵は夜毎にここに集い来る骨牌《カルタ》仲間も「ホテル」に宿りて、舟に残りしは余一人のみなれば。五年前の事なりしが、平生《ひごろ》の望足りて、洋行の官命を蒙《こうむ》り、このセイゴンの港まで来《こ》し頃は、目に見るもの、耳に聞くもの、一つとして新《あらた》かならぬはなく、筆に任せて書き記したる紀行は日ごとに幾千言をかなしけん、当時の新聞に載せられて、世の人にもてはやされしかど、今日になりておもえば

明治二十二年に口語文体で書かれた「緑葉歎」（『水沫集《みなわしゅう》』）と比べてみよう。

やっと今日始めて目を見開いて驚いた。まだ見た事のない大きな室の窓には、白い布が懸って居って、雲の間から折々漏れて来る日の光を最一度遮って居った。窓の前にはおおきな木があって緑の枝をこちらへ延ばして居った。また寝床の側に居るのは物静な看病婦で、着物を見れば病院で介抱する尼とは違い、顔に網もかけず、珠数も持たぬ。その変りには、襟に銀の十字形の飾をかけて居って、俯いた所を見れば、二つに分けて編んだ髪が長く腰まで垂れて居た。

隣の室でケエテケエテと呼ぶ声がすると、娘はそっと足の爪先で立上がり、音のせぬ様に出て行き、静かに物を言うを聞けば、その話声がとんと銀の鈴でも振る様であった。その度毎にカドユウルがああいい声だと思った。

どちらが雅致のある文章であるかは言うまでもないだろう。口語文体で書かれたほうは、何を言いたいのかよく分からないというのが正直な感想である。こう言ってよければ、文豪鷗外の文章の力は雅俗折衷体にある。

「和文」と「漢文」それぞれの弱点

それでは、「和文」と「漢文」のそれぞれ一番の弱点はどこにあるのだろうか。

それに、うまく答えたのは、丸谷才一の『文章読本』である。

丸谷は、谷崎潤一郎《たにざきじゅんいちろう》（一八八六〜一九六五）の『文章読本』（昭和九年）を取り上げて最大限にその才を褒めながら、「谷崎の最大のあやまちは、眼目である第二章『文章の上達法』の劈頭《へきとう》に見ることができる」と言う。「劈頭」という漢語も今となってはもはや分かる人も少ないだろう。「最初」「冒頭」という意味である。

ここで、谷崎は「文法的に正確なのが、必ずしも名文ではない、だから、文法に囚《とら》はれるな」（筆者注：仮名遣い原文のまま）と言うが、丸谷によれば、ここで谷崎が書く「文法」とは、日本語のそれではなくなんと「英文法」のことなのである。

谷崎の文章のなかに「文法」とあるところを、丸谷は「英文法」に置き換えて引用している。


斯様《かよう》に申しましても、私は英文法の必要を全然否定するのではありません。初学者に取つては、一応日本文を西洋流に組み立てた方が覚え易いと云ふのであつたら、それも一時の便法《べんぽう》として已《や》むを得ないでありませう。ですが、そんな風にして、曲りなりにも文章が書けるやうになりましたならば、今度は余り英文法のことを考へずに、英文法のために措《お》かれた煩瑣《はんさ》な言葉を省くことに努め、国文の持つ簡素な形式に還元するやうに心がけるのが、名文を書く秘訣の一つなのであります。

（同前）


まともに読めば、何を言っているのか、何を言いたいのか分からない「名文を書くための秘訣」に思えるが、谷崎潤一郎も明治時代に生まれて明治の教育を受けた人である。

明治四十三（一九一〇）年に「刺青《しせい》」「麒麟《きりん》」を発表し、翌年永井荷風《ながいかふう》に絶賛されて文壇にデビューした。

谷崎の作品は、泉鏡花《いずみきようか》などに影響を受けて耽美主義と言われるが、ねっとりとふくよかな言葉によって綴られる日本語は、明らかに和文の影響を感じる。

丸谷は、谷崎がこの文章を書いた理由を次のように言う。

理由は簡単で、自分自身、英文法にさんざんこだはつて日本文を書きつづけ、つまり英文直訳体である欧文脈の文章を綴つたあげく、そのことの非を悟つたばかりだつたのである。英文法を無視して日本文を書け、英文直訳ふうに主語を置くな、英文直訳ふうに時制を用ゐるな、などといふのは、実は彼の自己批判の台詞《せりふ》にほかならない。

さういふ反省のきつかけになつたのは、日本の古典よりもむしろ、のちに谷崎松子となる人の恋文だつたらうといふのは、わたしのかねてからの推測である。その恋文はまだ発表されてゐないし、将来も公開される見込みはないかもしれない。が、それがどのやうな文体で書かれてゐたかは、彼女の著書『椅松庵《いしようあん》の夢』に収められた随筆によつて見当がつく。それはまさしく英文法を顧慮《こりよ》しない文体だつたはずで、その艶書《えんしよ》においてはかつての純粋な和文が現代の風俗のなかで生きてゐたにちがひない。そのやうに、当代の実生活において和文脈がいまだ生命力を失つてゐないだけではなく、いよいよみづみづしく美しいことをまのあたりに示されたとき、言葉の天才はたちまちにして影響を受けることになつたのであらう。（同前）

つまり、谷崎の妻となる松子の書く恋文は、非常に日本的な文章だった。谷崎はそれに自分の言語感覚が流されてしまうのではないかと本能的に感じる。だからこそ、それを引きずらないために、日本語を一度英文法のなかで翻訳して、それをもう一度日本語に訳すという複文の方法を取ることを自らに課したのだというのである。

同じことを実際に行ったのが有島武郎《ありしまたけお》（一八七八〜一九二三）である。有島は、小説だけではなく、手紙などもまず英語で書いて、日本語に翻訳した。もちろんこれには、文学的、文体論的にも大きな意味があっただろうが、子どもの頃から英語に浸かって育ち、比較的長くアメリカに留学したために、日本語を書くのに時間がかかることが大きな理由だったと思われる。

明治時代、外国語とくに英語を徹底的に学んだ人々たちにとって、「和文」と「漢文」のそれぞれ一番の弱点は、どちらにも主語がないことであった。つまりだれが、何を言っているのか、分からないということなのである。

もちろん、これは言いすぎではあろうが、大学入試の古典や漢文の問題に、会話の主体がだれであるか、あるいは会話がどこまで続いているかという問題が頻出することを考えれば、文章における主語の不在が往々にして日本語にはあることも明白であろう。そして、主語がないと同時に、正式な漢文にはとくに「過去」や「過去完了」「未来」を表すための助詞や助動詞さえないのである。

文体ということについて、万年はほとんど言及していない。

ただ、明治三十五年八月に「実業と文学」（『国語のため2』）という論説で、次のように記している。

文学といっても、今日までの国文とか漢文とかいうようなものを此の社会へ伝播《でんぱ》しようということではない。（中略）私の希望する文学というものは、今日労働者などが普通に使って居る所の普通の言葉で書いたもので、しかもその上には色々な点からこの労働者の為《た》めになることを多く書き添えたものをいうのである。（中略）労働者の友人としての文学者が、此の社会に居らぬことは、国のために甚だ嘆くべきことである。

国民のための日本語は「国文」や「漢文」ではなく、みんなが分かるようなものでないといけないと、万年は考えていたのである。

鷗外と樗牛の「美」をめぐる論争

もう少し、万年と同時代の文人について見てみよう。

明治三十三（一九〇〇）年、ドイツ留学を目前にして、送別会の席で喀血《かっけつ》し留学を断念しなければならない男がいた。

高山林次郎である。

高山は、思想家、あるいは作家、文芸評論家として、林次郎より樗牛というペンネームのほうで知る人が多いだろう。

山形県鶴岡市に生まれた樗牛は、東京英語学校を出て明治二十六（一八九三）年に東京帝国大学哲学科に入学した。

万年、芳賀、漱石に比べれば、四歳年下であるが、大学の入学の翌年には読売新聞の懸賞小説に応募した「滝口入道《たきぐちにゅうどう》」が入選し、新聞に連載された。この小説を高山樗牛が書いたものだとはだれも知らない匿名での入選であった。

斎藤緑雨が声をかけて万年が作った『帝国文学』発刊の際、高山が文科大学学生の発起人として名前を連ねていることは、すでに述べた。

高山は『帝国文学』にも多く記事を寄せたが、当時最先端のオピニオン誌であった博文館の『太陽』に多くの文芸評論を発表する。

樗牛は二十四歳にして、すでに著名な作家としての道を築きはじめていた。

そして、樗牛を一躍有名にしたのは、森鷗外との論争であった。

これについては谷沢永一の講演を活字にした「鷗外樗牛対立期」(『樟蔭国文学』第十七巻)という論文が、最も要を得て分かりやすい。

はたして、この論争は、「近代文学史の研究者は誰一人この論争を取り上げないで、どなたの前にも印刷物として明々白々存在するにもかかわらず、こういう論争が全く無かったかのごとくに知らぬふり、あるいはまあ全く読まないのかも知れませんが、そういう調子で現在まできております」と言われるように、従来、あまり取り上げられてこなかった。

しかし、この論争は、「言文一致」によって新しい日本語が作られるに当たって重要な事件であった。

それは、「美」をめぐる問題である。

二人の論争は、明治二十八(一八九五)年七月から翌年九月に及ぶ。

鷗外は、すでに三十三歳で、文壇では老大家の域に入っていた。

鷗外は、幸田露伴、斎藤緑雨と『めさまし草』を創刊し、そこに三人で評論を行う「三人冗語」を掲載した。そして鷗外は独壇場として文芸批評「鷸翮掻《しぎのはねがき》」を連載した。

鷗外の樗牛に対する答えは、この「鷸翮掻」に掲載された。

一方の樗牛は、明治二十八（一八九五）年七月、東京帝国大学哲学科に籍を置いて博文館の雑誌『太陽』の文芸欄記者となり、翌明治二十九（一八九六）年六月、東京帝国大学哲学科を卒業してそのまま大学院に入り、八月に仙台の第二高等学校に教授として赴任する。

そして、翌三十（一八九七）年五月には、第二高等学校を辞職して、『太陽』の編集主幹に就任する。

樗牛は、『太陽』に鷗外批判を行っていくのである。

鷗外と樗牛の論点は、じつは、明治二十四（一八九一）年に鷗外が仕掛けた坪内逍遥に対する「早稲田文学（逍遥）の没理想」に遡る。

この辺りの事情は、やはり谷沢の『文豪たちの大喧嘩』が詳しく最もおもしろい。

ただ、谷沢の書き方は凡例に記されるように、できるだけ原文を引かない方法で書かれることもあって、実際に彼らの論文に当たると、谷沢の話は飛躍しているのではないかというところもないではない。

戦闘的啓蒙家、鷗外

さて、鷗外は、作家である前に医学者、医学博士であった。

医学の面でもよく言われることであるが、そもそも鷗外は非常に「戦闘的啓蒙」（唐木順三の言葉）を性分にした人物だった。山﨑國紀編『森鷗外・母の日記』によれば、明治三十二（一八九九）年六月に小倉に左遷される前はとくに、鷗外はいつもピリピリしていて、帰宅すると家中が息を潜めるようにしていたという。

「舞姫」のエリス問題、離婚による、仲人・西周との確執、弟の養子縁組に反対して話をぶちこわすなど、ドイツから帰国後の鷗外は、まるで自分から問題を作ってはそれに神経を尖らせ、イライラを募らせるような生活をしていた。そして、新聞や雑誌で自分のことを批判したり、揶揄《やゆ》したりする人たちがいると、たちまちに反撃に出、十倍にして言い返すというふうであった。

鷗外のことを、人は「書痴」とか「執筆狂」と呼んでいたという。

こうした性格になったひとつの原因には、自分が一番できるという意識がドイツ留学によって植え付けられたこともあった。

鷗外以前、医学者のほとんどは漢方医であり、まれにオランダ語で医学を学んだ蘭方医がいるくらいだった。彼らは「医学者」と呼ばれるよりも「典医《てんい》」や「法眼《ほうげん》」「法印《ほういん》」などと呼ばれることを好んだ。幕府や藩が扶持《ふち》をくれるからである。

はたして、ドイツに留学して細菌学などを勉強した鷗外は、漢方がいかに科学的なものではなく経験的なものであり、オランダの医学がもはや時代遅れであるかを痛感する。

そして、よく引かれる逸話であるが、鷗外がベルリンに滞在中に日本から帰国したばかりのハインリッヒ・エドムント・ナウマン（一八五四～一九二七）の「日本」という講演を聴いてショックを受ける。

お雇い外国人として明治八（一八七五）年から明治十八（一八八五）年まで日本に滞在し、東京帝国大学の地質学教室の初代教授となったナウマンは、フォッサマグナを発見したことで知られるが、この講演を聴いた鷗外は、ナウマンが、日本人の生活がいかに貧しく前近代的であることかと主張していると感じるのである。

鷗外は、さっそく「Die Wahrheit über Japan（日本についての真相）」（『鷗外全集』第二十六巻）という原稿をドイツ語で書くと、これを新聞に投稿する。すでにこの頃から鷗外は戦闘的な性格であったと言われるが、とくに「文化的でない」あるいは「遅れている」ということに対して、非常に神経がピリピリとしていたようである。

こうした意識を持ったまま日本に帰ってきてみると、神経を逆なでするところばかりが見えてしまう。

「脚気《かっけ》問題」とされるものもそのひとつである。

板倉聖宣の『摸倣の時代』に詳しく記されるが、当時我が国ではとくに軍と刑務所で心不全や神経障害を引き起こす人が多かった。原因はビタミン不足による脚気である。

漢方医は、麦飯を食べれば治ると言い、海軍の軍医高木兼寛《たかきかねひろ》が試してみるとすぐに完治した。また明治天皇も、高木の進言に従って白米を止め、麦を食べることによって体調がとてもよくなり脚気も治った。

しかし、鷗外は、麦飯で脚気が治るということに、科学的根拠がないと主張した。ドイツで統計学を学んだという鷗外は、数人が治ったという程度では統計的にも治癒の可能性があるということは決してできないと言う。そして脚気は「脚気菌」という細菌によるものだと言うのである。

鷗外は、漢方医などが代々伝わった「切紙《きりがみ》」と呼ばれる処方箋のようなものを頼りに治療を行ったり、いかにも科学性を持った医学として蘭学を行うのを嫌い、その集団である医学界を憎んだ。とくに開業医を「疾医《しつい》」と呼んで蔑み、ドイツの医学を修めた業績のある「学医」によって日本の医学界が発展しなければならないと考えていた。

鷗外は、十二歳で第一大学区医学校（現・東京大学）予科に入学し、十七、八歳の頃にはすでに漢文、国文、ドイツ語を自在に使うことができると自負していた。

留学中にもドイツ人の教師らと広くつきあい、二十五歳で万国衛生会の日本代表となり、国軍の父とも呼ばれる山県有朋の庇護を得た鷗外が、自分の意のままにならないことに神経を逆なでされたように思ったのも分からないわけではない。

鷗外は、第一大学区医学校を卒業後、大学に残ることができず、父親の病院を手伝っていた。これを見かねた同期卒業の小池正直《こいけまさなお》は、陸軍軍医本部次長の石黒忠悳《いしぐろただのり》に鷗外を紹介するための長文の手紙を書いた。おかげで鷗外は東京陸軍病院に就職することになるのだが、以後、鷗外は小池のことを敵視する。

同期の卒業で、一番初めにドイツ留学の命を受けたのは、鷗外であった。

小池は鷗外から四年後にドイツに留学したが、鷗外のように華々しい活躍をしたわけではなく帰国した。それにもかかわらず、小池は帰国後まもなく、陸軍軍医学校教官、医務局第一課長を経て、陸軍軍医としては最高の陸軍省医務局長に就任する。人事権を一手に握る重役である。鷗外は、自分よりできない小池が自分の上に立っているのが憎くてたまらなかったようである。

のみならず、明治三十一（一八九八）年八月一日から長く医務局長の席にあった小池は、明治四十（一九〇七）年九月、日露戦争の功績を称えられ、男爵を授爵して華族となる。

爵位が欲しくてたまらない鷗外にとって、小池は目の上のたんこぶ以上の存在だった。もし、自分が小池に代わって医務局長であったらと、腸が煮えくり返る思いをしていた。

小池が医局長を退いた明治四十（一九〇七）年十一月、後任の医務局長になる番が回ってくる。鷗外はさっそく陸軍大臣・寺内正毅《てらうちまさたけ》に働きかけて臨時脚気病調査会を設置する。当然、会長は、鷗外である。

幹事は、鷗外の部下である医務局衛生課長の大西亀次郎《おおにしかめじろう》、委員として伝染病研究所から五人、陸軍軍医十人、海軍軍医四人、京都帝国大学医学部から二人、東京帝国大学医学部から六人、医師五人、臨時委員としてドイツ留学時代からの友人である伝染病研究所所長の北里柴三郎、東京帝国大学医科大学長の青山胤通《あおやまたねみち》など六名が名を連ねている。

のちに記すが、漱石をめぐる不思議な縁は、ここにも見え隠れする。

東京帝国大学医学部六人のうち、鷗外が選んだひとりに、明治四十三（一九一〇）年六月から漱石の胃潰瘍を診て、最期を看取る長與又郎《ながよまたろう》がいるのである。

長與は、この調査会の委員に明治四十五（一九一二）年一月二十五日任命されるから、漱石はすでに、修善寺の大患（一九一〇年八月）ののち、長與胃腸病院への入退院を繰り返しながら『彼岸過《ひがんすぎ》迄《まで》』を書いている頃であった。

さて、調査会が発足したのは明治四十一（一九〇八）年七月四日で、発足式は陸軍大臣官邸で行われた。

山下政三『鷗外　森林太郎と脚気紛争』によれば、この発足式の直前、鷗外と北里柴三郎、青山胤通の三人は、来日していた細菌学者のロベルト・コッホと帝国ホテルで会っている。これは、ノーベル生理学・医学賞を受賞したコッホを、伝染病研究所所長の北里が招いたものだった。北里はドイツ留学中にコッホの弟子となっていたからである。鷗外も、一八八四年に北里の紹介ですでにコッホに会っていた。

この時、三人は、東南アジアで流行する「ベリベリ」に注目するようにと指摘を受けている。「ベリベリ」は病気の名前である。

山下によれば、すでに十九世紀末には、精米した飼料を与えることで、ニワトリに「ベリベリ」が発症することが明らかになっていたという。

あるいは、コッホは「ビタミン不足」を伝えようとしたのかもしれないが、「ベリベリ」が細菌であると頭から思い込んだ三人の耳にはまったくそうとは聞こえなかった。

さっそく調査会はバタビアへの調査派遣を決定し、明治四十一（一九〇八）年九月二日、一行は横浜を発ってバタビアに向かう。

結局、脚気がビタミン不足によって起こる病気であるという結論が出るためには大正十三（一九二四）年を待たなければならなかった。国内外における栄養学研究の結果である。

鷗外と並んで、「(ビタミンを補うことができる)糠《ぬか》で脚気が治るなら、馬の小便でも治る」と豪語した東大の青山胤通は、大正六(一九一七)年、自らの非を認めて亡くなったにもかかわらず、鷗外は結局、大正十一(一九二二)年の最期まで、自らの非を認めることはなかった。

衛生学に細菌学は不可分のことだろうが、鷗外は細菌学を学ぶことで、潔癖症になった。娘の杏奴《あんぬ》、茉莉《まり》によれば、果物も加熱しなければ食べられず、饅頭も熱いお湯でお茶漬けのようにして黴菌を殺してからでなければ口に入れなかったという。また妻の茂子《しげこ》は、新婚旅行の時、汽車の洗面所を使うことを禁じられたとか、病原菌があるという理由で銭湯に行ったことがなく、湯で身体を拭っていたという奇癖も伝えられる。

このように、汚いもの、劣ったものを嫌うという性格は、文学にも及ぶ。

鷗外が仕掛けた八つの論争

鷗外の「戦闘的啓蒙」は、潔癖を貫き、黴菌のようなものがない世界を医学・文学を通じて実現することでもあった。

鷗外の詳しい啓蒙論争については、谷沢の『文豪たちの大喧嘩』に譲りたいが、その著には鷗外が明治期に仕掛けた八つの論争が描かれる。

(一)「鷗外芝《しば》廼《の》園《その》の水掛論争」

（二）「鷗外忍月《にんげつ》の醜美論争」
（三）「鷗外忍月の舞姫論争」
（四）「鷗外逍遥の没理想《ぼつりそう》論争」
（五）「鷗外楽堂の傍観機関論争」
（六）「鷗外樗牛の情劇論争」
（七）「鷗外樗牛のハルトマン論争」
（八）「鷗外樗牛の審美綱領論争」

谷沢の著書のタイトルに「文豪たちの」とあるのは、この他に「樗牛逍遥の史劇論争」「樗牛逍遥の歴史画論争」「樗牛逍遥の美的生活論争」の三つが加えられるからである。

谷沢のこのリストからも明らかなように、鷗外はドイツ、ヨーロッパからひっさげて帰ってきた文学、美学を手に、少なくとも五人の文学者と次から次に論争を繰り広げた。

鷗外の相手をやり込めてしまう方法が一番分かりやすいのは、（三）の舞姫論争であろう。

これは、石橋《いしばし》忍月という弁護士（小説家で評論家となる山本健吉《やまもとけんきち》の父）が「気取半之丞《きどりはんのじょう》」というペンネームを使って、鷗外処女作の「舞姫」を批評したものに、鷗外が応えたものである。

忍月は、「舞姫」には、「瑕瑾《かきん》（玉の傷）」が五つあると言う。よくできた小説であるだけに、「瑕瑾」があるのは、ちょっと残念だというのである。

第一に、「主人公の太田豊太郎は小心臆病で慈悲謹直、『ユングフロイリヒカイト』すなわち『処女たる事』の尊重すべきを知る者なのに、その彼がエリスを棄てて帰東するのは『人物と境遇と行為との関係が支離滅裂』である。作者は太田をして恋愛を捨てて功名を取らしめた。しかし自分は本来なら太田がまさに功名を捨てて恋愛を取るべき筈の人柄たることを確信する」という。

第二は、「はじめ臆病な太田が後では『果断ありと自ら心に誇り』などと述懐するのは撞着《どうちやく》である」。

第三に、「主題が恋愛と功名との相関に在る以上、太田の履歴を描くのは無用」。

第四に、「『舞姫』と題するからには『引手数多の女俳優』かと思いきや、文盲で志操《しそう》なき『一婦』であるのには失望。一篇の本旨ではなく『陪賓《ばいひん》』に過ぎぬ『舞姫』を以て、小説の標題とするのは不穏当」。

第五に「『大臣の信用は屋上の禽《とり》の如くなりし』の一行、この措辞《そじ》は独逸《ドイツ》の諺《ことわざ》を端折《はしよ》った故の、単独に持ち出しては無理な熟語であろう」。

これに対して、鷗外は「舞姫」の作者「森鷗外」でも「森林太郎」でもない名前で反論を行う。谷沢は書いている。「さて正面から飛んできた五箇条の質問に、鷗外は持ち前の迅速で対応したか。いや実にこの場合だけ、今回だけ鷗外は異常に慎重であった」。

なんと、反論の作者として鷗外が選んだのは、『舞姫』作中での〝神の指し金〟役、必要な場面ごとに太田豊太郎の窮境《きゆうきよう》に手をさしのべ、『嗚呼、相沢謙吉が如き良友は世にまた得がたかるべし、されど我脳裡に一点の彼を憎むこころは今日までも残れりけり』と、結びに想起されているあの人物」、すなわち「相沢謙吉」なのである。

ペンネームによる反論、というより作品から抜け出した相沢が今度は、作者鷗外に手をさしのべるべく現れる。というより、やはり主人公の太田は、鷗外自身なのだということを、ここで、鷗外はバラしてしまうのであるから、なんだかおかしい気がしないでもない。

はたして、その相沢の、忍月こと「気取半之丞」の指摘に対する反論は「ほぼ六箇条、ただし第五条までは枝葉末節の応酬に過ぎない」(谷沢説)。

まず、忍月の第四の指摘については、小説の題名などはどうでもいい。

また、これに関わることであるが「舞姫」と「標題に取られた人物が志操なき型であってはならぬという法はない」。

第三の太田の履歴については、「太田の『遭遇を追尋する』ためには履歴の提示が必要である」。

第二の「太田の性格」については「太田の性格を『変り易き』とは冒頭で本人が反省する『総評』であり、各局面ごとに太田の『四変』する姿が描かれているのだから撞着はない」。

また、「意志弱行の人物を『詩材』としてはならぬのなら、ハムレットもウエルテルも非難されよう」。

さて、鷗外が、あえて相沢の名前で反論しなければならなかったのは、忍月の一番目の指摘についてであった。

主人公の「性格」が選択する「恋愛」と「功名」に対する感覚の問題である。

しかし、谷沢によれば鷗外は「あまりにも無意味な屁理屈」でただ逃げてしまったという。

鷗外は、相沢にこう言わせているのである。

処女を敬《けい》する心と、不治の精神病に係りし女を其母に委託《いたく》し、存活《そんかつ》の資を残して去る心とは、何故に両立すべからざるか。若太田がエリスを棄てたるは、エリスが狂する前に在りて、其処女を敬したる昔の心に負きしはここなりといわば、是れ弱性の人の境遇に駆らるる状を解せざる言のみ。太田は弱し。其大臣に諾《だく》したるは事実なれど、彼にして家に帰りし後に人事を省みざる病に罹ることなく、又エリスが狂を発することもあらで相語るおりもありしならば、太田は或は帰東の念を断ちしも亦知る可らず。彼は此念を断ちて大臣に対して面目を失いたらば、或は深く慙恚《ざんい》して自殺せしも亦知る可らず。臧獲《そうかく》も亦能く命を捨つ。況《いわん》や太田生をや。其かくなりゆかざりしは僥倖《ぎょうこう》のみ。此意を推すときは、太田が処女を敬せし心と、其帰東の心とは、其両立すべきこと疑うべからず。支離滅裂なるは太田が記にあらずして足下《そっか》の評言のみ。

なんという雅文であろう。しかし、支離滅裂なのは、鷗外のほうである。自分の作品の弱いところを突かれて、「僥倖」という言葉で逃げてしまうのであるから。「僥倖」で逃げるしかない小説は破綻しているというのは、現代から見れば、明白なことである。

こんな剣幕でまくし立てられれば、もう馬鹿馬鹿しいと思って相手にしないのが得策である。石橋忍月（気取半之丞）も言っても仕方がないと、ここで逃げてしまうのであるが、鷗外は追撃の手を惜しまない。

「足下は人の著作を批評せんとして、唯おのれの魂胆《こんたん》を吐露《とろ》するのみにて責を塞《ふさ》ぐに足れりとおもう歟《や》。著作の趣意と関係せざる足下の魂胆は、果してこれを世に公にすべきものなるか」(「再び気取半之丞に与ふる書」)とまで言って攻撃する。

己の価値観を絶対とし、他を受け入れようとしない人の言い方である。

鷗外と逍遥の「リアリズム」をめぐる論争

これと同じ意識で、鷗外は、坪内逍遥を攻撃する。

小堀桂一郎『若き日の森鷗外』は言う。「鷗外が四年間のドイツ留学を終えて帰国したとき、故国の文壇で文学理論の指導者というべき地位にあったのは、彼の留学中『小説神髄』を以て一躍その座に上っていた坪内逍遥であった。文壇に打って出ようとする鷗外にとって当然注目せざるをえない先輩であり、ライヴァルでもあった。鷗外はおそらく直ちに『小説神髄』を求めて眼を通したことであろう。(中略)逍遥の所論《しょろん》を理解するに当って鷗外のとった接近の方法は全くゴットシャルの語彙であったり、あるいはその著作中の独特の用語であることから見当がつく」

小堀によれば、鷗外は、まずルドルフ・フォン・ゴットシャル(一八二三~一九〇九)によって逍遥の文学概論『小説神髄』を理解し、その論の正否を正そうとしたのである。

ここで現れるのが「逍遥の没理想」という論争である。

「没理想」というのは、「理想や主観を直接表さないで、事実をありのまま、客観的に描くこと」をいうとされるが、今なら「リアリズム文学」と呼ばれるものである。

万年は、労働者のための文学も必要なのだと主張したと記したが、自然主義、社会主義リアリズム、社会派文学などを当時は「没理想」と呼んだ。

ひとつは、江戸時代までの儒教的倫理観に基づく勧善懲悪という「悪者は必ず天罰を受ける」というような「理想」を捨てて、現実をただ坦々と書いていくというような意味で、逍遥は「没理想」という言葉を使うのである。

しかし、これに対して、鷗外は、「世界はひとり実（レアル）なるのみならず、また想（イデエ）のみちみちたるあり」と言う。

初めから食い違った概念を持って鷗外は逍遥を攻撃するのだが、少しこの論争を辿ってみよう。万年も、きっとおもしろがってこの論争を読んでいたに違いないのである。

万年が二十二歳の若き日、大学院に入った頃のことである。

さて、谷沢の簡要明快な解説によれば、鷗外は、三十歳にも達しない坪内逍遥が書いた『小説神髄』を、ヨーロッパで書かれた文学概論を種本にして書いたものだと頭から思っていたという。しかし、鷗外には、まったくその種本が何なのか分からない。

もちろん、逍遥にしてみれば、種本などない自分の見識で書いたものだから、それを敷延《ふえん》して小説の評論を行っていく。

鷗外は、その逍遥の態度に苛立ちを覚える。

鷗外がドイツ留学から帰ってきた翌年で、口語体で翻訳を行っていた明治二十二（一八八九）年十月頃の話である。

さて、『小説神髄』の種本は、ゴットシャルの『詩学』に違いない。初めそう、鷗外は思っていたと、谷沢は言う。

自分は、東京帝国大学を出てドイツ語に堪能で、ドイツで一流の文芸に触れた医学博士である。ゴットシャルなら自分もすでに知っている。

しかし、調べてみると、どうやらゴットシャルが種本ではないらしい。

はて、この自分の学識の及ばない種本ならば、どうせ大したことはないものであるとは思うものの、もうひとつ自分には、ゴットシャルを越えたハルトマンによる審美学があると思い当たる。

エドゥアルト・フォン・ハルトマン（一八四二〜一九〇六）は、新カント派や心理学者のユングなどに影響を与えた哲学者として知られる。

明治二（一八六九）年、『無意識の哲学』によって哲学者としての地位を確立した。その内容は、ヘーゲルにおける「理念」とショーペンハウアーの「意志」を統合して「絶対的無意識」というものを問題として提示するものである。いわゆる「精神的一元論」と呼ばれるもので、世界は、理念と意志とによって生成されるという。

鷗外とハルトマンの哲学については、神田孝夫、磯貝英夫、坂井健によって論じられている。

坂井健の「鷗外がハルトマンを選んだわけ」（『仏教大学文学部論集』）によれば、鷗外は、ドイツ留学中に読んだシュヴェーグラーの『西洋哲学史』に紹介されるハルトマンに触発されたのだという。

さて、鷗外が訳したハルトマンの「審美論」（『鷗外全集』第二十一巻）は、明治二十五（一八九二）年十月二十五日発行の雑誌『柵草紙』第三十七号から断続的に五回、翻訳が掲載された。

この翻訳が行われたのと前後して、鷗外は、ハルトマンの審美学についての考えを発表している。明治二十四（一八九一）年九月二十五日『柵草紙』第二十四号に掲載された「逍遥子の新作十二番合評、梅花詞集及梓神子」に見えるものがそのひとつである。

われ嘗《かつ》てゴットシャルが詩学に拠《よ》り、理想実際の二派を分ちて、時の人の批評法を論ぜしことありしが、今はひと昔になりぬ。程経て心をハルトマンが哲学に傾け、其審美の巻に至りて、得るところあるものの如し。

鷗外が言うのは、以前、自分はゴットシャルの詩学によって「理想」「実際」というふたつの文学の流れがあるということを知り、そこからハルトマンの審美学という学問を知るにいたったということである。

ただ、これは逍遥に対する虚仮威《こけおど》しである。なぜなら、逍遥は、鷗外にこう言われても、どう応えることもできないし、第一、鷗外が自分の何を問題にして攻撃しているのかさえ、はっきり分からないのである。

鷗外は、明治二十五年五月二十五日『柵草紙』第三十号「逍遥子と烏有先生と」（『早稲田文学』第九号及第十号）には次のように記す。

平生少しく独逸語を解するを以て、たまたまハルトマンが審美学を得てこれを読み、その結象理想を立てて世の所謂実際派をおのが系中に収め得たるを喜べるあまりに、わが草紙を機関として山《さん》房《ぼう》論文を作るに至りぬ。

鷗外は、逍遥が何も応えないのにしびれを切らして、自分の勝利を宣言する。「没理想」を「実際派」と置き換えて理解し、これはハルトマンの審美学が分かる自分の勝利なのだというのである。そして、負けず嫌いの鷗外は、明治二十九(一八九六)年になってもまだ当時のことを回想している。

同年九月に書かれた「月草叙」で言うのは次のようなことである。

ハルトマンの審美学は、特にその形而上《けいじじょう》門の偉観《いかん》をなすのみでなく、その単一問題に至っても目下最も完備して居るのだ。それだから此審美学からは、第十九世紀の文学美術を見ても、自然派の中の存活《そんかつ》の価のある側は、その頗《すこぶ》る進歩した具象理想主義で包容して居る。進んで新理想派の製作はどうかというに、たとい技巧上に昔の所謂理想派に殊なるところがあっても、自然派の遺物と見られる分子が残って居るところがあっても、固よりこれを包容して余あるのだ。

ハルトマンの審美学は文学を論じるためには必要不可欠の哲学である。新しい文学である「理想派」「新理想主義」などはここから現れると言いたいのだろうが、言葉だけが浮いて、実際に何を言いたいのかは、だれにも分からない。

文学史を説く場所ではないので、詳しいことには触れないが、そもそも「没理想論争」という、「理想」「没理想」とは何であろうか。

逍遥は『文学その折々』所収「没理想の由来」に言う。

わが謂《い》う理想とは、（中略）所詮は作家が平生の経見学識等によりて、宇宙の大事を思議し、此の世界の縁起、人間の由来、現世間の何たる、人間の何たる、此の世界を統治する勢力、人間の未来の帰宿、生死の理《ことわり》、霊魂、天命、鬼神、等に関して覚悟したるところあるを、多少いちじるくその作の上に現示《げんじ》したる、これをおしなべて理想というなり。

同じようなことを逍遥はすでに『小説神髄』の総論で言っている。

いと美《うるわ》しく編《あみ》いだして此人の世の因果の秘密を見るがごとくに描きいだして見えがたきものを見えしむるを其本分とはなすものなり。

つまり、文学という方法で自分が行いたいのは、ふつうでは見えにくい様々に絡みあう社会や人々の複雑な関係を描き出したいというのである。

だからこそ、逍遥は「小説の主脳は人情なり。世態風俗これに次ぐ」（「小説の主眼」）と言う。

もう一度繰り返すが、逍遥は、江戸の勧善懲悪という予定調和的儒教仏教的な倫理観を前提としたものではない、リアリズムの文学を志そうと言ったに他ならない。

しかし、それをいう「没理想」という逍遥の言葉を否定するためだけに、鷗外はゴットシャルやハルトマンという大鉈を振りかぶる。

坂井健は、入念に出典や注釈を施した「没理想論争注釈稿（一）〜（十三）」を書き、共通した理解の上で確かな議論を行うことを促している。もとより、谷沢の「没理想論争研究文献史」（『明治期の文芸評論』）を踏まえてのことであるが、これによって明治文学の動向は手に取るようによく分かるし、鷗外がひとりで懸命に筆を揮《ふる》って暴れ回る様子がよく分かる。

逍遥にしてみれば、鷗外が何を言おうと関係がない。というより、鷗外がゴットシャルやハルトマンの美学を振りかざして自分を非難しているのは分かっても、「美」の追求などを文学によってするつもりなど逍遥には、まったくないのである。それよりむしろ、当時「実際派」と呼ばれた「リアリズム（写実主義）」にこそ、興味があったのである。

だからこそ、二葉亭四迷が小説の書き方が分からないと言って、逍遥のところにやってきたときに、逍遥は、三遊亭円朝の速記本のように書いていけばいいと教えたのであった。

今なら立場の違い、作風の違いによるものと言えるのであろうが、鷗外にはそう言える余裕もなかった。「文学と自然と」（『鷗外全集』第二十二巻）に、鷗外は言う。


文学に二あり。一は美術の範囲内にありて、其補完部《インテグリイレンド》をなしたる美文学にして、其性や美なり。一は美術と関渉《かんしよう》せずして独立したる科学にして其性や真なり。極美の美術に対すべきは最真の科学ならん。

鷗外は、文学に、「美」や「真」を科学的に求める。いわゆる「理想派」というような「アイデアリズム（耽美主義）」こそが文学だと思っている。「理想」といっても逍遥のそれと鷗外のそれとはまったく異なる。

谷沢の言葉を借りるなら、初めの頃こそ、「論理に勝って気合い負け逍遥」（谷沢永一『文豪たちの大喧嘩』）で、真面目に答えても鷗外の論理についていけずどうしていいのか分からず困っていたが、這々《ほうほう》の体《てい》で「鷗外の追撃を断ち切って」（同前）、解放されることになる。

鷗外が、口語文をやめて雅文に帰っていくのは、「美」や「真」は、逍遥のような写実のリアリティでは体現することができないと思ったからである。写実主義の口語文は、江戸以来の人情本となんら変わるところがない。

近代科学は、自然を解体し、再構成することによって成立する。

鷗外は「美術には製造あり。美は製造せられるために美術の美となりて、自然の美を脱す。これを点化（トランスズブスタンチアチオン）という」（「文学と自然と」）と言う。

事象を客観的に言葉の世界に置き換える「文語」の世界こそ、「科学」であると鷗外は考えたのである。

激化する樗牛との論争

さて、高山樗牛の話に戻ろう。こちらは、文学観についてではなく、万年が作ろうとする新しい日本語とも重なる話である。

樗牛と鷗外の論争は、二件に及ぶ。

一件目は、樗牛がまだ東京帝国大学哲学科の学生の頃、博文館『太陽』の「文学」欄担当であった明治二十八（一八九五）年七月から第二高等学校教授として仙台に赴任する明治二十九（一八九六）年八月まで、そして二件目は第二高等学校教授を辞めて『太陽』の編集主幹となり、明治三十五（一九〇二）年十二月二十四日結核で亡くなるまでの期間である。

明治二十八（一八九五）年六月から九月にかけて、樗牛は東京帝国大学哲学科の雑誌『哲学雑誌』に「道徳の理想を論ず」を書く。

これは、樗牛のデビュー戦で、相手は鷗外ではない。

相手は、木村鷹太郎《きむらたかたろう》（一八七〇〜一九三一）という人物である。

木村は、哲学者、歴史家とされるが、よく分からない人で、あらゆることに手を出した。

たとえば英語版のプラトン全集を訳したかと思えば『日本語は希臘《ギリシヤ》系羅甸《ラテン》系なり』という本を書き、『日本建国と世界統一の天照大神』とか『旧訳聖書日本史』『海洋渡来日本史』など五十冊ほどの本を残している。

与謝野鉄幹《よさのてっかん》（本名、寛《ひろし》）と晶子《あきこ》の媒酌人としても知られるが、伊弉諾尊《いざなぎのみこと》がギリシャ神話のゼウスと同じだとか、邪馬台国《やまたいこく》はエジプトにあったなどという「新史学」というものを唱えたために「キムタカ」と馬鹿にされた。

樗牛の論文は、「道徳」をヨーロッパの哲学書を引用しながら社会との関係で論じていくというものなのだが、木村はこれを、理想にすぎずまったく現実的ではないと批判する。これに対して、樗牛は同年「島国的哲学思想を排す」を発表し、「聊《いささ》か今日学者の思索の方法が日に偏狭固陋《へんきょうころう》に傾き、一向に己を樹《た》てんことに急にして、他に向て真摯なる含蓄《がんちく》的研究を作《な》す者いと少きを嘆きてなりき」（「東西思想の比較一般　木村鷹太郎君の駁論《ばくろん》に対して、其一」）としたものを書く。するとまた木村がこれを批判するということが何度か繰り返される。

樗牛は頭脳明晰、非常に論理的な論文「哲学と安心立命」「純理哲学と実験哲学」で、徹底的に木村の立論が言いがかりにしかすぎないこと、引用する原典の理解が浅いことなど十条に及ぶ論駁を加え、この論争に区切りを付ける。

これによって、樗牛は、哲学者あるいは文筆家としての道を歩みはじめるのである。

論争をしようとしたわけではないが、木村に捕まった樗牛は、今度は鷗外に仕掛けられる。

ほんの短い文章「似て非なる観念小説（谷沢は「以て非なる」と誤植）」を明治二十九（一八九六）年二月五日号の『太陽』に載せたのである。

仮に小説を分ちて左の三種となすを得べし。

一、想あるもの（観念小説）
二、想なきもの（無想小説）
三、想に充てるもの（没想小説）

もとより漫然と文字を並べる（二）や（三）の古い小説に比べて、観念小説は進歩したものと言えるが、深刻さや惨憺《さんたん》たるものを描くことで「観念小説」と言われるようになっていないだろうか。たとえば星野天知《ほしのてんち》の「のろひの木」、泉鏡花の「琵琶伝」は、いったいこの三つのうちのどれに属するのだろうか。「似て非なる観念小説」とはこれらのことを言うのではないか。

これに対して、鷗外は「鷸翮掻」に書きつける。

記者（筆者注：樗牛を指す）の所謂没想は即逍遥子の所謂没理想には非ざるか。記者の没理想と云わずして、没想と云うは、逍遥子が造語癖ありて後、更に又記者の造語癖を現じたるには非ざるか。

樗牛が書いた雑誌『太陽』は、三十万部を売り上げる雑誌である。文学欄の担当に使った「没想」という言葉を見た鷗外は、すでに記したように五年ほど前に「没理想」で論争をやったことをすぐに思い出す。

鷗外は、ここで逍遥が「没理想」と言った言葉を換えて、「没想」とした樗牛をまたまた「造語癖」のある男が現れたといって批判するのである。

すると、樗牛は「想と理想　造語と鷗外漁史《ぎょし》」を書いて鷗外の痛いところを突いていく。

新しい概念による新しい日本語が作られるために、翻訳は非常に重要であった。

樗牛は、鷗外が行おうとする知識人のための知識人による翻訳語の認識を越えて、より多くの人が理解できるための翻訳語を作ること、あるいは翻訳を行うことの必要性を言うのである。

それは、雑誌『太陽』という、多くの読者を対象に仕事をしているという意識が樗牛にあったからに他ならない。

英語の「idea」、ドイツ語の「Idee」を「理想」と訳すとすれば、逍遥が言う「没理想」という訳語は不適当であろう。ただ、すでに記したように、逍遥が言う「没理想」とは、「勧善懲悪という理想をなくしたリアリズム」であった。

であるから、まったく英語の「idea」とは無関係である。

樗牛は、これとは別に、泉鏡花の作品をまだシュールレアリスムのような「観念小説」にいたっていないという意味で「想」という言葉を使ったに他ならない。

しかし、鷗外はこの「idea（ドイツ語のIdee)」を「没想」と樗牛が訳したことが気に入らなかったのであろう。

「大学派（東京帝国大学）はidea（ドイツ語のIdee）を『観念』と訳す」と言って怒りはじめる。

「大学派」とは鷗外の言葉で、逍遥らの一派を「早稲田派」と呼ぶからである。

鷗外は「〇〇派」という言い方で、人々を類別して言うのが好きだった。

鷗外は、同じ月の「䳫翮搔」に、今度は「没理想、夢幻劇」という文章を載せる。

「没理想、夢幻劇。早稲田文学一派の旗章《はたじるし》に此語を染めらるるは好し。されど詩は観相《かんそう》（所観）を尚《とうと》むと云い、性劇にあらざる劇は情劇なりと云う。皆是れ審美家家常《かじょう》の茶飯《さはん》にあらずや。世の操觚《そうこ》者《しゃ》いかなればことさらに観相を没理想となし、情劇を夢幻劇となすにか」

「性格劇」でないものは「情劇」と言えばよいものを、早稲田派の人たちは、「夢幻劇」と呼ぶ。また「観相」と言えばいいところを「没理想」と言う。このような「情劇」「観相」という言葉は、審美学を行う人たちにとっては家常（常識）の術語ではないか。それを、操觚者《そうこしゃ》（雑誌記者）はなぜ使わないのか。

何を言っているのか、まったくだれにも分からない。責められている樗牛にも分からなかったのは、先に触れた逍遥が分からなかったのと同じである。

だから、もちろん、筆者にもよく分からない。鷗外は、ただ、自分の考えのまま、頭を熱くして叫んだだけなのである。

それでも、樗牛は、律儀に、これに対して反論する。二人の議論は、明治二十九（一八九六）年八月まで続くが、樗牛は、五回にわたって鷗外を批判する記事を『太陽』に書き続ける。

「ゾン、キホテ」か「ドン、ギホテ」か「ドン、キホオテ」か

樗牛と鷗外の間には、もうひとつ別の論争が起こっていた。ここには別の二人が絡んで出てくる。

その火種を作ったのは鈴木醇庵《すずきじゅんあん》（本名、券太郎《けんたろう》）（一八六三〜一九三九）である。鈴木は、明治から昭和初期にかけてのいわゆる国権主義者と呼ばれる人のひとりで、とにかく筆の材料になるものなら何でも書いた。

最も有名なものは『亜細亜人』（明治二十四年、政教社）であろう。日本人はどこから来たのかというようなことからアジアのなかでの日本人について民族主義的なことを書き連ねる。

さて、そんな鈴木が、明治二十九年二月二十日発行の雑誌『日本人』に「西斑牙《エスパニャ》文学の鼓吹《こすい》」というスペイン文学の紹介を書く。

スペイン文学と言えば『ドン・キホーテ』が取り上げられるのは当然であるが、鈴木は、現在「ドン・キホーテ」と書きならわすスペイン語「Don Quijote」を「ゾン、キホテ」とカタカナで表記したのである。

鷗外はこれに食らいついて、『めさまし草』の三月号に「西斑牙文学」という一文を発表してこう言う。

「西斑牙語を読むに英音を以てするも可なり、独逸音を以てするも可なり。奈何《いかん》というにそは日常の談話の殆《ほとんど》免れざる所にして、英人も独逸人も皆Don Quijoteを読み、Manchaの公子が上をば、さまざまの声にて語るべければなり。独り醇庵はいずくの国にもなかるべき発音法を用い、殆人をして其固有名の何物を指すかを知らざらしむ」（『鷗外全集』第二十三巻）

ここに鷗外の意見に、真っ向から勝負を挑む人物が現れる。

『海潮音《かいちょうおん》』で知られる上田敏（一八七四〜一九一六）である。上田敏は、東京帝国大学英文科卒で、大学の時、講師の小泉八雲（ラフカディオ・ハーン）から「英語を以て自己を表現することのできる一万人中唯一人の日本人学生」と才能を認められた人であった。

上田敏は『帝国文学』誌上に「西班牙通の好一対」を書いて、言う。まずは、鈴木に対しての言葉である。

「『エスパニヤ文学の鼓吹』に至ては杜撰《ずさん》粗鹵《そろ》実に言語に絶え、其列記せる固有名詞の発音殆ど正鵠《せいこく》を得たるものなし。（中略）己が精通せざる外邦文学の紹介を企《くわだ》つる者須《すべか》らく正確なる文学史に基き、叙述翻訳を以て原意を傷けざらんを努め、殊更に独創の見識ある如き風を粧《よそお》うべからず、醇庵が鼓吹の如き大言壮語徒に人の視聴を動かさんとするものにして、所謂文学に忠なるものに非らず」

上田敏は、鈴木が紹介するスペイン語で書かれる固有名詞の発音がでたらめだと言うのである。

それでは、上田敏は鷗外に対して何と言うのであろうか。

同じ論文に、上田敏は記す。

「森子に至ては当世第一の独逸文学通を以て世に称せらる。柵草紙以来ギヨオテ、シルレルを奨説すること久しけれど、水沫集十数種多くは重訳、『即興詩人』の如き亦此類《たぐい》なり。未だ独逸文学の特色異彩を発揮して憾無しと謂う可からざるなり」。そして鈴木に対する鷗外の意見についても言う。「荘《そう》麗婉美《れいえんび》なる嶺南西班牙の言語は、斯《かか》る文学通に依《よ》りて吾邦《わがくに》に輸入せらる可きものなるか」。

鷗外先生は、ドイツ文学の専門家として知られているが、じつはドイツ文学の翻訳は全部英語に訳されたものを日本語に訳しているにすぎないではないか。スペイン文学の翻訳も、英語からの重訳のようなもので紹介されてよいものであろうかと言うのである。

そして、加えて言う。

「鷗外は醇庵が母音の前なるdをさ行の濁音に読めるを尤《とが》むれども、Qu及びCをか行濁音に、Pをは行濁音に誤読して自ら得たりとなすも頗《すこぶ》る滑稽なりと謂《い》う可し」

「Don Quijote」という綴りを見て欲しい。鷗外はこれを「ドン、ギホテ」と読むと言う。「P」のほうは何を示して言っているのか明らかではないが、「Qu」を鷗外が「ギ」と濁音で書いているのを、上田敏はおかしいと言うのである。

鷗外は、この上田敏の言葉に憤慨したのであろう。次号の『めさまし草』に「西斑牙音」及び「古今無双の西斑牙通」を発表する。

鷗外は言う。

「可笑《おかし》きは帝国文学記者の西斑牙音にこそあれ。仮に独逸音を取り来りて、西斑牙音を表示せんか、a、o、uの前なるcに独逸のgg即ち促りたるgの音あり、e、iの前なるquにも亦同じき音ある（中略）Pに独逸のbb即ち促りたるbの音あるも亦然り。（中略）翻《ひるがえ》っておもうに、西斑牙語のcとquとを我国のか行の清音となし、西斑牙のpを我国のは行の半濁音となせる帝国文学記者をば、古今無双の西斑牙通ともいうべきならん」

鷗外は、あくまでDon Quijoteの発音を「ドン、ギホテ」と書くのが正しいということを主張するのである。これまた、人を煙に巻くような論理で、言語学的に言っても、鷗外が何を言っているのかまったく分からない。

上田敏は、そうではなく「ドン、キホオテ」と書くのが正しい、というよりスペイン語での発音を日本語で表記すればこうなると言うのであるが、鷗外は「再び西斑牙音に就いて」を『めさまし草』に書いて言う。

「独逸音を操る語学者が独逸人のために西斑牙音を論じたる書に求むることの正当なるは論なかるべし。独逸には西斑牙文典の著多しと雖《いえど》も、今かの西斑牙に客たること十五年なりし瑞西の人シルリングが著につきてこれを示さん」

当時、日本にはまだスペイン語を専門とする人はいなかったし、スペイン語の文法書もなかった。鷗外は、十五年スペインに滞在したスイス人、シルリングのスペイン語文法書によればというのであるが、「ギホテ」というのは、やはりおかしい。

「Goethe（ゲーテ）」も、鷗外は「ギヨオテ」と書く。

これを笑った人がある。

万年と親しかった斎藤緑雨である。

「ギヨエテとはおれのことかとゲーテ云い」と言って鷗外を揶揄するのである。ところで、「ドン・キホーテ」は、当時様々に音訳されていた。藤本邦夫の「移入期初期の『ドン・キホーテ』をめぐって」という論文には次のようなものが紹介されている。

古賀謹一郎《こがきんいちろう》『度日閑言』（一八四一年刊）　ドン・キュイコッテ
中村敬宇《なかむらけいう》『西洋品行論』（一八七八年刊）　ドンクイッキソーテ
静岡県立中央図書館所蔵フランス語版江戸幕府旧蔵書の書き込み題名　ドンキショット（筆者注：

ちなみに現在でもフランス人は「ドンキショット」と発音する）
吉田五十穂《よしだいかほ》『西洋人名字引』（一八七九年刊）ドン・コーキゾート
山田美妙『万国人名辞書』（一八九三年刊）どぬきほおて

各国語をどのように日本語に音訳するかという問題は、当時、非常に重要なことになりつつあった。上田敏と鷗外の「ドン・キホーテ」論争について、樗牛も『太陽』に記事を寄せる。

「吾等は鈴木醇庵が『西班牙文学の鼓吹』を糺《ただ》して、徒《いたずら》に其の固有名辞の発音を争いし鷗外氏をだに大人しからずと思い居りしに、頃日また帝国文学の一記者が『西班牙通の好一対』を読みて、転《うた》た其争いの子供らしきを慨《なげ》かざるを得ず。（中略）

乞《こ》う試みに顧え、支那文学を解する幾人か、能く支那音を以て其の詩文を読み得るものぞ。もし国字を以て直に其の原音を写さんことを求めば、其の争いや豈《あに》ドン・キホテと、ドン・ギホテの清濁に止まらんや。

詩歌は階調によりて其の妙趣を加う。発音の正しからんを望むは、素より当に然るべし。而《し》かも鷗外と帝国文学の一記者とは、其の発音の左右を争うの必要あるまでに、已に我邦の何人が嶺南伊太利の文学を咀嚼《そしゃく》し得たることを吾等に告げ得べき乎。（中略）

鷗外氏と帝国文学の一記者の博識多能は、吾等敬しみて是を領《りょう》し畢《お》わんぬ。而かも文字語音の表裡を争うに止まらば、卿等の博識は吾等大多数の無学漢にとりて毫《ごう》も益する所なけん。卿等もし所謂る『文学に忠』ならんと欲せば、希《ねがわ》くは其名と共に其実を説け」（「鷗外氏と帝国文学の一記者」）

樗牛の言い方によれば、各国語の原音を日本語で音訳することも必要であろうが、外国文学をもっと深く研究することが重要だと言うのである。

この樗牛の記事によって、一応「ドン・キホーテ」論争は終わりを告げる。

「漢文で書けば晦渋、直訳体では難解」

さて、樗牛は明治二十九年八月、第二高等学校の教授として仙台に赴任する前、最後の記事として『太陽』に「鷗外とハルトマン」という文章を書く。

これが打ち止めという文章を、樗牛は次のようにはじめる。

「吾等が鷗外の美学に精《くわ》しきを信ぜんと欲するは、其のハルトマンに精しきことを信ずるが為に外ならず。もし鷗外にしてハルトマンに精しからざることの明《あきらか》ならんには、次に来るべき結論は果して何事なるべきぞ。

吾等は鷗外を敬するものなり、希《ねがわ》くは吾が敬するものは誠なれ。希くは誠の為に吾等の歯《は》に衣《きぬ》すること勿《なか》らしめよ」

樗牛の攻撃は激しい。

私たちが尊敬する鷗外先生は、ハルトマンの審美学に精通しておられると言う。だとするならば、鷗外のハルトマン理解はどの程度なのか、明らかにしてみようではないかと言うのである。

こうして、ひとつずつ鷗外の非を論じていく。

まず、鷗外はハルトマンの審美学史は、カント以後の遺漏《いろう》を書いたものだとその序文に書いてあるという。

樗牛は、これに対し、序文のドイツ語原文を挙げて訳し、鷗外の読みは間違っていると主張する。それによれば、序文には「カント以後の審美学史を書こうと思う」と書いてあるではないか。そして、全体を読むなら、ハルトマンは「カントこそ、科学的な意味で美学の始祖と考えるべきであるから、カントを巻頭に置いて審美学史を書いたのだ」と記される。

そして、樗牛はこう言うのである。

「鷗外が唯一の論拠は、ハルトマンの序文にあり。而《しか》してあわれ彼は序文をだに正解することをなさざりき」

鷗外は、ハルトマンが書いた序文さえしっかり読んでいないではないか！

近代科学を日本に移植し新しい日本を作るという意味では、ヨーロッパの最新鋭の「審美学」も輸入されなければならなかった。鷗外が選んだハルトマンもそのひとつであった。

しかし、本当に、ハルトマンを選ぶことで、日本における近代科学としての「審美学」樹立に繋がるのか。

東京帝国大学哲学科を出た新進気鋭の高山樗牛は、こうした本質的な問題を胸に、仙台から東京に舞い戻ってくる。

仙台第二高等学校教授の職は半年で辞め、今度は、『太陽』も「文芸評論」担当ではなく、編集主幹としての登場である。

明治三十年五月、樗牛は二十六歳になっていた。

樗牛は『太陽』における「美学」に関するものだけでも、その仕事の幅を広げていく。歴史画に関する研究、日本の美術史、月夜の美観について、美感について、善と美の関係、美術と富豪などである。


二年ほど前の論争からしばしば樗牛と距離を置いた鷗外は、樗牛の言葉には一切応えず、明治三十二年六月に大村西厓《おおむらせいがい》と共編でハルトマンの『審美綱領』を翻訳する。

樗牛が『審美綱領』の書評を書かないはずはない。

出版から二ヶ月後に、樗牛は、「『審美綱領』を評す」（『哲学雑誌』明治三十二年八月）を発表する。

ドイツ語から日本語への翻訳というところからして、日本語の問題にも触れるこの書評は興味深い。

樗牛は、「本書の文章」「訳語」「簡単主義の弊及び捃摭《くんせき》の適否」そして「総評」の四つに分けて批評するが、その序文に当たる部分に、まず「（是の書は）和装上下二冊より成り、一冊各五十余枚（中略）小冊子也。原書は八百二十七頁もある可なりの大巻なるを斯《か》ばかりの小冊子に縮めたる事先ず以て本書の特色として注意すべき点なるべし」と言う。

これは、『審美綱領』の凡例の二に「是書は翻訳若《も》くは、抄訳に非ず。唯だ義を取りて編述せるのみ。若し文字を以てこれを算するときは、原著の百分の一だに及ばず」と記すことに対する言葉であろうが、樗牛は、「本書の文章」でこのことに詳しく触れている。

「森、大村両氏、共に当世有数の能文家《のうぶんか》の事とて、本書の文章はおしなべて精厳《せいげん》也。元来ハルトマン氏の著述は常に冗漫なる文章に富む。（中略）本書の文章は核実《かくじつ》質朴にして毫も浮華《ふか》の弊《へい》なく、一点一画も苟《かりそ》めにせざらんと力《つと》めたる編者の用意は、慥《たしか》に現われたり。凡《およ》そ訳文は和文体なれば動《やや》もすれば冗長となり、漢文体なれば多くは晦渋《かいじゅう》となり、直訳体なれば難解にして概《おおむ》ね文を為さず、畢竟利弊相半《ひっきょうりへいあいなか》ばするを免れ難し。原書の精緻を邦文に移して而かも明瞭ならんは、学者の何れも苦心する所なれども、日本文字の性質上、意に任せざる事多かり。本書の文章は和漢洋の巧みなる折衷体にして、文字の精核《せいかく》、意義の周匝《しゅうそう》、併せ得たるに庶幾《ちか》し」

この言葉は、先に触れた『古事記』序文の太安万侶の言葉とも重なるものであろう。

「和文体なれば動《やや》もすれば冗長とな」るというのは、「全く音を以ちて連ねたるは、事の趣更に長し（すべての発音をそのまま万葉仮名で書いたとしたら、いたずらに文章が長くなってしまう）」というものである。

しかし、漢文で書けば晦渋、直訳体では難解で文をなさないことになる。

翻訳のみならず、日本語の文章を書くには、「和漢洋の巧みなる折衷体」が必要だというのは、現代の新聞雑誌書籍を見ても同じであろう。

ただ、当時は、ヨーロッパの言葉を漢語に翻訳することが求められ、いわゆるカタカナ語はまだ多くは使われなかった。カタカナ語が多すぎると、これもまた日本語としての意味が分からなくなるが、明治時代の翻訳漢語も「没理想」で樗牛が指摘したように、使っている人によって意味が異なるということが起きるし、時代を経て使われなくなるとまったく意味が分からなくなるということにもなってしまう。

『鷗外全集』第二十一巻に収められた『審美綱領』に見える「和漢洋の巧みなる折衷体」というのは、

すでに本文の一行目にも見える。

「美の詮義《せんぎ》（概念）Conceptusは、能変《のうへん》（主観）Subjectと所変《しょへん》（客観）Objectとを待ちて、初めて成立するものなり」

哲学という専門性の高い書物だというところからすれば、このような書き方も不思議ではないだろう。

しかし、読み進めると、意味がまったく分からない文章も少なくない。

樗牛は、「一句読に就いて見れば、極めて分明《ぶんめい》なるが如きも、一節一段として見る時は、全体の意義甚《はなは》だ了解し難きもの多し。是れ文章其物の罪にあらずして、是の文章を使役したる簡単主義の弊なりと見るを妥当とす」と言い、例として難解の文を七つ挙げる。

ひとつだけ挙げておこう。

一、美なる現象は虚偽に非ず。其の背後に実ある自然と異なるは、背後に実あるもの実の本真にして、背後に実無きもの理想の本真《ほんま》たるのみ。美なる現象には背後に実無しと雖も、初めより背後に実ありとなして人を欺《あざむ》くものに非ず。故に虚偽というべき理《ことわり》なし。（「本書の文章」）

この文章について、樗牛は「(一)の如きは何人にとりても不通《ふつう》の文字なり。強いて其の意を明にせんと欲せば、ハルトマン氏の原文を参照するの外なし。然れども原文を参照し得る人は、初めより本書の如きものを要せざるを奈何《いかん》せん。」（同前）と言う。

哲学書などとくに読んで分からないと、自分の不勉強のせいかと思うこともあるが、じつは、たいていの場合は著者が本当に理解していないから分かりにくい書き方しかできないか、あるいは著者に表現力がないということが原因となっていることも少なくない。

明治時代、専門用語を漢語に訳している頃は、翻訳する言葉に対する十分すぎるほどの理解が必要だったに違いない。

確実に増えていく外来語の処理をどのようにするのかという問題も、新しい日本語を作るための大きな課題であった。

樗牛は、「翻訳難の大部分は訳語難なることは、欧文翻訳に経験あるものの斉《ひと》しく認むる所なり。妥当なる訳語を製造すること何故に難きかは、茲《ここ》に陳《の》ぶべき遑《いとま》なし」（「訳語」）と言う。

訳語を作るのは難しい。しかし、それを避けることはできない。どうすればいいと樗牛は考えるのか。樗牛は続けて言う。

唯予の考えにては、語義上より万人の斉しく妥当と容《ゆる》すべき訳語を発見するは、日本文字の性質上、到底不可能の事なれば、約束上より一定するの外なかるべし。従来多数の人の用い来れる訳語は、自己に於て些少の不備はありとも、又是れよりも比較的に満足なりと思惟《しい》せらるる新訳語ありとも、大抵の所にて折合い、約束上より一定の訳語を作るかた、学術進歩の為に益あるべし。若しくは左はなくて、各人異語を用いて相同ぜずんば、学術上の文章は、愈々《いよいよ》紛糾して拾収し難きに到るべし。

樗牛は言う。

外国語から、すぐにすべての人が分かる訳語を作るというのは簡単なことではないだろう。しかし、何か約束事のようなものを作って翻訳をするときの指針とするようなことはできないだろうか。そうしなければ、とくに学術上の用語は、紛糾し、かえって混乱してしまうことになるのではないかと。

万年は、明治三十五（一九〇二）年八月『中央公論』に「将来の国語に就きて日本国民の執るべき三方針」という論文を載せる。

このなかで、「自国語にて訳しがたき外国語をばなるべく原語のまま輸入する事」と言う。

日本にもなく支那にもない外国語を、いろいろ骨を折って漢字で翻訳するのはつまらぬ事と思う。（中略）今から大々的の開進主義をとって、国語の根本を動かさぬ限り、広く外国語を輸入して、一日も早く万事用のたりる活きた言葉とせねばならぬ事と私は思う。

万年は、日本語を使いながら、漢語に訳せない原語を輸入することを勧めていたのである。

鷗外の姑息な手段

ところで、我が国で最初に作られた哲学に関する専門用語辞典は、明治十四（一八八一）年に編纂された『哲学字彙《じい》』である。

主編は、東京大学文学部哲学科の教授、井上哲次郎（一八五六〜一九四四）である。「緒言」には、法学部、理学部、文学部それぞれで使われる翻訳語をまとめるに当たって、フレミングの『哲学字典』によって専門用語をＡＢＣ順に並べ、その翻訳を載せたとある。そして、「先輩の訳字中、妥当なる者は尽《ことごと》く採りて之を収め、其の他新たに訳字を下せし者は、佩文韻府《はいぶんいんぷ》、淵鑑類函《えんかんるいかん》、五車韻瑞《ごしゃいんずい》等の外博《ひろ》く儒仏《じゅぶつ》の諸書を参考して定む。今尽くは引証《いんしょう》せざるも、独《た》だ其の意義艱深《かんしん》なる者は、注脚を攙入《ざんにゅう》して以て童蒙《どうもう》に便《べん》にす」と記される。

明治十四年はまだ、江戸までの漢学によって洋学を理解するという時代であった。ここに挙げられる佩文韻府、淵鑑類函、五車韻瑞は、すべて漢詩、漢文を読んだり書いたりするための辞書である。このようなものを使いながら、ヨーロッパ哲学の用語を訳していこうとしていたのである。

たとえば「a priori」という言葉は、現代でも「先天」と訳されるが、この訳語については「按、易乾先天而天弗違、後天而奉天時、天且弗違」（按《あん》ずるに、『易』乾の天に先だって天違わず、天に後れて天時を奉ず、天すら且つ違わず）という言葉が典拠であると記される。

また、「Aristotelianism」は現在では「アリストテレス主義」と言われるが、これをカタカナで書かず「亜里斯度徳学派」と万葉仮名式にひとつひとつ漢字を当てて記している。

はたして、このようにして作られた専門用語は、少々無理なところがあるかもしれないが、各人が勝手に訳を作って使うことになってしまえば、学問的な齟齬《そご》が起きて、かえって紛糾することになるのではないかと樗牛は言うのである。

さて、鷗外の『審美綱領』の訳語は、樗牛の目にはどのように映ったのであろうか。

樗牛は言う。「従来の用語例に背きたるもの少からざる事。是れ本書を読む何人も必ず注意すべき所なり」（「訳語」）。

こうしてたとえば、ドイツ語「Begriff」を従来「概念」と訳していた術語を、鷗外が「詮議」とし、ドイツ語「Subjekt」を「主観」と訳していたのを「能変」とするなど十六例を挙げて「予は本書の編者が何故に従来の用語例に背きて、故《ことさ》らに新訳語を樹《た》てしかを知らんことを望む。森、大村二氏は、まさかに本邦哲学界の現況に通ぜざる人にも非ざるべきに」と言う。

そして、樗牛は、次に一歩譲って新しい訳語を作ることがどうしても必要だとして、ハルトマンの原書に基づいて訳語が適当かどうかを検討する。

二十例を挙げているが、はたして「要するに本書の訳語は完全なりと云うを得じ。従来普通の用語例を無視せしは編者の過失なり。（中略）今日の学術界に不通なる仏教の語を挿入し且つ使用したるは物ずきと謂うべし」（同前）。

つまり、訳語についても、本書は読者に理解不可能な言葉を使って、専門家である樗牛にも読めないものになっているというのである。

樗牛は言う。

「若《も》し大綱《たいこう》を挙ぐるを以て足れりとせば、目次のみにても良し。目次を以て読者の備忘録中に充《あ》つべし。本書は、苟《いやしく》も一百枚の紙数を有せることとなれば、是が紙数の範囲内に於て、ハルトマン氏の学説を伝え得べきは勿論なり。唯予は是の如き簡文少冊もて叙述することが、学術の為に何の裨益《ひえき》する所あるかを疑わざるを得ず。簡単は著述の真価に非ず、著述の要は、理《ことわり》、明にして徹するにあり。

理義明徹ならずんば、万巻を一冊に縮めたりとて毫《ごう》も賞するに足らず。理義明徹ならんが為には、一冊を万巻に披《ひら》くも敢て貶《へん》するに当らず。本書編述の目的那辺《なへん》に存するかは、予の審《つまびらか》にせざる所なれども、志苟《いやしく》もハルトマン氏が美学を本邦に紹介するに存せん乎、予は其の簡単主義の甚だ不親切にして、編者自賛中の所謂る簡文少冊を以て深義を攝し総持を期することの、甚だ謂われなきヴ（筆者注：「ヴ」）ニティなるを思う也」（「簡単主義の弊及び捃摭の適否」）

樗牛は、『審美綱領』がハルトマンの著書の大綱を的確に伝えていないのではないかと言う。

そして「総じて本書の他の一大欠点は、ハルトマン氏が美学の純理哲学上の根拠を明にすることを力《つと》めざるにあり。ハルトマン氏の美学より純理哲学の根拠を取り去るは、是れ即ち総ての根拠を取り去る也」（同前）と言う。

要するに、編者はハルトマンの美学を理解していないのではないかとここで述べるのである。

「翻訳」は、明治以来つい最近まで「横文字を縦文字に直す仕事」と呼ばれた。「名著名訳」と呼ばれる仕事も少なからずある。たとえば大塚久雄によるウェーバーの訳書『プロテスタンティズムの倫理と資本主義の精神』などはそのひとつであろう。

しかし、名訳を行うためには、言葉の壁を越えて行間に滲む著者の意図までも読み取るだけでなく、分かりやすい日本語に直す日本語の能力が求められる。そうでなければ、ただ横書きの言葉を縦書きに置き換えるだけの作業になってしまう。

さて、樗牛は「総評」で『審美綱領』をどのように批評するのであろうか。

「是を要するに、本書は文字精厳なる割合に理義《りぎ》甚だ分明ならず、加うるに捃摭の誤り、原意の誤解さえ加われること、前に述べたる如くなれば、編者の為に甚だ気の毒ながら、完璧の書と許し難し」

非常に厳しい批評である。

そして、最後に美学を専攻する専門家の言葉として一擲《いってき》する。

「本書の編者はハルトマン氏を以て、古今美学者中最も完全なるものと称すと雖も、是は予の服する能わざる所也。ハルトマン氏の美学は、美の種類を論ぜる所に長所あれども、其の仮象《かしょう》論と具象理《ぐしょうり》想《そう》説とには偏見甚だ多し。且つ歴史上より見るも、氏の創見として見るべきもの甚だ少し」

この後、樗牛はヘーゲル、シャスレル、カリエール、キルヒマン、マーシャル、ギヨー、サンタヤーナなどの美学者を挙げて、鷗外と大村が、これらの美学者とハルトマンとの比較ののちに本書訳出をしたのか、あるいは二人はただハルトマンを本当に美学史上最高の学者と考えているのかと問うのである。

『太陽』という雑誌は、今でいうなら、テレビやインターネットほどの影響力を持っていた。その『太陽』の編集主幹が書いた書評であってみれば、鷗外の怒りはどれほどだったであろう。

もちろん鷗外としても、指をくわえて黙っているわけにもいかなかった。しかし、正面切って反論をすることができる自信もなかった。

鷗外は、読売新聞をうまく利用するという姑息な手段で、二度にわたって言い訳のような手紙を掲載させる。

理由は「高山氏のハルトマン氏に対する意見は曾聞《そぶん》に属するをも顧慮したる上、真面目に該《がい》批評に対して反駁することは無用と断定いたし居り候」（『鷗外全集』第二十一巻）というのである。

そして、二度目の手紙は次のように締めくくられる。

「斯道《しどう》の大家は高山林次郎氏一人なることをば毛頭争い申すまじく、其辺同氏に於て心配せられ候に不及候。是亦申添候」（同前）

審美学の専門家は樗牛以外にいないのだからと言うのだが、これは樗牛の書評には正面から答えないということの言い訳にもなっていない。

この時、鷗外は、左遷されて小倉にいた。

樗牛は、『太陽』での仕事の傍ら、東京帝国大学哲学科で発行する機関誌『哲学雑誌』により専門的な書評を書く。

「ハルトマンの美学及其批評」というのがそれである。

樗牛に鷗外批判の意図があったことは否めない。しかし、それもまた日本での審美学（美学）研究の樹立という目的があったからである。

こうした仕事が学問的に評価されて、樗牛は明治三十三（一九〇〇）年六月に「美学研究」の目的でドイツ留学が下命されるのである。

さて、樗牛のハルトマン研究は、どのような目的で繰り広げられ、そしてどのような結論を得たのだろうか。書評に提起される問題は、

（一）ハルトマンの美学の立脚点の検証と独創性
（二）学説の整合性と論理的正確さ

である。

（三）学説の当否と客観性の検討

しかし、結局は（一）の部分だけで、樗牛は筆を擱《お》いてしまう。なぜなら、ハルトマンの美学は研究するに足りないものと判断したからである。

筆者は、専門家でないからその当否を明らかにはできないが、樗牛の説によれば、ハルトマンの書物には独創性がなく、ほとんどすべて先学の説を踏襲するもので、あえて我が国における美学研究の基礎に置く必要のないものだという。

これに対して、鷗外はまったく異なるところから樗牛の批判に答える。

樗牛の批判は、ハルトマン氏本人に言うべきことではないか。

しからば、『哲学雑誌』のようなものに書評を書くのではなく、英語かドイツ語で論文としてハルトマンの批評をすればよいではないか。

鷗外は、樗牛による『審美綱領』の批判をいつの間にか、専門家であるならハルトマンと対決しろという論理にすり替えてしまうのである。

鷗外が、樗牛のことをよく思っていなかったということは、長谷川泉『続森鷗外論考』にも触れられているが、明治三十二（一八九九）年に小倉に左遷された鷗外が、母、峰子に宛てた手紙で樗牛に触れたものが二通発見されている。

一通は、明治三十三（一九〇〇）年七月頃のものとされ、「高山巌谷独逸行は仰《おおせ》の通《とおり》博文館の勢力もあり又高山は井上哲次郎にとり入りしものに有之候」（『鷗外全集』第三十六巻）と書かれている。「仰の通り」というのであるから鷗外の母親も樗牛がドイツに留学することをよい意味で伝えようとはしなかったのであろう。

東京帝国大学哲学科を出て、二十六歳で『太陽』の主幹となり、審美学（美学）の専門家としてドイツに留学をすることなど、鷗外にとっては屈辱的な思いだった。

樗牛は、留学が決まって早々、郷里の山形にいる養父高山久平に宛てて明治三十三（一九〇〇）年五月二十日付けで手紙を書いている。

扨是度《さてこのたび》私事文部省留学生として欧羅巴《ヨーロッパ》へ派遣仰せ付けられ、多分今月末には辞令交付相成るべく候。但し出発は今年度中にて、多分来年二月ころなるべくと存じ候。是は美学並に美術史研究之為にて、年限は三年、帰朝後は京都帝国大学に教授として奉職之予定に御座候。過日専門学務局長並に京都大学総長に面談之上相定め候事に御座候。（『改訂注釈樗牛全集』）

京都帝国大学は、三年前の明治三十（一八九七）年に創られたばかりである。しかし、まだ文学部はなく、京都帝国大学文科大学は、明治三十九（一九〇六）年九月に新設の予定になっていた。樗牛は、帰国後、この京都帝国大学文科大学の美学講座初代教授を任せると言われたのである。

はたして暴論を吐いて弱きを叩き続ける鷗外を人はどう見ていたのだろうか。

「三人冗語」などで長く一緒に仕事をしたこともある幸田露伴は、小林勇との談話『蝸牛庵訪問記』

（昭和十一〈一九三六〉年四月二十七日）に、次のように語っている。

「森の家は変な人が揃っていた。この間亡くなった細君の兄だか弟だか知らないが、できもなにもしない人だが、若いころわたしの所へ出入りして弟子のようなものになった。これがわたしと森とが離れる一つの原因にもなったのだ」

「死んでしまった人のことをいうのもいやだが、森という人はおそろしく出世したい根性の人だった。石黒忠悳という人が森の上役で、これと気が合わぬので、この一派を目の上の瘤のようにしていた。大橋や大倉は新潟の出身で、それらとわたしと交っていたので自然わたしは石黒とも知り合いになった。これがわたしと森の離れる原因の一つになった。あとで知ったことだがさもあろうと思った」

「森という男は蓄財の好きなやつさ。心は冷い男だ。なにもかも承知していて表に出さぬ。随分変なことがあったよ」

また、高橋義孝『森鷗外』には、「鷗外を訪問したのち芥川龍之介のたまたま洩らした感想の一語『インヒューマン』は深く鷗外の本性を衝いたものとしていい」と記される。

樗牛死す

『哲学字彙』の編者、井上哲次郎は、高山樗牛の師でもあった。

よきにつけ悪しきにつけ「イノテツ」と呼ばれる我が国最初の東京大学出身の哲学者である。

「自分が語るからこそフィロゾフィー」という発言をした。そして、定年が来ても退職することもなかった。イノテツに面と向かってものが言える人は、周りにはだれもいなかったという。

さて、井上は鷗外と同じく、医者の家に生まれ、幼い頃から漢学に親しんだ。明治八（一八七五）年十九歳で東京開成学校に入学し、明治十（一八七七）年十月、二十一歳の時に東京大学文学部の第一期生として入学する。

そして明治十七（一八八四）年、鷗外と同時に、哲学研究の目的で、六年に及ぶドイツ留学を果たして明治二十三（一八九〇）年に帰国するとすぐに東京帝国大学哲学科の教授に就任した。

ドイツでは、カント研究を専門とし、フランスでは宗教史を、またイギリスではスペンサーの社会学を学んでいる。漢学、仏教学、国学などにも造詣が深く、明治三十（一八九七）年にはパリで開かれた万国東洋学会にも派遣された。

著作には倫理学から兵法の山鹿素行《やまがそこう》、菅原道真、釈迦牟尼伝《しやかむにでん》、国体論など幅広く、編著なども含めるとおよそ百冊以上に及ぶ。

東京帝国大学文科大学では、明治十四（一八八一）年から「審美学」が講義されていた。しかし、明治二十五（一八九二）年に「審美学」は「美学」と改称された。鷗外が創った「審美学」という言葉は、消されてしまったのである。この改称を行ったのは、井上哲次郎である。

そして、明治三十三年四月、井上の弟子で、樗牛の先輩に当たる大塚保治《おおつかやすじ》（一八六九〜一九三一）がドイツ留学から帰朝し、九月から美学講座を担当することに決まっていた。大塚は、漱石との交友でもよく知られる人物であるが、大塚の前の美学担当講座は、これもまた漱石も講義を受けたことがあるラファエル・フォン・ケーベルが担当していた。さらに、附言すればケーベルの弟子に岩波茂雄《いわなみしげお》、和辻哲郎《わつじてつろう》、九鬼周造《くきしゅうぞう》、波多野精一《はたのせいいち》などがあり、岩波書店を中心とした「岩波文化」はここに作られることになる。

はたして、鷗外は、樗牛の留学の世話をした井上哲次郎にもいい印象を持っていなかった。井上は、明治三十一（一八九八）年から東京帝国大学文科大学学長を務めていたが、すでに記したように哲学科の教授で樗牛の師でもある。

ただ、樗牛は、留学が決まってからまもなく喀血し、留学を断念せざるを得なくなっていた。これについても、鷗外の手紙が残っている。

高山林次郎は洋行をとり消し文科大学の国文学の教師（講師）になり候国文学とは随分縁の無き話にて今の文科は井上哲二（筆者注：井上哲次郎のこと）郎に気に入ればどうもなる事と相見え候（『鷗外全集』第三十六巻）

美学の専門家としてドイツに留学したいと、樗牛もどれだけ思ったか。

樗牛とともに『帝国文学』を創刊し、ドイツに留学して我が国に宗教学を樹立した東大宗教学教授の姉崎正治（一八七三〜一九四九）に宛てた明治三十四年六月六日付けの手紙が残っている。

僕の事をのみ言うが、少し近状を知らせよう。渡航を已《や》めてから、別に仕方もないから、僕は日本美術史の研究に一身を委《ゆだ》ねようと決心して、大学の講師にして貰うた。この願は容易に成って、四月中旬からそう云うことになった。併し講師は無給同然であるから、是れは学問上の事と心得て、外に生活の路を求めたが、博文館主人の懇談もあったから、仕方がない、又々雑誌記者となった。そして住処は九月一杯は当大磯に居て、其から後は鎌倉かどこかに移るつもりだ。（中略）君の健康は如何か、健康を失ては凡《すべて》を失ったも同然だ。学問抔《など》は大概にして、先ず気永に保養して来給え。僕は、せめて僕の友人知人が、皆健康に栄うるのを見たい。（中略）ああ今頃伯林《ベルリン》で君は何をして居るのか、三千里途《みち》は遠いが、四十日程《てい》に過ぎない。此からださえ丈夫ならと、ツイ愚癡も出る。必ずしも無理でもあるまいか。健康で暮し給え。僕は出来る丈け愉快に満足に暮して居る。人間としての修養の足らざることを思うて、自ら励まし、且楽みつつある。

（『改訂註釈樗牛全集』）

さて、書評の文章と姉崎に宛てた手紙と比べて、その文体の違いは明らかであろう。

それは、現在書かれる論文の文体と、親しい人の間で交わされるメールの文体を比べてみるのと同じことであろう。言うまでもなく、後者の文体は話し言葉に近い。

「言文一致」ということで言うなら、論文を話し言葉で書くべきか、あるいは話し言葉を論文に近づけるかという問題になるであろう。

樗牛は、「国語」にも非常に関心が高かった。

明治三十三（一九〇〇）年六月、樗牛は『太陽』に「言文一致の標準」という文章を書いている。

樗牛はまず言う。

言語は一国人文と共に調和的発達を為し来れるものなれば、一朝一夕に変改し得べきものに非ず、如何に理窟攻めにしたりとて、機運《きうん》にして熟せざれば望み難き事也。然るに今日国民中に言文乖離の不便を自覚しはじめたるものありて、現に言文一致を用ひ居る人、言文一致会を設立したる人さえある事なれば、時勢が是の気運を助長し、一日も早く是の両者の一致を見得る様にするは、（中略）改革の標的とも見るべき標準語を一定するに若《し》くは無し。

この頃「言文一致」の機運が高まっているということは、だれの目にも明らかであったであろう。しかし、これを全国三十万人の読者を抱える雑誌で言ったのは、樗牛が初めてであった。「標準語」は、しかし作ろうと思って簡単に作れるようなものではない。樗牛はどうすればいいと言うのであろうか。

文章に対しては、小六《こむつ》かしき、無意義なる文字熟語は成るべく省き、是を耳にして解り得るを目的とし、文学的趣味を甚しく傷けざる限に於て、徐《おもむ》ろに言語に近かしむべく、また言語に対しては、余りに下劣なる、或は冗漫なる、形式的なる言語を追々廃止し、是れに代うるに、最も平易なる文章体の語句を以てし、其の野鄙なる調子を和らげ、日常の実用に甚しく害を及ぼさざる限に於て、追々と文章雅語に近からしむべし。

これが、樗牛の考える「言文一致」である。

話し言葉の「野卑なる調子を和らげ」とあるのは、現代の我々の感覚ではもはや分からなくなってしまったが、次の章で記す三宅雪嶺が昭和十三（一九三八）年に出版した『面白くならう』という本のなかに次のように記している。

> 自分が東京に来てから六十年になり、その間には或は急、或は緩、市中の替わったのは言う迄もなく、寧ろ前の江戸時代を追憶するに苦む位になっているが、変化の著しい現象の中に喧嘩口論の少くなったのを挙げずに置けぬ。江戸子は『喧嘩が飯よりも好き』となって居り、ベランメーと言うか言わぬに打ち合った。（中略）ベランメーを立て続けにし、口の方が達者にしても、江戸子は口より先に手が出ると云われ、それほど喧嘩が多かった。
> 　近来市中の何処を通っても、殆ど全く喧嘩を見ず、悪口雑言を聞かない。

江戸弁に限らず、現代では方言もずいぶん失われた。話される言葉は、非常に柔らかく優しいものになったと言われる。

さて、さらに樗牛が言うには、文章もできるだけ簡略にして耳で聞いても分かるようにする。また話し言葉もこうして作られる文章語とあまり乖離がないようにするというのである。

はたして、同じようなことが、すでに中国の文学史をめくると現れる。

唐代の白楽天《はくらくてん》や韓愈《かんゆ》がいた中唐（七六六～八三五）と呼ばれる時代である。

佶屈聱牙《きっくつごうが》な四六駢儷文《しろくべんれいぶん》と呼ばれる文体に対して異を唱え、人が読んで分かる、聞いて分かる文章を書くべきだと彼らは主張した。中国文学史では「古文復興運動」と呼ばれるが、この運動によって唐の貴族性社会は完全に崩壊し、新しく「士大夫《したいふ》」と呼ばれる頭脳明晰で、文章でも口頭でもきちんとした議論ができる人々が政治を担う宋という時代が到来することになる。

樗牛が生きていた時代は、不平等条約の解消を経て、まさに、新しい時代の真の幕開けが訪れていた時代であった。「言文一致」の運動如何によって社会変革の舵がどちらにも切られる時代でもあったのである。

そんな時代のなかで樗牛は、明治三十五（一九〇二）年十二月二十四日、三十一歳の若さで亡くなったのだった。

第一一章　言文一致への道

「文献学」を学べ——弟子、芳賀矢一の留学

明治三十三（一九〇〇）年六月、芳賀矢一のドイツ留学送別会が箱根塔ノ沢の環翠楼《かんすいろう》で開かれた。幹事は、二十年の歳月をかけて『大日本国語辞典』を編纂した松井簡治《まついかんじ》（一八六三〜一九四五）であった。

松井は、帝国大学特約生教育学科を卒業したのち、文科大学国文学科選科に入り、万年の講義を受けた。年は万年より四つ上であるが、先生は先生である。

ドイツに行く芳賀矢一は、万年と同い年である。

しかし、芳賀も東大の和文科というところから見れば万年の弟子である。万年の講義を受けたこともあるし、万年の恩恵を多く受けた。ただ、芳賀の場合は、万年の無二の親友という関係でもあった。

この留学も、万年が文部省に働きかけたものである。

塔ノ沢の環翠楼は、徳川家茂《いえもち》の正室・和宮親子《かずのみやちかこ》内親王が亡くなった湯治場であるが、「環翠楼」の名前は伊藤博文の命名である。新緑の翠《みどり》に囲まれた楼閣という意味で、木造四階建ての楼閣は美事で

ある。現在の建物は、一部大正八（一九一九）年に建て替えられたものであるが、国の登録有形文化財に指定されている。

さて、ここで、松井簡治、神道思想家の今泉定助《いまいずみさだすけ》、日本史学の和田英松《わだひでまつ》、国文学の高津鍬三郎、上田万年ら十二人が芳賀を囲んで、祝賀に酔った。松井簡治の「故上田萬年博士に関する思出のことども」（『国語と国文学』第十四巻第十二号）によれば、「（上田）博士はこの時太鼓腹を露出しながら盛んに麦酒を傾けた」いう。

そして、この時に芳賀は漢詩を作った。

塔沢名山麓　塔ノ沢　名山の麓《ふもと》
無名萃群賢　無名　群賢《ぐんけん》を萃《あつ》む
盛宴亘二日　盛んなる宴　二日に亘《わた》る
会費醵五円　会費　五円を醵《きよ》す
（中略）
笑罵徹夜半　笑罵《しようば》　夜半に徹す
喧嗷不能眠　喧嗷《けんごう》にして眠る能はず
（中略）
高津骨稜々　高津（鍬三郎）は　骨　稜々《りようりよう》たり
上田腹便々　上田は　腹　便々《べんべん》たり

（中略）
箾治即幹事　（松井）箾治は即ち幹事たり
助之有和田　之を助くるに和田（英松）有り

（訳）
塔ノ沢、箱根の名山の麓
無名の自分のために、先生方が集まって下さった
盛大な宴会が二日に及ぶ
会費はひとり五円

笑いと罵倒が夜中まで続き
うるさくて眠れない

高津鍬三郎は痩せて骨がゴツゴツ
上田万年は、腹がパンパンに膨れている

松井簡治は、すなわち幹事
これを助けるのが和田英松

二日にわたる宴会の会費が五円というのは相当に贅沢なものである。明治二十三年に開業した帝国ホテルの一泊宿泊料金が、明治三十一年にひとり五円であった。ちなみに現在の帝国ホテルの宿泊費は、一泊およそ五万円である。

芳賀は、大酒飲みだった。

まさか、ドイツに留学の命が下りるとは思ってもみなかったであろうが、芳賀はすでに十二歳の時に、親族の助言で医師を志し、ドイツ語の初歩を学んでいた。そして、大学を卒業すると、西周、加藤弘之などが作った独逸学協会学校（現・獨協学園）で国文や国史を教えていた。当然、周囲にはドイツ人なども少なくなく、万年などからドイツの実情なども聞かされていた。

文部省から下された留学の課題は、「ドイツ・フィロロギー」であった。「フィロロギー」は、今でこそ「文献学」と呼ばれるが、「文献学」という言葉は、まだこの当時、我が国にはなかった。言語学という言葉がなく「博言学」と呼ばれていたのと同じである。

「明治三十三年六月文学史攻究法研究の為満一年半独国に留学を命ぜらる」と、芳賀は記している。「文学史研究法」という意味で思っていたのであろう。

「文献学」という言葉は、のちの芳賀矢一による訳語である。

さて、芳賀の留学先はベルリン大学である。当時のベルリン大学は、文献学、歴史学研究の全盛期であった。

当時、主任教授エリッヒ・シュミット（一八五三〜一九一三）は、ゲーテ全集（ワイマール版）の改訂、監修を行っていた。

またマックス・ヘルマン（一八六五〜一九四二）は、文芸学で、「新高ドイツ語研究の歴史的概論」「文学批評」「劇場史演習」、R・M・メイヤー（一八六〇〜一九一四）は「ドイツ小説史」「比較文学の方法と課題」を授業で行っていた。

芳賀の「留学日誌」には、こうした授業を受けるために、ドイツ文学者の藤代禎輔《ふじしろていすけ》やドイツ語学のために留学していた山口小太郎《やまぐちこたろう》とともに、言語文芸学に学生登録したことが記されている。

芳賀のドイツでの文献学研究は、我が国の「国学」を「日本文学」あるいは「国文学」の研究へと導くことになる。

芳賀は、明治三十三（一九〇〇）年九月八日、ヨーロッパへの出発から明治三十五（一九〇二）年八月十二日、帰国の途中シンガポールに到着するまで、ほとんど毎日、何をしたかということを記録した。

「留学日記」の初めには、次のような文章が載せられる。

明治三十三年六月十三日文部大臣より独国留学の命を受け九月八日を以て出発と定む　同行を約するもの藤代禎輔、夏目金之助、稲垣乙丙《いながきおとへい》皆年来の知友たり　出発に先《さき》だち知友学弟等送別の会を開くもの頗る多し　就中《なかんずく》国学者の同友は箱根塔沢に会して余が行を送る事六月三十日に在り　大学国文科の学生は六月廿四日長酡亭《ちようだてい》に、越えて七月二日高等師範学校国語漢文専修科卒業生も亦同処に別宴を開けり　冨山房の招宴は八月廿七日上野松源《まつげん》支店に国語伝習所の主張したる知友一般の送別は九月二日神田開化楼《かいかろう》に開かれたり　大学国文科卒業生の学士及大学同年卒業生の旧友会は七月廿五日を以て学士会事務所に開会　福井会の中心となれる同郷人の会合は九月一日を以て精養軒《せいようけん》に催したり　其他親戚知友の少数を以て惜別の会を開きたるもの枚挙に暇あらず　六月以後出発にいたる迄概ね虚日《きょじつ》なし　餞別の物品を寄贈し来れるもの亦甚だ多し　交情の懇篤《こんとく》なる感激何ぞ堪えん　其他留学生一般のために大学教授の催されたる会合の如きも亦一にして足らず　浅学非才を以て留学の栄を受けたるだにあるに更に重ぬるにこの厚遇を以てす　いよいよ責任の大なるをおもいては奮励以て国文学前途の為に尽さんとする念は一層あつし　九月八日出発にいたり医学士戸塚機《とつかみち》知《とも》君の同行せらるる事と成りたるは更に喜ぶべき事たり　高山林次郎氏が不慮の病痾に侵されて同行を果たさざりしは同君の為めに悲しむべきは勿論一行の最遺憾とするところなりき

芳賀は、知り合いも多かった。みなから好かれる性格だったこともあろう。留学が決まると、みなが送別会を開き、「概ね虚日なし」というほどだった。

漢文を脱せよ

芳賀は、留学から帰国後、東京帝国大学名誉教授、帝国学士院会員、国語調査会教科書編纂委員、東宮職御用掛を務め、『新撰帝国史要』『国文学史十講』『国学史概論』など多くの本も書いているが、明治三十九年に「漢文の羈絆《きはん》を脱せよ」という非常に興味深い文章を書いている。

少し長いがここに引こう。万年の主張するところとまったく芳賀の主張は同じである。

我国の今後……今後といっては語弊があるが、将来の文体はどうしても言文一体で無ければならぬとおもう。今日の文体は大体からいえば、漢文を直訳した様なものである。漢文を訓読して、テニハを仮名で書いた様なものである。あらゆる修辞上の工夫も漢文から得て来たものである。テニハを約《つづ》めて、文字を顚倒《てんとう》して漢字だけで書きあらわす事にすれば、些《すこ》しの手間で漢文に直すことが出来るのが多い。こういう風では漢文より一歩上の文章はとても出来まいとおもう。極言すれば、日本はまだ自分の力で発達した、即ち国語自然の発展から出て来た文章をもって居らぬと言ってよろしい。国民性から発展して来る自由の文章では無いので、やはりむかしの漢文摸倣《もこう》の域を脱せぬのである。近世欧洲各国が希臘羅甸《ギリシヤラテン》の古文を離れてそれぞれの独立した国語を発達させ、その国語で独立した文章が出来た様に、漢文訓読体を離れて、真正の日本語の文を得ようというのには、古文を典型とする風習はやめにするがよい、文章軌範や八家文《はっかぶん》（筆者注：いずれも漢文の名文を集めたもので、江戸時代以来よく読まれた。なお「八家文」は『唐宋八家文』のことである）をどこまでも文章の手本とするという考では独立の日本の文体は出来ぬ。到底漢文を凌駕する事は出来ぬ。口語自身から種々のいいまわし、譬喩《ひゆ》等一切のものが出て来ねば、日本人の文章ではあるまいとおもう。

しかし語彙の少ない国語の事であるから、一概に漢文起源のものを棄てよというのでは無い。又実際上棄てられるものでも無い。併《しか》しどうしても学者的（gelehrte）のものでなくして国民的

(volkstümliche) のもので充分の発達をさせなければならぬ。少数の人が少数の読者を満足させる文学では無くして、国民一同が興味をもつ様な文学を発生させなければならぬ。今の口語の状態では中々むずかしい事業には相違ないが、歴史から考えても出来ぬ筈のものでは無い。小説などは近頃は殆ど口語で書く事になったが、これは叙事詩の一部分で、まず比較的に容易な部分から行われて来たのである。叙事詩や戯曲の立派なものが口語で出来る迄には、今後の進歩を待たねばならぬ。少しの間の辛抱である。口語で立派な文学が出来ぬなぞというのはあまりに国語を馬鹿にした話、国民を馬鹿にした話である。

千年以上の古文法によらなければ、名文が出来ぬという理屈はどう考えてみても分らぬ。今の語法で発達して行く文章が出来て、明治時代を飾る大文学が出来なければ、百事を一新した明治時代としては少し物足らぬ心地がする。平安朝時代や、元禄時代の人の物笑いになるであろう。口語では名文が出来まいと杞憂《きゆう》するのは、明治の初年に、日本語では演説は出来ぬと考えたり、国語が不完全だから英語にしようと言ったりしたのと同様で、甚だしい近視眼的の論である。

二千年以来の文化が一大改新を受け、東西文明を折衷して特種の文化を起し、世界に雄飛しようという国民は、漢文の羈絆をふりすてて、文体の上でも、国民特得の文体を作り出す覚悟が無くてはならぬ。それは日々進歩してゆく国民の口語から出て来ねばならぬ。

この論文が書かれたのは、塔ノ沢で行われた芳賀の壮行会から六年後のことである。しかし、同じようなことを、すでに芳賀はドイツ留学中の明治三十四(一九〇一)年十一月に国語学会の雑誌『教育学術界』（第四巻第一号）に書いている。

言文一致は之（文字の改良）に比べれば容易であって、又其便益《べんえき》は眼前に見えて居る訳故、今日の時機を外さず、ドシドシ捗取《はかど》らせたいと思うのが、私の意見である。世間には言文一致では、文章に品位が無くなる、冗漫になるなどいう点から排斥する人もあるが、これは旧弊な漢学者が、漢文で無ければ文章で無いと考えて居ると同様の意見で、今の言葉で立派な文章の出来ぬという筈は決して無い。勿論今日の言文一致は、未だ立派な文学を持っては居らぬ。之は誰も之に構わぬからである。何人も其開拓に力を尽くさぬからである。文章家が文章に骨を折る程、言文一致体に尽力したならば、必ず立派なものが出来るに違いない。

ところで、万年も芳賀が「漢文の羈絆を脱せよ」を発表したのと同じ明治三十九年の『文章世界』に、「言文一致は果して冗長か」という論文を書いて次のように言う。

将来の文体は必ず言文一致になるであろう。否な、ならねばならぬ。然し現時の言文一致と云うのは誠に幼稚で固《もと》より完全ではない、漸時《ぜんじ》改善を加えて其の進歩を計らなければならぬ。世人動《やや》もすれば言文一致の粗雑を咎《とが》めて、従来の文章体の優麗佳調なるを唱えるが、其は正鵠《せいこく》を得た議論ではない。成程従来の文章には長所はある、然しこれは只《ただ》長年月、多くの文人、多くの学者に依《よっ》て、色々工夫せられた結果に外ならぬのである。

然るに言文一致は奈《ど》うであるかと云うと、漸《よう》やく明治十四五年頃から研究し初められたので、未だ充分の工夫が遂げられて居らぬ、此処が即ち現時に於て稍《や》や見劣りのする所以である。然し新しき日本の文章としては、慥《たし》かに言文一致でなければならぬ。

又言文一致は兎角《とかく》冗長に流れていかんと云うものがある。然し悉《ことごと》くそうとは云えぬ。例えば「然り而《しこう》して」を「それで」と書き、「是に由て之を観れば」を「で」で済ます。

仮《よ》しんばまた稍《やや》冗長であるとしても、其の代り綴る上と読む上との労苦が非常に少ない。今は或式から或式に移る過度（筆者注：「渡」）時代であるから、勿論多少の弊害とか、多少の欠点とかは有るに相違ないが、此は漸を以て改善して行けば好いのである。

其処《そこ》で自分は斯《こ》う思う、言文一致は将来実用的の側で専《もっぱ》ら中流以下の人が普通用いる様になるであろう、そして今の和漢文体は当分の中《うち》は中流以上の人が用いて一面楽《たのし》むと云う状態になるであろう。然しそれが又一段進むと言文一致が全く国民的のもの社会一般が用いる所の文体となって、和漢文体は遂に専門家の手に渡さるるようになるであろうと。自分は主義の上から言文一致を主張するものであるが、さればと云って今までの和漢文の研究を放棄せよと云うのではない。この和漢文の研究は将来益々其の専門家の手に依て研究されなければならん、そうでなければ日本文学の研究は到底出来ないのである。

芳賀と万年の主張するところは、ほとんど同じである。

そして、おもしろいのは、この記事が発表された同じ号の『文章世界』に、二葉亭四迷の「余が言文一致の由来」が載っていることである。円朝の落語の筆記を使って、日本で初めての言文一致体小説「浮雲」が書かれたという内容の文章である。

明治三十九（一九〇六）年は、言文一致の軸が大きく動いた年であったのだった。

言文一致会の設立

万年は明治三十三（一九〇〇）年三月に「言文一致会」というものを作っている。

これは、明治三十一（一八九八）年に設立された言語学会のなかの組織である。言語学会の設立に当たっては、万年が会長、それに芳賀矢一、万年の弟子の新村出、金澤庄三郎などが名を連ねたが、「言文一致会」は、アーネスト・サトウに日本語を教えた神職の林甕臣《はやしみかおみ》の発案によるものであった。

「言文一致会」が所属する言語学会が発行する『言語学雑誌』（明治三十三年三月三十一日発行、第一巻第二号）の「雑報」欄には、興味深いことが記されている。

われわれは本号から、雑報欄には、一切口語体の文章を用いるようにした。寄稿せらるる人々もなるべく口語体を採られんことを望むのである。吾々の文体は平易を専《もっぱ》らとするは勿論、進んではこれまでの歴史的の仮名遣をも改めようという抱負を持っておるが、しかし今そうすぐに表音的仮名遣をもちいてこれまでの歴史的のを棄ててしまおうというのではない。いろいろの調査に調査を重ね、研究に研究を積んで、段々改めてゆこうと思うので、決して軽々しく急進はしないつもりである。また文体の一新、仮名遣の改定の外、なお語学上の用語、訳語の一定や、外国語の音韻の写し方なども漸々《ぜんぜん》着手してみようと思うのである。

仮名遣いや、外国語の音韻の写し方などにも着手して、言文一致体と合うような日本語の表記を改める目的があることをここに明記してあることは、文部省の国語審議会の動きと合わせて考えると、非常に重要な発言であることは言うまでもないだろう。

「言文一致」とも無関係ではない「国語調査会」が発足したのも、同じ明治三十三年のことである。これは、先に触れたが、万年が明治二十八（一八九五）年に講演で主張し、明治三十年「国字改良会」が立ち上げられたことの延長であった。

この後、「国語調査会」は明治三十五（一九〇二）年三月「国語調査委員官制発布」とともに「国語調査委員会」となる。その構成委員は「国語調査会」とはやや異なるが、正式に「国語調査委員会」を発足させる明治三十五年四月十一日から九月二十五日までの官報を見ると、国語調査委員会の委嘱として、辞令が次の人々に下されている。

加藤弘之（文学博士、男爵）
嘉納治五郎（東京高等師範学校長）
井上哲次郎（東京帝国大学文科大学教授・文学博士）
澤柳政太郎（文部省普通学務局長）

上田万年（東京帝国大学文科大学教授・文学博士）
三上参次（東京帝国大学文科大学教授・文学博士）
渡部董之助（文部書記官）
高楠順次郎（東京帝国大学文科大学教授・文学博士）
重野安繹（文学博士）
徳富蘆花
木村正辞（文学博士）
大槻文彦（文学博士）
前島密

うち、委員長は加藤弘之、主事は上田万年

また、補助委員に芳賀矢一、保科孝一、新村出、岡田正美、林泰輔、大矢透《おおやとおる》、山田孝雄の六名が任命された。

『國學院雑誌』（明治三十四年十月十日号）には、「彙報」で「言文一致会」の発足について記されている。

言文一致会　同会は九月十三日午後四時より帝国教育会に於て開会、言文一致第一着として言文一致論集を刊行し、併せて同会の報告書会員名簿を添附する事を決議し、其他会務上の打合せを為し同七時散会、更に廿一日午後一時より帝国教育会に於て其総会を開き辻、前島、伊沢、後藤、三輪田、岡部（精一）、井上（豊太郎）、井口、湯本、山県、中井、石川、三矢の諸氏其他三十余名出席し、前島部長座長席に着き、過日委員一同が国語調査会設置に関する件に付菊池文相を訪問したる顚末を報告し、湯本氏の発議に依り、更らに首相及び蔵相を訪問して調査会の設置を促すことは満場一致の賛成を得、次に山県、岡部の両氏は、本会の事業たる世論を喚起することは着々実行し、稍や其効を奏せしものと見て不可なけれど、其の研究を進めて模範を示すの件に至っては未だ充分ならざるものあれば、本会は今後専門家を網羅したる研究委員数十名を選みて、益々事業を拡張せられたしとの議を提出し、是亦満場一致を以て可決せられ、人選及び員数等は委員に一任することとなり、夫より随意懇談に移り、小島一騰、小森憲之、高橋龍雄、伊沢修二、中井喜太郎、山県悌三郎、岡部精一等数氏各自研究の余に成れる意見を演説して五時過ぎ散会。尋《つい》で廿六日午後四時より委員会を開き、坪井正五郎、後藤牧太、三輪田眞佐子、名児耶六郎、三矢重松、岡野精一、井上豊太郎の諸氏出席し、総会に於て決定したる研究実行委員十余名を撰定し、廿八日依嘱書を発せり。

國學院は、現在、國學院大学として残っているが、もともとは明治政府が設置した国学の研究・教育機関である皇典講究所が母体である。明治二十三（一八九〇）年に設置され、明治三十一（一八九八）年に財団法人として認可された。明治二十七（一八九四）年から『國學院雑誌』が発行されて今に及ぶ。

万年も國學院とは深く関わっていたようで、東大を定年になる昭和二（一九二七）年には國學院大學学長に就任する。また、芳賀矢一は、万年より先、大正七（一九一八）年から國學院大學学長となり、校歌を作っている（曲は「赤い靴」や「七つの子」「十五夜お月さん」で知られる本居長世）。

この記事によれば、言文一致会の実質的な事務処理や、働きかけなどは、國學院にいた人たちによって行われたのであった。

「字音仮名遣い」について

さて、明治三十四（一九〇一）、三十五（一九〇二）年頃の言文一致というのはどのような状況だったのであろうか。

当時の国語の教科書を見てみよう（以下のふたつの引用文の仮名遣い原文のまま）。

たとえば、明治三十三年、金港堂刊の『尋常国語読本』（甲種巻二・十二課「をばのゐとき」）では、

ぞーのめは、たいそー小さくて、はなは、たいそーながうございます。
ぞーは、はなをじゆーじざいにうごかして、たべものをひろひとります。
ぞーのはなは、ちょーどてのよーなものでございます。

と、象の「ぞう」を「ぞー」、「とっても」という意味の「大層」を「たいそー」、「自由自在」も「じゆーじざい」、「丁度」の「ちょうど」を「ちょーど」、「様なもの」の「様」を「よー」と長音記

号を使って書く。

また、明治三十五年、京都の国語科研究会編『高等小学　言文一致文』の教科書には、次のような例文が載せられる。

高等小学校《こーとーしょーがっこー》に入学《にゅーがく》した報知《ほーち》

私事、過日お知せ申しました通り、尋常科《じんじょーか》を卒業《そつぎょー》しましたから、此度第一高等小学校へ入学することとなりまして、昨日から通学して居ります。同級生《どーきゅーせい》は百二十名あまりも御座ります。

この文章のルビは「卒業」には「そつぎょー」、「高等小学校」には「こーとーしょーがっこー」、「入学」には「にゅーがく」、「同級生」には「どーきゅーせい」となっている。

もちろん、この部分だけではない。「喜ばせよー」、「さよーなら」など、長音記号を使って「言文一致」の文章が書かれているのである。

この長音符は、万年がはじめたことであった。

もう少し、まとめて扱ったものに、たとえば次にあげる、明治三十六年に出版された『仮名遣教科書』のようなものがある。

当時、可能な限りの言文一致を行おうとした人々の苦心が見られるのがこれである。しかし、これをすべてカタカナ表記に直せば、現代の我々が使っているものに他ならない。

左に掲ぐるものは、明治三十三年八月、文部省が小学校令施行規則にて新に定めたる字音仮名遣なり。

従来の字音仮名遣	新定の字音仮名遣	
い　ゐ	い	
え　ゑ	え	
お　を	お	
か　くゎ	か	従来慣用の例に依るも妨なし
が　ぐゎ	が	
じ　ぢ	じ	同上
ず　づ	ず	
あう　あふ　おう　わう	おー	
かう　かふ　こう　こふ　くゎう	こー	
がう　がふ　ごう　ごふ　ぐゎう	ごー	
さう　さふ　そう	そー	
ざう　ざふ　ぞう	ぞー	
たう　たふ　とう	とー	
だう　だふ　どう	どー	
なう　なふ　のう	のー	
はう　はふ　ほう　ほふ	ほー	
ばう　ばふ　ぼう	ぼー	
ぱう　ぱふ　ぽう	ぽー	
まう　もう	もー	
ゆう　いう　いふ	ゆー	
やう　よう　えう　えふ	よー	
らう　らふ　ろう	ろー	
きゃう　きょう　けう　けふ	きょー	
ぎゃう　ぎょう　げう　げふ	ぎょー	
しゃう　しょう　せう　せふ	しょー	
じゃう　じょう　ぜう	じょー	
ちゅう　ちょう　てう　てふ	ちょー	
ぢゃう　ぢょう　でう　でふ	じょー	

にゃう　にょう　ねう　ねふ……………………にょー　ぎう　ぎふ………………………………ぎゅー
ひゃう　ひょう　へう…………………………ひょー　しう　しふ………………………………しゅー
びゃう　びょう　べう…………………………びょー　じう　じふ………………………………じゅー
ぴゃう　ぴょう　ぺう…………………………ぴょー　ちう　ちふ………………………………ちゅー
みゃう　めう……………………………………みょー　ぢう　ぢふ………………………………じゅー
りゃう　りょう　れう　れふ……………………りょー　にう　にふ………………………………にゅー
きう　きふ………………………………………きゅー　りう　りふ………………………………りゅー

さて、この新しい字音仮名遣いについて、國學院の人たちはどのような意見を持っていたのだろうか。

「言文一致会」の発足の時のメンバーであるひとり、三矢重松は、『國學院雑誌』（明治三十四年二月号）で次のように言う。

数えて見ると、はや五ヶ月になった。あの字音新仮字遣が小学校令で規定された当時は、とやかくの批評もあったが、いずれも大した勢力にはなり兼ねた様である。して其の実施期限はいよいよ眼の前に迫って来て居るに、世間は果して此の侭泣寝入《なきねいり》となる積《つもり》だろうか。自分の考では、此の問題は決して小いことではない。関係する所が広いから十分に攻究して、読売新聞の社説の様に延期でもするか、又は断行するか、廃止するか、今のうちに処分をつけなければならぬ事と思うので、新年の魁《さきがけ》となって一言を述べようと思う。どうぞ確な世論を出したいものである。如何に文部省でも実際不都合がある者ならば、非を通す様なことはあるまい。

こうして三矢は問題提起をするのである。

三矢は言う。

チヤウ、テウ、テフ、など皆チョウと発音されることは他の国語の例でも生徒が熟《つく》づく知ってをる事で、それを理解する丈はさして脳力を痛める程では無かったろうと思われる。

これら「チヤウ、テウ、テフ」の発音は、漢字の音読みに際して現れるもので、たとえば「灯」は「チヤウ」、「召」は「テウ」、「蝶」は「テフ」と字音読みでは区別されていた。

しかしこれを新字音仮名遣いでは廃止してしまおうと言うのである。

三矢はこのことを挙げた上で、次のように言う。

実際純粋の国語もあの字音仮名の綴方どおりに綴るがよいという見とめがついて居るならば、何故こんな片輪な事をしたかなぜ全体の綴方改定としなかったたか。或る一部の人は此の新法を文部の勇断だと褒めたり、又は蛮勇だと誹《そし》ったりするが自分は勇断とも蛮勇とも思わず、只姑息《こそく》なやり方、曖昧な態度気の毒な仕振《しぶり》と悲《かなし》むのである。此の説の通に果して一般国語の綴方を字音と同様にしようという定見があってのことならば、始めてその良否を議することも出来る。

三矢は漢字の字音だけではなく、日本語のほうもなぜ綴り方を言文一致にしないのかと言う。たとえば、前の「象」の文章で、「はなは、たいそーながうございます」とあるが、「ながう」と書かずに、こちらも「なごー」とどうして綴り方を言文一致に変えないのかと問うのである。しかし、「言文一致会」の発足に携わりながら、三矢はこれに反対の立場を取る。

綴字改革は絶対的に出来ぬとはいわぬ。十分攻究した上は改める所は改めても差支あるまいが、徹頭徹尾発音通ということは、却って混雑不明瞭を来す基となろう。(中略)或は「自然淘汰というものが有るから、その混雑は次第に無くなろう。同音の語は段々変じて来て差支ない様になるであろう」とも言われようが、言語というものは、そんなに無造作に製作されるものでは無い。余計な事して葛藤を惹き起すのは所謂藪蛇《やぶへび》の喩に漏れない。(中略)気の毒ながら此の新仮字遣は誠に辻褄の合わない者、外形からも内容からも、全く排斥せねばならん者と断定しなければならぬ。

三矢は、こう言って、新しい字音仮名遣いはもちろん、言文一致の綴り方に対しても反対を表明するのである。

この三矢の説に対して、同年三月十五日号の『國學院雑誌』に、小説家・評論家の田口掬汀《たぐちきくてい》が意見を載せる。「字音仮字遣に就いて」という論文である。

（三矢重松の）論旨多くは支離滅裂、理路茫漠として一貫の脈絡を辿るに足らず、所詮一粲《いっさん》の価値なきものと雖《いえども》、同誌は国学界の雄鎮として、重きを斯道《しどう》の一方に置かるるもの、多数読者の中或は之に因て惑わさるる者あらんを恐れ、予輩は茲《ここ》に聊《いささ》か同子の妄を弁じ、併せて世の聵々《かいかい》者流を誨《おし》えんとする所以也。

田口は、真っ向から三矢の説に反対する。
三矢の説の何が根本的に支離滅裂、理路茫漠としているのだろうか。
「子よ」と、田口は三矢に呼びかけるようにして、それを説く。

子よ先ず社会は活ける者也と云うを記憶せよ。新仮字遣発表せられて既に八ヶ月、決して短日月と云う可からず。果して予の言の如き乱暴粗漏のもの也とせば、専門攻覈《こうかく》の士の何ぞ等閑に附し居る理あらんや。爾かも学年の更期目睫《もくはう》の間に逼《せま》り、新仮字を以て編纂したる教科書は、将さに児童の手に落ちんとする時、毫も排拒の声を聞かざるもの、果して批評の価値なきものにして、国語の根蔕《こんたい》が揺がば揺げ、文法が崩れようが、調和を欠こうが、発布された上は已むを得ずと、専攻の学者一時に腰を抜かしたる為か、将た活ける社会は其活動を停止せるものか否か。

このように書いて、田口は、もし、本当に新仮字遣いが妥当でないと、専門家や国民が考えるならば、当然、大いに議論がなされるはずに違いないのに、議論がなされないということは、ほとんどの人がこれを認めているからに他ならないのだと言うのである。

田口は、三矢が古典の文章に通じているからこそ、反対を言うのだとする。

子は古書の文字に昏酔せる余り、一面に進歩を認め乍ら、一面に之を排拒して、自家撞着《じかどうちやく》に陥入りしは、予輩窃《ひそ》かに子の為に惜まざるを得ず。(中略)一例を執って云わんか、往古法華《ホクヱ》経《キヨウ》と称せしもの、今「ホケキョー」となり、皇室と唱えし語、今「コーシツ」となれるに非ずや。「クヱ」と「ケ」と「クワウ」と「コー」と、奈何《いか》なる方法を以てか発音の区別を為さん已に区画を施す可からず、発音其儘に綴字する抑《そもそ》も何の不可あらんや。

田口は、徹頭徹尾、言語が変化すること、一般の人たちは、専門家のように正確な旧仮名遣いにすることなど必要としていないことを説いて言う。

子は(中略)擬古《ぎこ》かぶれの眼を以て、活世間を揣摩《しま》せんとする者也。子は矛盾の結塊《けつかい》也。(中略)嗚呼聡明にして理解力ある満天下の小学校教員諸氏よ、諸氏は斯《かか》る非理なる誘惑に淫するものに非ざるべし、諸氏は各々諸氏の確信する所に依りて、教授の意見を定めざる可からず。敢て問う、三矢子果して予輩の言を聞くの明ありや否哉と。

三矢と田口の意見の相違は、次のように考えられるであろう。

つまり、三矢の意見は、古典の素養のある人、あるいはこう言ってよければ保守的な世界観を持っている人たちの意見であって、田口の意見は、言葉は通じればそれでいいと考える一般の人、あるいは革新的に社会を創ろうとする人の意見である。

田口は、「さて、あなたは、どちらの側なのか」と問うのである。

在野の文人、三宅雪嶺の功績

さて、「国語調査会」が「国語調査委員会」になるときに構成委員を離れたのは、三宅雪嶺（本名、雄二郎）（一八六〇〜一九四五）と朝比奈知泉《あさひなちせん》（一八六二〜一九三九）である。

朝比奈は『東京新報』の初代主筆、『東京日日新聞』の主筆などを務めたが、明治二十九（一八九六）年から三十一年まで欧米を視察し、再び明治三十四（一九〇一）年に外遊している。

その後、体調を崩し、海軍省・陸軍省の嘱託となり、『陸軍省沿革史』を編集する。

「国語調査委員会」から離れたのは、外遊ののち、身体の具合が悪くなったからであった。

ところで、三宅雪嶺は、『宇宙』『真善美日本人』『王陽明』『英雄論』『面白くならう』など著作がおよそ五十冊あるが、じつはこれらの書物のほとんどは口述で作られた。

三宅は、加賀国金沢（現・石川県金沢市）に生まれ、愛知英語学校を経て東京大学文学部哲学科に入学し、明治十六（一八八三）年に卒業する。

井上哲次郎は、三宅の二年上の先輩で、明治十五年に、すでに助教授になっていた。明治の世の中は非常に狭い。

三宅は、坪内逍遥と愛知英語学校から東京大学までずっと同窓であった（ただし、逍遥は、文学部政治科）。逍遥の『当世書生気質』に登場する桐山という醜くて、汚くて、顔中に吹き出物がある典型的なバンカラ男が、三宅だと言われている。

さて、三宅は、東京大学文科大学哲学科を卒業し、研究生となる。そのままいれば、あるいは東大の哲学科の教員になった可能性もあったが、明治十九（一八八六）年、二十六歳の時に東京大学が帝国大学と改称され、それに伴い三宅がいた東京大学編輯《へんしゅう》所が文部省編輯局に編入され、三宅は教科書編集をさせられることになる。

三宅は、この時、東京大学を卒業したということで、破格の給料五十円（巡査が十円と言われた時代）をもらっていたが、教科書編集などというのは性分に合わないというので退職し、新聞雑誌の記事を書いて口に糊する。

やがて、逍遥から東京専門学校（現・早稲田大学）で、また、東京大学文科大学哲学科でふたつ下だった井上円了から哲学館（現・東洋大学）で、それぞれ講師をしてくれるようにと依頼され、論理学や西洋哲学史の授業を行うようになる。

しかし、講師であることにも満足できず、明治二十一（一八八八）年に井上円了、杉浦重剛、志賀重昂、辰巳小次郎等とともに「政教社」を立ち上げ、雑誌『日本人』（明治四十年に『日本及び日本人』と改称）を出版する。

これは、徳富蘇峰が明治二十（一八八七）年に立ち上げた「民友社」の雑誌『国民の友』と並ぶオピニオン雑誌となり、続いて大橋佐平の博文館『太陽』が明治二十八（一八九五）年に創刊されると、三大雑誌として大きく社会を動かしていく役目を果たす。

ところで、三宅は、「国語調査委員会」に任命されなかった。

これには、ふたつの理由があった。

ひとつは、三宅自身、「公職」に就くことを拒んだからである。

三宅は、薩長によって機能する明治の「公職」に対して激しい嫌悪を抱いていた。東京大学から文部省に身を置かざるを得なくなったときに五十円の給料を捨てたのも、公職にあることを潔しとしなかったからに他ならない。明治四十（一九〇七）年、三宅は法学博士・木下廣次《きのしたひろじ》が京都帝国大学総長の時、京都帝国大学文科大学初代学長に招かれるが、決して首を縦に振らなかった。

また、東京帝国大学が三宅に文学博士の称号を贈ったが、自ら文部省に出頭してこれを受け取らず、代理人を立てている。

国語調査委員会の委員にならなかったもうひとつの理由は、三宅は自分で文章を書くことが苦手だったからである。

たとえば、明治二十四（一八九一）年に出版された三宅の代表作のひとつである『真善美日本人』の凡例には次のように記されている。

「本書は余が内藤虎次郎、長澤説の二氏に口授し、之に托《たく》して文字を成せしものなれば、全体の意義は分毫《ぶんごう》も責任を辞せずと雖も、文字の責任に至りては二人の負う所とす。蓋《けだ》し文字のみに着目して思想を軽忽《けいこつ》に附するは、現今の通弊の如くなれば、余は務めて之を避けたるなり」

こんな凡例はだれも書かない。

話した内容に責任は持つが、それを文字に起こしたのは内藤と長澤の二人の責任であるとは！

しかも、書かれた「文字」だけで思想を判断するのはよくないという。三宅の頭のなかには、おそらく耳で聞こえてくる言葉のほうが、目で見る文章より、思想が生のままで生き生きと入ってくるという意識があったのであろう。

また『我観小景』（明治二十五年）の凡例にも次のように見える。

「本書は、之を内藤虎次郎畑山芳三両氏に口述して、托して文字を成せる所なり。後稍々《やや》点竄《てんざん》を加うると雖も、文字の責は、素《もと》より二氏に在り」

内藤虎次郎（一八六六～一九三四）とは、もちろん、のち、内藤湖南《こなん》の名前で知られる京都帝国大学文科大学史学科の東洋史学者である。明治十七年に秋田師範学校を卒業し、綴子《つづれこ》（現・北秋田市）小学校の訓導（校長）をしていたのを辞めて明治二十（一八八七）年に上京した。

ちょうど、三宅が政教社を立ち上げようとしているときである。

三宅はそれまで五十円の給料をもらっていたとはいえ、会社組織を立ち上げ、雑誌を出版するほどの財力はない。

これを助けたのが、明治十六（一八八三）年に「官報」の創刊に参画し官報局長となり、のち、第二次松方内閣の時に内閣書記官長になる高橋健三《たかはしけんぞう》（一八五五～一八九八）である。

明治二十二（一八八九）年、官報局長に任命されると、高橋はフランスに派遣され、帝国議会議事録作成のためにマリノニ社が開発した印刷機を購入する。頑丈で構造が簡単で、一気に大量の大型紙面を印刷することができるというのが、このマリノニ式印刷機の特徴であった。

高橋は、この印刷機を購入する際に、当時購入交渉中だった大阪朝日新聞の分まで買ってくる。こうしたことから、官報局を辞めると、すぐに大阪朝日新聞の雑誌『二十六世紀』の編集責任者となったりするのである。高橋は先祖が秋田の人で、秋田県人を多く自分の周りに置いていた。

内藤虎次郎が、大阪朝日新聞に入社したのも高橋の紹介によるもので、さらに言えば、漱石とも親しかった狩野亨吉（一八六五〜一九四二）は久保田藩大館支藩（現・秋田県大館市）出身で内藤とは秋田という点で共通であった。

万巻の書を読む狩野亨吉が、内藤の書くものに目を付け、京都帝国大学に呼んだというのはよく知られている。

内藤虎次郎もまた高橋との関係で上京し、すぐに三宅と知り合い、三宅の『日本人』や執筆を助けることになった。

明治二十三（一八九〇）年から昭和二十八（一九五三）年まで衆議院議員を務めた「憲政の神様」とも呼ばれる尾崎行雄《おざきゆきお》が『学堂回顧録』で高橋健三について「政治及び文芸に非常の趣味を有し殊に政治上に於ては、裏面の働きをなすことに長じて居って国家に大問題が起る毎に、熱心之に関係せぬことはない程であった」と述べている。人と人を結びつけることに非常に長けていたようで、前編第七章で述べた若林玵蔵の速記記録の帝国議会での必要を説いたのも高橋だったと言われている。

さて、三宅の文章について、鵜崎鷺城《うざきろじょう》の『奇物凡物』が次のようにふたつのことを書いている。

ひとつは、「彼が旧日本新聞に論陣を張った時は、故陸羯南《くがかつなん》と共に操觚界《そうこかい》での重鎮で、其草する処の文章は精彩陸離たるものであった。単に文章が立派と言う許りでなく、其思想といい観察といい、確かに時流を抜いて居た」というもので、もうひとつは同じ本に次のように記される。

「彼の文章は文字の上に於て名文という種類のものでないが、内容に於ける大文章で、徒《いたずら》に粉飾せざる処に真気が籠《こも》り、一字一句に得も言えぬ味がある。政治を是非しても、人物を評しても、其他の議論をしても、或は正面よりし或は反面側面よりし、而して間々両端を叩き、普通人と着眼を異にして居るから面白い」

また、鵜崎は、同じ文章の中で三宅の話し方についても記している。

「彼は常に多くを語らない。蓋し無類の訥弁家《とつべんか》で、時として次の句に移るまでに少くも二三分を要し、重苦しい口からポツリポツリと吐出す。坐談でも演説でも爾《そ》うである。併し彼の一言一句は他の千万言よりも力があって聴者に感動を与え、而して警句に富んで居る」

鵜崎は続けて、三宅雪嶺の言葉を次のように写している。

「彼は某が如何なる男なるかを知らぬ程の人ではない。又た某が彼の声望を利用して居るのを知らぬことはない。充分知りつつ利用されて居るのだ。或時周囲の人が見兼ねてそれとなく忠告すると、彼の答えた処が振って居る。『こ……こ……これッぱしのチンピラが……だ……だ……大胆に活動して居るのが……お……お面白い』と」

鵜崎の記事によれば、三宅は非常に訥弁で、しかも少し吃音症《きつおんしょう》であったのかも知れないが、口述で書物を著していった。

国民教育と国語教育

万年と国語調査委員会に話を戻そう。

万年は、明治三十五（一九〇二）年六月、『言語学雑誌』に「国民教育と国語教育」という論説を二回に分けて発表している。これは、東京高等師範学校で開かれた国語学会で行われた講演である。冒頭で、万年は、「国語の事に就いて一席の演説をしろという幹事からの御注文でございましたが、尤も其の御注文も大分前から受けて居りましたが、しかし誠にいそがしい身で、十分に用意することが出来ませぬで、不完全な御話をするのは、甚だ残念に存じます」と断っている。この年、三月に国語調査委員の官制が発布され、四月には国語調査委員及び国語調査委員会主事、また国語調査委員会主査委員に任命されていた。

もちろん、その間も東京帝国大学文科大学教授本官、また言語学講座の担任を務めている。

表題からも分かるように、万年はここで「国語教育が国民教育にどういう関係を有つかという事を申述べて見たいと思う」と言うが、問題は多岐にわたり、「国語調査委員」として実際に何が現在問題なのかということを総括的に述べている。

万年は、前半、「立憲」「実業」「海国」「科学」「文学美術」「宗教」の六つの方面から国民が知識を得るようにするために「国語教育」が必要だということを強調する。

たとえば、「立憲」ということについては次のような話をする。

日本国は天皇陛下の統御せられる所であるけれども、一方には帝国議会があって、参政の権を有して居る国民は、此処に自己の代表者を出すことが出来るものである。（中略）又今迄の如く武士のみが国を守るという義務を有《も》って居るのでなく、国民一般に兵役の義務を負うのである。国民一般に租税の義務を負って総べての経費を弁ずるのである。此等の義務を負うかわりに、国民は政治に向って、どこまでも自分の主張を貫徹することが出来るような仕組になって居る。（中略）一言でいえば、立憲的思想を普及して貫いたいというが、今日の処国民の側からの、一の注文であると思う。又それと伴って来るのは、此の頃やかましい公徳問題であるが、収賄であるとか何とかいうような事は、畢竟《ひっきょう》立憲国の主義が能く分らぬから起って来るので、さしずめ斯《こ》ういう側の知識が、国民に拡がるようにしなければならぬということは、確かに申されようと思う。

万年は、このような調子で、「宗教」にいたるまでの教育の在り方について熱弁を揮《ふる》う。そして、今度は国語教育で使われている教科書について言葉が及ぶ。

現在小学校の国語教育の上に於て、私は斯ういう感を有つのである。小学読本第一を御覧になると、其の半分は図画を以て充たされて居て、其の半分が文字である。しかも其の文字は吾々が普通使う文字よりは遥かに大きいのである。此の図画を用いるのは、大に理由のあることで、小学教育は興味を感ぜしめて授けなければならぬという主義から来て居るのであるが、たとえば或る読本の第一枚は「ハ」の一字である。「ハ」は吾々が始終見ることの出来る「葉」で、其の下に木の葉が四五枚描いてあるが、是は何の為めであるか。満六歳になる子供は小学校へ行って教を受ける前に、木の葉ぐらいの観念は有って居るだろうと思う。（中略）国の教科書として用いるものに、字より画の方が多いというのは決して無い。もし有ったなら、それは日本のだろうと思う。これは実に吾々の眼から見ると、馬鹿気たものである。是は充分に考え直して、実際的且つ経済的のものにして貰わなければならぬ。

「いろは」順と「アイウエオ」順

万年はまた、「事は極めて簡単であるが、影響は極めて大きいので」と断って「いろは」順と「アイウエオ」順ということについて述べる。

電話の帳面は「いろは」順になって居る。帝国図書館の目録は「アイウエオ」順でなければ引けない。是れは極めて小さいようでありますけれども、極めて関係の多いもので、今後の人々が多くの事柄を覚えて行くのには、勢《いきおい》種々な目録を使わなければならぬ。朋友の名を集めて置いてそれを繰《く》るのでも、字引を引くのでも、解題目録を見るのでも、一定したものがないと誠に不便である。それは「いろは」を採っても「アイウエオ」を採っても宜しい。何《いず》れが便であるか不便であるか、それを今茲《こんじ》で争う必要はないが、しかし斯ういう事は小学校に於て、国民一般に一定の配列の順を立てて、練らなければならぬ事である。

すでに触れたが、日本語の辞書を作るのに、初めて言葉を「アイウエオ」順に並べたのは、大槻文彦の『言海』であった。その大槻文彦も明治三十五（一九〇二）年の「国語調査委員」の主査委員に万年とともに任命されている。

ところで、なぜ「アイウエオ」順で日本語を並べる必要があるのだろうか。

万年は言う。

「後日に至って文典を教えるのでも、二段の働きとか四段の働きとか、こういう事を教えるにも、直ぐ必要が起るのである」

五十音図は、平安時代後期にまとめられたものであるが、じつにうまく作られている。

たとえば、日本語の動詞は終止形が必ず「う」段で終わる。

古語の「行く」「咲く」「立つ」などは四段活用であるが、「着る」は、「上一段活用」、「尽く」「過ぐ」などは「上二段活用」、「蹴る」は「下一段活用」、「経《ふ》」は「下二段活用」などと分類される。これら「上一段」以下の「一段」「二段」というのは「う」段に対して言われることである。

動詞の活用などを示す場合などにも五十音図はうまく利用できるのである。

さらに万年は、中等教育における「国語漢文」について次のように言う。

国語漢文は、寧ろ国民教育の機関というよりは、高等教育の予備的の教育になって居る。そこで其の予備的教育の為にむつかしい漢文や国文を読む方に流れ、又此の方に重きを措《お》いてしまうのである。これは断じて善い主義でない。（中略）今日の師範学校、中学校の教科書等は、一つ之を大《おお》篩《ぶる》いに篩《ふる》いとって、前に申した国民思想の大勢に鑑みて、之を適当なものにしなければならぬと思う。

古典の日本語や漢文は実用を求める時勢に合うものではない。古典や漢文を止めて、今こそ新しい日本語が必要なのだと万年は言うのである。

この講演が行われる二年前の明治三十三（一九〇〇）年十二月五日付けの新聞『日本』には、「漢文科廃止の賛否両意見」という記事が出ていた。

当時、漢文はなくしてしまおうという意見も少なくなかった。それは「漢字廃止」を目的とした前島密や森有礼、外山正一等の意見を襲《おそ》う人たちからの意見でもあったが、問題はやや複雑になっていた。「漢文」や「漢学」は時代に合わない言語や思想になりつつあったからである。

少し、『日本』の記事を引いて、万年の意見が奈辺にあったかの参考にしたい。

文部当局者間には従来高等学校、尋常中学校、師範学校に設置したる漢文科を廃止し之を国文科に合併するの案を立て今回の高等教育会議に提出するの議ありと云う、此事に就き教育社会に反対説を有する人も少なからねば、案にして愈々《いよいよ》提出せらるる時は、賛否両論者の間に多少の論戦を見るべきか、而して反対説の主要なるものは左の如し。

（一）外国語と権衡《けんこう》を得せしむべし。高等学校等に於て外国語を一科となす、漢文は外国語にあらずと雖も、外国語と権衡を得せしむるため之を一科と為さざるべからず。
（二）日清両国の交際上に必要あり。日清両国は古来唇歯《しんし》の関係を有す、今後も交際益々親密ならんと欲せば、文体にこそ古今の差異あれ、是非共漢文を学ばしめざるべからず。
（三）幼時の教育と関係あり。家庭教育を受くる際の如き、姓名など悉く漢字にて記憶し来る故に、漢文科の教授は案外困難にあらず。
（四）漢文は徳育の思想を加味す。漢文は文字以外に儒者の徳育を加味し居るにあらずや、教育勅語に就て観るべし。

これに対して、漢文を廃止しようという人たちの意見は次の通りである。

（一）漢学者は教授法を心得居らざるを以て、各自得意の箇所を勝手に教授す。
（二）漢学者は普通の智識なく、妄《みだ》りに吹き込む弊《へい》あるにより、生徒は往々六《む》つかしき漢文を以て他の教師いじめの道具となす。
（三）教授法に通じ、普通の智識ある漢文の教師は容易に得べからず。

東アジアの、いわゆる漢字文化圏内にある我が国では、奈良時代以来、公文書として「漢文」が使われてきた。ここに見るように「教育勅語」はもちろん、徴兵令の「勅諭」、そしてここに引いた新聞の記事も漢文訓読体である。

しかし、「漢学者は教授法を心得居らざるを以て、各自得意の箇所を勝手に教授す」と言われるように、「漢文」には、最低限の文法はあっても、あとは「習うより慣れよ」的な要素が少なくない。そのひとつの理由は、漢文、漢語、漢字がそれ自体、インド・ヨーロッパ語族の諸語のように事物の定義を正確に行うことができるという性質を持っていないためである。

万年、女子の教育を語る

明治三十四年、万年には、千代という娘が生まれていた。

男女同権、一夫一婦制などキリスト教の影響によって、明治期、女子の教育も行われるようになる。「ヘボン式ローマ字」で知られるヘボンが、明治三（一八七〇）年にヘボン施療所キダー塾（現・フェリス女学院大学）を創設したのが我が国での女学校のはじまりだとされるが、その二年後には官立東京女学校（現・お茶の水女子大学）、同じ年には日本で最初の高等女学校という新英学級及女紅場《にょこうば》が設立された。

また明治二十三（一八九〇）年には中等教育の教員養成のための女子高等師範学校が作られる。漢文は平安時代以来、男の学問であって女子がするものではないとされていた。男女同権が唱えられるようになった時、教育の選択肢のうちには女子にも漢文をやらせるということもあったのだろうが、すでに明治三十五年の段階では、男子にも漢文を課さないという選択がなされたのであった。

万年は明治三十五（一九〇二）年三月、『女学世界』という雑誌に「女子の手に帰すべき職業」という論説でイギリスでの女性の仕事を紹介しながらおもしろいことを述べている。

女子教育盛に行われて、女子の智識技能愈《いよいよ》進み、女子の社会に於ける位置、漸次高まり行くと同時に、在来男子の専有せる職業にして、女子の専有に帰すべきものよし専有に帰せずとも、少くとも男女の共有となるべきもの、決して少しとせざるべし。

こうして、万年は、イギリスにおいて郵便電信事務で、数多くの女性が業務を行っていることを報告する。

そして次のように言う。

Laborare《ラボラーレ》 est《エスト》 orare《オラーレ》!! 労働は祈禱なり、かせげよや、かせげよや、真正なる労働には、健康やどり幸福やどる。婦人三従の時代は既に業《すで》に去りぬ。勉めよや、学べよや、かせげよや、而して自《みずか》ら治めよや。女子は男子に頼らずとも、其幸福を享有し得べきなり。

「婦人三従」とは儒教の経書『儀礼《ぎらい》』に見える言葉である。

「婦人に三従の義有りて、専用の道無し。故に未だ嫁《か》せざれば父に従い、既に嫁すれば夫に従い、夫死すれば子に従う」という。

こういう時代は、もう終わりだと万年は言うのである。

日本語を教える教師の問題

話が漢学に及んでずれたが、もう一度明治三十五（一九〇二）年六月の「国民教育と国語教育」に話を戻そう。

万年は、「いろは」順と「アイウエオ」順に次いで「漢学」について話をしていた。万年は次に「教師の問題」ということについて触れる。

教科書に伴って教師の問題が起って来る。（中略）さて教師が国文を教える時分に、王朝や鎌倉時代の文学を教えるとすれば、それは皆現代の文学を充分に発達させるために教えるのである、という覚悟を持たなければならぬ。又其の先生は明治の文学はどういう性質のものである、どういう傾向になって進まなければならぬ、という位の理想を有して居る人でなければならぬのである。（中略）それは一の専門学者として、一時代一時代に付ての言語文章を研究し、之を専門の学生に教えるというのは別である。（中略）明治文学を開く一要素とするようにさせねばならぬ。

万年は、明治の文学に理想を持って、日本語を考えていた。それは子どもの頃からの友人、斎藤緑雨などのことが念頭にあったからではないだろうか。

万年は、小説は書いていないが、『帝国文学』の「詞藻《しそう》」というコーナーに時々「詩」を載せている。

たとえば、明治三十三（一九〇〇）年一月号には「新鶴亀」が載る（仮名遣い原文のまま）。

千代八千代　国もゆたかに　すめろぎの
わが大君の　栄えませば
にしひがし　十億の民と　一同に
万々歳をぞ　祝し奉る

同じ時に載せられた「渓流」は次のような詩である。

千早振　神世ながらの　深山路の
細谷川の　さされ水
あだし世の　濁れるながれ　よそに見て
たふとくもあるか　そのさされ水

必ずしも、これが明治の文学とは思えないが、万年は学者としてだけではなくこうした創作への意志をも「国語教育」のなかに求めていたのである。

そして、「国民教育と国語教育」の最後で、開国して国際化を進める以上、次のようにしなければならないと万年は言う。

日本の言葉を早く統一してしまって、日本語を覚えるに十年かかったものを、（中略）三年で覚えると同時に、残の四年で支那語を覚え、残の三年で英語を覚えるというように、今迄一つ言葉を覚える時の間に、これからは三つの言葉を覚えるようにして往かなければ、中々競争場裡に立つことは出来ないのである。又国語が統一したならば、其の言葉を支那に弘める、朝鮮に弘める、印度に弘めるということは、一つ考えて見る価値があろうと思う。英吉利《イギリス》の言葉を御覧になるとよい。英吉利語は世界中何処へ行っても話されぬ所はない、今日英吉利の強いものは、軍艦に金、次いでは言葉だという位である。例えば支那へ行って仕事をするにも、外国の言語文字を使って仕事をしようというのは大間違で、日本人は日本の言葉、日本流の文字を何処へ行っても植付けて、早く其の国々の人に其言葉其文字を採用させることを攻究しなければならぬと思う。日本人が今支那へ行って仕事をするというけれども、下手をすると、今の清朝に於ける明朝と同じように、日本人は支那人に吸収されてしまうかも知れぬ。支那人が字を書いたのを御覧になっても、亦其の漢文でも、日本人は支那人程になかなか上手にいくものでない。文字などでも今日のような主義を採って行けば、或場合には支那人を扶《たす》ける所か、支那人に吸収される恐が充分ある。もし日本人が支那人を扶けるという勇気を有って居るならば、支那の文字だといって遠慮会釈はない、日本は日本流の二千五百年来使って居る比日本語を土台として新式の文字を選定して、それを支那へ植付けて弘めるだけの勇気を有ちたいものである。このように考えて見ると、この国語問題は自国の国民を養成するためばかりでなく、一歩進んでは日本の言葉を亜細亜大陸に弘めて行く上に大いに関聯《かんれん》して居る。

すでに日清戦争での勝利で占領した台湾では、台湾の人に日本語教育が行われていた。そして、日露戦争後、明治四十三（一九一〇）年八月二十二日に結ばれた「韓国併合に関する条約」以降は、韓国でも日本語教育が行われる。それ以降も第一次世界大戦のパリ講和会議以降日本の委任統治領になった太平洋諸島で日本語教育が行われていくことになる。

占領下の日本語教育に対して、万年に責任があるというつもりは毛頭ないが、「国民教育と国語教育」という構想にはこうした意図もすでに盛り込まれていたのである。

第一二章　教科書国定の困難

教科書疑獄事件

明治五（一八七二）年の学制頒布以来、教科書はずっと文部省にとって大きな問題であった。

全国で統一したものはもちろんなく、文部省はただ「学校教科書之儀に付ては追て示達《じたつ》する儀之あるべく候得共、国安を妨害し、風俗を紊乱《びんらん》するが如き事項を記載せる書籍は勿論教育上弊害ある書籍は採用せざる様予《かね》て注意すべし」（明治十三年）という注意を喚起するだけに止まっているというのが現状だった。

つまり、教科書は「国の治安を脅かし、風俗を乱すようなものでなければどういうものでもよい」というほどに止まっていた。

しかも学校の数が増え、生徒の数が増えると、検定などもできないまま質の悪い教科書が出回ることになっていた。

正しい日本語の教育には、教科書はなくてはならない。

先に、スコットランド、エジンバラの市長であったウィリアム・チェンバースが普通教育を全スコットランドで行う目的で、出版社を設立し、教科書を普及させるために努力したと、「チャンブルの百科全書」のところで記したが、明治政府は、教科書を一定の基準のもとで作り、全国の学校に頒布するための政策を行うべきところにきていたのであった。

さて、教科書をめぐる疑獄事件が起こったのは、明治三十五（一九〇二）年のことだった。

六月十三日、文部省は、金港堂の原亮一郎、集英堂の小林清一郎、普及舎の山田禎三郎を告発する。それは、彼らが検定図書において、実際に頒布するものの紙質印刷を粗悪なものとし、およそ一万冊に対して半額の金額を収賄し、かつ本文に対しても文言や字句を修正したということが判明したからである。

しかし、事件はこれでは終わらなかった。上の三出版社は、地方から教科書の選定にやってくる高等師範学校教授、書記官、視学官などを新橋や数寄屋橋の料亭・待合に呼んで会食し、さらに教科書販売による利益を独占する工作をしていることが判明したのである。

召還・検挙二〇〇名。このうち元島根県知事、栃木県知事、愛知県会議長、兵庫県御影師範学校教授、沖縄県視学官など六十九名が官吏収賄罪で有罪となり、金港堂、普及舎、集英堂、国光社、冨山房が教科書の被採択権を剥奪された。

この時、不正な印刷販売がされた教科書を没収したが、その数は二千万冊にも上った。

万年は、すでに明治二十八（一八九五）年に冨山房から『国語のため』を出版し、翌明治三十六（一八九六）年六月には『国語のため２』を出版することになっていた。冨山房の社長・坂本嘉治馬とは、何度も一緒に料亭などに行ったことがあった。もちろん、坂本の招きであった。

万年は驚かざるを得なかった。

教科書の実態は、噂で知っている程度で、詳しくは分かっていなかったのである。

この不正発覚によって明治三十六年、教科書は「国定」になる。

教科書が国定になるとすれば、編纂されるものに目を通すこともまた仕事になる。

万年は、明治三十六年二月一日に発行された雑誌『太陽』に「教科書国定の困難」という文章を載せる。


教科書国定論が大分朝野《ちようや》の間に有力の議論となって来た様であるが、此れが実行は中々困難だと思う、第一文部省で編纂して、最も好い本が出来るとは云われぬ、スルと久しからずして其教科書に対する非難が起る、亦従来の様に多くの著者が別々に著作するると、マア幾らか競争して好い著作も出来る筈だが、此の競争が無いと、著作の改良が甚だ鈍かろうと思う、然れども其の本の方は、文部省で編纂するなり又は民間から懸賞で募集して買い上げたりして、立派なものが得られるとしても、之が発売を文部省が一手でやることは、到底むずかしい。

本の原稿の良否を鑑別する位の事は、文部省の役人でも出来ようが、製本や洋紙の性質まで鑑別し、全国一定の物を需要者に不十分の無い様に供給するということは、到底出来なかろうと思う、第一に数千万冊の書籍を入れて置く倉庫も無い、よし倉庫はあるとしても紙の買入れ、印刷所、製本等の順序が役人ばかりの事業では甘《うま》く運ばぬ、仮令《たとえ》非常なる敏腕家が出で、其間に当っても、官の事業には会計規則で拘束せられて、迚《とて》も敏活に運びがたいと思う。

万年はこのようなことまで心配しなくてはならなかった。まだまだ心配なことはある。

元来不正の手段で審査採用になった教科書は無効になるのだから、明日にも各府県の審査が無効になれば、次の学年からは全国に教科書は無くなる筈だ、ソコは教科書屋も抜目なく、ナンでも事件の決定を延ばして、来年度にも今の本が使われる様に希望して、種々なる運動などもやって居るかも知れぬが、本来知事や代議士まで縛られるというのは余程の確証が無くては出来ぬことで、それがあの通り続々拘引せられて見ると、今の小学用教科書は、尽《ことごと》く不正手段で採用になったと云うても差支《さしつかえ》無かろう、すると次学年からは別なものを以て之に替えねばならぬ道理だが、今から文部省で編纂したり、或は出版発売して、来年度の間に合わせることは、どうしても出来る事で無い。

この文章の「あの通り続々拘引せられて見ると、今の小学用教科書は、尽く不正手段で採用になったと云うても差支無かろう」というのは、先の明治三十五（一九〇二）年秋に起こった疑獄事件を指している。

じつは、疑獄事件が起こるのは、前々から分かっていることであった。しかし、あえてこの年にそれが摘発されたということについては、どこかに大きな政治的な動きがあったことが否めない。

この疑獄事件を分かりやすく説明するためには、やや時代を溯って教科書の歴史を見る必要があろう。

本章の冒頭でもすでに述べたように、明治五（一八七二）年学制が頒布され、次いで小学教則が公布されると、すぐに問題になったのが教科書であった。

江戸時代までに使われていた「往来物」、そして維新後に福澤諭吉などが翻訳した地理書などが利用された。

しかし、これでは目眩《めくるめ》く変わる当時の世界情勢には追いつかない。

明治八（一八七五）年には「目下良書に乏しきに病む。世の操觚者意を此の事に留め、学科上有益の書冊《しょさつ》を編述し、綿々《めんめん》刊行を謀《はか》るの挙に於て最も嘱望する所」として、様々な人が、教科書に載せるに相応しい文章を書くということを求める官令が出される。

志賀重昂「瀬戸内海」、青山延于《あおやまのぶゆき》「謙信の風流」、依田学海「須磨明石」などの文章はこの頃に書かれたものである。

ところが、すでにそれから数年ののちには、教科書には相応しくない文章も載せられるようになってしまう。

そして、明治十三年末に文部省は「学校教科書之儀に付ては追て示達する儀之あるべく候得共、国安を妨害し、風俗を紊乱するが如き事項を記載せる書籍は勿論教育上弊害ある書籍は採用せざるよう予《かね》て注意すべし」という通達を出す。

しかし、罰則がなければこれを聞くはずがない。

政府は、とくに治安、風俗、国憲を乱す文章などを掲載する教科書がないよう検定するよう文部省に依頼し、同時に各府県にはこうしたものを教科書には採用しないことを命令した。

ところが、これにも罰則がない。

明治十八（一八八五）年、森有礼が文部大臣となると、翌年「教科書用図書検定条例」を発布して教材の採定に関する規則を作り、また具体的に各府県に小学校教科書の審議委員会を設置するようにと省訓令を出す。

小学校や学生の数が少ないうちは、まだこの訓令によってかろうじて教科書の内容吟味とその選定が行われているように見えた。

しかし、教科書の数が増えるにしたがって、文部省はもはや「教科書用図書検定条例」では教科書の質と量を管理することができなくなってしまうことを知る。

問題は、教科書の内容、教科書の印刷及び紙質の悪化、そして教科書としての認可及び販売における不正である。

教科書は「検定」から「国定」へ

これを受けて、明治三十四（一九〇一）年一月十三日、松田正久《まつだまさひさ》文部大臣の時、図書審査採定に関する制裁が設けられた。

小学校令施行規則　第六十三条の二

小学校教科用図書の審査または採定に関し、その前後を問わず、左の各号の一に該当する所為ある者は、二十五日以下の重禁錮、または二十五円以下の罰金に処す。

（一）直接または間接に金銭、物品、手形、その他の利益もしくは公私の職務を、官吏、学校職員もしくは運動者に供与し、または供与せんことを申し込みたる者、または供与もしくは申し込みを承諾せんこと周旋《しゅうせん》、勧誘したる者、並びに供与を受け、もしくは申し込みを承諾したる者。

（二）直接または間接に酒食、遊覧等、その方法及び名義のなんたるを問わず、人を饗応、接待し、または饗応、接待を受けたる者、または旅費もしくは休泊料の類を代弁し、及びその代弁を受けたる者、並びにこれらの約束をなし、または約束を受けたる者。

（三）官吏、学校職員、またはその関係ある学校法人等に対する利害の関係を利用し、直接もしくは間接に官吏、学校職員を誘導し、または威逼《いはく》したる者、及びその誘導、威逼に応じたる者。

（四）官吏または学校職員に暴行、脅迫を加え、もしくはこれを拐引《かいいん》したる者。

（五）審査または採定を妨ぐる目的を以って、新聞紙、雑誌、張札、その他なんらの方法を以てするに拘わらず、官吏または学校職員に対し、虚偽の事項を流布したる者。

こうした規則が定められると、明治時代はとくに、見せしめのためにすぐにだれかが捕まり、厳しい刑を受けることになる。

明治三十四年一月十九日付けの『報知新聞』に、右の新しい省令を受けて、愛媛県ですぐに摘発が行われたという記事が出る。

「愛媛県に於いては、今回全国に率先して教科書変更の先登《せんとう》をなせり。しかしてその変更により利益を受くるものは、都下の書肆金港堂にして、愛媛県視学官寺尾捨次郎、松山中学校長野中久徹、同県政友会支部幹事岩崎一高等の協議にて、旧臘《きゆうろう》上京中、彼等の旅寓《りよぐう》なる八官町の佐々部方に於いて、金港堂と協商し、教科書変更を決したり。この協商に基づき、金港堂は金一万円を彼等に提供するはずにて、既にその一割、一千円を手金として納めたりと、その向き向きにて沙汰せるのみか、なお国光社その他に於いても、この轍《てつ》を踏まん見込みにて橋渡しの最中なりと云う」

余談であるが、ここに出てくる「松山中学」は、漱石が明治二十八（一八九五）年四月から一年教鞭を執ったところである。

文部省は、「近く、不正書店を摘発する」と『報知新聞』にその見解を載せて、それから念入りに教科書出版販売を行う東京の書店を調査する。

こうして先に述べた教科書疑獄事件が起こるのである。

出版タイムス社『日本出版大観』によれば、二千万冊の教科書没収を受けて、明治三十六年二月十二日、東京書籍商組合は、組合長小柳津要人《おやいづかなめ》の名前で、文部大臣理学博士男爵菊池大麓宛てに、教科書製作会社新設及び国定教科書共同販売所設立の答申書を提出した。

この事件が一段落したのは、明治三十七（一九〇四）年七月であった。こうして、教科書は「検定」から「国定」によって発行されることになるのである。

明治四十一（一九〇八）年、義務教育の年数が四年から六年に延長される頃には、就学児童数は一千万人に増え、教科書の発行冊数は六千万冊を超えるにいたるのである。

漱石の日本語が教科書によって全国へ

橋本暢夫『中等学校国語科教材史研究』によれば、明治三十九（一九〇六）年に発行された『（再訂）女子国語読本（巻五）』に、夏目漱石の「吾輩ハ猫デアル」の一節が「鼠を窺う」という題で採録される。

「吾輩ハ猫デアル」は明治三十八（一九〇五）年一月から翌年八月まで雑誌『ホトトギス』に断続的に掲載され、初版の上巻が明治三十八年に大倉書店と服部書店の連名で出版され、翌年に中巻、そのまた翌年に下巻が同じくふたつの書肆連名で出版されて完結する。

作品の発表から教科書への採録がこのように早いものは、おそらく他にはないだろう。はたして、これ以降、漱石の作品は、昭和二十年にいたるまで非常に多く教科書に採録されることになる。

国立教育研究所附属図書館所蔵の教科書を対象に行われた伊藤哲史の調査（明治大学『文芸研究』所載）によれば、昭和三年から昭和十八年にいたるものだけでも以下のようである。

『草枕』二四七件
『吾輩ハ猫デアル』九二件

『虞美人草』二九件
『文鳥』二八件
『夢十夜』十七件
『二百十日』十六件
『漾虚集《ようきょしゅう》』十六件
『硝子戸の中』十五件
『永日小品《えいじつしょうひん》』十三件
『京に着ける夕』六件
『思い出す事など』五件

漱石の作品がこれだけ教科書に採用されるとなれば、漱石の言葉が日本語に大きな影響を与えたことは十分に考えられるであろう。

橋本暢夫も引いているが、評論家の荒正人《あらまさひと》（一九一三〜一九七九）は現代日本文学全集Ⅱ『夏目漱石集』の月報22「深淵の文学　漱石はなぜ読まれるか」に次のように記している。

荒正人は、昭和五十（一九七五）年、『漱石研究年表』で毎日芸術賞を受賞した法政大学文学部英文学科の教授である。

これは中学一年の時のことを書いたものであるが、荒正人は大正二（一九一三）年生まれで、大正十四年に中学校に入学している。

夏目漱石はなぜ読まれるのか。

私はこの問いにたいして第三者ではありえない。なぜ、漱石をよんできたのか、といいなおしたほうがいいかもしれぬ。

初めて漱石の文章に接したのは、中学一年のときに習った国語の教科書のなかに採用されていた『吾輩は猫である』の一節であった。猫が鼠を捕らえる場面であった。

この作品を初めから終りまでよんだのは、中学の上級生になり、肋膜《ろくまく》を患い、休学していたときであった。病床で、笑いを抑えることのできなかったのを覚えている。オタンチンパレオロガスなどという言葉を面白く思った。ユーモア小説として読んでいたのであった。

『草枕』の書き出しもまた教科書で初めて知った。それを教えてくれた若い国語教師の顔をいまでもはっきりと思いだす。その教師は、知情意というような心の動きの分け方が、旧《ふる》い心理学の見解である、というようなことを洩《も》らした。中学生の私は、少し愕《おど》いた。この小説を収めた文庫本（たしか、『改造文庫』だったが）を買って、読み通したのは、高等学校の入学試験を受けての帰りであった。

若い大正時代末期の中学生の心を捉えた漱石の文章は、彼らが大人となる戦後の、文学、評論の文章を決定していくことになるのである。

女学校の教科書では「妾」という字を使うべからず

さて、小学校の教科書に疑獄の嵐が吹き荒れるなか、女学校用の教科書にも不穏な内容のものが掲載されていることが問題になる。

明治三十五（一九〇二）年四月三十日の『時事新報』がまず、それを伝える。

落合直文の編にかかる女子国語読本に「四ツ目屋《よめ》」の記事があることに気がつかず、すでに五版に及んで印刷がされているというのである。四ツ目屋は、江戸時代両国にあった性用具や性薬を扱っていた店の名前で、四ツ目の紋を使っていた。こんなことを暗にほのめかす言葉が女学校で使う教科書に使われるとは、文部省の検定はどのようになっているのかと文部省に対する非難が起こる。

また「妾」という漢字を、教科書に使うのはおかしいということもこの時指摘される。

和語「わらわ」に対して「妾」という漢字を当てる例は多いが、同時にこれを「めかけ」と読む場合もある。こうしたことを考えれば、この漢字を教科書で使うことは止めにすべきだと言うのである。

そして、婦人病が露骨に「子宮病」「卵巣病」と教科書に書かれているが、これは日常の会話のなかでも卑猥の念を起こさせるから、文部省は、こうした言葉が教科書で使われないよう検定を正しく監督せよという。

こちらのほうは、疑獄のような問題とはならなかったが、明治三十七（一九〇四）年以降、あらゆる教科書に文部省の手が入るようになるのである。

第一三章　徴兵と日本語

近代日本への分岐点、日清・日露戦争

明治三十七（一九〇四）年四月一日に「文部省内国語調査委員会」が発行した『国字国語改良論説年表』という書物がある。慶応二（一八六六）年から明治三十六（一九〇三）年十二月末までに起こった国語問題が詳細に記録される。

つまり、国字国語改良は、この時までにほぼ完了していたということであろう。出版の時、すでに日露戦争が勃発して二ヶ月が過ぎようとしていた。

日清戦争は、それ以後の日本の姿が大きく変わっていく諸外国との歯車が動きだした戦争であった。そして、その歯車が大きく動いたのが日露戦争である。

日露戦争によって、日本は一躍列強と肩を並べることになる。

少しく、日露戦争までの社会の動きを追って、社会が「国語」の改良を望むにいたったところを明らかにしたい。

日清戦争の勝利によって、我が国の国庫には清朝からの賠償金と還付報奨金、またその運用利殖な

どを含めて、およそ三億六千万円が貯えられていた。これによって、それまで金本位制を取ろうとしながら銀本位に近かった日本の貨幣制度は一気に金本位制に移行する機会を得、ついに明治三十(一八九七)年、それに成功する。そして、外国の資本を借用することが可能になり、本格的な資本主義が発展しつつあったのである。

紡績業は、明治三十年前後から大陸への市場を得て、生産高を二倍以上に伸ばし、鉄鋼業は揚子江沿岸の大冶《だいや》鉄山の鉄鉱石を手に入れることによって発展し、官営の八幡製鉄所が明治三十(一八九七)年に設置を決定され、四年後の明治三十四(一九〇一)年に操業をはじめた。

日清戦争は、経済の発達が波及してそれまでと異なる世界を創り出すことになる。経済の発達は、それまでには数少なかった資本家と呼ばれる人々を多く生み出し、資本家は政党と結びついて政治に影響を与えた。

そして、それが大きく国を動かすことになる。

ただ、日清戦争で変わったのは、日本の姿勢だけではなかった。日本の中国進出は、当時「眠れる獅子」と呼ばれた清への、列強による侵略への機会を与えた。ロシアは、東清鉄道(ウラジオストク—満洲里)・南満洲支線(哈爾濱《ハルビン》—大連)建設と旅順・大連の租借の権利を清朝との間に交わさせた。

ドイツは、一八九七年にドイツ人宣教師が山東で殺害されたのを口実に、上海に駐留していたドイツ艦隊を投入して膠州湾を占領し、九十九年の租借と山東鉄道(青島—済南)建設及び山東半島での鉱山開発を清朝に認めさせた。

またフランスは、広州湾の九十九年間の租借と雲南鉄道の建設、イギリスは威海衛の二十五年間の租借の権利を得る。

清朝への各国の進出は、それぞれの国の思惑によって、国際関係を少しずつ変えていく。

それは、清朝としても同じことである。

清朝国内では、列強による横暴な侵略に対する反発がいたる所で爆発した。

山東で決起した義和団《ぎわだん》は、またたくまに二十万人余りに膨れ上がり、明治三三（一九〇〇）年の春には天津の外国人居留地を襲った。そして同年六月には、北京の各国公使館を取り囲んで日本の公使館書記官を殺害し、またドイツ公使も殺害した。

いわゆる「義和団の乱」あるいは「北清事変」と呼ばれるものである。

日本は、列強各国の要請を受け、イギリス、イギリス領インド、アメリカ、ロシア、ドイツ、フランス、オーストリア＝ハンガリー、イタリア連合軍の主力として義和団の乱を制圧すべく八千人の兵士を派兵した。

これを主力に、連合軍をまとめたのは、福島安正《ふくしまやすまさ》（一八五二～一九一九）であった。

福島は、アメリカからヨーロッパ各地はもちろん、シベリアやバルカン半島、インド、ビルマなど世界中を実見調査して陸軍参謀本部に逐次報告を上げる諜報活動をしていた人物である。

彼は、こうした世界情勢と英・独・仏・露・中国語が堪能であるという能力を買われ「北清連合軍司令官幕僚」として作戦会議をまとめたのであった。また、もうひとり、福島の上官であった柴五郎《しばごろう》も、英・仏・中国語を使うことができる人物で、中国の政治地理の事情に精通していた。「画策」という言葉はあまりよくないかもしれないが、まさにこの二人の外国語通によって連合軍は義和団の乱を治め、次のステップに進む。

乱での戦利品は、柴の指示で押収した紫禁城戸部《こぶ》（財務省に当たる）の二百九十一万四千八百両であった。

そして、こうした実質的な戦利品と合わせて、日本は、明治三十五（一九〇二）年、日英同盟を締結することになるのである。

ロシアは、義和団の乱を切っ掛けに、東清鉄道及び南満洲支線と租借地である旅順・大連を中国人の暴動から守るという名目で南下をはじめ、満洲に大量の軍隊を駐留させていた。

日本の国内では、このロシアの南下を認める代わりに日本の朝鮮半島支配を認めさせるか、イギリスと同盟を組んでロシアの南下を阻止するかという議論が起こっていた。

たとえば、明治三十三（一九〇〇）年十一月二十八日付け『国民新聞』には次のような記事が載せられている。

満洲を露国保護の下に置く可しとの仮条約。露都に於て、清国公使楊儒とラムスドルフ伯との間に締結せられたりとの報、英国政府党の機関紙たる「スタンダード」に表われたること、李鴻章が楊氏より長文暗号電報を受け取りたること、並に楊氏が露帝の転地先に赴きたること等、相綜合して世人に一種の疑惑を与えつつあるは、強ち無理なることと云う可からざるも、清国に於て領土獲得の野心なきことは、露国の屢々《るる》公然宣言せし処なるのみならず、満洲を露国保護の下に置くが如きは直ちに英独協約の精神と衝突するものなれば、露国が公然其の宣言に反する挙動、若くは英独協約と衝突する如き冒険の政策に出づるならんと思われず、多分一時の風説として消え行く事なる可きも、万万一該風説が事実として現わるる日には、英独協約に加入若しくは賛成せる各国は、之を座視傍観する能わざるは無論の事なる可し。

このロシアと清朝との間で交わされるかもしれないと噂された「露清条約」は、明治三十四（一九〇一）年四月八日に、ロシアから締結を中止したとの申し入れが正式に日本に伝えられたが、我が国は、維新以来念願の不平等条約の改正をようやく果たし、関税の自主権も次第に回復できる道を辿りつつあった。

列強と同列に世界の舞台に立つためには、ロシアの南下を確実に踏み止まらせること、そしてそのためにも朝鮮半島の支配、満洲への進出が必要だという世論が動きはじめていた。そこには、もちろん、遼東半島返還を余儀なくされた明治二十八（一八九五）年の三国干渉への屈辱を雪《すす》ぐという感情的理由もあった。

イギリスもまた、極東での利害という点においては、ロシアを敵と見なさなければならなくなっていた。

一八九四年にロシアとフランスは露仏同盟を結び、対イギリスの姿勢を作り、フランスの資本によってシベリア鉄道、満洲での鉄道の敷設をはじめていた。

ただ、イギリスは実際に兵力を極東に向けて動かすことはできなかった。南アフリカで起こったボーア戦争は泥沼化してすでに三年に及んでいた。

日本からの同盟の申し出は、渡りに舟というべき願ってもないことだった。

明治三十五（一九〇二）年、日本は、十月二日の閣議で、四百七十九万円に上る「清韓事業経営費」を決定する。公的に残される外交文書としての理由は次のようなものであった。

「商工的活動と国外起業の競争は近時国際関係上の一大特象にして其発動極東に於て最も著しとなす、試に数年以来欧米諸邦が東亜大陸就中《なかんずく》清国に於て企画する所を見るに或は鉱山に或は鉄道に或は内地水路の利用に其他各種の方面に於て各其利権の拡張に熱中し鋭意経営敢て或は及ばざらんを恐る、然るに僅に一葦《いちい》水を隔て利害関係亦最も緊切なる帝国の此等地方に於ける施設を顧るに未だ多く見るべきものあらず之れ朝野の頗る遺憾とする所なり」（『日本外交文書』第三十五巻）

さて、イギリスと対等の同盟を取り付けた日本に驚異を感じたロシアは、満洲への兵力をさらに増強し、軍事施設も強化して強い対日政策を押し進めた。

これに対して、近衛篤麿《このえあつまろ》（一八六三～一九〇四）が会長を務めた「対露同志会」などに国粋主義者が集まり主戦論を唱え、また明治三十六（一九〇三）年六月十日には、帝国大学法科大学教授戸水寛人《とみずひろんど》（一八六一～一九三五）を中心とした七人の学者が、「七博士意見書」を内閣総理大臣桂太郎、外務大臣小村寿太郎に建白するなどして政府の外交政策を糾弾するなど、次第に社会は戦争への雰囲気へと流れていった。

そして、ついに明治三十七（一九〇四）年二月八日、日本はロシアと国交を断絶して宣戦布告したのである。

「徴兵の詔」

日清、日露と続く戦争に、最も必要なのは兵力である。兵力を増強するためには徴兵が必要であった。

そして徴兵、訓練、実戦においては、武器弾薬と同じように、「言葉」が必要だった。

フランス、プロイセンの制度に基づいて、陸軍にいた山県有朋が中心となって明治三年頃から具体的な徴兵制が準備された。

徴兵令が太政官布告されたのは、明治六（一八七三）年一月十日である。

この布告に先立って、前年の十一月二十八日付けで「徴兵の詔」が出された。

朕《ちん》惟《おもんみ》ルニ古昔《こせき》郡県ノ制全国ノ丁壮《ていそう》ヲ募リ軍団ヲ設ケ以テ国家ヲ保護ス固《もと》ヨリ兵農ノ分ナシ中世以降兵権武門ニ帰シ兵農始テ分レ遂ニ封建ノ治ヲ成ス戊辰《ぼしん》ノ一新ハ実ニ千有余年来ノ一大変革ナリ此際ニ当リ海陸兵制モ亦《また》時ニ従ヒ宜《よろしき》ヲ制セザルベカラズ今本邦古昔ノ制ニ基キ海外各国ノ式ヲ斟酌《しんしやく》シ全国募兵ノ法ヲ設ケ国家保護ノ基《もとい》ヲ立ント欲ス汝百官有司《ひやっかんゆうし》厚ク朕カ意ヲ体シ普ク之ヲ全国ニ告諭セヨ（筆者注：仮名遣い原文のまま）

そして、同日に「告諭」も出される。そのなかには、凡《およ》ソ天地ノ間、一事一物トシテ、税アラザルハナシ、以テ国用ニ充《あ》ツ、然《しか》ラバ則《すなわ》チ、人タルモノ固《もと》ヨリ心力ヲ尽シ、国ニ報ゼザルヘカラズ、西人《せいじん》之ヲ称シテ血税ト云フ、其生血ヲ以テ、国ニ報スルノ謂《いい》ナリ（筆者注：仮名遣い原文のまま）

という言葉が見えている。

服役は、常備軍が三年、第一・第二後備軍と呼ばれる予備軍（現役を終えた者が対象となるが充員召集・臨時召集・演習召集には応じなければならない）がそれぞれ二年。

対象となるのは、十七歳から四十歳までの者。

免役の条件として、

身長五尺一寸（一メートル五十四センチ）未満者
不具廃疾《はいしつ》者
官吏・医科学生
海陸軍生徒
官公立学校生徒
外国留学者
一家の主人たる者

嗣子《しし》、承祖《しょうそ》の孫
独子独孫・養子
父兄病弱の為家を治める者
「徒《ず》」以上の罪科者（「徒」は重罪で、島送りの刑になる）
徴兵在役中の兄弟

というのが設けられ、また、「代人《だいにん》」という制度があって、二百七十円の上納を行えば、常備後備両軍を免除された。

徴兵は、最初の頃うまくいかなかった。

民衆は、徴兵制に反対して各地で「徴兵反対一揆」を起こし、そのたびに「官軍」が一揆を制圧するということが繰り返された。

徴兵がうまくいくようになったのは、明治十二（一八七九）年十月二十七日の徴兵令改正以降のことであった。

元老院は、この改正で「あるべき兵制」の概念を、情熱を持って行ったと加藤陽子は『徴兵制と近代日本１８６８―１９４５』で記している。

加藤によれば、まずそのひとつは、河野敏鎌《こうのとがま》が「本官は常に徴兵を苦役と考うるを以て較之を寛大になしたるなり」という言葉に集約される精神であるという。

徴兵を「苦役」と考えない者はなかっただろう。だからこそ彼らは一揆を起こさなければならなかった。それに、一度自分の住む土地や家族から離れてしまえば、何が起こるか分からない。徴兵されていなくなる男子の土地や家族を保証する制度が必要であるということが模索されはじめた。

また、加藤は日本赤十字社の創始者として知られる元老院議長佐野常民《さのつねたみ》の言葉も引いている。「政府若し華士族を率先誘導せば平民も亦必ず之に赴くべし。今其誘導を為さずして単に法網《ほうもう》を密にし之を取る。恐らくは、後来の為に不可ならん」や「仮令《たとえ》、理情に反するも人をして栄誉の心を生ぜしめ、自ら奮進せしむるの道を開」くために、たとえば「至尊《しそん》の護衛たる近衛兵員の如きは、其満期帰郷に際し、別に応当の金円を給するか、或は其名誉となすべきものを得せしむるの方法を設けて誘導する」というのがそれである。

しかし、こうした懐柔策と同時に、徴兵忌避者に対する懲罰も厳しくなっていく。

加藤によれば「徴集を忌避する者、届出を怠る者」については「翌年廻の者に先だち入営せしむべし」という懲罰が加えられた。

また罰則も厳しくなり、「懲罰的な徴集、必要な届出をださない者や一定の時間に参集しない者についての罰金（三円以上三〇円以下）、詐欺によって徴兵を忌避しようとした者については、重禁錮と罰金（一月以上一年以下の重禁錮と三円以上三〇円以下の罰金）という、三重の押さえによって兵役忌避罪を決め、忌避を減ずるようにしていた」（加藤前掲書）

一歳の差が、その後の人生を大きく変えた時代

先にも触れたように、万年は、明治十八（一八八五）年に帝国大学文学部和漢文学科に入学している。

万年は、「官立大学・学校本科生徒は懲役を猶予する」という、明治六年の例外規定によって懲役を免れた。

しかし、もし、彼の帝国大学への入学が四年ほど遅れていたら懲役を免れることはできなかった。

福澤諭吉（一八三五～一九〇一）は、明治十七（一八八四）年に発表した『全国徴兵論』で次のように言う。

今日の法に於ては兵役を免かるる者甚だ少なからず戸主は免かれ、老親ある長子は免かれ、官員は免かれ、学士は免かれ、無病なるも体格兵役に適わざる者は免かるる等にて既に服役す可き男子の大数を沙汰して尚富める者は免役料二百七十円を払えば則ち免かる可し斯の如くして実に服役する者は全国男子の少数にして仮令《たと》い徴募の兵員を満たすに差支はなしと雖ども（中略）全国の士気を振興し国中の男子をして悉く武辺に慣れしめんとするの目的に達するは或は難きことならん遺憾に堪えざるなり

そして、まさに「全国徴兵」という本の表題通りに、福澤は次のような提言をするのである。

右の次第なるを以て我輩は全国兵の真の主義に従い国中の男子は戸主も嫡子も学士も官員も一切これを免さずして服役せしめ仮令い其体格兵士に適合せざるものにても苟《いやしく》も白痴瘋癲《ふうてん》又は疾病不具にして尋常一個人の業を執ること能わざるものの外は直に兵に役する歟《か》又は兵役税を納めしめんと欲するものなり

こうした意見に基づいたのか否かは不明であるが、明治二十二（一八八九）年一月二十二日、徴兵令は再び改正され、「明治十六年の時点での猶予制はすべて廃止」「家庭事情による者は延期が可能」、また「十七〜二十六歳以下で官立府県立師範学校の卒業生で、官公立の小学校の教職にある者、現役を終えれば直ちに国民兵役」というものになる。

さらに服役期間も、

常備兵役　現役　陸軍三年
　　　　　　　　海軍四年
　　　予備役　陸軍四年
　　　　　　　海軍三年
後備兵役　　　五年

と厳格に決められた。

言うまでもない、明治二十二年二月十一日は、大日本帝国憲法発布の日である。

この明治二十二年の徴兵令改正で、たとえば高山樗牛は兵役を免れるために、山形県鶴岡市の本籍を北海道に移している。

樗牛は、東京英語学校から仙台の第二高等学校を出て、明治二十六（一八九三）年二十二歳で東京帝国大学文科大学哲学科に入学するが、「官立大学・学校本科生徒は徵役を猶予する」という「猶予制」が、樗牛には適応されなかったのである。

ただ、明治三十一年に発行された『法令規則全書』には、徴兵令の第七章附則として、次のような条文が見える。

第三十二条　本令は明治二十二年一月より施行す
第三十三条　本令は北海道に於て函館江差福山外及沖縄県並東京府管下小笠原島には漸を以て施行す其時期区域及特に徴集を免除し若くは猶予す可きものは勅令を以て之を定む

この「附則」をうまく利用して徴兵を逃れることを当時は「送籍《そうせき》」と言った。

北海道か小笠原に本籍を移すのである。しかし、小笠原に送籍することは北海道に比べてやや困難だったようである。

樗牛は、北海道へ「送籍」した。そして、また夏目漱石も、北海道に「送籍」して徴兵から逃れた。漱石は、万年と同じ年に生まれているから、もし万年と同じように順当に年を追って帝国大学に入学していれば、徴兵猶予が適応されたはずである。

しかし、樗牛は年齢の上から言って、万年や漱石より四歳下であった。徴兵は逃れられなかった。明治は、一年の差が、その後の人生に大きく影響を与える時代であった。それほどめまぐるしく社会が変化していたのである。

このように見てくると、万年は、時代の推移の上にうまく身を置いていたようにも思われる。徴兵という制度から見てもそうであろう。

また、進学という点から言っても同じである。

大槻文彦のように祖父以来蘭学や語学の研究が身近にあった人ではない。博言学（言語学）という専門を選んだ理由も、必ずしも積極的な理由ではなかったように思われる。和文漢文を勉強するために東京大学に入って、チェンバレンに気に入られ、いつの間にか留学して東京帝国大学の教授になった。たまたま他に人がいなかったというのが正直なところのような気がするのである。

「全国統一話し言葉が無くては、兵隊は突撃ひとつ出来ん」

さて、明治二十七（一八九四）年の日清戦争に二十四万人、明治三十七（一九〇四）年の日露戦争には三十万人の兵士が戦地に動員された。

徴兵令は、明治二十二年の改正から六年後、明治二十八（一八九五）年に改正され、陸軍に「第一補充兵役七年四ヶ月、第二補充兵役一年四ヶ月」、海軍に「補充兵役一年」が付け加えられた。

そして、日露戦争の最中、明治三十七（一九〇四）年九月二十七日に再度改正され、「後備　陸軍十年」「補充兵役　陸軍十二年四月」が加えられる。

戦没者の数八万八千四百二十九人、負傷者十五万三千五百八十四人、捕虜千八百人、しかし、戦争はまだ続く。十年後の大正三（一九〇四）年には第一次世界大戦、そして昭和六（一九三一）年には満洲事変、さらに十年後、もう万年は亡くなっているが昭和十六（一九四一）年には太平洋戦争へと突入する。

第一章に井上ひさしの『國語元年』という戯曲を引いた。

主人公の長州出身の南郷清之輔と津軽出身の下男・太吉の会話に次のようなものがある。

清之輔　……それでは《ヘータラ》何故《ナシテ》、全国統一話し言葉チューものが必要なのか。まず、兵隊に全国統一話し言葉が要るのギャ。たとえばの話がノータ、薩摩出《で》の隊長《テーチヨー》やんが、そこに居《お》る太吉の様《ヨー》な津軽出《で》の兵隊に号令ば掛けて居るところを考えてミチョクレンカ。隊長やんが薩摩訛《なま》りで「トツッギッ（突撃）！」と号令した。太吉、今の号令、何のことか分かったかノ？

太吉　（自信満々）ワダグス、分《ワガ》んねがったもネ！（中略）

清之輔　そういう《ソゲー》わけギャカラ、全国統一話し言葉が無《ノー》くては、兵隊は突撃ひとつ出来んチューことになる。この日の本の国に、全国統一話し言葉が無《ノー》くては、軍隊が、それから《ヘーカラ》御国《おくに》がひとつにまとまらんチューわけでアリマスヨ。全国統一話し言葉こそ、御国の土台石《ドデーイシ》ヂャ。

南郷清之輔が言う「全国統一話し言葉」は、今で言う「標準語」である。全国から集められた「兵隊」が同じ言葉を使用することなしには、戦争はできなかったのだ。

第一四章　緑雨の死と漱石の新しい文学

緑雨自作の死亡広告「僕本月本日を以て目出度死去仕候」

万年の十二、三歳の頃からの友人、斎藤緑雨が亡くなった。明治三十七（一九〇四）年四月十三日のことだった。緑雨は、樋口一葉を世に紹介し、坪内逍遥、幸田露伴、与謝野寛、馬場孤蝶らと親しい、明治前期の文学を開拓しようとした人物のひとりである。

万年が文学を志したのも、斎藤緑雨の影響があったからである。

緑雨は不思議な男だった。

その死は、まるで江戸の文学を胸に抱えての死のように見える。ある意味、漱石にとっての親友・正岡子規の死も同じようなものだったかもしれない。

万年と漱石は、親友の死を迎えて、新しい時代に一歩足を踏み出さねばならない時期に来ていたのだ。

「十二、三歳の時からずっと友達で、今年亡くなられますまで、絶えず交際をしておりました」と、三十七歳の上田万年が、明治三十七年六月十日、『帝国文学』第三回講演会で話をした。

亡くなったばかりの文学者、斎藤緑雨についての話であった。

死ぬまで、自分よりひとつ年下と思っていたのが、改めて調べてみると自分と同じ慶応三年生まれという斎藤緑雨は、万年に「人生」や「言葉」、あるいは「文学」を考えさせた初めての人物だった。

斎藤緑雨は、不思議な人、もっと言えば変人であった。

たとえば、万年が行った講演によれば、尾崎紅葉が病気のとき、そして亡くなったときに、緑雨は自分がどこに住んでいるかを人に知られないために、郵便も下手に出せない、消印から何区に住んでいるかがばれてしまうかもしれないと考えて、友達に頼んで、日本橋や京橋、深川などまで遣って手紙を投函してもらったという。

しかし、これに反して、自分が死ぬとき（明治三十七年四月十三日）に当たって、馬場孤蝶に、万《よろず》朝報《ちょうほう》という新聞に「僕本月本日を以て目出度《めでたく》死去仕候間此段広告候也四月十三日緑雨斎藤賢《まさる》」という死亡広告を出すことを頼んだのである。

孤蝶は、緑雨の亡くなる前日の万朝報に「斎藤緑雨の重体」と題して一文を載せている。

冷嘲《れいちょう》熱罵《ねつば》皮肉の文字一世を驚かしたる正直正太夫《しょうじきしょうだゆう》斎藤緑雨は久しく肺患に苦しみ湘南風温かなる処に病いを養い居たりしも去る頃故ありて上京し江東みどりが古巣に近き本所横網二丁目金澤方に止まりて医薬に親しみ居たりしも病は次第に重り行き昨今は甚だしく衰弱したりという一代の才人轗軻《かんか》不遇《ふぐう》にして陋巷《ろうこう》に伏す嘆ずべき哉

緑雨の死因は、肺結核だった。三十六年の生涯のうち最後の四年は、すでに結核に冒された人生だった。経済的に困窮した生活を続けて借金にまみれたまま、緑雨は内縁の妻・金澤たけに看取られて朝九時半頃に亡くなった。

それを聞いて野崎左文《のざきさぶん》、馬場孤蝶、与謝野寛、幸徳秋水、幸田露伴、坂本紅蓮洞《さかもとぐれんどう》などが集まった。

そして、翌日、露伴、寛、孤蝶の三人と親族四人に送られ、日暮里火葬場で荼毘《だび》に附された。

はたして、この日の万朝報の第四面に太い黒枠つきで、緑雨が頼んだ「僕本月本日を以て目出度死去仕候間此段広告候也四月十三日緑雨斎藤賢」の死亡広告が出されたのである。

おいて十六日、本郷駒込東片町の大円寺《だいえんじ》で埋骨式が行われ、この時は、親しかった先の六、七人に加えて坪内逍遥、内田魯庵、そして万年も列席した。

今や、斎藤緑雨の作品を読む人はほとんどいない。

当時、「名作」と称賛された『油地獄《あぶらじごく》』（明治二十四年）は次のような文章ではじまっている。

> 大丈夫当《ま》さに雄飛すべしと、入らざる智慧を趙温《ちようおん》に附けられたおかげには、鋤《すき》だの鍬《くわ》だの見るも賤《いや》しい心地がせられ、水盃《みずさかずき》をも仕兼ねない父母の手許《てもと》を離れて、玉でもないものを東京へ琢磨《みが》きに出た当座は、定めて気に食わぬ五大洲を改造するぐらいの画策もあったろうが、一年が二年二年が三年と馴れるに随って、金から吹起る都の腐れ風に日向臭い横顔を漸々《だんだん》かすられ、書籍御預り申候の看板が目につく程となっては、得てあの里の儀式的文通の下に雌伏《しふく》し、果断は真正の智識と、着て居る布子《ぬのこ》の裏を剥《は》いで、其夜の鍋の不足を補われるとは、今初まったでもないが困った始末、

唯だ感心なのはあの男と、永年の勤労が位を進め、お名前を聞《きく》さえが堅くるしい同郷出身の何がし殿が、縁も無いに力瘤《ちからこぶ》を入れて褒《ほめ》そやしたは、本郷龍岡町の下宿屋秋元の二階を、登《あが》って左りへ突当《つきあた》りの六畳敷を天地とする、ことし二十一の修行盛り、夙起《はやお》を屢々《しばしば》宿の主に賞揚された、目賀田《めかた》貞之進《ていのしん》という男だ。

なんと長い一文だろう。当時流行し、絶賛されたこうした彼の長い文章は、目で追って読んでいくものではなく、耳で聞いて何となく雰囲気を味わうような、ほとんど江戸の文学である。そして、内容もまた、舞台は明治といっても江戸の名残の濃い花柳《かりゅう》の世界の話である。『新潮日本文学小辞典』には次のように『油地獄』の要約が紹介されている。

目賀田貞之進は二一歳の信州出身の初心な青年である。県人会で知った芸者小梅に心を奪われ、無理算段して会いつづけるが、片思いで終わり、女は金持ちに落籍《ひか》されてしまう。彼は火鉢に鍋をかけ油を煮て女の写真をその中に投じる。

日本近代文学研究者の湯地孝《ゆちたかし》（一九〇〇～一九七三）は、緑雨の文学を「それは新旧両文化の接線上に触発された、言わば、旧文学の断末魔の烈《はげ》しい火花であった」（「斎藤緑雨の文学」）と評論する。同じようなことは、すでに同時代の文学者、坪内逍遥によっても指摘されていた。

明治はまだやっと三十七年にしかならないが、文学上の暦ではもう既に三度ほど期を改めているかと思われる。故斎藤緑雨君とはその恰《あたか》も第一期、即ち同君が江東みどりと名宣《なの》っていた時分、今からほぼ二十年程《ふたむかし》も前かたからの知り合いで、私が最も長く親しく交際《つきあ》った文学上の友人の一人だといって差閊《さしつか》えない。君は作家、修辞家、批評家の三資格を具《そな》えて、而《しか》も多少著しく自家の特質を発揮し得た人で、明治文学第一期から第二期へかけての名物男です。（中略）どちらかというと文化、文政脈で、英仏でいう十八世紀的で、一言以て蔽《おお》えば江戸式作家の殿《しんがり》の一人というべきであった。

（『明治文学全集28』所収　坪内逍遥の解説）

万年の江戸趣味と緑雨

万年も、没後、多くの弟子たちから「江戸」が好きだったと回想されている。

たとえば、万年より九歳年下で、『日本歌謡史』で東京帝国大学から文学博士号を受けた高野辰之（一八七六〜一九四七）は、「先生は愛知県士族ではあるが、江戸育ちで歌舞伎には通でもあり、贔屓役者も無いでは無かった。私が浄瑠璃や歌舞伎やの演劇方面に志したのも、一つは先生の感化であった」と記している。

また、学習院大学教授となって、とくに和歌や連歌の研究に業績を残した福井久蔵は、「先生はお若い時には江戸文学に趣味をお持ちになり、その方面の書も随分沢山にお読みになり、演劇がお好きでいらっしゃった」と回想する。

さらに、東京大学、実践女子大学名誉教授で近世劇文学の研究で知られる守随憲治《しゅずいけんじ》（一八九九～一九八三）は、次のように言う。

先生は江戸を好んでおられた。浅草から向島へかけての、昔からの風情を語られたことがあった。その頃、震災前だった、秘蔵の錦絵を見せて下すった。随分大部なもので、而も逸品揃だった。凄いような、写楽《しゃらく》の大判などがあった。商売人でも、一時に、あれだけの品を揃えているものは、あるまいと思われた。是は大した値打ものだ、と実際驚いてしまった。伯父上からの譲られ物だとか、説明して居られたが、先生としても、得意で見せて下すったのだろう。

文学のみならず、浄瑠璃や歌舞伎、浮世絵など江戸の文化全体に興味があったという万年が、それを研究しようとして帝国大学文学部に入学したのは当然と言えば当然であったろう。

万年の興味は、江戸詰めの名古屋藩士だったという家庭環境に因《よ》るのかもしれない。しかし、あるいは最も多感な十代前半に斎藤緑雨という不思議な友人と知り合ったからかもしれなかった。

緑雨は貧しかった。お金の工面をうまく行うことができるほどの仕事が、当時「操觚者」と呼ばれていた作家にできるはずがなかった。

万年は、『帝国文学』に「緑雨の手紙」と題して、緑雨研究の資料とならんがためにとして、緑雨からの手紙を掲載している。

万年は、この手紙がただ、「十七日」とあるだけでと断って、具体的に彼らがいくつの時だったのかが分からないとするが、内容から推しておそらく三十一、二歳頃のことなのではないかと思われる。金を貸して欲しいという内容の手紙である。

これからは自分ひとりの片附だ。

一冊になるものは春陽堂で絶えず引受けるといい、短篇類は博文館で何時でも引受けるというゆえ、相方ともいよいよこの十四日に約束を定めた。

故にこの陣に拠って、何なりとも書いて居れば、マア安心という訳だけれど、ここに一ツの厄介は今の下宿をどうしても引払いたい。

借というは二ヶ月だけれど、僕の不在中一切の所有品を差押えて、他へ質入などしてあるので、僕は今余儀なく損料《そんりょう》蒲団にくるまって居る。随分手きびしいやり方で、昨夜来た佐々なども驚いて行った。

どうもここの家に居ては、若し世に運というものがあって僕を目あてに出かけて来たとした所で、敷居際で引返して行きそうな心持がしてならぬ。

転宿の費用ぐらいはどうでもなるが、ここの借を済ますだけのものが、今実にほしい。

今の作者の一流などと自称して居る奴等とて、僕の信ずるところでは、駆け散らすにさのみ面倒はないと思う。かなしい事にはこれまで向うは座って仕事をして居る。こちらは中腰でやって居る。どうも心に任かせぬ。これからは一騎討で一挙に勝敗を決して仕舞う心組なのだから其助力をすると思って一ト勘考《かんこう》してくれ玉《たま》え。

今のびる寸は後の尺で、いろいろ案じて居る。いけるいけぬの御返事だけなりと、早く伺いたい。

匆々頓首

切羽詰まった、哀願にも似た無心の手紙である。

この手紙のなかに見える「春陽堂」は、のちに漱石が多くの本を出す出版社である。また博文館は当時最も売れていた雑誌『太陽』を発行していた。いずれも言ってみれば大手出版社である。

万年がこの手紙にどう応えたのかは明らかではないが、おそらく彼は何通もこのような借金を乞う手紙を緑雨からもらっていた。

明治三十四（一九〇一）年四月、療養のため茅ヶ崎から小田原に移転するに際して、「手紙を寄越して、畢生《ひっせい》の筆を揮《ふる》って見たいと思う、之を最後の依頼として移転の費用を弁《べん》じて呉《く》れろと言って来た、で当時生きて居た理学士の譲君、今の小山軍医の弟達とも相談して、希望を果さしてやることにした」（『中央公論』一九〇七年十月）と万年が書いているからである。

万年は、緑雨を「常に不安の地位に居た人物である」と評している。

東京に出てきて初めて入った本所の土屋小学校から、江東小学校に転校し、卒業を待たずして第一中学校、また第二中学校に転校して、明治義塾という学校に行ったかと思ったら、今度は現在の明治大学の前身である法律学校に移り、さらに漢籍の勉強のために本所の明倫学舎というところにも通っていた。

万年は、「緑雨氏の少年時代の修養といっては、（中略）何一つとして纏まったという事はなかったのであります」(『帝国文学』所収、「雑録」)と述べている。

また、万年は、緑雨が住所を次から次に変えて、不安定な生活をしていたことも挙げている。天賦の才能があるのに、こうした不安定さが緑雨を襲ったのは、ひとつには二人の弟を親に代わって、それぞれ理学者・地質学者、また医者に育て上げたためであったとするのである。

緑雨が好きだったものは、「第一ハンケチ、第二鳥、第三蕎麦」と万年は言う。

緑雨は、いつも白いハンケチを持っていて、話すときには必ずそれを口に当てていた。喀血することと、結核を人にうつすことを避けるためだった。

「鳥」は江戸の人々が好んだ「軍鶏鍋《しやもなべ》」である。緑雨には、友人からお金を借りてすぐその足で軍鶏を食べに行ったというエピソードも残っている。そして、蕎麦については、緑雨は吉原へ行っても、決して楼には上がらず馴染みの立ち食い蕎麦屋で、蕎麦をたぐって帰るという男だった。

そして嫌いなものは、「第一犬、第二船」という。「船は渡し船でも大嫌いで、市川に居た時分に渡し船に乗った所が、向うから小蒸汽が来たので、真青になって船を返せと泣いたという奇談がありま す。しかし一番嫌いであったのが借金取り」(同前)と言う。

万年は、緑雨のことを本当によく知っていたのであろう。

江戸という、緩やかな紐帯《ちゆうたい》が人間関係を作っていた時代であったならば、緑雨はもっと温かい人生を過ごすことができていたのかもしれない。そして、万年ももっと深く緑雨との関係を保ち、もしかしたら、少年の頃の夢を追って江戸の味のする文学を書く「操觚者」になっていたのかもしれない。

緑雨は、「日用帳」に、次のようにも記している。

上田氏は柳桜《りゅうおう》、われは可笑《かしょう》と号さえも幼かりけることよ。猶さまざまに称しかえて、倶《とも》に時の新聞紙に投書したるに、三度に一度は登載せられしより、これを見よがしの家桜《いえざくら》、はな蠢《うごめ》かして読返したる事もありたり。

二人は新聞などにも投書し、三度に一度は掲載されるような文章を書いていた。そして、万年は、新体詩から和歌までもよくする江戸の味を持った学者だった。

江戸と明治をどう見るか

司馬遼太郎（一九二三〜一九九六）は、『「明治」という国家』『この国のかたち』『坂の上の雲』など多くの評論や小説で「明治」を論じている。司馬遼太郎の愛読者は、明治という時代を、それまでの暗く閉ざされた江戸の封建制国家を、一朝にして合理的で近代的国家に作り替えた明るい時代とする、いわゆる「司馬史観」に従って「明治」を好んで見るかもしれない。

これに対して池波正太郎（一九二三〜一九九〇）や藤沢周平（一九二七〜一九九七）など江戸の人情を厚く描いた小説が好きな人は、「明治」をケバケバしく軽薄な時代と見るかもしれない。得てして、江戸が好きだという人は明治のものを好まないという傾向がある。

しかし、明治をよしとした司馬遼太郎も、よく見ていると、どうやら明治の初期あるいは前期までのことに対しては非常に好意的であるが、日露戦争以降第二次世界大戦にいたるまでの国家主義に対しては非常に否定的である。ここには、明治も前半は明るく、後半は暗いというイメージがある。

司馬遼太郎、池波正太郎はじつは、同じ年の生まれで大正十二年である。

司馬が大阪に生まれて馬賊に憧れ、戦争で満洲に行ったというのに対し、池波はどっぷりと江戸の空気に浸って歌舞伎や長唄などの世界の深さに精通している。戦争でも米子で俳句や短歌を作ることで暇をつぶすというほどの暮らしだったという。

同じ年の生まれであっても、もちろん、境遇や趣味の違いによって、「明治」に対する見方は変わってくる。

それは、斎藤緑雨と万年がその性格や生い立ちによって、価値観が異なり生き方が違った方向へ進んだのと同じである。

さて、明治三十七（一九〇四）年に亡くなった万年の竹馬の友、緑雨の死、黒い枠を付けて彼の死を告げた万朝報は、その隣に日露戦争で非業の死を遂げた廣瀬大尉の死を同じ黒枠で伝えている。

この年の二月八日にはじまった日露戦争は、翌年の九月五日まで続くが、その間、人々はその戦況の報告に一喜一憂した。

博文館の『日露戦争実記』が破格の部数を出版していくなか、緑雨の死は、確実に「江戸」という時代への幕引きをする出来事であった。

漱石の「猫」と万年の日本語

万年と漱石は大きな糸で結びついていたわけではない。しかし、万年の弟子である芳賀矢一と漱石は、留学の時から切れない縁があった。また万年と幸田露伴は、斎藤緑雨を通じて仲がよかったが、京都帝国大学ができたとき、幸田露伴を文学部に呼んだのは狩野亨吉である。狩野亨吉は明治二十四（一八九一）年に帝国大学文科大学哲学科に在籍中に漱石と仲がよくなって以来、漱石の招きで熊本の第五高等学校に奉職するなどの関係があった。さらに狩野は、漱石の親友であった正岡子規とも帝大哲学科で同窓であったし、子規と露伴は俳句でも繫がっていた。

このように、この当時、大学や文学界の人間関係はどこかでだれかと結びついていたのである。こんな関係のなかで、漱石はイギリスから帰国後まもなく明治三十六（一九〇三）年四月より第一高等学校講師、また東京帝国大学文科大学英文科講師として迎えられていた。

さらに万年と漱石の接点は帝国文学会にもある。明治三十六年六月に帝国文学会規則を記した本会（帝国文学）現在役員評議員に夏目金之助の名が見える。また明治三十七年十一月、帝国文学会が募集した「脚本懸賞募集」の審査委員に二人は名を連ねている。そしてそこには芳賀矢一の名前も見える。さらに言えば明治四十年の一月号まで「謹賀新年」と、正月の祝いを記した帝国文学会の挨拶のページに評議員としての「夏目金之助」の名前が見えるのである。

さて、漱石は、明治三十七（一九〇四）年十二月、高浜虚子の勧めで「吾輩ハ猫デアル」を発表する。これは、留学中に亡くなった子規への思いを込めたものであった。
そして翌一九〇五年、『ホトトギス』一月号に「吾輩ハ猫デアル」は掲載される。日露戦争が終結するのを待たないこの年、前年に亡くなった斎藤緑雨と同じ年齢の夏目漱石が、百年後の我々にも楽しめる「吾輩ハ猫デアル」をひっさげて登場するのだ。

吾輩は猫である。名前はまだ無い。
どこで生れたか頓《とん》と見当がつかぬ。何でも薄暗いじめじめした所でニャーニャー泣いて居た事丈は記憶して居る。吾輩はここで始《はじ》めて人間というものを見た。然《しか》もあとで聞くとそれは書生という人間中で一番獰悪《どうあく》な種族であったそうだ。

これは、緑雨が書いたものとはまったく異なる文章である。
高浜虚子は「吾輩ハ猫デアル」ができあがったときのことを、漱石が亡くなって一年あまりあとの大正七（一九一八）年発行『漱石氏と私』に綴っている。

漱石氏は愉快そうな顔をして私を迎えて、一つ出来たからすぐここで読んで見て呉れとのことであった。見ると数十枚の原稿紙に書かれた相当に長い物であったので私は先ず其分量に驚かされた。それから氏の要求するままに私はそれを朗読した。氏はそれを傍らで聞き乍ら自分の作物に深い興味を見出すものの如くしばしば噴き出して笑ったりなどした。私は今迄山会《やまかい》で見た多くの文章とは全く趣きを異にしたものであったので少し見当がつき兼ねたけれども、兎に角面白かったので大《おおい》に推賞した。気のついた欠点は言って呉れろとのことであったので、私はところどころ贅文句《ぜいもんく》と思わるるものを指摘した。氏は大分不平らしかったけれども、未だ文章に就いて確かな自信がなく寧ろ私を以って作文の上には一日の長あるものとして居ったので大概私の指摘したところは抹殺したり、書き改めたりした。中には原稿紙二枚ほどの分量を除いたところもあった。それは後といわず直ぐ其場で直おしたので大分時間がとれた。私がその原稿を携えて山会に出たのは大分定刻を過ぎていた。

この「我輩は猫である《（ママ）》」——漱石氏は私が行った時には原稿紙の書き出しを三四行明けたままにして置いて、まだ名はつけていなかった。名前は「猫伝《ねこでん》」としようか、それとも書き出しの第一句である「吾輩は猫である」を其儘用いようかと思って決しかねているとの事であった。私は「吾輩は猫である」の方に賛成した。——は文章会員一同に、「兎に角変っている。」という点に於て讃辞を呈せしめた。

漱石の「猫」の冒頭の文章は、万年が主張する日本語とどのように一致する部分があるのだろうか。最も大きなところは、猫の鳴き声を「ニャーニャー」と写す長母音の書き方であろう。冒頭には「スーと持ち上げられた時」というのもあるし、「ヴイオリン抔をブーブー鳴らしたりする」というような表現もある。

万年は『おほかみ』を書いたときに、「だまされないやう《ヨー》におし」、「気をつけませう《ショー》」また「イーエ戸はあけないよ」など擬音語や擬態語だけに限らず長母音の記号を使っている。

長母音の「ー」という記号を使っているから万年の影響を受けていると言うつもりはまったくない。

ただ、万年が書いた『おほかみ』が非常に短い文章で、リズムよく書かれているという点では、漱石の「猫」に近いものがある。

ロシアとの戦いに勝った日本は、江戸の空気を棄て、新しい風を大きく受けて本格的な近代化へ向けて発展していくことになるのである。

さて、『ホトトギス』一月号に「吾輩ハ猫デアル」が発表された明治三十八（一九〇五）年、日本は、日本海海戦でロシアバルチック艦隊を破り、五月に日露戦争に勝利する。これによって列強の仲間入りを果たし、日本国内には強さと華やかさが生まれてくる。

漱石の小説は、「吾輩ハ猫デアル」に続いて「倫敦塔」「坊っちゃん」「草枕」が出版される。

そして漱石は明治四十（一九〇七）年三月、東京帝国大学・第一高等学校を辞職し、朝日新聞に入社することになる。

漱石の文章は、この頃から教科書の読本に採用されはじめる。それは万年や芳賀矢一などの教科書調査委員会などの力もあったからである。

高橋義孝は『森鷗外』で、漱石と鷗外の文章を例に挙げ、その差について見事に記している。

鷗外の文体は、永い和文様式の伝統と歴史の中にあって全く孤立しているように思われる。鷗外が敬遠されて、夏目漱石が歓迎されるのは、必ずしも彼らの文学作品の内容や人間性から来ている

のではなくて、そこにはむしろ文体が大きく物を言っている気味がある。（中略）
鷗外が文学的正確さを貫き通そうとしたのは、彼が「田舎者」だったからではなかろうか。彼は「田舎者」だったから日本語の「正格」を守り得たのではあるまいか。この点、漱石はかなりのんきに構えていたようである。
そして鷗外の「日本語」はあとに残らず、漱石の気易い文体があとに残ることになった。鷗外の文章を拒否したのは、恐らく日本人の心性そのものではなかったであろうか。
漱石の文体は、ほとんど、万年が望む言文一致体であった。当時より現代まで、漱石の文体は古びることなく、人々の心を摑んでいるのである。

第一五章　万年万歳　万年消沈

いよいよ「国字国語改良の議論」のはじまり

『国字国語改良論説年表』という小冊子がある。

第一三章の冒頭でも述べたが、明治三十七年四月に「文部省内国語調査委員会」によって発行されたもので、凡例には次のように記される。

一、本書は本会調査の進行上、国字国語の改良に対する公私の施設、学者の所説、及び世論の傾向を知るの必要あるより、維新前後の奏議建策《そうぎけんさく》を始め、従来幾多の書籍新聞及び雑誌等に発表せられたる論説にして、苟《いやしく》も事此に関係せるものは皆其主意を摘《つ》み、其発表の歳月を逐《お》いて之を列記せるものなり。

この年表は、慶応二（一八六六）年十二月、「前島密、国字国文改良の議を将軍徳川慶喜に上つる」という記事にはじまり、明治三十六（一九〇三）年十二月二十七日二十八日、石川辰之助の「加藤博士に質す」と題した、国語調査委員会の文部省規定仮名遣いに対する優柔を責め、長音符に関する所見を述べる「読売新聞」の記事で終わっている。

慶応二年十二月、前島密が国字国文改良の議を徳川慶喜に上奏したことから、国字国語改良の議論の火蓋が切って落とされたとするのである。

前島は言う。「国家の大本《おおもと》は国民の教育にして其教育は士民を論ぜず国民に普《あまね》からしめ、之を普からしめんには、成る可く簡易なる文字文章を用いざる可らず」

この前島密の意見が明治政府に取り上げられたのは、明治二（一八六九）年五月、再び前島が「国文教育之儀に付建議」「廃漢字私見書」を集議院に提出してからである。

様々な立場の人が、様々な意見を言った。

万年がドイツの言語学を輸入して日本語の音韻の変遷を明らかにし、芳賀矢一がドイツ文献学の研究を輸入して我が国の文献の歴史を説き、漱石が英語学の専門家としてイギリスに留学させられたのも、もちろん、我が国を近代化して列強と肩を並べることが目的であったが、同時にそれは我が国の教育の根幹となる国字と国語を江戸時代のものから改良し、近代的なものにするためであった。

しかし、前島の上奏から三十年経っても、結局国の政策としては何も決まらなかった。再び、国語問題が動きはじめるのは明治三十一（一八九八）年五月八日、井上哲次郎が東京学士会院で「新国語確定の時期」と題して演説を行い「現今こそ新しい国語を確定するに其好時期である」と述べた頃からだった。

ここから、明治三十八（一九〇五）年に言文一致を目指す仮名遣いの改正が諮問されるまでのことを、『国字国語改良論説年表』を利用しながら改めて順を追って見てみたい。

〈明治三十一（一八九八）年〉

五月、万年、フローレンツ、小川尚義《おがわなおよし》、金澤庄三郎、藤岡勝二、猪狩幸之助、新村出らが「言語学会」を設立する。

九月及び十月、井上哲次郎は『国字改良論』を雑誌『太陽』（第四巻第十九号・二十号）に発表する。

井上は言う。電信では、欧文の一単語と仮名で書かれる七音節を等価として計算する。日清戦争時の和文電信は、欧文のものに比して安価で簡便である。ただ、国字を改良するというのであれば、速記の記号を新しく仮名のようなものに制定するという案もある。ローマ字が絶対いいという理由も分からないし、新しい国字を作ると言いながらできない。一度ここで、実際のことを十分に考えてみる必要があるのではないか。

七月、万年、「国語改良会」結成。

十一月、万年は文部省専門学務局長兼参与官に任命される。

これに伴い、文部省専門学務局長兼参与官であった澤柳政太郎（一八六五〜一九二七）が普通学務局長に昇格した。

澤柳は、万年とは東京府第一中学変則科で同級だった頃からの親しい友人である。

また、澤柳は、狩野亨吉とも親友であった。

狩野は、この年、漱石の招きで熊本の第五高等学校にいたのを退職して、東京の第一高等学校に校長として赴任した。漱石は、狩野が住んでいた家に越した。

澤柳と狩野は、三十三歳、万年と漱石は三十一歳になっていた。


〈明治三十二（一八九九）年〉

五月、漢字廃止論に反対する重野安繹が、『東京学士会院雑誌』に「常用漢字文」を発表。五千六百十字を選んで使用することを提案した。

五月末、漱石に長女・筆子《ふでこ》が生まれる。

六月、鷗外は小倉に左遷される。


〈明治三十三（一九〇〇）年〉

二月十五日、『言語学雑誌』第一号発刊。

二月二十二日、帝国教育会国字改良部漢字部では、
（一）漢字節減に関する材料を蒐集《しゅうしゅう》すること
（二）固有名詞は凡《すべ》て漢字を用いること

（三）形容詞及び動詞はなるべく漢字を用いざること
（四）簡易にして普通定用的なる漢字は之を保存し置くこと（例えば、郡市町村月日数字円銭等）
を議定する。

四月十六日、第一回国語調査会が開会される。

五月二十四日、帝国教育会国字改良部新字部は、速記文字を以て新字とすることに決し、かつ新字大体の標準を発表する。
（一）日本の発音を写し得ること
（二）早く書き得ること
（三）読み易きこと
（四）覚え易きこと
（五）大小自在に書き得ること
（六）印刷に便なること
（七）タイプライタアに適すること
（八）字体の美なること
（九）短縮を記し得ること
（十）字体は一種なるべきこと
五月二十五日、帝国教育会国字改良部仮名調査部は、以下の諸項を決議する。
（一）文字を縦行に記す

（二）片仮名平仮名を併用す
六月十三日、漱石、芳賀矢一、高山樗牛らに留学の辞令が下りる。「同年九月から満二年」という期限である。

六月三十日、箱根で芳賀を囲んだどんちゃん騒ぎの宴会が開かれた。

八月、文部省は、小学校令において、「読書作文習字を国語の一科にまとめ、仮名字体・字音仮名遣いを定め、尋常小学校に使用すべき漢字を千二百字に制限」した。

また、「仮名遣いの一定として変体仮名を廃止し、字音仮名遣いを改正する（表音式に改め、長音符号を採用する）こと」を決定する。

九月、漱石と芳賀矢一はヨーロッパ留学のために横浜を発つ。

〈明治三十四（一九〇一）年
二月三日、福沢諭吉が亡くなる。
三月十四日、貴族院で、次のような言文一致実行の請願がなされる。

右の請願は言文の不一致は国勢を衰亡せしむるものして古今の事例少からず。而るに我が国の言語文字は繁雑にして習熟に困難なること世界に比なく学校生徒をして徒《いたずら》に精力を言語文字の習熟に消耗せしめ其の発育を碍《さまた》ぐること極て大なり。故に学制改革の先決問題として先ず国語国文国字を改良するが為速《すみやか》に国語調査会を設け、言文一致の実行を国家事業とせられたしとの旨趣にして貴族院は願意の大体は採択すべきものと議決致候。因《よつ》て議院法第六十五條に依り別冊及送付候也。

（「貴族院議事速記録第十八号」）

三月二十四日、貴族院で、次のような国字改良の請願がなされる。

右の請願は従来我が国に行はるる国語国字は漢語漢字に根拠するもの多く、且《かつ》之に仮名を添うるを以て其の不便甚しく複雑なる文明の社会に立ち優勝劣敗の競争 場裡《じようり》に馳聘《ちへい》せんとするに於て実に一著を輸《いた》せざるべからざるに至るべし。詢《はかる》に国運の消長に関すること少しとせず。故に国字改良の為一種の新文字を製作したるを以て之を可否せられたしとの旨趣にして貴族院は願意の大体は採択すべきものと議決致候。因て議院法第六十五條に依り別冊及送付候也。

（同前）

五月、万年、神田乃武、渡部董之介、小西信八、磯田良、高楠順次郎、湯川寛吉、蘆野敬三郎、金子銓太郎、大西祝、藤岡勝二に依頼していた「羅馬字書方報告書」が文部省総務局図書課から発行された。

〈明治三十五（一九〇二）年〉

七月四日、国語調査委員会は、其調査方針を決議公示す。

一、文字は音韻文字を採用することとし仮名羅馬字等の得失を調査すること

二、文章は言文一致体を採用することとし是に関する調査を為すこと
三、国語の音韻組織を調査すること
四、方言を調査して標準語を選定すること
又目下の急に応ぜんが為に左の事項を調査すること
一、漢字節減に就きて
二、現行普通文体の整理に就きて
三、書簡文其他日常慣用する特殊の文体に就きて
四、国語仮名遣いに就きて
五、字音仮名遣いに就きて
六、外国語の写し方に就きて

九月、万年の弟子でドイツに留学していた芳賀矢一が、帰国の途に就いた。

ロンドン滞在の六月二十九日から七月四日の間に漱石の下宿先を訪ね、漱石が極度の神経症に罹っていることを知り、文部省に報告した。

九月十九日、正岡子規が亡くなる。

十二月五日、漱石はロンドンを発つ。

十二月二十四日、高山樗牛が亡くなる。


〈明治三十六（一九〇三）年〉

四月、漱石は、第一高等学校講師に着任し、東京帝国大学の英文科の講師を兼任。

四月十四日、帝国教育会例会国字改良部は、文部大臣・菊池大麓から第四回全国連合教育会に諮問した「高等小学校の国語科に羅馬字を日常須知《しゆうち》の文字に加うるの可否若《も》し可なりとせば其方法如何」について、次のような決議を行った。


高等小学校の国語科に羅馬字を日常須知の文字の中に加うるを可とす。

方法

第一　アルファベットの印刷体と筆記体を授くること
第二　五十音又はいろはに対照したる羅馬字綴を授くること
第三　羅馬字にて綴りたる単語を読本中にて読ませ、単語を羅馬字にて綴らせること
第四　読本中に羅馬字にて綴りたる文を入れ、是を読ましむること

六月二十日、『ホトトギス』に漱石の「自転車日記」が掲載された。だれからも反応はなかった。発行人の高浜虚子は、「それは面白いものではなかった」と『漱石氏と私』に書いている。

六月、万年の著書『国語のため2』が冨山房から発行された。

十一月、上田敏と共著で『最新英和辞典』が、また『(袖珍名著文庫第十二編)よものあか』が出版された。


〈明治三十七(一九〇四)年〉

一月、万年は冨山房から『五十音引西洋名数』を出版した。

二月、万年は『(袖珍名著文庫第二十編) 鳩翁道話《きゅうおうどうわ》』を出版した。

二月六日、日本はロシアに最後通牒を発令。

二日後に仁川に上陸、十日には相互宣戦布告がなされ、日露戦争がはじまった。

四月十三日、斎藤緑雨が亡くなる。

九月頃から、高浜虚子と漱石は「俳体詩《はいたいし》」というようなものを作りはじめた。

十二月、子規旧廬《きゅうろ》で「山会」が行われた。

その前に漱石の家に立ち寄って虚子は「猫」を読んだ。

五月、万年は『なにはみやげ』と『軽口ばなし』を有朋館から出版した。

六月、万年は芳賀矢一とともに「教科書調査委員」に任命された。

十月、万年は、金港堂から、『舞の本』を出版した。


〈明治三十八(一九〇五)年〉

一月号の『ホトトギス』に、漱石「吾輩ハ猫デアル」が掲載される。

一月号の『帝国文学』に、漱石「倫敦塔」が掲載される。

日露戦争は、一月二日に旅順を開城し、三月には奉天会戦、五月には日本海戦を迎える。

五月二十日、万年は東京高等師範学校内国語学会で「普通教育の危機」という題で演説する。この演説の記録は、この年八月に冨山房から出版された。

ここで、万年は、次のように言う。

「本年の三月でありましたが、文部省は国語仮名遣改定案と、字音仮名遣に関する事項と云うものとを拵《こしら》え上げて、之を高等教育会議と国語調査委員会とに同時に諮問をされた。文部省が斯《こ》う云うものを出されたと云うのは、どう云う次第であるかと云うことを、私は先ず御話して見たいと思う。文部省が斯う云う案を出されたのは、重に普通教育のため、殊に国定教科書制度と云うものが定りまして、文部省自ら読本其他の教科書を作らなければならぬ様になったので、それで読本及其他の教科書を作るに付て国語上に色々衝突して居てこまる点がある、それらの点に就て、総て整理を要すると云う次第になって来た。（中略）

文部省では、国定教科書其他普通教育の教科書に使う国語国文に関する事項を、至急に一応整理する必要があると云う所から、文部省の図書課で以て案を立てて、其図書課で出来た案が教科書取調委員会と云うものの議に附せれた」

こうして教科書取調委員会の諮問を経たものが文部省に戻され、改定案として発表されるが、同時に文部省は高等教育会議と国語調査委員会にも、これを審議するようにと伝える。

九月一日、日露休戦条約、五日ポーツマス日露講和条約調印。

九月、万年は、福井久蔵と共著で『続新日本文典』を出版する。

十月二日、万年に次女の富美《ふみ》（のち、結婚して円地文子《えんちふみこ》）が誕生する。

十月十四日、ポーツマス日露講和条約批准。

（「吾輩ハ猫デアル」は、明治三十八年一月号ののち、二、四、五、六、十月、翌三十九〈一九〇六〉年一、三、四、八月号に掲載されて終了した）

弟子、新村出の見た「国語調査委員会」

新村出（一八七六〜一九六七）の名前は『広辞苑』とともに今も知る人が多いだろう。

新村は、一高の二年生だった明治二十八（一八九五）年二月に神田一ツ橋にあった大学講堂で行われた「史学会」において万年が行った「言語学者としての新井白石」という講演を聴き、感激して博言学を志した。

新村が、明治三十五年ころからの「国語調査委員会」のことを書いているものがある。少し長いが、よく雰囲気を写すものであるから、そのまま引きたい。

> かくて明治三十五年の春に至って、文部省内に国語調査委員会が設置された。（中略）この新設の委員会には、その長には加藤弘之博士、主事に上田万年博士、委員には上田博士の外、大槻博士や芳賀博士も加わり、其他、木村正辞、佐藤《さとう》誠実《じょうじつ》の如き老国学者、三上（参次）、高楠（順次郎）両博士も参加し、徳富猪一郎翁も員に列し、文部省からは、澤柳普通学務局長や渡部図書課長（董之介）、後年には更に言語学の藤岡勝二博士も関係し、（中略）更に主査委員として、上田、大槻、芳賀の三委員が命ぜられて、その下に補助委員として、大矢透、林泰輔、岡田正美、保科孝一の四氏および私の五人が最初に登用せられ、後には亀田次郎氏や程経て山田孝雄博士も加わった。
> 其間其後多少人の出入もあったが、私どもの如く他に本官本職を有する者は、先輩正委員の在官

者と同じく、一週三日間ほど調査室に在勤し、大槻、大矢の二老くらいが殆ど毎日詰切って調査に専念されていたかと思う。

尤も私は明治四十年の春、京都大学に新設の文科大学に転じ且つ直後留学の途に上ってしまったから、私の在勤期は三十五年五月頃から四十年の二月頃までの僅か五ヶ年未満であった。この五ヶ年ほどの間が私の国語学研究の進展期でもあり、それが二十七歳の春から三十二歳の初に及んだのであったから、一生の最も愉快な時期でもあったのである。

尤も此の国語調査委員会以外、私は東京の文科大学の講師やら兼任の助教授をも勤めていたから、芳賀博士には大学の方でも、知遇にあずかっていたのではあったが、自分の忘れ得ないのは、むしろ一週間二三日におよぶ調査会内の厚誼《こうぎ》であった。

当時の文部省では、構内の左の方の奥まった位置に修文館という、やはり木造の二階建の一館があり、その階下の一室で国語調査会の本会議が毎週又は隔週一度ぐらい開かれるのであった。その修文館の建物を背に負い、二階の図書課の真下に国語の調査室が施設された。口元の大室に書記や写字生《しゃじせい》が居り、書棚が置かれ、奥の室には、一番奥の一隅に主事で主査たる上田博士が席を構えられ、少し隔たって、大槻博士がそれに対して位置を占められたが、上田博士の左隣に少し間隔をおいて芳賀博士のデスクが据えられ、すぐその左が私、私の左に保科氏、その又左に岡田氏、私と保科氏に対して、小さなテーブルを中間にして、大矢、林の二翁が席を占めた。尤も調査会設置の最初には、食堂の左隣の一室に一時雑居して居たこともあり、私の去った後の明治四十年代以来は、修文館の二階の隅の一室に占拠したこともあったけれども、私の記憶の鮮明なのは、前記修文館に接する明るい一室で、而も三方が窓で非常に光線の豊かな其の一室である。

横裏は、塀を隔てて雉子橋《きじばし》に近い堀ばたであり、後庭には桜樹が何本かあって春の花時には私等の室はますます陽気であった。この陽気な一室の裡《うち》を、慈母の如き芳賀さん、当時はまだ四十歳足らずの中年期の芳賀さんが、例の葉巻をさかんにくゆらせながら、折々灰を床の上に落されながら、わるからぬ紫煙の香を発散させながら、送仮名《おくりがな》法《ほう》だの文法許容案だの口語法だのという国語法規の創案やら修訂やら批判やらに鞅掌《おうしよう》されていたのである。

今しもこういう追懐にふけりつつあると、隣席にいられた芳賀さんの風貌がありありと浮んでくる。芳賀さんは時には思いきった諧謔《かいぎやく》も弄《ろう》され、茶目気たっぷりの自分も随分それに合槌をうち、往々与太《よた》をとばしてひやッとしたこともないではなかった。

あの特色ある微笑哄笑《こうしよう》、あの可愛い眼ざし、三十年前の見聞がまざまざと思出されてくる。

偶には茶菓子のコンパニーもやり、芳賀さんの醵金《きよきん》がしばしばであった。

退出のおりには保科君などと共に芳賀さんに従ってよく歩いて帰ったものであった。錦町の更科あたりで蕎麦の御馳走になったことも一再《いつさい》ではなかった。柴又の帝釈とか多摩川あたりなどへの遠足にも芳賀さんは欠かされなかったようである。

日露戦争後、大観艦式の時かの祝勝会とでもいうような催しを、国語調査会の連中で、浅草は駒形あたりの鰻屋、大川ばたの何とかいう少し名のきこえた小亭の川ぞいの細長い一間で催したことがあった。

三十八年の晩秋か初冬のころであったろうか。まだ二十九歳の私であったから、芳賀さんとウイスキーの飲みっこ、飲みっことといっては少し大げさであるが、大盃敢て辞せずと云った様な調子で、豪酒の芳賀さんに応酬し、而も椀《わん》の蓋《ふた》かでなみなみと注がせて、せいぜい二盃か三盃かだか、とにかくそれをあふったことがある。中々いけるねなどと少しもちあげられると、図に乗りたがる年輩でもあったから、戦勝気分も手伝って有頂天になってしまった。おつきあいをして、はては大に酩酊し、師匠に対して無礼な振舞もあったようである。

（『新村出全集』第三巻所収「芳賀博士の追慕」）

こんな雰囲気のなかで、国語調査会は行われていたのである。

「ほ」「ふ」「を」はすべて「お」と書く

さて、明治三十八年三月、文部大臣官房図書課の図書審査官・吉岡郷甫《よしおかきょうほ》が宮崎と熊本の尋常小学校、高等小学校、中学校、高等女学校で次のような試験を行った（引用の問題文の仮名遣い原文のまま）。

左の諸文を読みて平仮名のみにて書き取らせ次に知れる限りの漢字を其右傍に記せしむべし。
（一）この位美しい笄《こうがい》は外にはあるまいと母が言ひました
（二）費《つひえ》を省きて貧しき者を救へ

（三）祖母はをとし七十の坂を越え給ひて額《ひたひ》の皺は年毎に殖え行けど尚ほ極めてすこやかにて未だ杖をも用ひたまはねば甚だ心強し

（四）襤褸《つづれ》を纏ひたる子、石に躓きて倒れたり

（五）使はぬ桶は漏るといふ諺あり

（六）本を閉ぢて暫し考に耽る

（七）先日より妹を連れて海岸に沿うて旅行し本日此地に着き申し候

次に「左の○の所に語尾を入れ、傍線を施したる字には仮名を附せしむべし」という問題がある。

（八）恥しげに客に膳を据《す》○

（九）人に飲酒を強○る習は改めたきものなり

また「左の漢字に字音仮名遣を施さしむべし」とある。

（十）召集　陣中　教導　遠類　応用

これは、仮名遣いを調査するためのものである。「言ふ」は「いふ」「いう」「ゆう」「ゆー」「ゆふ」など、どう書くか。「貧しい」は「まづしい」か「まずしい」か。「桶」は「をけ」か「おけ」か。

「習」は「ならい」か「ならひ」かなどを調査したのである。

全国規模で行われた試験なのであるが、その詳細な結果は残っていない。

文部省はこの結果を受けて、次のような決断を下す。

今回の仮名遣改定案は大体に於て発音と仮名遣とを一致せしむるを以て旨としたれども、姑《しばら》く在来の習慣に従い、又文法説明上の便宜に由りたる所もあれば、仮名遣の発音に一致せざる点少しとせず
（「片仮名・平仮名読み書きの難易に関する実験報告」）

おそらくこの調査によれば、旧仮名遣いを使って書いている人が多いという結果が出たに違いない。しばらくは、旧仮名遣いでいっても構わないのではないかというのである。

しかし、すでに「新旧仮名遣対照表」というものが発表されていた。

明治四十（一九〇七）年九月十五日の奥付で、万年の弟子の保科孝一が『（改定）仮名遣要義』という本を弘道館から出版している。

保科は、この当時文部省嘱託・東京帝国大学助教授、教科書の国定化が決まった明治三十七（一九〇四）年以降は、教科書編集委員にも任命されていた。

『（改定）仮名遣要義』を開いて、すぐに驚くことがある。

序文は次のような文章ではじまるのである。

仮名遣の改定わ、国語教育上重大な問題である。

主格の「は」は、本書ではすべて、発音と一致すべく「わ」で記される。

そして、内容もまた驚くべきである。

先の文に続いて次のように記される。

此問題が円満に解決されると否とわ、将来国語教育の進歩発展に関することが、決して鮮少《せんしょう》でないのである。文部省も予《かね》て茲《ここ》に見る処があって、其改定を企画され、国語調査委員会、高等教育会議等に諮問して、明治四十一年四月から、小学校に実施される予定であった。ところが、猶《なお》実行上研究を要することがあるので、同四十二年四月まで、延期されることになったのである。我輩わ、文部省の改定案にわ、熱心に賛成して居るものであるが、しかしながら、其延期についてわ、少しも失望せんのである。何となれば、此延期のために、社会が多大の注意を傾けて、之を研究するに相違ない。すべて研究わ真理に到達する捷径《しょうけい》であるから、改定案の目的も価値も此一年間に於て漸《ようや》く明《あきらか》にされるであろう。しからば、却《かえっ》て円満に解決されることになると信ずるからである。

(筆者注：仮名遣い原文のまま)

少し時代を遡って詳しく言えば、明治三十八年の文部省の仮名遣い改正案は、文部大臣・牧野伸顕によって再度高等教育会議に提出され、会議は賛成大多数によって可決した。

明治四十一（一九〇八）年五月、臨時仮名調査委員会が組織され、教科書に採用する仮名遣いが審議された。

文部大臣牧野伸顕など、内部の主要な人々は、万年や芳賀などが提案する「言文一致」に賛成であり、これが決定されれば、教科書の仮名遣いも新仮名遣い、言文一致体で行くことが了承される予定であった。

これが、保科の言う明治四十一年四月から施行される予定になっていた「改定仮名遣い」なのである。

この時の「改定仮名遣い」はどのようなものであったのだろうか。保科の『（改定）仮名遣要義』から引こう。

旧仮名遣いで「かは（河）」などと書かれるものは、すべて「わ」と書く。

「かほ（顔）」「あふい（葵）」「をか（岡）」などの「ほ」「ふ」「を」は「お」と書く。

長音の場合は「あう、あふ、おう、おふ、おほ、わう、をう、をお、をを、はう、はふ」は、すべて「おう」と書くというのである。

万年は、それでもこの改定に、ある程度満足だった。

『普通教育の危機』に載せられる「文部省諮問国語改訂案に対する意見」で万年は、次のように言う。

「国語調査委員会は出来てから今で丁度三年程になりまするが、此会は此三年間に於て明治の大御代の言葉所謂明治の標準語と云うものをどう云う風に定めるかと云うことに向って全力を注いで居ります」

具体的には、「明治の標準語にはどれ丈《だ》けの発音がある、其発音を示すにはどれ丈けの仮名を使えば宜《よ》い、又其標準語は如何なる語法の下に立って居ると云うような各般の側から調査を始めて居ります」

しかし、そこには、万年なりの考えもあった。

万年は、同じ論のなかで、「私は一個人としては、二十年来此仮名遣の改正を唱えました者で、本案の如き精神は、二十年来主張して居る者の一人でございます」また「事柄としては仮名遣改正の御精神には双手を挙げて賛成を致します」と言う。

当時「言文一致」と言われた「発音」と「表記」の一致を、万年はもう二十年以上前から望んでいたのである。

さて、明治四十一年四月から、小学校で実施される予定であった「改定仮名遣い」を、明治四十二年まで延期したのはだれだったのだろうか。そしてその間に何があったのか。またそして、そこにはどのような理由があったのだろうか。

じつは、裏で、画策した人があったのだ。

このことについては、保科が『国語問題五十年』にも記している。

文部省では、さっそく国語のかなづかいを発音主義で改定することとし、まもなく成果を得たので、明治三十八年三月、高等教育会議に諮問したところ、同会議は本案に対する国語調査委員会の審議をまって賛否を決することになった。国語調査委員会の審査がその後まもなく完了して、文部大臣に答申したので、明治三十九年十二月、ふたたび高等教育会議に諮問したところ、大多数をもって可決されたのである。しかるに、文部省参事官岡田良平氏がこれに反対し、枢密院《すうみついん》や貴族院にも、反対する人があった。文部省はこの新かなづかいを国定教科書に採用する予定であったが、反対の世論をおしきって断行することもできないので、牧野文相がようやく窮地に立たされるようになった。しかるに、旧薩摩藩の元老は、牧野文相は将来内閣の首班として立つべき薩摩藩取っておきの人である。いまもしかなづかいのために傷がつくようなことがあっては大事であるから、なんとかしてこれを救いたいと、いろいろ苦心し、西園寺首相と話しあいの結果、明治四十一年五月、臨時仮名遣調査委員会を設置し、菊池（大麓）男爵を委員長とし、左の委員を任命した。

曾我祐準（一八四四〜一九三五）柳川《やながわ》藩出身　陸軍中将　貴族院議員

松平正直（一八四四〜一九一五）福井藩士　貴族院議員

浅田徳則（一八四八〜一九三三）京都出身　貴族院勅撰議員

小牧昌業（一八四三〜一九二二）薩摩藩出身　漢学者　貴族院議員

山川健次郎（一八五四〜一九三一）会津藩士　東京帝国大学総長　枢密院顧問官

岡部長職（一八五五〜一九二五）和泉岸和田《いずみきしわだ》藩主　慶應義塾　貴族院議員　第二次桂太郎内閣の司法大臣

矢野文雄（龍溪）（一八五一〜一九三一）佐伯《さいき》藩士　慶應義塾　郵便報知新聞社社長

森林太郎（鷗外）（一八六二〜一九二二）医学博士　小説家

岡野敬次郎（一八六五〜一九二五）上野国　貴族院勅選議員　文部大臣　枢密院副議長

小松謙次郎（一八六四〜一九三二）松代《まつしろ》藩士　慶應義塾　貴族院勅選議員
井上哲次郎（一八五六〜一九四四）筑前太宰府《ちくぜんだざいふ》出身　医師　帝国大学教授
藤岡好古（一八四六〜一九一七）江戸出身　堀秀成《ほりひでなり》の弟子　国語学者
伊地知彦次郎（一八六〇〜一九一二）薩摩藩士　海軍中将
伊沢修二（一八五一〜一九一七）高遠《たかとお》藩士　貴族院勅選議員
徳富猪一郎（蘇峰）（一八六三〜一九五七）熊本藩出身　貴族院勅選議員
横井時雄（一八五七〜一九二七）熊本藩出身　徳富蘇峰は母方の親戚　衆議院議員
松村茂助　不明
島田三郎（一八五二〜一九二三）幕府御家人鈴木知英の三男　衆議院議員
大槻文彦（一八四七〜一九二八）国語学者
江原素六（一八四二〜一九二二）幕府御家人の息子　貴族院勅選議員
鎌田栄吉（一八五七〜一九三四）紀州藩士　貴族院議員
三宅雄次郎（雪嶺）（一八六〇〜一九四五）加賀藩儒医《じゆい》の息子　哲学者
書記として肥塚龍（一八四八〜一九二〇）播磨《はりま》出身　衆議院議員　東京府知事兼東京市長
（生没年及び肩書等は筆者）

この他に上田万年と芳賀矢一が任命された。
この人選を見て、万年は、すぐに、芳賀を呼んだ。

ダメだと思った。

二人で、目を見合わせた。

「やられたな」

「岡田か……」

実は第十二章でふれた教科書疑獄事件の時にも岡田の影は見え隠れしていた。東京朝日新聞の記事に「文部省にては昨日午前十時にわかに高等官会議を開き、岡田総務長官、渡辺図書課長をはじめ善後策に秘密会議を凝らせり」とある。岡田総務長官とここに見えるのは岡田良平なのである。

明治四十一年六月に行われた臨時仮名遣調査委員会、第四回委員会で検討された新仮名遣い不採用の結果についても、保科はおおよそ以下のように書いている。

本案について反対意見を述べられた委員は森林太郎・藤岡好古・伊沢修二・曾我祐準の諸氏であり、賛成の意見を述べられた委員は大槻文彦・芳賀矢一・伊地知彦次郎・矢野文雄の諸氏であった。反対意見中にも、字音かなづかいは発音どおりでよろしいが、国語のかなづかいはもとのままにしておくべきであるというのがあり、小学の初年級では発音どおりで教え、後学年になって旧かなづかいを教えるがよいというのもあって、委員会全体の空気が、まだどちらとも決定する段階に達しなかった。

しかるに、政府は委員会に対する諮問案を撤回し、その年の九月に新小学校令施行規則第十六條の第二号表すなわち字音の棒引きかなづかいを削除した。明治三十四年四月以来、字音は新かなづかいで教育されてきたのであるが、しかるに、いま突如これを廃棄し、旧かなづかいに立ちもどることになったのであるから、教育界にはげしい衝動を起したのである。文部省の軽挙に憤慨する声もすこぶる高く、われわれも座視《ざし》するに忍びず、教育時事大会を開き、大槻文彦・芳賀矢一・斯波貞吉・曾根松太郎・樋口勘次郎らの諸氏にわたくしも加わって、神田橋外の神田会館で文部省問責の熱弁をふるった。ところが、大槻・芳賀両博士とわたくしとは文部省の嘱託であって、文部省を公開の席上で非議するのは官紀をみだすものである、その中でも元凶と見るべきわたくしを首切れと、岡田文部次官が松村普通学務局長に話された。同局長はそれを聞いて、大槻・芳賀両博士も保科とおなじく嘱託であるのに、保科だけ首切るわけにいかない、問責演説を行なったのはすこしく穏当を欠いているから、厳重に訓戒を加えることにするというのでケリがついた。

万年、憤然として辞表を提出

明治四十一(一九〇八)年六月二十六日、臨時仮名遣調査委員会、第四回委員会で鷗外が陸軍の軍服を着て現れ、歴史的仮名遣いを主張したと、初めに記した。

もちろん、鷗外には、歴史的仮名遣いは、伝統的に見てもこれを守るべきだと固執《こしつ》する理由があっての主張であったが、周りにもし、賛同する人が少なすぎたとしたら、あるいは鷗外といえども会議の席上、大見得を切ることはできなかったのではないかと思われる。

鷗外は、言ってみれば役者である。外山ほどの底抜けに明るい演技力があったかは別としても、明らかに会議という舞台の上で、うまく踊らされた人物であった。

その鷗外をうまく踊らせたのは、岡田良平（一八六四〜一九三四）という男であった。岡田良平は、漱石の「落第」という文章にも登場する人である。

元治元（一八六四）年に生まれた岡田は、遠江国《とおとうみのくに》佐野郡倉真村（現・静岡県掛川市倉真）の出身であった。

静岡の公立小学校を卒業したのち、父・良一郎が作った冀北《きほく》学舎で英語と漢文を学び、明治十二（一八七九）年二月、十四歳の時に、上京して東京府第一中学校に入学する。

そして、半年だけここに在学して、九月には東京大学予備門普通科の二級（現在の言い方でいえば第二学年）に編入し、明治十六（一八八三）年六月東京大学に入学する。専門は「哲学科」であった。岡田の大学での成績は抜群で、明治十八（一八八五）年十月、一年間褒賞給費金支給、翌年には特待生として表彰されていた。

しかし、卒業の席次は、二番であった。

一番は、浄土真宗大谷派の僧侶・清澤満之《きよざわまんし》という人物である。司馬遼太郎が評価したことで、近時、清澤のことは再び知られるようになったが、漱石「猫」の八木独仙《やぎどくせん》という人と、「こころ」の主人公Kは、清澤を意識して書かれたのではないかと言われるほど、漱石にも影響を与えた宗教家である。

もうひとつだけ付け加えておくと、清澤は、漱石唯一の親友・正岡子規の「病床六尺」を読んで、手紙を送っている。

「病床六尺」は、子規が死の二日前まで書いた随筆で、新聞『日本』に連載された。結核で起き上がることができない子規が、病床から見た風景や頭によぎる思いを記したものである。

「病床六尺」を読み次の数言を呈する。第一、かかる場合には、天帝または如来とともにあることを信じて安んずべし。第二、信ずることあたわずば、現在の進行に任ぜよ、痛みをして痛ましめよ、大化のなすがままに任ぜよ。天地万物わが前に出没隠現するに任せよ。第三、号泣せよ、煩悶《はんもん》せよ、困頓《こんとん》せよ、而して死に至らんのみ。小生はかって瀕死の境にあり、右第二の工夫により精神の安静を得たり。これ小生の宗教的救済なり。

苦しみを苦しみとして認め、受け入れることによって精神的救済を得よと説く清澤の考えは、明治の人々の精神を鼓舞するに相応しいものであった。

これほど強い精神を持った清澤に、岡田の優秀さは敵うものではなかった。

そして、学問という点においても、とくに自分の一生をかけるに値する専門を見つけ出せなかった岡田は、かえって自分の才が官僚としての手腕に合うものであることを知ったのではなかったかと思われる。

万年より一年先に東京大学を卒業した岡田は、大学院に進み文科研究生給費生となるが、わずか二ヶ月で大学院の籍を離れ、第一高等中学校の嘱託教師を経て、文部省視学官として入省する。

明治二十六年二月のことであった。

岡田は、万年より三歳の年上であった。東京大学卒業は、万年に先立つこと一年、顔は見知っていたかもしれないが、哲学科にいた岡田と、和文科にいた万年の間に交渉はほとんどなかった。

岡田は、なぜ、旧仮名遣いに固執したのだろうか。

それは、保科が見るところによると、次のような経緯があってのことだという。


明治三十九年高等教育会議において、かなづかい改定案が大多数をもって可決されたとき、岡田参事官は二三の同僚とこれに反対したが破れたので、貴族院の研究会において、かなづかい反対の声をあおり、さらに枢密院にも手をのばされた。臨時仮名遣調査委員会の委員の顔ぶれを見てもわかるので、つまりこの委員会で新かなづかい案をほうむり去る心底であったことが、明らかに知られる。しかるに、明治四十一年七月西園寺内閣が倒れて、桂内閣が組織され、小松原文相の下に、岡田氏が次官になったので、その権力をもって字音かなづかいの復旧を断行されたのである。つまり、高等教育会議で破れたところから、江戸のかたきを長崎でうった形であった。それにしても、そのやり方がすこしく穏当を欠いていた。というのは、学年の途中で字音かなづかいが復旧することになったのであるから、先週まで東京をトーキョーと書くように教えられていたのが、今週からはトウキヤウと書かなければならないことになったのだから、教員も児童も大あわてにあわてたのも、無理がないのである。文部省でもあと味がわるく感じられたのであろう、これを復旧した理由として説明しているところを見ると、「仮名遣いは時勢の進歩に伴い、整理を要すべきこと勿論《もちろん》なり」といい、「尚益々慎重なる研究を積み以て其の目的を達せんことを期す」とお茶を濁している。その訓令中にも、字音仮名遣の為徒《いたずら》に国語の学習を難渋にし児童の心意を過労せしむるかの如きは務めて之を避けざるべからざるを以て敢て縄墨《じょうぼく》に拘泥《こうでい》するを要せず便宜従前《じゅうぜん》の仮名遣を許容する等取捨《しゅしゃ》其の宜しきに従い適宜の教授を施さんことを要す

と説き示している。これでは小学校におけるかなづかいの指導が混乱して、その統一を失うようになるのは当然である。

（『国語問題五十年』）

森鷗外の「仮名遣意見」は、明治四十一年六月二十六日の第四回委員会で発表された。冒頭でも紹介したが、有名な、次のような言葉ではじまる延々三時間に及ぶ大演説である。

「私は御覧の通り委員の中で一人軍服を着して居ります。で此席へは個人として出て居りまするけれども、陸軍省の方の意見も聴取って参って居りますから、或場合には其事を添えて申そうと思います」

陸軍と言えば、当時は、山県有朋を指す。山県有朋は「元老中の元老」と呼ばれる、陸軍参謀総長、内閣総理大臣、枢密院議長を務めた貴族院議員である。

明治天皇からは「キリギリス」と渾名されたが、そのキリギリスの威を借る狐のように、鷗外は改正仮名遣いの愚を散々に言ったのであった。

「棒引き仮名遣い」など、万年などが主張する発音本位の仮名遣いに真っ向から反対する鷗外の主張とはどういうものなのか。

○　仮名遣いの改定は、国語表記の伝統を乱すものである
○　発音通りに表記をすることは実際上不可能なことである
○　それを無理して行えば、表現を乱雑にし、かえって混乱を招くことになる
○　発音は変化するもの、表記は固定的である。この両者の異なりをどちらかで確定してしまうことはそもそも不可能なことである
○　文字や言語は自然の推移に任せるべきであり、法令などでこれを統一することは行うべきではない

鷗外の主張は、至極当然であった。

鷗外は「是非小学校の初めから仮名遣いは正しい仮名遣いを教えるが好い。教科書は正則の仮名遣いで書いてやりたい」と主張する。

しかし、日本語に何も手を加えなければ、「新しい思想」を語るための「新しい日本語」は出てこない。

雑誌『教育公論』（明治四十一年）からインタビューを受けて、万年は次のような談話を残している。

イヤ文部は大変な無謀なことをしたものだ。今従前の教科書を用いて居りながら何にも泡を食って字音仮名遣だけを廃するには至らないことである。恐らく小松原文相は、臨時仮名遣調査委員会

で棒ーをよしてウにする決議をしたなら、牧野前文相の提言の通り勅令を以てする日には枢密院あたりの老株連の苦情を受け自分の地位まで賭さなければならないと考えたのかも知れないが、棒は老人連などには気受けの悪いものゆえ之を廃すとなれば却って喜んで之れを歓迎通過せしめるに違いないものである。それをマア誰れの尺金でコンナ馬鹿なことをしたか。岡田次官の意志にもよったものであろうが。

それに、小学校に関する最重大事件たる施行規則の字音仮名遣を廃するに大事な高等師範あたりにさえ一応の諮問をもしないで為るとは随分高等師範などの地位を踏みつけにしたものである。一体今度の小学校教科用図書調査などというものも高等師範にでも委託してやるが当然のことであるに、マア見たまえ。小学校のことを知って居る人があの委員中に幾人あるか、高等師範の人が幾人あるか。真面目に小学教育のために謀ろうとするのかドウなのか一向分らない。仮名遣問題も四十三年の改訂教科書に古の仮名遣を用うるなどということはトンデモないことである。それまでには是非何とかモ少し黒白をつけてソンナ乱暴なことをよして貰わねば、小学校で教授が出来まい。何れ小学校の先生方からもドンドン実際上の意見が出るであろうが、ソウなればモ少し文部省でも真面目に親切に考えることになるであろう。

聞けば改訂の読本には太郎などという、字音の議論になる文字をばよして三吉とか何んとかするというが随分面白い話である。太郎というのを読本によしたって実際に子供にソンナ名が沢山あれば為方《せんかた》がないではないか、それを教師がドウ書いてもよいといって乱暴に抛擲《ほうてき》しておく訳にも行くまい。到底仮名遣は早急に何んとか処置をつけねば数百万の幼弱なる学校生徒が可哀想である。小

学校の先生もどうでもよいと澄ましては居られまいと思う云々（鹿水筆録）

保科は、万年が亡くなったのちに書いた「故上田先生を語る」のなかで言う。

「上田先生はこの間に処して随分心を労せられたが、（中略）ここにおいて先生の面目丸つぶれになった形であるから、先生は憤然として国語調査委員会主事の辞表を提出せられ、芳賀博士を先頭にしてわれわれも文部省に対する反対運動を起したが、しかし、後の祭でどうすることも出来なかった」

ただ、保科は、こう記したあとに、次のようなことを記している。

おわりに余談として一言附加えたいことは、先生と岡田、澤柳両先生との間柄についてである。私は以上の三先生には長い間一方ならぬ御世話になったので、その御性格や御識見についてはよく存じて居る積《つもり》である。三先生は個人としては交友すこぶる厚く、たがいにふかく相信頼して居られたが、公人として、あるいは教育上における諸問題については、おおいに意見を異にして、容易に折合われなかった。仮名遣改定の問題については、上田・澤柳両先生が熱心な改定論者であったが、岡田先生はこれに極力反対された。字音仮名遣のごとき、折角十年間も教育上に実施されたのに、岡田先生が文部次官の職に就くやいなや、これを旧に復して上田・澤柳両先生の鼻をあかされたのである。交友もっとも厚い上田・澤柳の面目をつぶしても、所信に勇往直進するところに、岡田の性格が躍如としてあらわれて居る。それでは上田・澤柳両先生の意見はつねに一致するかというと、かならずしもそうでない。たがいに一家の見識を持してなかなか譲られなかったのである。私もその間に板ばさみになって随分困ったことがあったが、しかし、意見が相違したからといって、相互の交友にはなんらの影響もなく、すこしも暗い陰がささなかった。仮名遣改定の問題については、以上のごときいきさつがあったのであるから、岡田先生と上田・澤柳両先生との間に感情の疎隔を来たし、交友に暗影を投ずるようなことになりはしないかと、われわれはひそかに心配したのであったが、そのけはいはすこしもなく、すこぶる麗しいものであった。

明治三十八年の言文一致の新仮名遣い改定は、こうして明治四十一年に頓挫した。

第一六章　唱歌の誕生

賛美歌から生まれた『小学唱歌集』

御雇い外国人のひとりとして、我が国に新しい音楽を移植するためにアメリカからやってきた人があった。

ルーサー・ホワイティング・メーソン（一八一八〜一八九六）、ふつう我が国ではメーソンと呼ばれる。

日本に来たのは明治十三（一八八〇）年。彼は、この時、すでに六十二歳になっていた。

ルーサーと、カタカナで書くと、ほとんど何とも感じることはないが、Lutherと書けば、すぐに思い浮かべる人もあるだろう。ドイツ語であればルターと発音される姓である。

お分かりであろう。マルティン・ルターなど宗教改革を行った新教と呼ばれるプロテスタント系のキリスト教を信じる人で、旧教カトリック系の人ではない。

こうしたことを言うのは、じつは、このことが、明治時代の日本語はもちろん、明治時代以降の唱歌の発展と無関係ではないからである。

歌は、もとより古代中国にもあったし、古典ギリシャの時代にもあった。

しかし、「教えとしての歌」が広く教会という場所を通して歌われるようになるのは、宗教改革によってプロテスタントの人たちが賛美歌を歌うようになったからであった。

そして、その賛美歌が、メーソンによって、日本に根付く「教えである唱歌」として学校で歌われる歌に転換されたのであった。

『小学唱歌集　初編』が発行されたのは、明治十四（一八八一）年十一月のことであった。この書を編修した音楽取調掛長・伊沢修二の緒言には次のように記す。

凡《およ》そ教育の要は徳育・智育・体育の三者に在り。而して小学に在りては最も宜く徳性を涵養《かんよう》するを以て要とすべし。今、夫《そ》れ音楽の物たる性情に本《もと》づき、人心を正し、風化を助くるの妙用あり。故に古《いにしえ》より明君《めいくん》賢相《けんしょう》特に之を振興し、之を家国に播《は》さんと欲せし者、和漢欧米の史冊歴々徴《しさつれきれきしる》すべし。

音楽が人の心を正しくする効用が古今東西の明君たちに利用されていたこと、そして小学校教育においてはとくに「徳」というものを養おうとする場合に、音楽がいかに有効かということをまず、ここに言う。

客年《きゃくねん》特に音楽取調掛を設け充《あて》るに本邦の学士音楽家等を以てし且つ遠く米国有名の音楽教師を

聘《へい》し、（中略）本邦固有の音律に基づき、彼長《ちょう》を取り、我短《たん》を補い、以て我学校に適用すべき者を撰定せしむ。

ここでいう「米国有名の音楽教師」こそ、メーソンである。

メーソンは、日本で初めて唱歌を移植した人として知られるが、じつはアメリカにおいて五歳から八歳までの低学年用唱歌カリキュラムを開発し、全米の小学校低学年の音楽教育にそのメソッドを採用させることに成功した人として知られていた。

こうして、我が国でもメーソンらによって、『小学唱歌集　初編』が編纂されたのだった。ドレミファソラシドを「1234567 1」「ハニホヘトイロハ」と記した「音階」が示され、そのあとに「第一　かをれ（香れ）」から「第三十三　五倫の歌」まで三十三曲が載せられる。

現代まで唱歌として伝わって我々が知っているものは、第十七番に挙げられている「蝶々」、第二十番に挙げられる「蛍」、第二十三番の「君が代」くらいであろう。

そして、もうひとつ、楽譜によって見れば、第十三番にある「みわたせば」という歌は、今も歌われる「むすんでひらいて」という歌の原曲である。

すでに安田寛『唱歌と十字架　明治音楽事始め』で論じられるように、この唱歌集に採用された曲は、ほとんどすべてが賛美歌か、あるいは賛美歌をわずかに書き換えたものであるという。

それでは、歌詞のほうはどうなのであろうか。

第十七番の「蝶々」を例にとって挙げよう（仮名遣い原文のまま）。

楽譜の一番には、カタカナで「テフーテフ　テフーテフ　ナノハニ　トマレ」とあるが、二番の歌詞にはひらがなで「おきよ　おきよ　ねぐらの　すずめ　あさひの　ひかりの　さしこぬ　さきにねぐらを　いでて　こずゑに　とまり　あそべよ　すずめ　うたゑよ　すずめ」と記される。

そして、次の歌詞だけの頁には、変体仮名で一番と二番の歌詞が記されるのである。

さて、「てふ」と書いて「チョウ」と読むということを知っていても、「テフーテフ」と譜面にあるのを見ると、不思議な感じがしないわけではない。

古典的な謡《うたい》本《ぼん》や小唄などの師匠からの口伝によって習得するのとは異なり、唱歌の歌詞が、音楽の基礎を習う目的でピアノやオルガンの音符に乗せるために書かれたものであるとすれば、「言文一致」が行われることは究極の目的であったはずである。

「創置処務概略」(『洋楽事始め音楽取調成績申報書』)によれば、「蝶々」の楽譜は、「そのオリジナルがどこにあるかは分からないが、スペインから伝来して様々な国々で歌われたもの」とするが、歌詞は、一番が旧愛知師範学校教員・野村秋足、二番が国学者・東京師範学校教諭・稲垣千穎(「頴」とも)であるとされる。

明治時代、キリスト教は、まだ「耶蘇《やそ》教」と呼ばれていた。キリスト教の賛美歌をそのまま訳して、小学生たちに教えることはできなかった。

伊沢修二の吃音矯正法

さて、文部省に音楽の必要性を説き、小学校からの教科に音楽を取り入れたのは伊沢修二であった。

伊沢は、万年とも親しかった。

少し、伊沢のことを記しておこう。

伊沢修二は、嘉永四（一八五一）年に信濃国高遠城下（現・長野県伊那市）に生まれた。万年より、十六歳年上である。

慶応三（一八六七）年、江戸に出てジョン万次郎から英語を学び、大学南校（現・東京大学）に進学する。そして、明治五（一八七二）年、文部省に出仕し、明治七（一八七四）年に愛知師範学校（現・愛知教育大学）の校長に任命されるが、翌年にはアメリカ合衆国マサチューセッツ州ブリッジウォーター師範学校で教育学を学ぶ。

ここで出会ったのが、メーソンである。

また、伊沢は電話の発明家と言われるグラハム・ベル（一八四七〜一九二二）とも親好を結ぶ。

伊沢はグラハム・ベルと初めて電話で話した人物とも言われ、またグラハム・ベルが行っていた聾《ろう》唖《あ》教育を学び、日本にこれを初めて紹介した。

伊沢の著作には『視話《しわ》法』『視話応用国語発音指南』『視話読法』『視話応用音韻新論』など「視話」と題するものがいくつかあるが、これこそ日本での聾唖教育のための最初の教材である。

そして、じつはこれは言語学における基本で、子音や母音が口中のどこで調音されているかを示すためのものである。

発音がうまくできないことを矯正するために、調音の位置を教えようとしたのである。

ひとつだけ触れておくと、じつはメーソンは強い吃音《きつおん》であったという。宣教師になりたくて、吃音を治すべく音楽を習い、歌を歌うことで吃音を治したという。

また、グラハム・ベルの母は聴覚障害者で、妻もまた聾《ろう》であった。

メーソンとグラハム・ベルがマサチューセッツ州ブリッジウォーター師範学校で同僚だったのは、はたして偶然だったのだろうか。またここに伊沢修二が行ったのも、偶然だったのだろうか。

しかし、こうしたことが我が国の音楽教育などにも影響を与えることになるのである。

さて、明治十一（一八七八）年、伊沢は帰国し、翌年、東京師範学校（現・筑波大学）の校長となり音楽取調掛長に任命されると、まもなくメーソンを御雇い外国人として招く。明治十九（一八八六）年三月には、森有礼文部大臣のもとで文部省編輯局長に就任し、『小学読本』の編集に尽力した。

伊沢は、「教科書に付文部省編集局長意見」に次のように記す。

凡そ小学校の教科書は、能く吾国今日の要需に適し、能く教育の理法に協《かな》い、能く普通教育の目的を達し得べきものならざる可らず。然して其課《か》する所の学科各相同《あいおなじ》からずと雖ども、其帰《き》する所の目的は、同一なるを以て能く交互関係ある諸学科を連絡して混然たる小学教育の一大国となし、予期する所の目的に達し以て其効績を奏《そう》せざる可らず。是を以て先ず学科課程に照らして各学科の関係を明《あきらか》にし編纂旨意書を製して、其編纂の目的方法体裁等を定め然して後、実地編纂に着手し、猶時々関係ある諸学科の編纂者と協議戮力《りくりょく》して之を編纂せざる可らず。

このように述べて、伊沢は各教科、各学科が相互に関連づけられて有機的に働き、教育が有効に実社会で役立つためにあることを明らかにしたのであった。

さて、明治二十一（一八八八）年には東京音楽学校（現・東京芸術大学音楽学部）校長、同じ年に東京盲唖学校（現・筑波大学附属視覚特別支援学校）の校長も兼任することになる。

ところが、伊沢は、思想的にあまりに国家主義、国粋主義的であった。自ら国家教育社を組織してこうした活動をしたために、文部省から非職《ひしょく》になる。

明治二十七（一八九四）年、日清戦争により、日本が台湾を領有すると、台湾総督府民政局学務部長心得に就任し、台北北部の芝山巌《しざんがん》に「芝山巌学堂」という小学校を作ったりした。

万年と伊沢との間に関係が見えるのは、この頃のことである。

万年は、東大の博言科での弟子である小川尚義（一八六九〜一九四七）を台湾総督府国語学校（現・国立台北教育大学、台北市立教育大学）の教員として、伊沢に紹介しているのである。

そして、小川は台湾で明治三十（一八九七）年、『日台小辞典』を編纂するが、これは万年との共著ということになっている。

それにしても、万年と伊沢だけではない不思議な別の縁が、小川を介して見えてくる。

というのは、小川は伊予国温泉郡（現・愛媛県松山市）の出身で、明治十六（一八八三）年に松山中学（現・松山東高）を卒業して、明治二十（一八八七）年に第一高等中学校予科に入学する。ここで同郷の二年先輩である正岡子規とすぐ仲良くなり、漱石とも知り合っているのである。

しかも、ただ知り合いというだけではなく、子規からは明治二十九（一八九六）年の東京大学卒業に伴い帰省するに当たって、

十年の汗を道後のゆに洗へ（道後温泉「椿の湯」には「十年の汗を道後の温泉に洗へ」という湯釜の刻印があるという）

という俳句も贈られているのである。

さて、伊沢は明治三十（一八九七）年に貴族院勅撰議員に選出されると、明治三十六（一九〇三）年、吃音矯正の事業を興し、小石川の自宅に「楽石社」を創設する。

故伊沢先生記念事業会編纂委員による『楽石伊沢修二先生』には、楽石社の具体的事業内容が列記される。

一、視話法を伝習《でんしゅう》す

二、正しき日本語音を伝習す

三、正しき英語音を伝習す

四、正しき清国語音を伝習す

五、正しき台湾語音を伝習す
六、方言の訛《なまり》を矯正す
七、吃音を矯正す
八、唖子《あし》にものを言はしむ

視話法というのは、先にも触れたが、発音の際の口のなかでの調音の位置を図で示したものである。これを使って、伊沢は、日本語や英語、中国語（清国語）や閩南《びんなん》語（台湾語）のみならず、方言による発音、言葉をうまく発することができない人に発音を教えようとしたのである。

「正しき」と、ここに書かれている意味は、同書によれば「一定の国語に一定の標準音を確立す」と伊沢が言うように、「標準語」を指すものである。「唱歌」から始まって、こうした発音矯正にいたるまで、伊沢のなかには「標準語」という意識が非常に強くあったのではないかと考えられる。

伊沢は大正六（一九一七）年五月三日に亡くなるが、それまでに楽石社で吃音なども含めてこうした発音の矯正などの伝習を受けて全治した人は、十年の間に五千人を超えるほどだったと言われている（『楽石叢誌』第三十五号）。

言文一致唱歌運動

さて、話を唱歌に戻そう。

明治初期、伊沢が御雇い外国人として招いたメーソンとともに作った『小学唱歌集』などの研究を詳しく行った安田寛は、唱歌の誕生期のことを次のような言葉でまとめている。


日本最初の唱歌の多くは、賛美歌を歌わせるために子供の音感を改造しようとしたキリスト者と、天皇の忠実な民にしたてようとした天皇側近の儒者たちとの、互いに相手を無視した合作だった。キリスト者にとっても、儒者にとっても「聖なる替歌」という前代未聞の替歌が、こうして誕生した。この替歌こそが唱歌だったのだ。

キリスト者は曲を取り、儒者は詞を取ったのである。キリスト者は、賛美歌を日本の子供に刷り込み、一方、儒者は儒教の徳育を子供にたたき込んだ。

キリスト者は、花を儒者に譲り、自らは果実を得た、といえるのかもしれない。


（安田寛『唱歌と十字架』）


とはいえ、先に見たように、『小学唱歌集』の詞は、言文一致という点には及ばないものであった。また、内容について言えば、安田が儒者的と言うように、子どもにすぐに理解できるようなものでは決してなかった。

明治二十年頃から、もっと分かりやすい音楽教材が必要だという声が大きく聞かれるようになってくる。

作曲家・納所弁次郎《のうしょべんじろう》（一八六五〜一九三六）、田宮虎蔵《たみやとらぞう》（一八七三〜一九四三）、また作詞家・石原《いしはら》

和三郎《わさぶろう》（一八六五〜一九二二）、田辺友三郎《たなべともさぶろう》（一八六三〜一九三三）らによる言文一致唱歌運動が起こる。

そのひとつが渋谷愛作詞、納所や田宮が作曲したものを載せた『公徳唱歌』である。明治三十四（一九〇一）年十月に出版されたこの冊子の凡例には次のように記されている。

一、此小さい唱歌集は、小学校生徒に歌わせるために作ったのです。
二、此小さい唱歌集は、公徳養成の資料として作ったのです。
三、此小さい唱歌集は、唱歌教授の材料として作ったのです。
四、此小さい唱歌集は、言文一致の方針によって作ったのです。
五、桜の歌をうたわせる時には、すべて公園などの草木についての心得を教えてもらいたいのです。
六、古机の歌は、学校の道具を大事にすることを教えてもらいたいのです。

ここに載せられる田宮虎蔵作曲の「さくら」は次のようなものである（引用の歌詞の仮名遣い原文のまま）。

一　さいたさいたよ　さいたさくらが
　　たれに見よとて　さいたさくらか
二　さいたさくらに　心なくさめ

三　またもよみかき　はげめよいこよ
さいたさくらの　花を折るひと
はなのかたきぞ　ひとのかたきぞ

また納所弁次郎作曲の「うへの（上野）へ行く道」は次のようなものである。

一　うへのへ行くみち　どちらです
うへのへ行くみち　どちらです
ことばやさしく　道をきく
ことばやさしく　道をきく

二　うへのへ行く道　こちらです
うへのへ行く道　こちらです
ことばやさしく　道を云ふ
ことばやさしく　道を云ふ

漱石作詞の「童謡」

ところでこうした言文一致唱歌運動のひとりとして、作詞家・石原和三郎のことについて触れておきたい。

石原は、「♪まさかりかついで」ではじまる「金太郎」（明治三十三〈一九〇〇〉年発表・作曲は田村虎蔵）、「♪もしもし　かめよ　かめさんよ」ではじまる「兎と亀」（明治三十四〈一九〇一〉年発表・作曲は納所弁次郎）、「花咲爺」（同一九〇一年発表・作曲は田村虎蔵）など、今でも歌い継がれる童謡を書いた作詞家である。

畑中圭一『日本の童謡　誕生から九〇年の歩み』によっても明らかにされるように、じつは、これら「言文一致唱歌」は「唱歌」と言いながら、大正三年頃から流行る「童謡」という別の新しい音楽を予期するものとして創られていくことになるのである。

ところで、漱石が明治三十八（一九〇五）年一月号の『ホトトギス』に「吾輩ハ猫デアル」の第一回を発表したことは、よく知られているが、同号に、童謡を発表していたということは、あまり知られていないのではないかと思われる。仮名遣いも原文のまま挙げよう。

源兵衛が　練馬村から
大根を　馬の背につけ

お歳暮に　持て来てくれた

源兵衛が　手拭でもて
股引の　埃《ほこり》をはたき
台どこに　腰をおろしてる

源兵衛が　烟草《たばこ》をふかす
遠慮なく　臭いのをふかす
すぱすぱと　平気でふかす

源兵衛に　どうだと聞いたら
さうでがす　相変らずで
こん年も　寒いと言った

源兵衛が　烟草のむまに
源兵衛の　馬が垣根の
白と赤の　山茶花《さざんか》を食った

源兵衛の　烟草あ臭いが
源兵衛は　好きなぢぢいだ
源兵衛の　馬は悪馬だ

「童謡」という言葉は、もともと中国の『漢書』や『後漢書』で使われている社会的批判の声をいう「わざうた」という意味で、我が国でも明治時代まで使われてきた。福澤諭吉の『文明論之概略』に「国君微行《びこう》して民間を廻り、童謡を聞《きき》て之に感ずるの談あり」などの例でも知ることができる。

もちろん、「こどものうた」という意味でも、すでに江戸時代、柳亭種彦《りゆうていたねひこ》の文化六（一八〇九）年十二月二十六日の日記などには「此小唄は、ふるき童謡とおもはれば、是が琴唄に残りしを」などと見えている。

しかしそれにしても、「こどものうた」という意味で、明らかな意識で書いたのは、漱石が初めてではなかったかと思われる。

はたして、漱石の門下には、童話作家として知られる鈴木三重吉《すずきみえきち》（一八八二〜一九三六）がある。三重吉は大正七（一九一八）年七月に童話と童謡を載せるための児童雑誌『赤い鳥』を創刊する。ここには、のちの童謡作家として多くの作品を残した北原白秋《きたはらはくしゆう》、西条八十《さいじようやそ》、三木露風《みきろふう》などが寄稿した。また、この『赤い鳥』は斎藤佐次郎《さいとうさじろう》に影響を与え、斎藤は大正八（一九一九）年には初代編集長に野口雨情《のぐちうじよう》を迎えて、雑誌『金の船』（のちに『金の星』に改名）を創刊する。

言うなれば、漱石の「童謡」という言葉から、大正時代に一世を風靡する「童謡」は生まれたと言ってもよいのではないのである。

文部省唱歌を作った男、高野辰之

ところで万年は言語学者、あるいは国語学者として知られているが、歌舞伎や浄瑠璃などの日本の歌舞・演劇などにもとても詳しかった。

東京大学で博言学（言語学）へ進んだのは、外山正一からチェンバレンを紹介されたりしたことによるとはすでに記した。

しかし、自分が本当はやりたいと思っていたこうした演劇に関する研究を行ってくれる弟子がひとりあったのだった。

高野辰之である。

高野は長野県下水内郡豊田村（現・中野市永江）の豪農の出身である。明治三十（一八九七）年、長野県尋常師範学校（現・信州大学教育学部）を卒業し、翌年三月に中等教員国語科検定試験を受ける。

中学の教員になるための試験であるが、この合否が決定する以前に高野は上京し、万年に会う。

三田英彬『童謡詩人としての高野辰之』によれば、辰之が父に宛てた明治三十年三月十一日付けの手紙があるという。

藤井様に御願申し、本日上田先生と御相談候処、上田先生には先頃長野県と最早御相談済の由にて、若し文部任用と定まれば、県庁にて異義なき様に相成候由、自然学資弁償の必要も無之候、なお俸給なども四月にならざれば定まり不申候《もうさず》えども、何れにもせよ困難ながらも夫婦してくらし得る様には出来る様にすべし、将来とも責任を負いて尽力すべし、決して心配するには不及《およばず》と、深く引受被下《くだされ》候由。さて、私は在京の決心いたし候、とに角、四月上旬位には著書も出来、書肆《しょし》へ引渡しをすまし

これによれば、万年は、すでに高野のことをよく知り、長野県と文部省にかけ合い、高野を文部省に就職させることを決定しているのである。また、高野は「四月上旬には著書も出来」と書いているが、これは春陽堂から出た『浄瑠璃史』という本である。

本書の序文には「前年、文科大学国語研究室に、多くの丸本《まるほん》（筆者注：義太夫節の本）の購入せらるるや、無慮《むりよ》六百余種、未だ嘗《かつ》て、世に知られざるものも少からざりき」と記される。してみれば、こうした本を東大で利用する許可を万年から得る時に、高野は万年と知り合っていたのではないかと思われる。

この『浄瑠璃史』を初めに、高野は『歌舞音曲考説』『日本民謡の研究』『日本演劇の研究』『日本歌謡史』など、これまで研究されてこなかった分野を開拓し、東京帝国大学から文学博士の称号も得ていくことになるが、明治三十五（一九〇二）年三月からは文部省国語教科書編纂委員を命じられて

いる。

すでに本論で触れたように、これは万年が、国語調査委員の主事になったことを補佐するためのものであった。

明治四十一（一九〇八）年六月、鷗外の大演説によって臨時仮名遣調査委員会が閉会すると、高野は、それまでの業績が認められて明治四十三（一九一〇）年九月から東京音楽学校教授に就任する。

はたして、同年七月、文部省は初めて「文部省唱歌」と呼ばれるものとして『尋常小学読本唱歌』を編纂する。編纂委員として、東京音楽学校教官・上真行《うえさねみち》、小山作之助《こやまさくのすけ》、島崎赤太郎《しまざきあかたろう》、楠美恩三郎《くすみおんざぶろう》、岡野貞一《おかのていいち》、南能衛《みなみよしえ》の名前が挙げられるだけだが、おそらく高野もこの編纂には何らかの形で関わっていたことであろう。

ここに収録される二十七曲は、すべて日本人が新しく作ったものである。

たとえば、今でも歌われているものとすれば、「♪あたまを雲の上に出し」ではじまる「ふじの山」、「♪春が来た　春が来た　どこに来た」ではじまる「春が来た」、「♪あれ松虫が鳴いている。ちんちろちんちろ　ちんちろりん」の「虫のこえ」などがある。

さて、『尋常小学読本唱歌』を前身として、文部省は引き続き『尋常小学唱歌』全六冊を編纂する。この時、編集委員は作詞と作曲のふたつに分けて選ばれた。

作曲の委員は、委員長に湯原元一《ゆはらもといち》、そして委員として、上真行、小山作之助、島崎赤太郎、楠美恩三郎、田村虎蔵、岡野貞一、南能衛が任命された。

そして作詞方の委員長は芳賀矢一、委員に上田万年、尾上八郎、武島又次郎《たけしままたじろう》（羽衣《はごろも》）、八波則吉《やつなみのりきち》、佐佐木信綱《ささきのぶつな》、吉丸一昌《よしまるかずまさ》、そしてこれに高野辰之が入っている。

文部省唱歌は、作曲者の名前は分かっても、作詞がだれによって行われたかの記録がない。

そうしたなか、近年になって、ようやく猪瀬直樹『唱歌誕生』によって、文部省唱歌として親しまれてきた「故郷」「朧月夜」「もみじ」「春が来た」「春の小川」「人形を迎える歌」などは、高野によって作詞されたものであることが明らかにされたのである。

そして、高野の詞に合わせて曲を作る名コンビであった同じく東京音楽学校の教授・岡野貞一（一八七八～一九四一）という人物にもスポットが当てられていくようになってきた。

歌が日本語を変えていく

高野は、昭和四（一九二九）年に書いた『民謡・童謡論』で、明治維新以来の童謡、唱歌のことを次のように記している。

> 明治維新の際に於ける大改革は、古来の美点特質を顧みず、一に欧化熱に支配されたものであった。学校制度や教科書は殆ど彼を直訳したものであった。そうして、文体から云えば漢文書き下し体と古文とが児童に教うべきものとして考えられた。
> これが日清戦争頃迄続いた。此の間に唱歌なる科目は設けられたが、勿論西洋にまねたもので、曲の選定や順序なども、一に彼に模したものであった。然しながら、彼の名曲を取り入れると共に、

わが雅楽旋法《せんぽう》になるもの、童謡の曲に多少の手を加えたもの等をも収めることを忘れなかった。

かの小学唱歌集三冊幼稚園用も入れて四冊が、其の教科書として編まれたものである。惜しいことに、歌の作者が、黒川眞頼、小中村清矩、中村秋香《なかむらあきか》、佐藤誠実の如き国学上の碩学《せきがく》であったが為に、其の想と用語と相共に古雅で、児童の生活とは甚だしい懸隔《けんかく》のあるものであった。

さて、明治の三十年代は口語文を国語読本の主文体となすべく、我等が苦心し実行した時代であった。韻文としては、明治年代に新しく西洋詩形に模した新体詩の外に、二三の童謡や俗謡調を入れた。（中略）此の時代に於ける小学用の唱歌教科書は、日露戦争後に至って、官の手に於て編まれた。平明に於て、児童の生活に近接せしめることに於て、学校教育の目的を達成することに於て、小学唱歌集よりは一段と進歩したことは何人も熟知せられることと思う。

（中略）凡そ学校の教科書程自由を拘束されるものはない。唱歌にしても、文字文体よりはじめて、修身歴史地理理科等の他のあらゆる学科と阻隔《そかく》させてはならぬのであって、まさに詩であるべき唱歌に、教訓とか知識とかの、第二第三の目的が含まれているのである。自由と解放を希う詩人が、どうしてこれに満足しよう。美にのみあこがれる人、情熱を生命とする人、殊に形式美に飽きた人、定型にはめた技巧詩の生気に乏しきを斥《しりぞ》ける人、すなわち新しい詩人諸君が、どうしてそれに允可《いんか》を与えよう。新詩人諸君は学校で用いる唱歌一切に対して、「功利的なり、詩にあらず、芸術にあらず。」と考えて、新しい運動を起こして進んで自己の作品を提供した。これがすなわち今童謡詩と称せられる処のものである。

このように述べて、明治の末年から活躍しはじめる、北原白秋、西条八十、野口雨情、白鳥省吾、川路柳虹、島木赤彦、竹久夢二などの新しい童謡が生まれたと言うのである。

明治十七年頃からはじまってくる言文一致運動は、この明治四十三年に創られる「文部省唱歌」によって、唱歌という最も子どもに親しみやすい形として日本全国に伝えられていくことになる。

そして、その風を煽《あお》るように、レコードと蓄音機という新しい技術が我が国でも開花し、国産品が作られるようになってくる。

大正三（一九一四）年六月に発表された『尋常小学唱歌（六）』には、高野が作詞し、岡野が作曲した「故郷」が載せられる。

一、　兎追いしかの山、
　　小鮒釣りしかの川、
　　　夢は今もめぐりて、
　　　忘れがたき故郷。

二、　如何《いか》にいます父母、
　　恙《つつが》なしや友がき、
　　　雨に風につけても、

思いいずる故郷。

三、こころざしをはたして、
いつの日にか帰らん、
山はあおき故郷。
水は清き故郷。

がむしゃらになって、みんなが一生懸命に走り抜けた明治という時代があった。病に斃《たお》れて志を果たすことができなかった人も多くいた。戦争の犠牲となった人たちもいた。

しかし、様々な苦境を彷徨《さまよ》いながらも、日本語でものを考え、日本語を使いながらこの時代を駆けていった。

大正から昭和、平成と、万年たちが新しい日本語を創ろうとした明治後半からおよそ百年が過ぎようとしている。

彼ら一人ひとりによって創られた日本語が、我々のなかに息づいている。

明治は、ある意味、近代日本語の「故郷」である。

そして、これから百年後の日本語を創っていくのは、我々なのである。

第一七章　万年のその後

恩師チェンバレンの帰国と蔵書

万年は、不思議なことに、師・チェンバレンのことをあまり多く書いていない。

たとえば、昭和十（一九三五）年二月十五日、スイスのレマン湖畔にあるホテル・リシュモンで亡くなったチェンバレンを悼み、財団法人国際文化振興会は、同年三月九日午後二時から、東京丸の内明治生命館講堂で追悼講演会を行っている。

万年はこれに出席していない。

また、同会は、この講演会での話を記事に起こして七月に『バジル・ホオル・チェンバレン先生追悼記念録』を編纂した。

講演会に出て話はしなくても、何か書くことはできたのではないかと思うが、万年はそれすらしていない。

万年は、チェンバレンの死の前年、六十七歳になり、十一月には軽い脳溢血に罹っていた。

そして、この講演会が行われた年の十月には直腸癌が末期まで進行しているという診断を受けていた。

あるいはこうした体調のために、チェンバレンの追悼講演会に出席したり思い出を語ったりすることができなかったのかもしれない。

しかし、それにしても、もし、チェンバレンとの関係がもう少し濃密であれば、それなりの文章を残していてもおかしくないと思われるほどである。

そして、これはチェンバレンの伝記を記した楠家重敏も指摘していることであるが、万年はチェンバレンのあとを受けて行った博言学講座で、チェンバレンの説に批判的である。学問であれば師の説を批判するということも十分必要である。ただ、うまく説明できないが、確執と言うまではなくとも、何か二人の間には通じない齟齬《そご》のようなものがあったのではないかとも思われる。

ただ、チェンバレンは、日本を離れるに際し、蒐集《しゅうしゅう》した本をすべて万年に託している。残念ながらこれらの本はすべて、大正十二（一九二三）年の関東大震災で焼失した。

この時万年は、ちょうど欧州出張から帰ってきて、品川沖で船が東京港に着くのを待っているときだった。

東京帝国大学は灰燼《かいじん》に帰し、附属図書館に所蔵されていた貴重な本もすべて焼失した。

万年はこの欧州出張の際、フランスの国立国会図書館でパリ大学「話し言葉の記録」として『天草版平家物語』の解説と朗読を行っている。これは今もSP版としてパリの国立国会図書館に保存され、万年の声を一分二十四秒聞くことができる。この中で万年は、若い頃から歯が悪かったと言い、自分の話し方を日本人の標準とはしないでほしいと語っている。

万年の弟子たち

明治四十一年、臨時仮名遣調査委員会で大演説をし、仮名遣い改正案を引っくり返した鷗外だったが、旧仮名遣いを主張した鷗外の文章は、年を追うごとに人気がなくなっていく。読み難いからである。これに対して、漱石の書くものは非常によく読まれることになる。

しかし、その漱石も後期三部作を書き終わると、もうまとまったものが書けなくなってしまう。

ただ、漱石には、漱石の文体を引き継ぐような、「木曜会」にいた弟子たちが育っていた。漱石の教員時代の教え子や漱石を慕う若手文学者たちによる、漱石邸での毎週木曜日の集まりには、小宮豊《こみやとよ》隆《たか》、鈴木三重吉、森田草平《もりたそうへい》はじめ内田百閒《うちだひゃっけん》、野上弥生子《のがみやえこ》、寺田寅彦《てらだとらひこ》、阿部次郎《あべじろう》、安倍能成《あべよししげ》、芥川龍之介、久米正雄《くめまさお》などが顔を出していた。彼らがその後の「日本語」を作っていく。

そして鷗外も、大正に入って以降は次第に、「言文一致」に近い日本語で、小説を発表するようになっていく。

漱石同様、万年も多くの人を育てている。

第一五章の末に触れた国語学者で、のちの東京帝国大学助教授・東京高等師範学校教授・東京文理科大学教授・文部省嘱託の保科孝一も、もちろん万年の弟子である。

そして、万年が作った「国語研究室」を継いだのが橋本進吉（一八八二〜一九四五）である。

その橋本進吉から、亀井孝《かめいたかし》、大野晋《おおのすすむ》、築島裕《つきしまひろし》などの言語学者、国語学者が生まれてきた。

さらに、室町から江戸初期キリシタンの研究を行った新村出、国立国語研究所を設立した安藤正次《あんどうまさつぐ》、和歌・連歌の研究に功績を残した福井久蔵、たったひとり二十年の歳月をかけて『大日本国語大辞典』を編集した松井簡治、方言学者の東條操《とうじょうみさお》、奈良時代から平安時代初期の点本などの研究に先鞭をつけた大矢透などもいる。

彼らは、「言語学」という視点から日本語の歴史の流れを摑《つか》み取っていくことになる。日本語は科学的に研究されることになるのである。

また、講談社を創業した野間清治《のませいじ》は、東京帝国大学文科大学の第一臨時教員養成所国語漢文科に入って沖縄県立中学校教諭となるが、生涯万年を師として慕い、一九〇九年から講談社（初めは大日本雄弁会）で出される本や雑誌はすべて万年のところに送ったという。

万年は、昭和二年、東京帝国大学教授を定年になってからは、國學院大學学長に就任、日本大学などにも出講していた。

國學院に出講したのは、芳賀が國學院大學の学長を務めていたからという理由ももちろんある。芳賀が亡くなったのは、昭和二（一九二七）年であった、享年六十。原因は酒の飲みすぎによる糖尿からの心臓麻痺だった。

芳賀は、いつも日本酒を冷やで水のように飲んで寝てしまう。酒癖は悪くなかったが、ほとんど毎晩、グダグダになって車で帰ってきた。夫人は心労が絶えなかったという。

母を喪《うしな》い、夫人を失い、大正天皇が亡くなった。芳賀は、大正天皇の葬儀のために、御大葬奉悼歌という唱歌を作った。

地にひれふして天地《あめつち》に
いのりし誠いれられず
日出づる国の国民《くにたみ》は
あやめもわかぬ闇路ゆく

（筆者注：仮名遣い原文のまま）


そして、その後、芳賀はまったく元気がなくなり、ほどなく消えるように亡くなってしまう。

万年は、昭和二（一九二七）年二月十二日に行われた芳賀の葬儀の時、葬儀委員長を務めている。

昭和二十一年、新仮名遣いの告示

万年の娘・文子は、円地文子として一九六〇年以降になって評価されることになる。

万年が思い描いた「言文一致」は、じつは、この円地文子が活躍した一九六〇年頃になってやっと本当の姿を見せたのではなかったか。

この時、万年はすでに亡くなっていた。

「昭和十二年十月二十六日、午後七時五十五分薨去《こうきょ》」と年譜には記されている。七十歳であった。チェンバレンがスイスで亡くなったのは、万年の死の二年前だった。

しかし、万年が育てた日本語は大きく育っていた。

昭和二十一年の当用漢字ならびに新仮名遣いの告示がなされたとき、明治三十八年十月二日に生まれた万年の次女、富美は四十一歳、「円地文子」の名前で作家として多くの作品を発表していた。円地文子は、エッセイのなかで多く、父親万年のことを書いている。

私は二十歳ぐらいまで、少々きざな言い方かも知れないが、父を自分の中の太陽として生きていたようだ。父が死んだりすることを考えると自分も生きて行くことが出来なくなりそうに思われた。父という太い幹があって、自分はそれにからみついている蔓草のように思われていたのである。

（『旅よそい』所収、「おやじ・上田萬年」）

私は末子に生れて、父にあまやかされて育ったせいか、男の人に対しては父性的な信頼感と愛情がない交って来ないと好きになれない。つまり太い樹の幹とか岩かげとか、自分をそこへよせかけて、庇《かば》って貰える感じが何とも言われず頼もしく好きなのである。

（『女を生きる』所収、「愛情盲目鬼」）

子供の時分、夕方父につれられて、よく上野公園を散歩した。公園は今のように建物がごちゃごちゃしていないで、ゆっくり散歩の出来るたのしい場所だったが、私は父と一緒に歩くのが何となくたのしかっただけで、何がどうというような自然に対する感動など全く覚えていない。

唯、思い出してみると、そういう散歩の時、父は時々立ちどまっては、恰度《ちようど》今の私が家の前の欅《けやき》の木を見上げるように、公園の大きい木の梢を見上げていた。中年の父の心には既に花のない樹の幹や枝の美しさが感じられていたのであろう。

（『旅よそい』所収、「家庭というもの」）


昭和五十三年に新潮社から出された『円地文子全集』の第一巻解題には、次のように記される。

「本全集の表記は、著者の意向により、底本の如何にかかわらず全巻にわたってすべて新字体・現代かなづかいの表記法を採用する」

「すべてを新仮名遣いで統一する」というのだ。これは父・万年に対する思いだったのではないだろうか。

万年は酒を飲むたびに、自作の歌を歌ったという。


せっかく楽しいこの世の中を、かたいりくつでむがむにきざむ、やぼぢゃ先生ちょとふりむいて、こちらの花をも見やしゃんせ

※引用した当時の人たちの発言や文章の中には、身体的なハンディキャップ、精神疾患などに関して、今日の人権意識に照らせば不適切と思われる表現や差別的な用語が使用されている箇所がありますが、文献としての価値を重んじ、原文のままといたしました。

本書俯瞰のための国政および国語問題、文学関係年表・附

上田万年年譜

凡例
各年末の括弧内に書かれたものは、月日が明らかでない事項である。また別の括弧には、その年に発行または発表された新聞、雑誌、主要な文学作品を示す。

一八五〇年　十月十八日、英国ポーツマスにバジル・ホール・チェンバレン誕生
安政六（一八五九）年　六月二十二日、現・岐阜県美濃加茂市に坪内逍遥誕生
文久二（一八六二）年　二月十七日、現・島根県鹿足郡津和野町に森鷗外誕生
文久三（一八六三）年　三月十四日、現・熊本県上益城郡益城町に徳富蘇峰誕生
元治元（一八六四）年　六月七日、現・静岡県掛川市に岡田良平誕生
慶応二（一八六六）年　前島密「漢字御廃止之議」を徳川慶喜に建白
慶応三（一八六七）年　アメリカの宣教師・ヘボン『和英語林集成』出版
一月二十四日（旧暦では慶応三年十二月三十日）斎藤緑雨誕生
二月九日（旧暦では一月五日）江戸牛込馬場下横町（現・東京都新宿区喜久井町）に夏目漱石誕生
二月十一日（旧暦では一月七日）上田万年、上田虎之丞、いね子の長男として江戸大久保の名古屋藩下屋敷（現・新宿区大久保）に誕生
八月二十二日（旧暦では七月二十三日）幸田露伴誕生

明治元（一八六八）年
一月　戊辰戦争始まる
三月　五箇条の御誓文

九月八日　明治改元
（『江湖新聞』『もしほ草』『内外新聞』創刊）

明治二（一八六九）年
三月　東京奠都
六月　版籍奉還の勅許
　昌平黌を大学校とし、開成学校・医学校を附属とする

明治三（一八七〇）年
一月　神道を国教とする大教宣布に伴い仏教排撃運動
（上田万年、父死去）
（仮名垣魯文『西洋道中膝栗毛』）

明治四（一八七一）年
二月二十八日（旧暦では一月十日）現・山形県鶴岡市に高山樗牛誕生
四月　郵便制度開始
七月　廃藩置県
九月九日から江戸城本丸で午砲（ドン）を打つ
十月　岩倉具視を中心とする遣欧使節団派遣
（中村正直訳『西国立志編』・仮名垣魯文『安愚楽鍋』）

明治五（一八七二）年
二月　『東京日日新聞』創刊

四月　明治政府により教導職が設置
六月　『郵便報知新聞』創刊
　森鷗外、父に従い津和野から東京向島に転居。十月からドイツ語習得のため洋学塾進分学社に入り、
　神田小川町の西周宅に寄寓
九月　東京に師範学校開校
　文部省に教科書編成掛を設置
十月　新橋・横浜間の鉄道開業
十一月　徴兵令発布
十二月二日をもって明治五年を終え、十二月三日を明治六年一月一日とする太陽暦採用
（福澤諭吉『学問ノススメ』）

明治六（一八七三）年
一月　徴兵制公布
五月二十九日　バジル・ホール・チェンバレン来日、まもなく元浜松藩士族・荒木蕃の私雇外国人となる
九月　岩倉ら遣欧使節団帰朝
十一月　森鷗外、第一大学医学校予科に入学
（箕作麟祥ら『百科全書』翻訳）

明治七（一八七四）年
五月　台湾出兵
　清水卯三郎『明六雑誌』に「平仮名ノ説」を発表
九月　バジル・ホール・チェンバレン、築地の海軍兵学寮に英語教師として雇用される。翌年からは英語
　だけではなく、数学、地理、万国史も教える

（成島柳北『柳橋新誌』）

明治八（一八七五）年

四月　元老院、大審院設置

五月　ロシアとの間に千島樺太交換条約

七月　伊沢修二、高嶺秀夫ら、師範教育研究のためアメリカに留学

十一月　新島襄、同志社英学校を創立

明治九（一八七六）年

二月　朝鮮国との間に日朝修好条規

八月　バジル・ホール・チェンバレン、『コーンヒル・マガジン』に『実語教』英訳を発表、また十月には同誌に『童子教』の英訳を発表

九月　新島襄、同志社神学校を設立

明治十（一八七七）年

二月　西南戦争はじまる

七月　バジル・ホール・チェンバレン、『コーンヒル・マガジン』に「日本詩歌論」を発表

九月　西郷隆盛の自殺によって西南戦争終結

明治十一（一八七八）年

五月　大久保利通暗殺される

六月九日　バジル・ホール・チェンバレン、『ロイヤル・アジア協会』誌に『女大学』の英訳を発表

九月　上田万年、東京府第一中学正則科に入学（幸田露伴、尾崎紅葉、狩野亨吉らと同級）

（川島忠之助訳『八十日間世界一周』〈フランス、ジュール・ヴェルヌ著〉）

明治十二（一八七九）年
九月　夏目漱石、岡田良平、東京府第一中学校正則科第七級に入学
十月　学士会院会員・福羽美静「学士会院にて日本文法書を作らんとする議」を提出
文部省音楽取調掛をおく

明治十三（一八八〇）年
三月　文部省音楽取調掛がアメリカ人メイソンを招く
四月　集会条例制定
七月　刑法・治罪法公布
十一月　バジル・ホール・チェンバレン、日本アジア協会で「会津方言についての覚え書き」を発表
（斎藤緑雨が伊勢より上京。上田万年宅と同じ本所緑町三丁目にあった藤堂邸に住み、親交がはじまる）
（井上勤訳『月世界旅行』〈フランス、ジュール・ヴェルヌ著〉）

明治十四（一八八一）年
一月　バジル・ホール・チェンバレン、『古事記』の英訳をはじめる
七月四日　森鷗外、帝国大学医学部卒業。十二月十六日陸軍軍医副に任ぜられ、東京陸軍病院課僚に命ぜられる
十月　国会開設の勅諭
十一月　伊沢修二編修の『小学唱歌集　初編』発行
（夏目漱石、私立二松學舍〈現・二松學舍大学〉に転校）
（井上哲次郎ら『哲学字彙』）

明治十五（一八八二）年
四月　矢田部良吉、『東洋学芸雑誌』に「羅馬字を以て日本語を綴るの説」を発表
七月　朝鮮国で壬午事変勃発
（外山正一、井上哲次郎、矢田部良吉共著『新体詩抄』・中江兆民訳『民約訳解』）

明治十六（一八八三）年
四月十六日　バジル・ホール・チェンバレン、英訳『古事記』を出版
七月　官報の発行開始
　かなのくわい発足、『かなのまなび』創刊
九月　大日本教育会結成
十一月　鹿鳴館開館
（夏目漱石、神田駿河台の成立学舎に入学）
（矢野龍渓『経国美談』・中江兆民訳『維氏美学』〈フランス、ヴェロン著〉）

明治十七（一八八四）年
二月　外山正一、『東洋学芸雑誌』に講演録「漢字を廃すべし」を発表。また六月、同誌に「漢字を廃して英語を熾に興すは今日の急務なり」を発表
六月七日　森鷗外、陸軍衛生制度調査及び軍陣衛生学研究のためドイツ留学を命ぜられる。八月二十四日横浜出港、十月十一日ベルリン着
七月　華族令公布
　東京稗史出版社から三遊亭円朝演述・若林玵蔵筆記『怪談牡丹灯籠』発売
八月　東京大学、本郷に移転
（夏目漱石、大学予備門予科入学。同級に中村是公、芳賀矢一、正木直彦、橋本左五郎など）

（物集高見『かなのしをり』）

明治十八（一八八五）年

一月　甲申事変に関する漢城条約締結

「ローマ字会」発足

四月　清朝との間に天津条約締結

六月　羅馬字会創立、『羅馬字雑誌』を創刊

九月　上田万年、東京大学文学部和漢文学科に入学。バジル・ホール・チェンバレンに師事

十月二十二日より森鷗外、ライプツィヒ滞在

十二月　太政官制廃止、内閣制度施行

森有礼、文部大臣に就任

（バジル・ホール・チェンバレン、日本アジア協会で「日本文学で使用される文体の違いについて」「日本語動詞の語根について」などを発表。アーネスト・サトウから大量の和書を寄贈される〈『王堂君へ贈致する書籍目録』〉）

（坪内逍遥『当世書生気質』『小説神髄』・東海散士『佳人之奇遇』）

明治十九（一八八六）年

三月　帝国大学令を施行し、東京大学を帝国大学と改称

物集高見『言文一致』を出版

三月八日より森鷗外、ミュンヘンに移る

四月一日　バジル・ホール・チェンバレン、帝国大学文科大学の博言学および日本語学の教授に就任、また『簡約日本語文法』を出版。北海道でアイヌ語研究に従事し、さらに『東洋学芸雑誌』に「神代文字有無論」を発表

四月　師範学校令・小学校令・中学校令公布
五月　教科書図書検定条例制定
七月　徳富蘇峰、『将来之日本』の原稿を携えて上京。田口卯吉の経済雑誌社から出版することを許される
（末広鉄腸『雪中梅』・二葉亭四迷「小説総論」・天野為之『経済原論』）

明治二十（一八八七）年
二月　徳富蘇峰、民友社を設立し雑誌『国民之友』を創刊
二月十日　バジル・ホール・チェンバレン、『羅馬字雑誌』に「日本歴史は書き直しを要す」を発表。また『日本小文典』『英語発音指南』（文部省編輯局）を出版。また『羅馬字雑誌』に「言文一致」を発表、『東洋学芸雑誌』に「蝦夷語と日本語の関係」を発表
四月　伊藤博文首相主催の鹿鳴館舞踏会（欧化主義批判の世論沸騰）
四月十六日　森鷗外、ベルリンに移る
五月　教科用図書検定規則制定
六月　伊藤博文、伊東巳代治、金子堅太郎などによる憲法起草開始
博文館が雑誌『日本大家論集』を創刊
七月　岡田良平、帝国大学文科大学哲学科卒業、九月から大学院へ進学
十一月　東京書籍出版営業組合創立
十二月　保安条例公布
（二葉亭四迷『浮雲』・山田美妙『武蔵野』）

明治二十一（一八八八）年
四月　枢密院官制公布
伊藤博文、首相を辞任して枢密院議長に就任。黒田清隆首相組閣

四月二十五日　バジル・ホール・チェンバレン『日本上古史評論』出版、また上田万年を助手として「日本語の最古の語彙について」を日本アジア協会で発表
五月　枢密院開院式
　皇室典範、憲法諮詢の勅諭
七月　上田万年、帝国大学文科大学和文学科卒業。八月に帝国大学文科大学英語学授業嘱託。次いで九月に帝国大学文科大学大学院に入学
　夏目漱石、第一高等中学校予科を卒業。次いで九月に英文学専攻を決意し同第一高等中学校本科第一部に入学
七月五日　森鷗外、ベルリンより日本への帰途に就き、九月八日に横浜着。帰国後まもなく陸軍医学舎教官に補せられる
〈二葉亭四迷「あひびき」「めぐりあひ」〈ロシア、ツルゲーネフ著〉・山田美妙『夏木立』・青田節『方言改良論』〉

明治二十二（一八八九）年
二月　大日本帝国憲法発布
　皇室典範、衆議院議員選挙法、貴族院令、議院法公布
　上田万年、『日本大家論集』に「日本言語研究法」、六月に『大日本教育会雑誌』に「言語上の変化を論じて国語教授の事に及ぶ」を発表
四月　落合直澄、「皇典講究所講演」において「普通語に就きて」発表
五月　帝国博物館設置
十月　黒田内閣総辞職、三條実美暫定内閣
十二月　内閣官制公布
　山県有朋内閣組閣
〈森鷗外編『於母影』〈西洋詩の翻訳集〉・尾崎紅葉『二人比丘尼色懺悔』・幸田露伴『風流仏』・上田万年『お

ほかみ』）

明治二十三（一八九〇）年

二月　徳富蘇峰、『国民新聞』を創刊

五月　バジル・ホール・チェンバレン、『日本事物志』を出版。帝国大学教授を辞職

六月　芳賀矢一、雑誌『国文学』に「国語攻究上羅馬字の要用を論ず」を発表

七月　第一回帝国議会衆議院総選挙

　夏目漱石、第一高等中学校本科を卒業し、九月に帝国大学（のちの東京帝国大学）文科大学英文科入学

九月　立憲自由党結成

　上田万年、ドイツ留学（三年）を命ぜられる

十月　刑事訴訟法公布

十月三十日　教育勅語発布

十一月二十五日　第一回帝国議会開催

（森鷗外「舞姫」、雑誌『国民之友』に掲載される。また「うたかたの記」を『柵草紙』に掲載）

明治二十四（一八九一）年

三月七日　バジル・ホール・チェンバレン、帝国大学名誉教授の称号を授与される。また日本アジア協会の会長に就任

五月　第一次山県内閣総辞職、松方正義内閣組閣

五月十一日　大津事件

（森鷗外「文づかひ」が雑誌『新著百種』に掲載。また東京美術学校解剖事業を嘱託される。八月二十四日医学博士の学位を授与される。坪内逍遥との「没理想論争」を始める）

（幸田露伴『五重塔』・斎藤緑雨「油地獄」「かくれんぼ」・大槻文彦『言海』）

明治二十五（一八九二）年

一月　バジル・ホール・チェンバレン、英国に帰国し、十月に再来日

八月　第一次松方内閣総辞職、第二次伊藤博文内閣組閣

　上田万年、フランス留学（六か月）を命ぜられる。

（森鷗外『即興詩人』〈デンマーク、アンデルセン著〉の翻訳をはじめる）

明治二十六（一八九三）年

四月　岡田良平、文部省視学官、大臣官房報告課長、参事官を経て、山口県山口高等学校校長心得

七月　夏目漱石、帝国大学を卒業し大学院に入学。また十月より高等師範学校（後の東京高等師範学校）の英語教師となる

九月　バジル・ホール・チェンバレン、『英文典』を出版

　高山樗牛、東京帝国大学文科大学哲学科に入学

十月　文官任用令公布

（森鷗外、雑誌『衛生療病志』に「傍観機関」を載せ、医学界の重鎮と論争を開始、翌年に及ぶ。また十一月十四日、陸軍軍医学校長に補せられる）

（雑誌『文学界』創刊・北村透谷「内部生命論」）

明治二十七（一八九四）年

三月　朝鮮で東学党の乱

六月　上田万年、留学を終えて帰国

七月　日英新通商航海条約締結、治外法権の撤廃

上田万年、帝国大学教授（高等官六等）に任ぜられる。博言学講座担当。保科孝一が授業に列する
八月　日清戦争の宣戦の布告
（日清戦争の勃発に伴い、森鷗外、中路兵站軍医部長に任ぜられ出征、十月帰国。陸軍軍医学校長に復職）
十月八日　上田万年、哲学館で「国語と国家と」という演題で講演
十二月　上田万年、雑誌『太陽』に「欧州諸国に於ける綴字改良論」を発表
（高山樗牛「滝口入道」が読売新聞の懸賞小説に入選・樋口一葉「大つごもり」）

明治二十八（一八九五）年
一月　バジル・ホール・チェンバレン、地理学協会で「琉球諸島の人々」、また日本アジア協会で「日本語と琉球語の相違点」についてなどを発表
三宅雪嶺、雑誌『太陽』に「漢字の利害」を発表し、漢字の廃すべからざる点を説く
上田万年、『大日本教育会雑誌』に「教育上国語学者の抛棄し居る一大要点」を発表。また『帝国文学』創刊号に「標準語に就きて」を発表。五月には大学通俗講談会にて「新国字論」を説く
三月　清朝全権大使・李鴻章来日
四月　下関条約調印
夏目漱石、愛媛県尋常中学校（旧制・松山中学）に赴任
五月　関根正直、『早稲田文学』に「係り結びの規則に就いて」を発表し、係り結びの規則は修辞上の問題であって、日常の日本語表現には不必要と説く
六月　上田万年、冨山房から『国語のため』を出版。十二月に村上鶴子と結婚
（泉鏡花「夜行巡査」「外科室」・川上眉山「書記官」・樋口一葉「たけくらべ」「にごりえ」「十三夜」・正岡子規「俳諧大要」）

明治二十九（一八九六）年
一月二十二日　森鷗外、陸軍大学校教官を兼補せられる。また雑誌『めさまし草』を創刊
斎藤緑雨、幸田露伴と合評形式の文芸批評「三人冗語」を掲載
二月　新村出、帝国大学文科大学に入学
鈴木醇庵、『日本人』に「西斑牙文学の鼓吹」発表
三月　バジル・ホール・チェンバレン、英国に帰国し十月に再来日
四月　民法公布
夏目漱石、熊本県の第五高等学校講師として赴任
六月　高山樗牛、東京帝国大学文科大学を卒業、第二高等学校教授として仙台に移る
七月　上田万年、図書編纂審査委員に任命される
八月　第二次伊藤内閣退陣、第二次松方正義内閣組閣
九月　ラフカディオ・ハーン、帝国大学英文科講師に就任（バジル・ホール・チェンバレンの計らいによる）
（尾崎紅葉「多情多恨」・与謝野鉄幹『東西南北』）

明治三十（一八九七）年
一月　上田万年、雑誌『教育時論』に「国語会議に就きて」を発表
三月　岡田良平、大臣官房会計課長
六月　帝国大学を東京帝国大学と改称
九月　上田万年、東京帝国大学文科大学に国語研究室を創設、主任となる。尋常中学校教科細目調査委員（～翌年四月まで）、神宮皇學館で講演
（高山樗牛、第二高等学校を辞任し博文館に入社。「美学」をめぐる鷗外との論争）
（尾崎紅葉「金色夜叉」の連載開始・島崎藤村『若菜集』・雑誌『ホトトギス』創刊）

明治三十一（一八九八）年

一月　第二次松方内閣総辞職、第三次伊藤博文内閣組閣

上田万年、『帝国文学』に「P音考」発表

五月　上田万年、フローレンツ（東京帝国大学文科大学ドイツ語・ドイツ文学・比較言語学）、小川尚義、金澤庄三郎、藤岡勝二、猪狩幸之助、新村出らと言語学会を設立

六月　第三次伊藤内閣総辞職、大隈重信内閣組閣

七月　上田万年、国字改良会を設立（加藤弘之、井上哲次郎、矢田部良吉、嘉納治五郎、田中秀穂ら）、九月に東京帝国大学文官普通試験委員、十一月に文部省専門学務局長兼文部相参与官（高等官二等）に任ぜられる

十月一日　森鷗外、近衛師団軍医部長兼陸軍軍医学校長に補せられる。『時事新報』に「知恵袋」を連載。また『西周伝』刊行

十月　第一次大隈内閣総辞職、第二次山県有朋内閣組閣

（徳富蘆花『不如帰』・国木田独歩「武蔵野」・正岡子規「歌よみに与ふる書」）

明治三十二（一八九九）年

二月　衆議院、文部省内に国語調査会設置の予算を否決

三月　文官任用令改正

上田万年、菊池大麓総長の推薦により文学博士を授与される。長男・寿誕生

五月　重野安繹、『東京学士会院雑誌』に「常用漢字文」を発表

六月八日　森鷗外、陸軍軍医監に任ぜられ、第十二師団軍医部長として小倉に赴任

十月　バジル・ホール・チェンバレン『日本英字新誌』に「羅馬字新綴方反対意見」を発表

（新渡戸稲造『武士道』をアメリカで出版・土井晩翠『天地有情』）

明治三十三（一九〇〇）年

二月十五日　上田万年らによる『言語学雑誌』創刊。同日、水戸藩出身衆議院議員・根本正らによって提出された国字国語国文の改良に関する建議案、衆議院において調査会を設けることが可決される。翌日、加藤弘之ら、国字国語国文の改良に関する建議書を貴族院に提出

三月　東京帝国大学、「博言学講座」を「言語学講座」と改称

上田万年、芳賀矢一、新村出、金澤庄三郎らと「言文一致会」結成

四月　文部省により国語調査委員会発足、上田万年、国語調査委員に任命される。また、東京外国語学校長事務取扱に任ぜられる

岡田良平、実業学務局長としてフランスに派遣

井上円了、『漢字不可廃論』を出版

五月　軍部大臣現役武官制確立

六月　高山樗牛、文部省から美学研究のため、ドイツ留学を命ぜられるも、送別会後に喀血、翌年に留学を辞退

夏目漱石、文部省から英語研究のため、満二年の英国留学を命ぜられる。九月八日、横浜出港、芳賀矢一も同じ船に乗る

義和団の乱勃発

芳賀矢一のドイツ留学が決まり、上田万年らが箱根塔ノ沢の環翠楼で送別会を開く

八月　文部省小学校令を発布。仮名の字体、字音仮名遣いを一定し、漢字の数を限定。

読書・作文・習字を国語に統合

九月『佐賀新聞』、文部省新定仮名遣い、「くわ」を「か」と記し、「ぢ」を廃して「じ」、「づ」を廃して「ず」と統一することに反対

第二次山県内閣総辞職

十月　第四次伊藤博文内閣組閣

十二月　バジル・ホール・チェンバレン、『言語学雑誌』に「ローマ字書きに対する文部省への建議書」を発表
（泉鏡花「高野聖」・坪内逍遥『高等国語読本』・雑誌『明星』創刊）

明治三十四（一九〇一）年
一月　森鷗外、アンデルセン『即興詩人』訳了。またクラウゼヴィッツの『戦争論』翻訳刊行
四月　岡田良平、文部省総務長官、その後普通学務局長事務取扱
五月　伊藤博文、総理を単独辞職、臨時内閣総理大臣に西園寺公望。まもなく元老会議の奏請により桂太郎内閣組閣
六月　上田万年、東京帝国大学文科大学教授本官、文部省専門学務局長兼任（翌年三月まで）。この年、長女・千代誕生
八月　高山樗牛、東京帝国大学文科大学国文学科講師に就任し、「日本美術」を講義。『美的生活を論ず』を執筆。
九月　清朝と日本を含む諸国との間に北京議定書締結
（与謝野晶子『みだれ髪』・島崎藤村『落梅集』）

明治三十五（一九〇二）年
一月　第一回日英同盟成立
三月　国語調査委員官制発布
三月十四日　森鷗外、第一師団軍医部長に補せられ小倉より帰京
七月　バジル・ホール・チェンバレン、箱根のＹＭＣＡで「日本語研究について」講演
九月十九日　正岡子規没（享年三十五）
十二月　夏目漱石、ロンドンを発つ
十二月十七日　教科書疑獄事件。教科書会社、金港堂・普及舎・集英堂・冨山房・国光社などを摘発

（高山樗牛、『奈良朝の美術』により文学博士号を授与。十二月二十四日、肺結核により死去〈享三十一〉）
（永井荷風『地獄の花』・正岡子規「病牀六尺」）

明治三十六（一九〇三）年
一月　夏目漱石、長崎港着。熊本を経て、一月二十四日、帰京。四月から第一高等学校講師、また東京帝国大学文科大学英文科講師に着任
四月　小学校令改正、国定教科書制度発足
五月　海軍拡張案を可決
六月　上田万年、冨山房から『国語のため2』を出版
七月　伊藤博文、枢密院議長に就任。西園寺公望、政友会総裁に就任
九月　橋本進吉、東京帝国大学文科大学言語学科に入学

明治三十七（一九〇四）年
二月　対露宣戦布告（日露戦争勃発）
三月　森鷗外、日露戦争勃発に伴い、第二軍軍医部長に補せられ、四月に出征
四月一日　文部省内国語調査委員会が『国字国語改良論説年表』発行
四月十三日　斎藤緑雨没（享年三十七）
六月　上田万年、教科書調査委員に任命される
八月　第一次日韓条約
岡田良平、貴族院勅選議員
九月二十六日　ラフカディオ・ハーン没（享年五十四）
十月　上田万年、金港堂から『舞の本』を出版
（島崎藤村『藤村詩集』・田山花袋「露骨なる描写」）

明治三十八（一九〇五）年
一月　旅順要塞開城
夏目漱石、「吾輩ハ猫デアル」を『ホトトギス』に発表（翌年八月まで断続連載）
三月　文部大臣官房図書課、『仮名遣試験』発行（成績は未発表）
五月　日本海海戦
七月　上田万年、言語学講座担任から国語学国文学第一講座担任に転任
八月　第二次日英同盟締結
九月　ポーツマス条約締結、日露戦争終結
日比谷焼き打ち事件で徳富蘇峰の国民新聞社も襲撃を受ける
十月二日　上田万年、次女富美誕生（のちの作家・円地文子）
十一月　第二次日韓協約締結
十二月　第一次桂内閣総辞職
（上田敏『海潮音』〈西洋の象徴詩の翻訳〉）

明治三十九（一九〇六）年
一月　西園寺公望内閣組閣
芳賀矢一、国語学会の雑誌『教育学術界』に「漢文の羈絆を脱せよ」発表
森鷗外、日露戦争より帰国
二月　韓国統監府開庁
三月　米英、満洲の門戸開放を日本に要請
五月　二葉亭四迷、雑誌『文章世界』に「余が言文一致の由来」発表。同じ号に万年「言文一致は果して冗長か」掲載
（夏目漱石、「坊っちゃん」を『ホトトギス』、「草枕」を『新小説』に発表。『（再訂）女子国語読本（巻五）』

に「吾輩ハ猫デアル」の一節が「鼠を窺う」という題で採録）
（薄田泣菫『白羊宮』・伊藤左千夫「野菊の墓」・島崎藤村『破戒』）

明治四十（一九〇七）年
一月　夏目漱石、「野分」を『ホトトギス』に発表。四月、朝日新聞社に入社。六月から「虞美人草」を『朝日新聞』に連載
四月　上田万年、東京帝国大学評議員に任命される
七月　第三次日韓条約締結
十月　岡田良平、京都帝国大学総長就任
（森鷗外、陸軍軍医総監に昇進、陸軍省医務局長に就任。また第一回文部省美術展覧会西洋画部門審査員主任）
（泉鏡花「婦系図」・田山花袋「蒲団」）

明治四十一（一九〇八）年
三月　上田万年、帝国学士院会員になる
五月　上田万年、文部省より臨時仮名遣調査委員会委員を命ぜられる
六月　臨時仮名遣調査委員会第四回委員会で新仮名遣い不採用。上田万年、国語調査委員会主事を辞任
七月　第一次西園寺内閣総辞職、第二次桂太郎内閣組閣
（夏目漱石、「坑夫」「文鳥」「夢十夜」「三四郎」を『朝日新聞』に連載）
（正宗白鳥『何処へ』・島崎藤村『春』・徳田秋声「新世帯」・永井荷風『あめりか物語』）

明治四十二（一九〇九）年
五月　新聞紙法公布
六月　伊藤博文、ハルビン駅で朝鮮人に暗殺される

（夏目漱石、「永日小品」「それから」を執筆。『文学評論』を出版。九月から十月にかけて中村是公の招待で満洲と朝鮮を旅行する）
（森鷗外、「半日」「追儺」「ヰタ・セクスアリス」などを執筆。また雑誌『昴』に「椋鳥通信」の連載開始）
（北原白秋『邪宗門』・永井荷風『ふらんす物語』・田山花袋「田舎教師」）

明治四十三（一九一〇）年
五月　大逆事件
六月　夏目漱石、胃潰瘍のため内幸町長与胃腸病院に入院。八月、療養のため修善寺温泉に転地。同月二十四日夜大吐血があり、一時危篤状態に陥る。十月、長与胃腸病院に再入院
七月　文部省編纂『尋常小学読本唱歌』出版
八月　日韓併合
（冬、チェンバレン離日に伴い、蔵書を上田万年に寄託）
（森鷗外、慶應義塾大学文学科顧問となり、永井荷風を文学科教授に推挙。雑誌『昴』に「青年」を、また『三田文学』に「普請中」「あそび」「花子」「沈黙の塔」などを掲載）
（雑誌『白樺』創刊・石川啄木『一握の砂』・島崎藤村『家』・志賀直哉「網走まで」・長塚節「土」・谷崎潤一郎「刺青」）

明治四十四（一九一一）年
三月四日　バジル・ホール・チェンバレン、離日、以後、スイスのジュネーブに住居を構える
七月　第三次日英同盟締結
八月　第二次桂内閣総辞職、第二次西園寺公望内閣組閣
（森鷗外、雑誌『昴』に「雁」を、『三田文学』に「妄想」を発表）
（武者小路実篤『お目出たき人』）

明治四十五（一九一二）年・大正元年
一月　森鷗外、ゲーテ「ファウスト」訳了。九月『興津彌五右衛門の遺書』を執筆
三月　上田万年、東京帝国大学文科大学学長に就任
七月　明治天皇崩御、大正天皇践祚
（夏目漱石、「彼岸過迄」「行人」を執筆）
（石川啄木『悲しき玩具』・葛西善蔵「哀しき父」・志賀直哉「大津順吉」・島崎藤村『千曲川のスケッチ』）

大正二（一九一三）年
六月　国語調査委員会廃止
（森鷗外、ゲーテ、シェイクスピア、イプセンの翻訳、また『阿部一族』出版）
（北原白秋『桐の花』・斎藤茂吉『赤光』・志賀直哉「精兵衛と瓢箪」・徳田秋声「爛」）

大正三（一九一四）年
七月　上田万年、欧米各国への出張
（夏目漱石、「心　先生の遺書」〈のち、「こころ」と改題〉を執筆）
（森鷗外、『大塩平八郎』『護持院原の敵討』『天保物語』『堺事件』などを出版）
（高村光太郎『道程』・長塚節「鍼の如く」）

大正四（一九一五）年
二月　上田万年、欧米各国視察から帰国
五月　上田万年、国語学国文学第一講座担任
（夏目漱石、「硝子戸の中」「道草」を執筆）
（芥川龍之介「羅生門」）

大正五（一九一六）年
三月　上田万年、『古本節用集の研究』（橋本進吉と共著）出版
十月　上田万年、中国に出張（同年十二月に帰国）
　岡田良平、文部大臣に就任
（夏目漱石、「明暗」執筆。十二月九日没〈享年四十九〉）
（森鷗外、『東京日日新聞』に「渋江抽斎」を連載、また「高瀬舟」「寒山拾得」を発表。陸軍軍医総監、医務局長を辞任。『東京日日新聞』及び『大阪毎日新聞』に「伊沢蘭軒」を連載）
（芥川龍之介「鼻」「芋粥」・物集高見『広文庫』出版開始〈～大正七年までに全二十冊出版〉）
大正六（一九一七）年
（森鷗外、帝室博物館総長兼図書館頭に就任。『東京日日新聞』及び『大阪毎日新聞』に「北条霞亭」を連載）
（萩原朔太郎『月に吠える』・志賀直哉「城の崎にて」「和解」・芥川龍之介「戯作三昧」・有島武郎「カインの末裔」・菊池寛「父帰る」）
大正七（一九一八）年
（芥川龍之介「地獄変」・有島武郎「生まれ出づる悩み」・島崎藤村『新生』）
大正八（一九一九）年
四月　東京帝国大学部文科大学を東京帝国大学文学部と改称
六月　上田万年、神宮皇學館館長に任ぜられる。十二月、『大日本国語辞典』（松井簡治と共著）完成
（森鷗外、帝国美術委員長に任ぜられる）
（菊池寛「恩讐の彼方に」・有島武郎『或る女』・武者小路実篤『友情』・佐藤春夫『田園の憂鬱』）

大正九（一九二〇）年
（志賀直哉「小僧の神様」・有島武郎『惜しみなく愛は奪ふ』）
大正十（一九二一）年
三月　上田万年、東京帝国大学文学部長解職
六月　上田万年、臨時国語調査会制発布に伴い委員に任命。森鷗外も会長に任命
（志賀直哉「暗夜行路」）
大正十一（一九二二）年
七月九日　森鷗外没（享年六十）
（里見弴「多情仏心」・芥川龍之介「藪の中」）
大正十二（一九二三）年
二月　上田万年、欧州出張（九月帰国。品川沖から関東大震災の惨劇を見る。東京帝国大学に置かれていたチェンバレン旧蔵書は、すべて灰燼に帰す）
大正十三（一九二四）年
一月　上田万年、御講書始に進講。また十一月に財団法人東洋文庫設立に伴い理事に就任
大正十五（一九二六）年・昭和元年
十月　上田万年、日本音声学協会創立に伴い初代会長に就任
十二月　上田万年、学士院選出貴族院議員

昭和二（一九二七）年
三月　上田万年、東京帝国大学教授停年に伴う退官、國學院大学学長に就任、日本大学に出講。七月、東京帝国大学名誉教授
（上田万年次女・富美、『ふるさと』〈シナリオ〉を発表し、小山内薫に師事）
昭和三（一九二八）年
（富美『ふるさと』初演の打ち上げの席で小山内薫倒れて死亡）
昭和五（一九三〇）年
五月　上田万年、冨山房から『近松語彙』（樋口慶千代と共著）を出版。次女富美、『東京日日新聞』の記者、円地与志松と結婚
昭和六（一九三一）年
六月　上田万年、白内障手術
（円地文子に長女の素子誕生）
昭和九（一九三四）年
十一月　上田万年、軽い脳溢血を起こす
昭和十（一九三五）年
十月六日　上田万年、直腸癌の診断、末期癌の宣告を家族が受ける
二月十五日　バジル・ホール・チェンバレン没（享年八十四）

昭和十二（一九三七）年
十月二十六日　上田万年没（享年七十）。十月二十九日、天皇より幣帛、祭資下賜、通夜。十月三十日、告別式
十二月『国語と国文学』上田万年博士追悼録出版
昭和二十一（一九四六）年
十一月　当用漢字ならびに新仮名遣いの告示
昭和五十二（一九七七）年～昭和五十三（一九七八）年
新潮社より『円地文子全集』出版

参考文献（本文引用文献以外）

『日本語の歴史』全八巻　亀井孝・大藤時彦・山田俊雄編　一九六三〜一九六六年刊　平凡社（『平凡社ライブラリー』所収）
『日本語講座』全六巻　一九七六〜一九七七年刊　大修館書店
『日本語の世界』全十六巻　一九八〇〜一九八六年刊　中央公論社
『国語学辞典』（一九五五年初版刊）（一九七九年二十八改訂版刊）東京堂
『国語学研究辞典』佐藤喜代治編　一九七七年刊　明治書院
『言語学大事典』全七巻　亀井孝・河野六郎・千野栄一編著　一九八八〜二〇〇一年刊　三省堂
『日本文学の歴史』全十三巻　一九六七〜一九六八年刊　角川書店
『明治文化史』全十四巻　一九七九〜一九八一年刊　原書房
『明治世相編年辞典（新装版）』　朝倉治彦・稲村徹元編　一九九五年刊　東京堂出版
『日本語の文法を考える』大野晋著　一九七八年刊　岩波書店
『古語の謎』白石良夫著　二〇一〇年刊　中央公論新社
『杉本つとむ著作選集』全十一巻　一九九八〜一九九九年刊　八坂書房
『亀井孝論文集』全六巻　一九七一〜一九九二年刊　吉川弘文館
『佐竹昭広集』全五巻　二〇〇九〜二〇一〇年刊　岩波書店
『日本語　新版』金田一春彦著　一九八八年刊　岩波書店
『言葉の海へ』高田宏著　一九七八年刊　新潮社　（一九九八年　岩波書店　同時代ライブラリー３４１）
『国家語をこえて』田中克彦　一九八九刊年　筑摩書房（一九九三年　ちくま学芸文庫）
『〈読書国民〉の誕生　明治30年代の活字メディアと読書文化』　永嶺重敏著　二〇〇四年刊　日本エディタースクール出版部
『「国語」という思想　近代日本の言語認識』　イ・ヨンスク著　一九九六年刊　岩波書店（二〇一二年　岩波現代文庫）
『百年前の日本語　書きことばが揺れた時代』　今野真二著　二〇一二年刊　岩波新書
『「近代日本文学」の誕生　百年前の文壇を読む』坪内祐三著　二〇〇六年刊　ＰＨＰ新書
『慶応三年生まれ七人の旋毛曲がり』坪内祐三著　二〇〇一年刊　マガジンハウス
『書物の近代　メディアの文学史』紅野謙介著　一九九九年刊　ちくま学芸文庫
『幻影の明治』　前田愛著　二〇〇六年刊　岩波現代文庫
『立志・苦学・出世　受験生の社会史』　竹内洋著　二〇一五年刊　講談社学術文庫
『女学校と女学生　教養・たしなみ・モダン文化』稲垣恭子著　二〇〇七年刊　中公新書
『「国史」の誕生　ミカドの国の歴史学』　関幸彦著　二〇一四年刊　講談社学術文庫
『ビスマルクと大英帝国　伝統的外交手法の可能性と限界』飯田洋介著二〇一〇年刊　勁草書房

装幀　平野甲賀

山口謠司　やまぐち ようじ

大東文化大学准教授、博士（中国学）。一九六三年、長崎県生まれ。大東文化大学文学部卒業後、同大学院、フランス国立高等研究院人文科学研究所大学院に学ぶ。ケンブリッジ大学東洋学部共同研究員などを経て、現職。専門は中国および日本の文献学。『ん　日本語最後の謎に挑む』（新潮新書）、『てんてん 日本語究極の謎に迫る』（角川選書）、『となりの漱石』（ディスカヴァー携書）など著書多数。

日本語《にほんご》を作《つく》った男《おとこ》　上田万年《うえだまんねん》とその時代《じだい》

二〇一六年二月二九日　第一刷発行

著者　山口謠司《やまぐちようじ》

発行者　館 孝太郎

発行所　株式会社集英社インターナショナル
〒一〇一-〇〇六四　東京都千代田区猿楽町一-五-一八
電話 〇三-五二一一-二六三二

発売所　株式会社集英社
〒一〇一-八〇五〇　東京都千代田区一ツ橋二-五-一〇
電話　読者係 〇三-三二三〇-六〇八〇
販売部 〇三-三二三〇-六三九三（書店専用）

印刷所　凸版印刷株式会社

製本　加藤製本株式会社

定価はカバーに表示してあります。

ISBN978-4-7976-7261-9 C0095